절대음악 혼자 간다

- 잊힌 음악사를 말하다 -

부록(附錄) Ⅰ

[총 4권 중 제3권]

이여진

(李如辰, EUGENE LEE)

ೞ 부록(附錄) I: 목차 ೦

ଓ

［A］할아버지: 이익모(李益模)

ଓ

1. 우(隅)의 수석(首石)[1]

이익모(李益模) 감리교 목사

"그러므로 주 여호와께서 가라사대 보라 내가 한 돌을 시온에 두어 기초를 삼았노니[나니] 곧 시험한 돌이요, 귀하고 견고한 기초 돌이라. 그것을 믿는 자는 급절하게 되지 아니 하리로다." (이사야 28:16) (벧전 2:4-8 참조)

세계의 건축법은 두 종류가 있읍[습]니다. 첫째는 옛날로부터 내려오는 동양식인데 목재로 집을 짓는 것입니다. 터에 힘을 쓰지 않을 뿐 아니라 또는 집 모퉁이 초석(礎石)에도 힘을 들이지 않고 다만 대들보라는 것이 있고 기둥이 제일 중요한 것 같이 생각을 합니다. 둘째는 옛날 유대 나라에서, 로마에서 있었던 서양식의 건축법입니다. 이것은 돌이나 연와[煉瓦, 즉 벽돌]를 하나씩 둘씩 첩첩이 쌓아서 집을 짓는 것인 고로 모퉁이에는 두 편에서 두 벽이 합하게 되는 것입니다. 다시 말하면 첩첩이 놓인 것으로 모퉁이의 돌을 누르게 되는 고로 특별히 모퉁이 돌은 고르고 골라서 견고한 돌을 쓰며, 그 터를 잘 다진 후에 머릿돌을 놓지 않는 경우에는 그 머릿돌로 인하여 완전한 건축물이 되지 못할 것입니다.

다 아시는 바와 같이 그리스도교는 구약이란 한 벽과 신약이란 한 벽이 있어서 이 두 벽이 합하여 한 완전한 건축물이 된 것입니다. 몇 해 전에 나는 손정도(孫貞道) 목사[2]를 만나서 미(美)감리 정동 예배당 북편 쪽에 손이 들락날락하리 만큼 틈이 났다는 이야기를 들었읍[습]니다. 그렇게 됨으로써 목사와 모든 직원·신자들까지도 이같이 큰 건축물이 20년도 못되어 이같이 될까, 오랫동안 그것으로 인하여 그때에 건축한 목수까지도 고통을 당하였다 합니다. 이내 그 까닭을 알지 못하였는데, 후로는 30년 전부터 정동교회에 아니 배재학당에서 예배 볼 때부터 다니던 오랜 교우 한 사람이 말하기를 그 틈이 난 쪽에 예배당을 건축하기 전에 본래 우물이 있던 자리입니다 하고, 그 우물을 메우고 잘 다닌다고 하였으나 그때에 기초공사가 부족하였던 것으로 옥에 티가 있는 것과 같이 그렇게 큰 건축물이 20년도 못되어 벽을 헐고 다시 짓게 되었다 하였읍[습]니다. 그러한 까닭으로 서양식의 집, 특별히 벽돌 혹은 석조는 모퉁이의 토대와 모퉁이의 머릿돌에 힘을 들여야 하는 것은 다시 말할 것이 없는 것입니다.

이에 이사야는 모퉁이의 머릿돌이란 이야기를 하였지마는 선지자 이사야는 기원전 740년 전에 하나님의 부르심을 받아 예언을 시작하였읍[습]니다. 즉, 설교를 시작한 것입니다. 요담, 아하스, 히스기야라 하는 3대가 왕위에 있을 때에 예루살렘에서 예언을 하였읍[습]니다. 그때에 유대나라의 동에 앗수르라는 큰 나라가 있었으며, 서남편에는 애굽이란 큰 나라가 있었읍[습]니다. [유대나라는] 이 두 큰 나라 사이에 끼어 있는 작은 나라인 고로 오늘날의 벨기에와 같이 어느 나라의 원조를 구하지 아니하면 국운을 보전할 수가 없게 되었읍[습]니다. 그때의 정치가는 애굽에 의존할 생각이 있었습니다. 선지[자]들은 이사야부터 앗수르와 동맹하는 것이 좋다고 열이 나게 앗수르와의 동맹을 권하였지마는 어찌된 일인지 정치가는 듣지 않고 애굽과 동맹하여 애굽의 원조를 얻으려 하였읍[습]니다. 드디어 애굽과 동맹한 결과 유대는 앗수르의 침공을 받아 결국에는 나라가 멸망을 하였읍

[습]니다. 선지[자] 이사야는 우리말을 듣지 아니하면 반드시 나라에 큰 재화가 올 줄 생각하고 백방으로 앗수르에게 원조를 구하기를 권하였습니다. 아무래[리해]도 듣지 않는 그때에, 심히 고통을 생각하게 되는 때에 지금 내가 낭독한 이사야서 28장 16절과 같이 부르짖은 것입니다. 여호와 하나님은 시온 산에, 예루살렘에 머릿돌을 바랐다는 것입니다. 이 돌은 선지자로 말미암아 나타난 유일하신 하나님을 예배하므로 양육하게 되는 믿음의 정신입니다. 그리스도 이전에 헬라, 로마, 애굽, 바벨론, 앗수르와 같은 나라들이 흥하였지마는 유대는 유일하신 하나님을 믿는 생각을 의지하여 사는 자는 놀랄 것이 없을 것이요, 공평으로 먹줄을 삼고, 정의로 다림판을 삼기만 하면 반드시 하나님께서 이스라엘 민족의 편이 되실 것인 고로 나라는 멸망하지 않겠읍[습]니다. 그렇지마는 거짓의 피난처, 부패하고 부도덕한 애굽을 의뢰하게 될 것 같으면 그야말로 한 큰 일은 큰 우박이 내려서 들의 오곡백과를 해하는 것과 같이 또는 홍수가 집을 헐어 내려가는 것과 같이 나라는 가루 부수러지듯 부스러져 버릴 것뿐이라고… 이 같은 뜻으로 설교를 한 것입니다.

그런데 유대 사람은 무슨 나사렛 예수와 같은 자가 머릿돌이 되겠느냐 하고 예루살렘 문 밖에서 십자가 위에 못 박혀 죽으신 것을 제자 베드로는 며칠 후에 시편 118편을 인용하여 장인이 버린 돌이 집 모퉁이의 머릿돌이 되었다 하였읍[습]니다. 다시 말하면 유대인이 버린 돌이 보구(寶具)로 온 돌, 그 시험한 돌, 그 산 돌이 뿌리를 뻗어서 오늘은 전 세계 어떤 곳을 막론하고 그리스도의 교훈을 들어보지 못한 나라, 사회, 사람이 없게 되었읍[습]니다. 이에 대하여 간단히 역사를 말하려 합니다.

예루살렘에는 모리아 산 위에 솔로몬이 처음 건축한 하나님의 성전이 외적의 손에 의해 무너진 후 다시 두 번째로 성전을 건축하려 할 때에 기사들은 고르고 골라서 이만하면 좋겠다[고] 할 때 이 제사장들은 그렇지 않다, 첫 번 성전을 건축할 때에 버린 돌이 이곳에 있다. 이 돌이야말로 둘째 번 성전을 건축할 때에 모퉁이의 머릿돌을 삼았다는 전설이 있읍[습]니다. 이것으로 말미암아 베드로는 이 세계에 신령한 나라를 세우기 위하여 하늘로부터 내려온 하나님의 아들 예수는 유대 사람의 버린바 되어 예루살렘 성 밖에서 십자가 위에서 돌아가신 것입니다. 그 예수 그리스도께서야말로 신령한 나라의 토대가 되시며 모퉁이의 머릿돌이 되시는 것입니다. 이사야가 말한 것은 적극적이요, 베드로가 말한 것은 소극적입니다. 한 사람은 밖의 것을 말하였고, 한 사람은 안의 것을 말하였읍[습]니다. 그렇지마는 어떠하든지 모퉁이의 머릿돌이 없어서는 안 되겠다는 것은 이사야나 베드로가 일치한 점이올시다.

나는 오늘 아침에 우의 수석[즉, 모퉁이의 머릿돌]이란 것에 대하여 깊이 느끼는 바 있어서 제군과 같이 생각할 마음이 일어났읍[습]니다. 예수 그리스도는 열두 제자를 모으시고 교육하실 때에 어떠한 토대 위에 세우며 또는 건축하라 하셨느냐 하면, 즉 그리스도 자신 위에 세우라 하셨읍[습]니다. 그 증거로는 마태복음 16장 16절[3]을 읽어 보면 베드로가 선생님은 살아 계신 하나님의 아들이라고 예수께 대답할 때에 예수는 무엇이라 하였읍[습]니까? 그것은 우리 사람의 생각으로는 생각할 수 없는 것입니다. 즉, "하나님 아버지가 가르쳐 보였느니라." 하였읍[습]니다. 이 반석 위에 교회를 세울 것입니다. 열두 제자로 말미암아 세우게 될 모퉁이의 머릿돌은 하나님의 아들 그리스도인 것을 가르쳤읍[습]니다. 드디어 그리스도 교회는 이 반석 위에 세우게 될 것입니다. 이 안에는 헬라교, 천주교, 또 프로테스탄트 신교 등 여러 가지 교파가 있는 고로 자세히 말하려면 시간이 많이 걸리는 고로 말을 못하지마는 헬라교나 천주교와 같이 폐해가 많은 교회라 할지라도 사회풍토상에 주는 감화로 말하면 불교나 모하멧[모하메드]교에 비하여 보면 탁월한 점이 많읍[습]니다. 콘스탄틴 대제 때에 그리스도교가 로마제국의 국교가 된 것은 다 아는 바 올시니다[올시다]. 베드로가 이탈리아의 로마에 가서 복음을 전파하여 교회의 토대가 된 고로 그리스도교의 총본부는 로마교회이었읍[습]니다. 이 교회의 토대는 베드로의 후계자가 된 로마 법황이라고 주창하여 필경 구라파는 로마 법황이라는 베드로의 후계자란 이를 쳐다보고 아무리 강대한 나라의 대왕일지라도 법실(法室)의 앞에서는 머리를 감히 들지 못한다고 가르쳤읍[습]니다.

마르틴 루터는 4백 6십년 전에 나서 그런 생각은 틀렸다, 결코 로마 법황이 교회의 토대가 아니라 교회의 토대는 그리스도라고 주창하며, 우리는 본래의 교회로 돌아가자고 프로테스탄트를 시작한 것은 아시는 바올시다. 독일에는 루터가 세운 교회가 독일을 감화시켰으며, 영국에는 청도교가 일어나서 큰 감화를 주었지마는 그 청도교가 내어쫓김[내쫓김]을 받아 아메리카로 건너가서 그곳에 새로운 영국을 세우고 이번에는 아메리카의 토대가 된 것은 제군이 다 아시는 바올시다.

그런데 우리의 시대에 이르러서 참으로 슬피 통곡할만한 일이 실현되었읍[습]니다. 모처럼 루터가 생명을 바치면서 건축한 독일의 교회는 없는 것과 같이, 가이사[즉, 황제]로 말미암아, 비스마르크로 말미암아, 또는 군국주의로 말미암아 토대가 없어졌다 하여도 과언이 아니게 되었읍[습]니다.

그러면 프랑스에 교회가 있읍[습]니까? 프랑스의 최대 다수는 천주교를 믿는 고로 대개 5, 6십만의 프로테스탄트에 불과합니다. 러시아는 어떠한가? 이는 종교적 국민이라 찬미가와 같은 것은 실로 세계 인류 위에 투철합니다. 병사들도 찬미를 잘하며 또 의식 같은 것도 웅장합니다. 그렇지마는 다만 의식에만 능하고 실행은 조금도 하지 못하는 종교가 된 고로 그리스도의 눈으로 보실 것 같으면 러시아에도 교회가 없다고 하시겠읍[습]니다. 그러면 일본은 어떠한가? 근년에 와서도 그리스도교를 참 종교로 알지 않고 한 서학으로만 여기어 심하게 말하면 학교의 교원이 일요학교에 가는 학동에게 대하여 감점을 하며 혹은 교장 된 사람이 학동에게 예수의 크리스마스, 유년주일, 그 외 모든 축일(祝日)에 구경은 갈지라도 예수는 믿지 말라 하는 것을 그리스도께서 보실 것 같으면 가증한 일본아! 너는 너의 꾀로 서지 못하리라 할 것입니다.

그러면 어떤 곳에 그리스도교가 있읍[습]니까? 간단히 대답하면 이사야가 말한 예루살렘에 여호와 하나님이 한 돌을 두셨읍[습]니다. 이 돌이, 모퉁이의 머릿돌이라 한 이 돌을 의지하는 자는 염려할 것이 없다 하였읍[습]니다. 그 돌이 세계에 있읍[습]니까? 없읍[습]니까? 나는 지금까지 있는 것으로 압니다. 어디 있읍[습]니까? 어디든지 있을 것입니다. 자, 벨기에가 독일 군대에게 [짓]밟히었읍[습]니다. 점점 선전포고가 되어 언제 비행기가 날아와서 자기의 나라를 황폐하게 할는지 모릅니다. 이러한 위험에 빠진 영국 백성은 조금도 요동치 않고, 5백만의 런던 시민은 전쟁이 시작될 때에는 평범하였지마는 전쟁이 1년, 2년 지나고 런던 시가지는 야월성(夜月城)이 되었도다. 어디를 가도 캄캄하도록 만들어진[만들어져] 전등, 가스등은 찾아볼 수도 없게 되었읍[습]니다. 런던에서 얼마쯤 시골로 나가서 보면

여전히 변한 것이 없지마는 누런 군복을 입고 출정(出征)하느라고 이집 저 집에 들락날락 하는 것뿐이요, 아무런 염려하는 것이 없었다[고] 합니다. 또 영국은 다 아시는 바와 같이 유럽 전쟁 시에 고용된 병사들인 고로 주 막거리나 혹은 놀음판에서 승부를 다투는, 즉 품 팔어서 군인이 된 것 입니 다. 그래서 이번 싸움에도 7십만 이상의 의용병을 모집한 것입니다. 그중에 는 옥스퍼드 대학의 3천 5백 명의 학생 중에서 7백 명은 총을 메고 군인이 되었다[고] 합니다. 폴턴 목사의 교회에서는 2백 명의 청년이 의용병으로 나갔다[고] 합니다. 우리 조선에 선교하러 나온 선교사 중에도 여러 사람이 시베리아에 출정하였읍[습]니다. 더우기[더욱이] 전쟁이 시작된 이후로 런 던의 에든버러에 유명한 사람들이 모여서 매일 정오가 되면 기도회를 하였 다 [고]합니다. 우리 그리스도 신자들도 정오가 되면 하던 모든 일을 쉬고 전쟁이 하루바삐[빨리] 휴전이 되고 평화가 오게 하여 달라고 기도를 한 사람의 수요[수]는 헤일 수가 없었읍[습]니다. 또 영국에[서]는 한 집에서 다섯 아들이 다 출정하였다는 말도 들었읍[습]니다. 어떤 선교사의 친척 중 에 출정한 청년이 56명이라고 하는 것이 어떤 잡지에 난 것도 보았읍[습] 니다. 나는 군인이 되어 출정하는 것을 존경하지 않습니다.⁴⁾ 그들이 정의 인도의 정신을 품고 어떻게 하든지 벨기에를 고난 중에서 구원하여 내겠다 는 것입니다. 어떻게 하든지 독일의 군국주의를 쳐서 쓰러뜨리겠다는 곳에 서 생명[자신의 목숨]을 돌아보지 않고 출정한 것이 위대한 점이라 하겠읍 [습]니다. 그렇게 하는데[에]는 큰 원인이 있는 것입니다. 이것은 오랫동안 예수 그리스도를 모퉁이의 머릿돌로 의뢰하고, 공평으로 먹줄을 삼고, 정의 로 다림판을 삼고, 쓴[싸]움하여야겠다는 정신으로써 양육을 받는 영국민이 있을 것 같으면 그 영국민의 감화는 오늘까지 아직 믿지 않는 자에게까지 미쳐서 총을 메고 나가게 된 까닭이 아닌가 합니다. 그러면 전후 오늘날에 이르러 어떻게 되었읍[습]니까? 처음에는 연합 측이 질는지, 또는 독일 측이 질는지 몰랐읍[습]니다. 그리하였지마는 우리의 믿고 기도한 바와 같이 필경[결국]은 영국이 이겼읍[습]니다. 필경[결국] 연합 측이 이겼읍[습]니다. 연합국 측이 이긴 까닭으로 영국, 프랑스, 미국, 일본5), 또 대전을 방관하고 있던 열국의 백성들로 하나님의 보호로 말미암아, 하나님의 은혜로 말미암아 승리를 얻었다고 마음으로 깊이 감사하는 바올시다. 또 이번 전쟁이 시작한 것은 오늘꺼[까]지 그리스도교는 개인을 신자로 하며, 가정을 그리스도교의 감화 아래에 두려고만 힘썼으나 자기와 같이 이웃을 사랑하라는 원칙은 다만 개인과 개인, 가정과 가정 간에 쓰는 것으로 알았지마는 오늘은 나라와 나라 간의 외교에도 쓰게 되어야 할 것입니다. 실로 오늘까지의 교회는 그릇[잘못]되었읍[습]니다. 아직까지 실현을 보지도 못하였지마는 어떻게 하든지 나라와 나라 간의 외교에도 자기와 같이 이웃을 사랑하라는 교훈을 쓰게 되도록 기다려야 하겠읍[습]니다. 그렇게 되는 때가 와야만 비로소 개인은 그리스도를 머릿돌로 삼고, 가정은 그리스도를 머릿돌로 삼으면[며] 또 나라들이 서로 외교 할 때에도 그리스도를 머릿돌로 삼게 되어야 비로소 그리스도가 시온 산에 머릿돌을 둔 그 머릿돌이, 즉 토대가 되어 하나님의 나라로 세우게 되어야겠읍[습]니다.

이 세상에서 착하고 또한 아름다운 사람, 개인, 나라가 어디 있느냐 하면 유교나 불교, 선교가 있는 곳에는 없습니다. 헬라교, 천주교가 있는 나라에도 이상에 가까운 인격자, 성화한 가정이 있기는 있겠읍[습]니다마는[만은] 프로테스탄트가 있는 나라에는 실로 이상에 가까운 가정이 많은 것은 누구나 다 아는 것입니다. 조지 5세 치하의 가정과 같은 가정은 실로 이상에 가까운 가정입니다. 이 같은 인물을 만들며, 가정을 만들고, 또한 사회풍

토의 근원이 되게 하는 사상이라 하게 된즉, 의무를 무겁게 여기며, 책임을 중히 하며 또한 천지에 부끄럽지 아니할 만한 마음을 기르고 싶다는 건전한 사상이 보급되어야 하겠습니다.

그리스도교의 건전한 사상이 있는 곳에는 물질적 문명과 싸우면서 탁월한 인물로 하여금 이상적 가정을 만들게 되는 것을 생각하면 그리스도교라 하는 건축물은 위대한 것입니다. 누가 무엇이라 하든지 이것만은 확실히 위대한 것은 어떤 면으로 생각해 보든지 모퉁이의 머릿돌이 튼튼한 까닭입니다. 모퉁이의 머릿돌이 약하였을 것 같으면 그리스도교는 다른 종파와 같이 유명무실하였을 것입니다. 모퉁이의 머릿돌이 되신 그리스도라 하는 이가 위대한 까닭이었다[고] 합니다. 나는 모퉁이의 머릿돌이 순량(純良)하게 깎아낸 돌과 같이 그리스도라는 인물은 진실하셨던 까닭이라고 생각을 합니다. 진실하셨다는 뜻은 한 번도 거짓말을 함이 없었으며, 한 방법도 없었읍[습]니다. 베드로가 자기의 서간 중에 "예수의 입에는 거짓말이 없다."하는 말로 증거를 하였습니다. 나는 거짓말을 아니하기는[하지 않기는] 심히 어려운 일로 압니다. 내가 어릴 때에 들은 교사와 상인은 거짓말이 없으면 살 수가 없다 하는 말을 지금까지 기억합니다. 오늘 아침에 이곳에 이같이 많이 모인 이들 중에 누가 나와서 나야말로 어렸을 때부터는 그만두고 그리스도 신자가 된 이후로 현재까지 나의 입에는 한 번도 거짓말을 하지 않았다 할 이가 있겠읍[습]니까? 그러한 2천만 우리 동포 중에 나야말로 나면서부터 현재까지 나의 입으로 거짓말을 하여 볼 때가[해 본 적이] 없다는 사람이 있겠읍[습]니까? 그리스도교의 감화를 받는 사람 중에는 있지마는 그리스도교의 감화가 없는 곳에는 그러한 사람이 없을 것입니다. 예수의 마음에는 거짓말이 없었다는 것은 그 마음 안에 거짓 생각이 없이 본래 근원

이 그만큼 진실 하셨는[하셨던] 고로 이 머릿돌 위에 쌓은 마음은 그 머릿돌의 감화에 의지하여 진실하게 되며 참되게 된 것입니다. 영국의 로이드 조지[David Lloyd George]는 놀랄만한 참 정치가라 합니다. 저가[그가] 생명보험법안이라는 것을 의회에 제출할 때에 실로 크게 반대를 받았다 합니다. 물론 한번은 떠들 줄 안 것입니다. 런던 성안에 있는 여하인[똑같은 사람]만 하여도 1만 인이나 모여서 반대의 결의를 할 때에 그가 가운데 서서 참으로 필경[끝내] 그 안을 가결하였다 합니다. 지금 10여 년을 지나서 보면 그때 대장대신이던 저[그]는 영국에서는 현대의 구세주로서 올려보게 된 것입니다. 이와 같은 참이란 것이 우리 사회에 결핍하지 아니합니까?

또 하나는 깨끗한 것입니다. 남녀 간의 도의가 깨끗하여야 하겠읍[습]니다. 대개 이 세상 사람 중에 예수와 같이 청결하신 이는 어디를 가든지 찾지 못할 것입니다. "너희가 여인을 보고 마음에 정욕을 품을지라도 이미 간음한 자니라." 하였읍[습]니다. 그[이] 말씀을 하신 예수의 마음은 깨끗한 것임을 우리가 무엇이라 형언할 수 없이 깨끗하였을 것입니다. 그 깨끗한 머릿돌에 싸여서 감화를 받은 사람이 깨끗하게 되는 것은 당연한 일로 생각을 합니다. 얼마 전에 지방 순회 시[때]에 나는 두세 동창과 만나서 반날[반나절] 가량 이야기를 하였지마는 그중에 한 친우가 우리는 오늘과 같은 조선에서 한참 청년 시대에 좋은 취미를 다 잃어버리고 17세기의 수도사들과 같이 깨끗하게 행하는 주의만 주창하는 것은 실로 자기의 일이지마는 훌륭한 일이 아닌가? 할 때에 그것은 우리가 그리스도 신자이기에 그리스도를 믿는 자인 고로 라고 친우들은 웃으면서 이야기하고 헤어진 일이 있읍[습]니다. 실로 그리스도교는 위대하다는 것이 그 점에 있는 것입니다. 다시 말하면 그리스도께서 깨끗하신 까닭입니다.

이제 하나는 의리라 하는 말은 우리 조선에서 옛날부터 잘 쓰는 말입니다. 의리라 하는 것은 사람에게 보이기 쉬운 것입니다. 그리스도라는 큰 건축물 중에 나타난 의는 하나님을 보는 의입니다. "너희가 거짓 착한 체 하는 '바리새 교인'만 못하면 천국에 들어가지 못하리라."[라]고 예수께서 말씀하셨읍[습]니다. 이 같은 말씀을 하신 예수의 언행에 대하여는[대하여] 만일[혹시] 정직한 것이 없었을 것이라고[없지 않았을까 하는 것에 대해] 2천 년 동안 비평가가 조사를 하였지마는 아직끈[까]지 찾아내지 못하였다 합니다. 이 같은 하나님의 의(義)에 사는 우리 그리스도 신자 중에는 이 의(義)로 확실히 깨닫지 않으면 안되겠습니다.

오늘날 사상계에서 불란서 대학의 교수 헨리 베르그종[송]의 철학사상[6] 이 사상계를 쥐었다 놓았다 합니다. 그것이 무슨 까닭인가 하면 창조적인 진화라 합니다. "이 천지에 한 생명이 있다 에[라는] 식이 있는데, 즉 항상 그치지 않고 만드는 진화가 있다." 합니다. 나는[그는] 훌륭한 발명가라 합니다. 그러하지마는 요한복음 5장 17절에 예수의 말씀으로서 그 사상을 분명히 가르치시지 않았습니까[?] "예수께서 너희에게 대답하여 나의 아버지는 현재도 일하신다." 유대 사람은 천지의 하나님은 엿새 만에 이 세계를 지으시고 7일 되던 날에 쉬셨다 합니다. 세계를 처음 6일간에 창조하시고 그 후에 하나님은 쉬셨다는 것에 반대하여 예수는 현재까지 나의 아버지는 일을 하신다고, 즉 창조적 진화를 한다 하였읍[습]니다. 독일의 예나 대학 교수 어이켄[7]은 신령의 생명이라는 철학 사상을 고취하여 세계의 이목을 움직였지마는 무엇으로 아십니까? 어이켄의 사상은 요한복음의 신령적 생명을 고쳤다고 하면 실례라고 할 이도 있겠지마는 그 사상에 근사(近似)한 것입니다. 옛날부터 현재까지 어떤 철학자가 나서 이것은 이상한 신발명의 대사상이라고 주장하였을지라도 성경을 조사하여 본즉 성경에 없는 것이 없읍[습]니다. 예수의 말씀 중에서 그것을 분명히 볼 수 있는 고로 사상 상으로 말할 일일지라도 모퉁이의 머릿돌이라 할 수가 있는 것입니다.

여러분! 우리는 다행히 병화[兵禍]한 나라에서 [살아남아] 생활을 하였지마는 현재[이제]부터는 우리 조선도 그리스도로 토대를 한 나라들과 고[교]제를 하여 세계상에 서도록 되어야 할 것입니다. 아무래도 독일이 강하다, 군국주의가 필요하다고 생각하는 사람이 많이 있읍[습]니다. 그러나 오늘 독일의 그리스도교는 토대가 없어지고 말았읍[습]니다. 오늘은 군국주의가 세력을 잃고 말았읍[습]니다. 어떻게 하든지 우리 조선도 이때를 당하여서부터 그리스도의 감화를 받고 그리스도를 섬기는 영미제국와[과] 외교를 하여야 할 것입니다.

금년은 우리 조선에서 주일학교 부흥하는 해로 지킴에 대하여 표방하고 세워야 할 것은 그리스도입니다. 살아 계신 하나님의 아들 그리스도입니다. 그리스도를 모퉁이의 머릿돌로 하고 서야 하겠읍[습]니다. 그것이 우리의 기표(旗標)입니다. 그것을 기표로 하고 여러분과 같이 서게 될 것 같으면 이것이 즉 우리를 부르신 그리스도의 마음입니다. 교회를 지도하시는 그리스도는 실로 만족하실 것입니다. 더우기[더욱이] 우리는 그리스도를 사모하며, 그리스도께서 가르치신 사람의 아버지께 순복하는 것이 즉 예수 그리스도를 표방하여 서는 것입니다. 구라파 제국에서는 이번 전쟁에 의하여 개인이 그리스도를 토대로 삼고 가정이 예수 그리스도로서 모퉁이의 머릿돌을 삼으며, 교회가 예수를 토대로 하며, 사회에는 그리스도라는 머릿돌이 없는 [없다는] 것을 폭로하였지마는 우리는 이에 깊이 생각할 것이 있는 줄로 압니다.

　아무쪼록 여러분과 같이 오늘의 우리 조선에 참 토대석(土臺石), 모퉁이의 머릿돌은 예수 그리스도가 되심을 깊이 깨닫고 이제 후로는[이후로는] 한층 더 분발하여 그 머릿돌 위에 나의 몸, 나의 가정, 나의 사회, 나의 국가를 세워서 우리의 몸, 가정, 사회, 국가는[를] 진실하며 깨끗하고 의로운 돌이 되도록 그 감화를 받게 하여야겠읍[습]니다. 그것을 좇아서 우리의 집은 영원무궁한 반석 위에 짓도록 힘을 쓰시기를 바라는 바이올시다.

[ ]와 주석은 편집자(李如辰)가 추가.

편집자 주석(註釋)

(1) 이익모 목사의 "우(隅)의 수석(首石)"은 1920년 전후 설교문으로 추정된다.

(2) 손정도(孫貞道, 1872~1931)는 한국의 독립운동가, 감리교 목사이다. 대한민국 임시정부 임시의정원 의장과 교통부 총장으로 활동하였다. 그의 아들 손원일은 훗날 대한민국 해군 창군 주역이자 해군 제독, 주서독 대사였다.

(3) 마태복음 16장
16절: "시몬 베드로가 대답하여 이르되 주는 그리스도요 살아계신 하나님의 아들이시니이다."
17절: "예수께서 대답하여 이르시되 바요나 시몬아 네가 복이 있도다. 이를 네게 알게 한 이는 혈육이 아니요 하늘에 계신 내 아버지시니라."

(4) 이익모 목사의 이 말씀은 "살인하지 말라."라는 십계명에 의거한 기독교 계율을 뜻하신 것으로 해석된다.

(5) 세계 제1차 대전의 연합군은 영국, 프랑스, 이탈리아, 미국, 일본, 중국(당시는 중화민국) 등이 주축이었고, 포르투갈, 루마니아, 그리스, 세르비아, 몬테네그로가 속해있었다.

(6) 베르그송(Henri Louis Bergson, 1859~1941)은 프랑스의 철학자로 1927년 노벨상을 수상 받았다. 주저(主著)로는 "물질과 기억"*(Matiére et Mémoire)*, "창조적 진화"*(L'Évolution Créatrica)*, "도덕과 종교의 두 원천"*(Les Deux Sources de la Morale et la Religion)*이 있다.
그는 전 인류와 우주를 넘어서서 모든 존재의 주체성과 일치하는 극한점에서 성립되는 개방적, 창조적인 종교를 역설했다. 그의 철학은 사조로는 생의 철학이며, 체계적으로는 우주론이고, 그 방법은 직관주의에 서 있다.

(7) 루돌프 어이켄(Rudolph Eucken, 1846~1926)은 유물론 배척과 이상주의 갱신을 주창한 독일 예나(Jena) 대학 철학 교수로 1908년 노벨 수상자이다. 그의 저서로는 "진화와 종교"*(Evolution and Religion)*, "종교의 진실"*(Truth of Religion)*, "삶의 영적 목적을 위한 투쟁"*(Kampf um einen geistigen Lebensinhalt)* 등이 있다.

[B] 아버지: 이인선(李寅善)

2. 미라노[1] [밀라노][2]

– 聲樂徒[성악도]들을 웃기고 울리는 憧憬[동경]의 都市[도시] –

이인선(李寅善)

미라노[밀라노, Milano]라면 世界 各國 聲樂 樂徒[세계 각국 성악 악도]들이 꿈꾸며 憧憬[동경]하는 聲樂[성악]의 聖地[성지]라고 누구나 알고 있다. 이 都市[도시]는 伊太利[이태리, Italy, 즉 이탈리아] 북부[北部] 端西[단서] 國境[국경] 가까이 位置[위치]해 있고 伊太利[이태리]의 工業[공업] 中心地[중심지]로도 有名[유명]하다. 全市[전시] 中央[중앙] 地帶[지대]에 있는 國立[국립] 오페라[Opera] 劇場[극장], 라·스카라[라 스칼라, La Scala]는 歷史的[역사적]으로나 그 規模[규모]로나 世界[세계] 오페라界[계]의 帝王的 地位[제왕적 지위]를 占有[점유]하고 있으며, 伊太利[이태리]의 큰 자랑이라 하겠다.

내가 다만 미라노[Milano]를 憧憬[동경]하던 나머지 터무니없이 未知[미지]의 미라노[밀라노, Milano]를 찾아 갔던 때는 一九三四年[1934년]이었는데 그 當時[당시]에도 그곳에 모여든 聲樂[성악] 樂徒[악도]들을 보면 伊太利[이태리] 各地[각지]에서는 勿論[물론]이고, 隣近[인근] 歐羅巴[구라파] 諸國[제국], 멀리 北美合衆國[북미합중국], 南美[남미] 그리고 東洋[동양]에서 까지 찾아와서 實[실]로 聲樂[성악] 樂徒[악도]들의 展覽會[전람

---

1) "필하아모니" 창간호(1949년 9월 16일), 서울 교향악협회 출판부 (문성 인쇄소), pp. 36-39.
2) [ ]는 편집자(李如辰)가 첨가한 것임.

회]를 이룬 感[감]이 있었다.

　나의 처음 先生[선생]은 알프레도·체키[Alfredo Cecchi] 氏[씨]였는데 氏[씨]는 歌手 生活[가수 생활]에서 隱退[은퇴]하여 後進[후진] 歌手[가수] 養成[양성]에 專力[전력]하고 계셨고, 當時[당시] 벌써 六十歲[60세]의 高齡[고령]으로 特[특]히 發聲指導[발성지도]에 名聲[명성]이 높은 분이었다. 氏[씨]의 門下[문하]에도 伊太利[이태리] 學徒[학도]들 以外[이외]에 相當數[상당수]의 外國學徒[외국학도]들이 있었다. 氏[씨]의 포랜드[폴랜드, Poland], 헝가리[Hungary] 學徒[학도]들이 많았고, 美國[미국]서 온 學徒[학도]들도 있었다. 또 當時[당시] 벌써 一家[일가]를 이루어 쓰카라[스칼라좌(座), La Scala]의 歌手[가수]로 活躍[활약] 中[중]이던 南美[남미] 出身[출신] 아렉싼드로·그란다[Alessandro Granda]도 있었고, 우리가 映畵[영화]를 通[통]하여 잘 알고 있는 포랜드[폴란드, Poland] 사람 얀·키프라[얀 키프라, Jan Kiepura]의 슈弟[영제]도 있었다. 당시 日本人[일본인]으로는 齊田愛子[제전애자], 渡邊光[도변광] 等[등]을 비롯하여 四, 五人[4, 5인]의 聲樂樂徒[성악학도]들이 미라노[밀라노, Milano]에 留學[유학]하고 있었으나, 같은 門下[문하]는 아니었고, 故[고] 三浦環 女史[삼포환 여사]는 當時[당시] 미라노[밀라노, Milano]에 居住[거주]하면서 地方[지방] 오페라 劇場[극장]에 出演[출연]하고 있었다. 그 前[전]에는 日本人[일본인]으로는 藤原義江[등원의강], 平間文壽[평문문수], 原信子[원신자], 故[고] 間尾敏子[간미민자] 等[등] 無慮[무려] 十餘人[십여인]이 미라노[Milano]에 留學[유학]했으나, 韓人[한인]으로는 孤寂[고적]하게도 나 하나뿐이었다. 以下[이하] 미라노[밀라노, Milano]에서의 聲樂[성악] 指導法[지도법] 其他[기타]로서 聲樂[성악], 特[특]히 오페라를 指向[지향]하는 樂徒

[학도]들의 參考[참고]가 되어지기 바란다.

1. 完全[완전]한 發聲法[발성법]의 必要性[필요성]과 敎授[교수]의 選擇問題[선택문제]

　웃고 들어가서 울며 나오기 쉬운 門[문]은 聲樂[성악]의 門[문]이다. 이것은 첫째로 完全[완전]한 發聲法[발성법]을 習得[습득]하고 못하는데 달렸다고 하겠다. 華麗[화려]한 오페라 舞臺[무대] 위에서 노래하는 歌手[가수]들의 노래를 들을 때 그들의 노래는 아무 造作[조작] 없이 절로 솟아나는 것 같다. 아무 힘도 안 드리고 噴水[분수]와 같이 아름다운 音聲[음성]이 노래가 되어 그대로 터져 나오는듯한 感[감]을 준다. 이 얼마나 쉬운 일이냐… 입만 열면 노래가 自然[자연]스럽게 솟아나지 않는가? 저런 노래를 난들 못하랴? 하는 單純感[단순감]을 주는 것이 事實[사실]이다. 그러나 우리 귀에 그런 感[감]을 주는 歌手[가수]일수록 發聲[발성]을 위하여 남보다 더 큰 努力[노력]을 쌓아 왔고 또 그의 心魂[심혼]을 다 기우려서 노래한다는 것을 우리는 알아야 하겠다. 聲樂史上[성악사상]에 絶前[절전] 後無[후무]한 讚辭[찬사]를 받고 있는 故[고] 카루쏘[카루소, Caruso]도 舞臺[무대]위에서 高音[고음]을 失敗[실패]하고 聽衆[청중]의 揶揄[야유]를 받은 쓰라린 經驗[경험]을 여러 번 가지고 있다. 그러나 카루쏘[카루소, Caruso]는 그의 失敗[실패]를 刺戟[자극]삼아 더욱 더 發聲[발성]을 硏磨[연마]하고 努力[노력]했기[한] 까닭에 神[신]과 같은 尊敬[존경]을 받게까지 되었다. 카루쏘[카루소, Caruso]는 "노래에는 첫째에도 소리, 둘째에도 소리, 셋째에도 소리."라는 말을 했는데 이 格言[격언]으로서 우리는 노래에 있어서의 發聲[발성]의 重要性[중요성]을 한層[층] 더 切實[절실]히 깨다를[깨달을] 수 있다.

　미라노[밀라노, Milano]에서 첫째로 苦悶[고민]을 當[당]하는 것은 敎授[교수]의 選擇[선택]이다. 二千名[2000명]이나 된다는 數[수]많은 聲樂敎授[성악 교수] 中[중]에 누구를 擇[택]해야 될까? 하는 것이 初參者[초참자]의 頭痛[두통]거리가 아닐 수 없다. 여기에 必要[필요]한 첫째 條件[조건]은 自身[자신]이 發聲[발성]을 實際[실제]로 傳授[전수]해 줄 수 있는 技能[기능]을 가진 敎授[교수]라야 될 것이다. 그 敎授[교수]가 以前[이전]에 名聲[명성]이 있던 歌手[가수]였다든지, 그 위에 그[의] 門下生[문하생]에서 좋은 歌手[가수]가 나온 記錄[기록]을 가진 분이라면 우선 安心[안심]하고 就學[취학]할 수 있을 것이다. 發聲[발성]은 理論[이론]만으로는 傳授[전수] 받을 수 없는 獨特[독특]한 것인 까닭에 前記[전기]한 바와 같은 敎授 以外[교수 이외]의 聲樂敎授[성악교수]는 初學者[초학자]에게는 禁物[금물]이라 하겠다.

2. 發聲[발성]을 마스터[master, 습득]하는데 要求[요구]되는 時日[시일]

　正堂[정당]한 發聲法[발성법]을 傳授[전수]해 줄 수 있는 敎授[교수] 밑에서 指導[지도]를 받는다는 前提下[전제하]에 素質[소질]을 가진 者[자]로서 約 三年[약 3년] 內外[내외]의 時日[시일]을 要[요]한다고 보겠다. 素質[소질]없이는 一生[일생]을 消費[소비]해도 마스터(習得)[master, 습득]하기가 不可能[불가능]하다는 것이 다른 科學方面[과학 방면]과 다른 點[점]이다.
　그러면 三年[3년]에 된다 치고 實際[실제]로 所要[소요]되는 時間[시간]은 얼마나 되는가? 伊太利[이태리]의 歌手[가수] 養成方法[양성 방법]은 거의 獨特[독특]하다고 할 수 있다. 發聲[발성]이 바로 잡힐 때까지는 大槪[대개] 每日[매일](일요일[日曜日]과 祝祭日[축제일]만 除外[제외]하고) 先生[선생]의 指導[지도]를 받는다. 그러므로 三年間[3년간]이면 적어도 九白 時間[900시간]의 敎授[교수]를 받게 된다. 一週間[일주간]의 레쓴[렛슨, lesson]을 받은 普通方式[보통 방식]으로는 十五年[15년]을 要[요]하여야 겨우 九白時間[900시간]이 될 것이니, 그 進步[진보]에 莫大[막대]한 差異[차이]가 있을 것은 明若觀火[명약관화]한 事實[사실]이다.

3. 發聲法[발성법]을 마스터[master, 습득]하기 前後[전후] 이야기

發聲[발성]이 어느 程度[정도] 되기까지는 先生[선생]을 떠나서 學生[학생] 獨自[독자]의 練習[연습]은 許諾[허락]하지 않는 것이 普通[보통]이며 나의 첫 번 선생 체키[Cecchi] 씨[氏]도 亦是[역시] 이 點[점]에 對[대]해서 嚴格[엄격]하였다. 그러나 聲樂學徒[성악학도]는 大槪[대개] 다 急速[급속]한 進步[진보]를 慾望[욕망]해서 그대로 참고 있지 못하는 것이 通例[통례]다. 나 自身이[자신도] 規則[규칙]을 嚴守[엄수]하지 못하고 下宿[하숙]에 돌아와서는 거의 每日[매일] 반드시 소리를 질러 보았다. 동문학도[同門學徒]들과 모여서 제各其[각기] 精神病者[정신병자]들처럼 소리를 쳤고, 모일 때마다 發聲[발성] 이야기로 甲論乙駁[갑론을박] 하였다. 發聲[발성]을 마스터[master]하기 까지는 暫時[잠시]도 發聲[발성]의 생각이 머리에서 사라지지 않는 것이 事實[사실]이었다. 이 길인가? 저 길인가? 이런가? 저런가? 하고 煩悶[번민]의 날을 계속하여 교대해서 찾아오는 希望[희망]과 落望[낙망]의 明暗[명암] 속에서 웃고 울기를 數[수]없이 하는 것이 聲樂[성악]을 배우는 學徒[학도]들의 걷는 길이다. 이 險谷峻嶺[험곡준령]을 넘어서는 學徒[학도]에게는 成功[성공]이 있고, 쓰러지는 사람은 失敗[실패]다.

美國[미국]에서 왔던 프랭크[Frank]라는 好男兒[호남아]가 同門[동문]에 있었다. 美聲[미성]인 만큼 相當[상당]한 抱負[포부]를 가지고 第二[제2]의 에드워드·존슨(Edward Johnson)(現[현] 메트로폴리탄[Metropolitan]의 支配人[지배인]으로 미라노[밀라노, Milano]에서 敎育[교육]받은 美國人[미국인] 테너[tenor])를 꿈꾸며 入門[입문]했다. 처음 一年間[1년간]은 相當[상당]한 進步[진보]가 있었는데, 發聲[발성]의 迷路[미로]에 彷徨[방황]하기 始作[시작]하여 苦悶[고민]을 하기 始作[시작]했다. 어느 가을날 午後[오후] 그는 失望[실망]한 얼굴로 나를 보며, 어제[어젯]밤 밤새도록 울었다는 告白[고백]을 했다. 나는 누구나 다 그만한 苦悶[고민]을 當[당]한다는 말로 慰安[위안]을 주었다. 그 後[후] 數個月間[수개월간] 프랭크[Frank] 君[군]은 繼續[계속]해서 每日[매일]같이 努力[노력]했다. 그러나 그 눈앞에 光明[광명]이 速[속]히 나타나지 않았다. 왜냐? 하면 聲樂[성악]의 進步[진보]란 그렇게 速[속]히 되는 것이 아니었기 까닭이다. 그 고비를 넘기지 못하고 프랭크[Frank] 君[군]은 눈물을 흘리며 기어코 旅裝[여장]을 꾸려 가지고 돌아가고 말았다.

헝가리아[헝가리, Hungary]人[인] 비쓰콘트[Viscount] 君[군]은 亦是[역시] 고운 꿈을 깨트리고 울며 돌아갔다. 이런 웃지 못할 門[문]이라는 것을 깨달을 때 나는 一種[일종]의 恐怖心[공포심]을 느꼈다. 그러나 百折不屈[백절불굴]하는 勇氣[용기]로 不斷[부단]의 努力[노력]을 하면, 그리고

素質[소질]만 있다면 안될理[리가] 없다고 나는 믿고 싶었다. 프랭크[Frank]君[군]과 같은 美聲[미성]의 所有者[소유자]는 조금만 더 苦悶[고민]을 참고 努力[노력]했더라면 只今[지금]은 메트로폴리탄[Metropolitan] 무대에 섰을 것이라고 나는 믿어 지금도 哀惜[애석]을 不禁[불금]한다.

내가 聲樂[성악]을 공부하는 동안 第一[제일]로 感歎[감탄]한 것은 이태리[이탈리아, Italy]에서 名聲[명성]을 날리고 있는 歌手[가수]들의 進就心[진취심]과 그 態度[태도]였다. 그들은 先生[선생] 앞에는 名歌手[명가수]란 自尊心[자존심]도, 아무것도 없이 때때로 찾아와서 發聲[발성]을 해보고 가는 것이다. 마치 피아노[piano]를 피아노 調律師[조율사]에게 때때로 調律[조율]하는 것처럼 先生[선생]에게 와서 別[별] 異狀[이상]이나 없나 보고 가는 셈이다. 그란다[Granda]는 채키[Cecchi] 氏[씨]가 길러낸 歌手[가수]니까 先生[선생]을 찾아와서 레쓴[렛슨, lesson]을 받은 것이 異常[이상]할 것 없다고 생각할 수도 있지만, 코럼비아[콜럼비아, Columbia] 판[레코드(record)]의 마담·버터프라이[*Madama Butterfly,* "나비부인"], 토쓰카["토스카", *Tosca*] 全曲 等[전곡 등]을 通[통]해서 우리도 잘 아는 有名[유명]한 오페라 歌手[가수]인 그가 그 後[후에]도 계속해서 이따금씩 레쓴[렛슨, lesson]을 받으러 오고 있었다는 것은 나를 感歎[감탄]케 하고 그런 態度[태도]는 그 사람뿐[만]이 아니었다. 로만토[Enzo De Muro Lomanto], 파세로[Tandredi Pasero] 等[등] 赫赫[혁혁]한 其外[기외]의 쓰카라[라 스칼라, La Scala] 歌手[가수]들도 亦是[역시] 先生[선생]을 가끔 찾아와서 指導[지도]를 받고 가는 것을 目睹[목도]하였다. 그들을 對[대]할 때마다 나는 그들의 進就心[진취심]과 謙遜心[겸손심]에 머리를 숙였다. 나를 둘째번[두번째]으로 지도해준 에미리오·픽코리[Emilio Piccoli]

氏[씨] 亦[역(시)] 六十代[60대]의 高齡[고령] 教授[교수]로서 쓰키이파[스키파, Schipa]를 爲始[위시]하여 많은 歌手[가수]가 門[문]이 닳도록 訪問[방문]하여 指導[지도]를 받고 있었다. 老[노] 歌手[가수]들이 靑年[청년] 歌手[가수]들을 實力[실력]으로 壓倒[압도]하면서 舞臺[무대] 위에서 더욱 完熟[완숙]한 藝術[예술]로서 聽衆[청중]을 腦殺[뇌살]하는 그 裏面[이면]에는 이러한 不斷[부단]의 努力[노력]이 숨어 있다는 것을 우리는 알고 배워야 될 것이다.

4. 우리 聲樂人[성악인]들의 義務[의무]와 나아갈 길

聲樂藝術[성악예술]의 最高峰[최고봉]인 오페라[Opera]가 겨우 싹 튼 이때, 우리는 이 貴[귀]한 싹이 枯死[고사]하지 않도록 가뭄에 물을 주고, 부는 暴風[폭풍]을 막아, 開花[개화]하여 많은 結實[결실]이 될 때까지 길러 나가야 될 것이다. 勿論[물론] 여기에는 財政問題[재정 문제]를 無視[무시]할 수 없으나 무엇보다도 오페라를 지고 나갈 實力[실력]있는 歌手[가수]의 輩出[배출]이 먼저 切實[절실]히 要求[요구]된다. 좀 더 硏究[연구]하고 努力[노력]하고 硏磨[연마]하여 가진바 素質[소질]을 빛내도록 힘쓰는 날에는 적지 않은 좋은 歌手[가수]들이 나올 수 있다고 나는 믿는다. 그리고 속히 우리의 오페라가 創作[창작]되어 우리의 文化[문화]를 자랑할 수 있도록 까지 되어야 되겠는데, 좋은 歌手[가수] 없이는 아무런 名作[명작]도 그 效果[효과]를 나타내지 못하는 만큼 앞으로 우리 오페라의 結實[결실] 與否[여부]도 實[실]로 우리 聲樂人[성악인]의 覺悟[각오]와 努力[노력]에 달렸다는 것을 한 번 더 깨달아야 될 것이다.

3. 발음과 창법에 관하여[1]

이인선(李寅善)

　　성악의 초보는 물론 "콜위분겐"[*Chorubungen*][2]이나 "콘코네"[*Concone*], "말케지"[마르케지, *Marchesi*] 등을 통하여 독보력을 키워야 함은 더 말할 나위도 없는 것이다. 그러나 이것만으로 훌륭한 노래를 완성시킬 수는 없는 노릇이어서 성악 공부를 하는 사람이면 누구나 숙달된 발성법을 터득하여야 함이 더 중요한 일이다. 발성이 제대로 숙달되지 않은 사람이 만약 독일 가요[가곡]을 부르게 된다면 독일어의 독특한 우무라트[움라우트(*umlaut*)] 같은 것에 부딪치게 된다. 까다롭고 난습[난해]한 ü, ä, ö의 발음을 잘못 취급하면 곧 맑고 밝은 발성을 해칠 우려가 많으므로 발성과 겸하여 외국어의 독특한 발음에 숙달되어야 함도 중요한 것이다. 생소한 외국어의 발음과 발성을 터득하지 못한 채 오페라 곡을 불러 본다는 것은 위험한 것인즉 그것은 발음이 발성에 영향을 미치고 발성이 음색에 딱딱하고 컴컴한 소리가 나기 쉽기 때문이다. 영창곡[아리아(Aria)]은 표현에 있어서 과장하기 쉬워서 무리한 발성을 함으로써 나쁜 버릇이 붙기 쉽다. 그러므로 처음에는 모음이 맑고 밝은 이태리 고전가곡을 공부함이 무엇보다 합리적

---

1) "발음과 창법에 관하여"는 1940년 전후에 집필된 것으로 추정된다.
　　아버지가 특별히 신뢰하여 제자들의 레슨비 장부까지 관리했던 김ㅇ순은 아버지가 한국에 없는 틈을 타 1959년 "이태리 가곡집" 제1집과 제2집(각각 50곡, 총 100곡의 이인선 역사)을 아버지의 허락도 받지 않은 채 출판(현대음악출판사)하면서 제1집 '해설'이라는 항목에 이인선 이름을 삭제하고 마치 자신이 쓴 것처럼 착각하기에 충분하도록 "발음과 창법에 관하여"를 실었다.
2) [ ]은 발음표를 제외하고 편집자(李如辰)가 첨가한 것임.

이라고 생각한다. 성악은 시[詩]를 음[音]으로 표현하는 음악 예술이므로 시의 발음이나 노래의 발성이 함께 중요한 것이다.

성악은 아래와 같은 다섯 개의 조건이 구비 되어야 한다. 첫째로 정확한 음정과 리듬, 둘째로 밝고 공명이 잘 되는 발성, 셋째로 고상하고 품위 있는 창법, 넷째로 언어의 아름답고 명확한 발음, 다섯째로 자연적이면서도 풍부한 정서이다.

정확한 음정과 리듬은 콜위분겐, 콘코네, 마르케지등을 통하여 습득하면 된다. 음의 높이나 길이를 명확하고 확실하게 노래한다는 것이 그리 쉬운 일은 아닐 것이다. 그러나 노래 중에 나오는 페르마타(*fermata),* [쉼표] (pause)도 음악의 가장 중요한 부분이다. 어느 구절에서 일단락 짓고 다시 재현부로 들어가는 이런 구절이야말로 말할 수 없는 예술성이 여기에 게재 되어있는 것이다. 예를 들면, 이태리 가곡 도나우디[Stefano Donaudy] 작곡인 "불어라 봄바람"[*Spirate pur, spirate*]이라는 가곡에

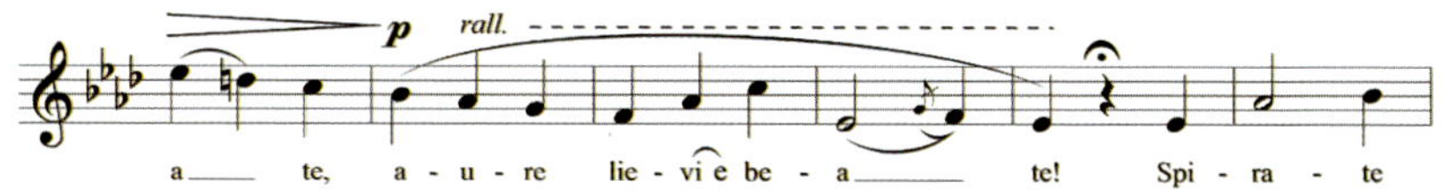

[위]와 같이 쉼표에 붙은 Pause, 포오스 [즉, 페르마타]를 어떻게 처리하여야 하는가가 문제이다. 또한 우리나라 김동진 씨 가곡 "가고파" 중에서 "옛날 같이 살고지고."의 "고"에 붙은 ⌒ [*fermata*]같은 것도 어떻게 다루어야 하나가 큰 문제인 것이다. 이런 곡에 있어서 연주자가 작곡자의 의도를 어느 정도 살릴 수 있는가, 이것이 성악가에게 주어진 과제인 동시에 연주자

로서의 중량과 깊이를 나타내는 초점이라 할 수 있을 것이다. 하나하나의 쉼표도 역시 음악의 연속인 것만큼 보석과 같이 중요한 점이라 말하지 않을 수 없는 것이다. 이런 문제는 연창(演唱)으로서 가장 고도한 것으로 음과 음 사이의 간격, 호흡의 분기점, 템포의 변화 등을 완전히 파악하여야 하는 것이다. 그렇다고 너무 지나치게 속도 기호대로 움직여서 메트로노무(Metronome)[메트로놈]과 같이 기계적으로 부른다면 괘종시계와 같은 천편일률적[千篇一律的]인 음악이 되므로 악상을 송두리째 상실하게 될 우려가 있는 것이다. 악상은 악상대로 살리는 콜라보체*(Collavoce)*, 즉 연주가의 임의로 하라는 작곡자가 일임한 이 권한을 얼마나 살리느냐가 문제 되는 것이다. 연주가로서의 풍부한 교양과 정서, 자기가 지니고 있는 예술성이 하나의 집합체로서 여지없이 나타나야 하는 것이다. 속도에 대한 제한을 전체적으로 받으면서도 부분적으로 해방을 주는 이 귀한 기회와 권한을 얼마나 효율적으로 구사하느냐가 귀중한 과제이다.

이태리[이탈리아] 가곡을 노래하려면 무엇보다도 벨칸토*(Bel canto)* 창법을 이해하여야 할 것이다. 세계 어느 나라 가수라도 그것이 원어에서 오는 발음의 차[이]라든가 국민성에 의한 표현의 차[이]는 있을지언정 종국적[終局的]으로 이 벨칸토 발성이 아닌 것이 없다고 말할 수 없으리라. 이와 같은 창법에 있어서 무엇보다 모음의 발성에서 그 기초를 세워야 한다. 우선 A의 발음에 있어서도 우리가 이야기할 때의 발음과는 구별되어야 할 것이다. 가장 쉬운듯하면서도 가장 어려운 발성이요, 또한 공명을 쉽게 가져올 수 있는 발성이 이 A 발음이기 때문이리라. 우리가 가장 발성하기 쉬운 중음 중에서 어느 피치[pitch, 음도(音度)]의 음을 택하여 잘 공명되는 A의 발성을 잘 연구하여 저음과 고음에 이르기까지 면밀하게 연구하는 것이 효과적일 것이다.

중음부는 대단히 단조롭지만 고음부가 거칠다든지 저음부가 음성의 광택을 잃었다든지 하는 것은 발성 연구의 미완성을 의미하는 것이다.

이 발성은 얼굴, 머리, 가슴 등의 공명에 의하여 좋은 울림을 가져오는 것으로, 첫째는 입을 자연스럽게 열고 아래턱을 내밀 것, 둘째로는 후두를 넓게 열어서 호흡이 자유로워야 한다. 셋째로 입은 하품할 때와 같이 자연스럽게 열어서 소리가 머리에 잘 공명 되도록 하여야 한다. 대개의 기준은 세 손가락이 들어갈 정도면 좋고, 잘 공명된 소리는 눈과 코 사이의 뼈가 간질간질할 때에 나온다. E 발성을 A 때의 요령에 따라 혀끝만을 앞으로 올리면 되는 것이다. I는 E보다 혀를 좀 더 올리면 된다. O도 A의 요령에 따라 입술을 둥글게 하여 가운데로 집중시키면 되는 것이다. U는 O의 요령에 따라 계란과 같이 입술이 타원형을 그려 그 공간을 유지하면서 아래 위 입술만 유지하는 것이 U인 것이다.

이상 다섯 모음 중에서 E와 O는 광음(廣音)과 협음(狹音) 두 가지로 구별되는데 발음표에 ' 표가 붙은 것은 협음으로 발음되므로 특히 그 단어에는 악쎈트[accent, 악센트]를 붙이고 길게 발음한다. 자음은 21자로 되어 있고, 영어의 J, K, X, Y, W 다섯 자가 제외된다.

다음의 *Alfabeto* [alphabet의 이탈리아어]와 발음표를 참고로 첩[帖]해 둔다.

A	[ah]	(아)	H	[acca]	(아카)	Q	[qu]	(쿠)
B	[bi]	(비)	I	[i]	(이)	R	[erre]	(엣레)
C	[ci]	(치)	L	[élle]	(엘레)	S	[esse]	(엣세)
D	[di]	(디)	M	[emme]	(엠메)	T	[ti]	(티)
E	[e]	(에)	N	[enne]	(엔네)	U	[u]	(우)
F	[effe]	(엪페)	O	[o]	(오)	V	[vuvi]	(부비)
G	[gi]	(지)	P	[pi]	(피)	Z	[zeta]	(제타)

몇몇 예외를 제외하면 자음 발음과 단어는 로마 스펠[spell, 철자]로 읽으면 된다.

B	boca	(복카)	입	bacio	(바치오)	입맞추는 것
D	danza	(단싸)	춤	diredice	(디레디체)	말하다
F	felice	(휄리체)	행복하다	fiore	(휘오리)	꽃피다
L	lento	(렌토)	조용하다	bella	(벨라)	아름답다
M	mio	(미오)	나의	mandolina	(만돌리나)	만도린
N	numero	(누메로)	수(數)	fine	(휘네)	훌륭한
P	piacere	(피아체레)	쾌락, 임의대로	ponte	(폰테)	다리(橋)
Q	questo	(쿠에스토)	이것	quella	(쿠엘라)	저것
R	raggio	(랏지오)	빛	spero	(스페로)	허망하다
S	sempre	(셈프레)	항상	serenata	(세레나타)	소야곡
T	tempo	(템포)	시간, 시대	tormento	(토르멘토)	오뇌, 고민
V	vita	(비타)	생명, 생애	viva	(비바)	만세
Z	zingarella	(진가렐라)	집시여자	forza	(호르싸)	힘

보충해서 예의 발음을 들어보면

filosofia	(philosophy)	철학	saffo	(삿호)	sappho
signore	(쓰인뇨레)	영어의 Mister	scena	(시에나)	정경, 씬

| uscire | (우시레, 이때의
sci는 "식초가
시다"의 '시'로
발음함.) | 나온다 |

s<b>[3]), d, g, m, n, v의 앞에 s가 있을 경우에는 탁음(濁音)으로 발음한다.

sdegno	('스'도 '즈'도 아닌 중간음 '쓰덴뇨')	멸시
sbarrare	(쓰발라레)	상륙하다
sgridare	(쓰그리다레)	핀잔을 주다
smalto	(쓰마르토)	에나멜
snodare	(쓰노다레)	매듭을 풀다
svegliare	(쓰벨랴레)	눈을 뜨다. 잠에서 깨다.

다음은 s가 ra, re, ri 다음에 있을 경우에도 마찬가지다.

| rasoio | (라쏘이오) | 면도칼 |
| resistere | (레지스테레) | 저항하다 |

그러나 사람의 이름인 고유명사(固有名詞)나 두 단어가 한 단어로 되어 한 말[단어]이 되었을 경우에는 이와 반대로 청음으로 '스', '세'로 읽는다.

z의 발음은 세 가지로 구분된다.

---

3) 〈 〉은 원본이 소실되기 이전에 이인선 선생 제자분이 원본을 복사하는 과정에서 발생한 오류로 판단됨으로써 편집자(李如辰)가 수정한 것이다.

zio	(씨오)	작은 아버지, 아저씨			
pozzo	(폿쏘)	우물			
zero	(제로)	영(零)	zeffiro	(제휘로)	산들바람

c의 경우

c가 a, o의 앞에 있을 경우

canto	(칸토)	노래	catena	(카테나)	쇠사슬

c가 e, i의 앞에 있을 때

cimarosa	(치마로짜)	사람 이름
dolce	(돌체)	달다, 과자, 달콤하게
citta	(칫타)	도회(도회) 거리

c와 e, i 사이에 h가 있을 경우[에]는 또 다르다.

chi	(키)		che	(케)	어찌 어찌 한
chiesa	(키에짜)	교회, 교회당			
chiaro	(키아로)	밝은			
perche	(페르케)	왜?, 어찌하여			

Ah(아), oh(오), Ahime(아이메), hanno(안노)와 같은 경우[에]는 묵음자(黙音字)로 h를 발음하지 않는다.

g도 c에 준(準)한다.

g가 o, u의 앞에 있을 때

gola (고라) 후두 languise (란구이세) 고민하다

graziosa (그라씨오자) 애교있다.
연연하다.

g가 e, i의 앞에 있을 경우는 또 다르다.

gemma (젬마) 보석 giacca (지아카) 자켙

g[gh]가 e, i의 사이<앞>에 있을 경우:

streghe (스트레게) 여자 마법사

ghirlanda (길란다) 화관, 화환

e, i의 사이<앞>에 g가 겹쳐 있을 경우:

reggente (렛젠테) 섭정, 집권

oggi (옷지) 금일

coraggio (코랏지오) 용기

gn과 gl의 발음은 다음과 같다:
<gn의 발음>

montagna (몬타냐) 산

signora (씨뇨오라) 부인

gl의 발음

Gigli   (질리)   성악가 이름

대명사 관사의 gli 및 그 파생음:

egli (엘리) 그 사람   degli (델리) ....의   sugli (슐리) ....의 위

이중모음의 앞 경우:

famiglia   (화밀리아)   가족   moglie   (몰리예)   처

gliare로 끝인 동사의 각 인칭의 변화어:

piglio   (pigliare)   잡다. 손으로 쥐다.
assomiglia   (assomigliare)   유사하다(같다)

g<gl>가 a, o, u, e의 앞에 있을 경우:

gladiatore   (그라디아토레)   투사(鬪士)
gloria   (글로리아)   영광, 영예

<g가> n의 뒤에 있을 경우:

Anglia   (앙글리아)   영국

4. "라 트라비아타"*(La Traviata)*

Giuseppe Verdi 작곡
Francesco Maria Piave 오페라 대본

이인선(李寅善) 역사(譯詞)

***

‘한국 오페라 역사상 최초’로 공연된 오페라 “라 트라비아타”*(La Traviata)*는 대한민국 정부 수립이 이루어지기 전인 1948년 1월 16일부터 20일까지 1일 2회 총 10회, 서울 시공관(현 명동예술극장)에서 이인선(李寅善) 선생이 설립한 <조선오페라사협회> 주최, <문교부>, <서울시>, <중앙신문사> 후원으로 개최되었다.

이인선(李寅善) 선생에 의해 춘희(椿姬)로 이름 지어져 그는 리브레토(libretto)의 역사(譯詞), 총지휘 및 제르몽(Germont) 역까지 1인 3역을 했다. 당시 프로그램에는 이인선 선생의 역사본(譯詞本) 전체가 첨가되었으며 이는 1948년 초연(初演) 이후 현재까지 사용되어오고 있다.

오늘날 종이와는 비교할 수 없는 빈약한 재질로 제작된 당시 프로그램 원본은 76년이라는 세월을 지나면서 퇴색되어 원래의 형태를 잃었음에도 불구하고 자료의 역사적 가치와 중요성을 감안하여 원본 그대로를 기록 차원에서 올리는 바이다.

***

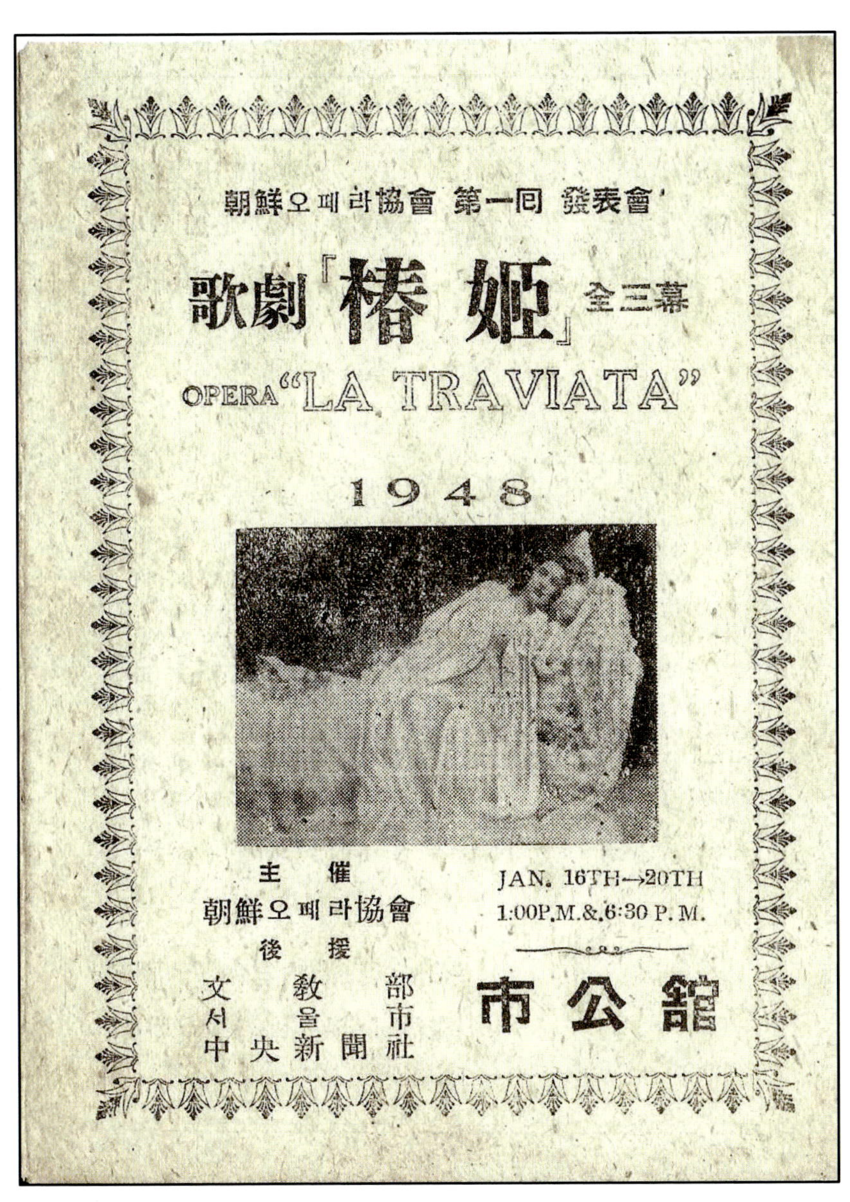

[B] 이인선: 4. "라 트라비아타" (La Traviata)　　983

OPERA "LA TRAVIATA" … GIUSEPPE VERDI

歌劇 『椿　姬』 三幕四場 … 쥬쎌페·베르디曲

譯詞　李寅善　　　裝置　金貞桓
演出　徐恒錫
　　　金漠人
指揮　林元植

配　役

비올렏타·발레리 (VIOLETTA VALERY) 娼婦 …… 소프라노　{金慈環 / 馬金喜}
플로라 (FLORA) 비올렏타의 동무 …………………… 메쪼=소프라노　盧亨淑
안니나 (ANNINA) 비올렏타의 下女 …………………… 소프라노　孫允烈
알프레도·제르몽 (ALFREDO GERMONT) 名門의子弟 …데너　{李寅善 / 玉仁讚}
쬬르쬬·제르몽 (GIORGIO GERMONT) 알프레도의 父親…바리톤　鄭榮在
가스롱子爵 (GASTON) 알프레도의 親舊 ……………… 데너　宋鍾鈇
무뚈男爵 (DOUPHOL) 알프레도의 戀敵 ……………… 바리톤　高宗益
오비니侯爵 (MARQUIS d' OBIGNY) …………………… 베이스　黃柄德
그랑빌醫師 (GRENVIL) ………………………………… 베이스　金魯鉉
쥬쎌페 (GIUSEPPE) 비올렏타의 下人 ………………… 데너　朴勝裕

其他紳士와　淑女를 ……… 비올렏타와　플로라의　손님들, 짚시—女子들과
鬪牛士들, 配達夫.

때　一七〇〇年頃
곳　巴里

合　　唱 …｜朝鮮오페라協會合唱團
　　　　　｜藝術大學音樂部合唱團
오케스트라 … 高麗交響樂團

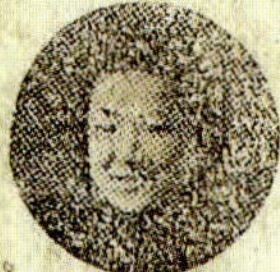

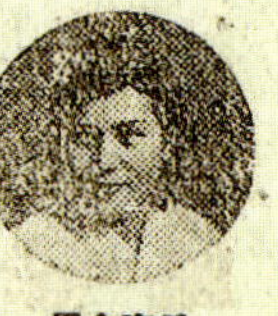

梗 槪 와 歌 詞

序 言

「라·트라비아―타」(―名 椿姬)는 元來 小듀마의 戱曲 La Dame aux Camilias로서 一八四年에 出版 一八五三年에 舞臺劇으로 巴里에서 初演되었다。베르디는 當時 歌劇「일·트로바토―레」를 作曲中이었음에도 不拘하고 이「椿姬」의 歌劇化를 꿋하여, 마리아·피아―베(「리골렡토」「일·트로바토―레」等 歌劇의 作詞者)에게 臺本을 依賴하여 不過四週日만에 作曲을 完成하여, 一八五三年三月六日(日曜)에 베네찌아(베니스)의 페니―치에劇場에서 初演되었다。

第 一 幕

梗槪　華麗한 前奏曲이 끝나자 幕이 열리면 高等娼婦 비올렡타의 집客室。저녁饗宴에 賓顧이 모여든다。그랑빌醫師等 數人의 友人과 歌樂을 즐기는 비올렡타는, 그러나 이즈음 不安을 느끼고 있으나 肺患이 날로 좀먹고있기 때문이다。손님들이 모여드는中 가스통子爵은 地方名門의 子弟 알프레도를 데려다가 비올렡타에게 紹介하되 그가 비올렡타를 늘 戀慕한다고 한다。

여기서 알프레도는「脫盃의 노래」를 부른다。노래가 끝나서 모두 춤을 추려 옆房으로 갈때 비올렡타는 기침을 하며 얼굴이 蒼白하여 주저앉는다。손님들은 옆房으로 가고 알프레도만이 남아 眞心의 告白을 하나 비올렡타는 사랑의 참뜻을 모른다。그러면서도 맘은 끌려 그대로 돌아가려는 알프레도에게 冬柏꽃을 주며「이꽃이 시들거든 다시 찾아오시오」하고 二重唱을 한다。後에 손님들도 돌아가고 홀로 남은 비올렡타는 비로소 사랑을 깨달으나「歌樂만이 나의 生命」이라 노태할때 露臺아래에서 알프레도의 사랑노래가 들려와, 비올렡타의 맘은 散亂하여진다。

合唱(테너)。招待한 時間이 지났도다。웨 늦었었소?

合唱(베이스)。이 플로라宅에서 놀다가 時間이 지났소。

梗概와 歌詞

비올렛타。(마중나가며)나의 손님들, 나머지 이밤에 나를 歡樂을 지어보세。祝盃속에 큰즐거움 오리。

풀로라及侯爵。즐거보실 수 있소?

비올。대 조원! 나의 病에는 이러한 歡樂만 날 蘇生시키는 藥이오。

풀。男・醫・侯・合唱。아, 참 歡樂은 生命의 힘!

가스롱。(알프레도와 登場)이 알프레도・제로몽, 또한 그대를 많이 존경하는 사람, 이런 친구는 드물게 보리。

비올。(그에게 손을 주며) 子爵이여, 감사드립니다。

侯爵。오, 알프레도!

알프。(握手)閣下여!

가스。(알프레도에게) 보는가? 기쁜 友情을 깨닫는 이곳。

비올。(婢僕에게)준비됐나? 손님들, 앉으시오。담벌어짐은이자리로세。

合唱。과연 그렇소, 맘속의 근심도 사라지우。(金員 着席。)

金員。맘벌어짐은 이자리로세。

가스。(속삭인다) 늘 알프레도 그대를…

비올。놀리시오。

가스。항상 번민과 합께 그마음 이리 달려왔다오。

비올。그런말 더 말어주시오。알수 없소, 그까닭! 진정이오?

알프。네, 그렇소。

비올。大端 감사합니다。(男爵에게)男爵이여, 당신도 그렇소?

男爵。그대 안지 나 오로지 一年。

비올。그는 날 안지 몇分도 못돼。

풀로。말을 마는것 차라리 낫지。

男爵。(적은 말로)나는 저 靑年 싫어。

풀로。어찌해? 내게는 情답게 보이오。

가스。(알프레도에게)그대 그대는 웨 말이 없나?

侯爵。(비올렛타에게) 그의 입을 열도록 도와주시오。

비올。(술을 부으며)이전 에베의 술이오。
[註--에베는 靑春의 女神]

알프。그런 女神을 나 사모하오。

金員。마시자, 마시자, 마시자, 마셔。

986　절대음악 혼자 간다

☆　出　演　者　紹　介　☆

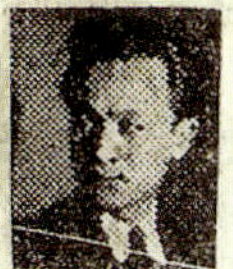

高宗益氏

☆두뿔男爵役 (바리톤)
帝國音樂卒業
☆가스몽役(테너)
中央音樂卒業
☆李寅善氏師事
四次獨唱會開催
現在　서울第二女

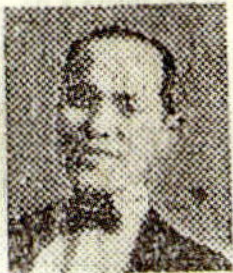

宋錦熙氏

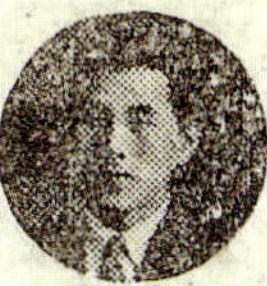

黃柄德氏

中　奉職
☆오비니侯爵役
(바리톤)　東洋音
樂卒業　12回金日
本공子로入選　現
在 誠信女中奉職
이번에　베이스役
을代役

가스。男爵이여, 한 祝盃의 노래 기쁜 이밤에 들려주시오。(男爵, 拒絶。알프메도에게) 그러면……
全員。좋소, 한노래를……
알프。울어나지 않소。
가스。사양할것 무언가?
알프。(비올렡타에게)원하시오?
비올。네
알프。좋소。한곡죠……
候爵。조용하오。다 노래 들세。
全員。모두 노래 들세。
[祝盃의 노래]
알프。마시자, 마시자, 즐거운 잔속에 참 고운꽃 피어오른다。멋없이 흐르는 살같은 歲月이 잔으로 즐기자。사랑의 단홍분속에서 이 잔을 마셔보세。그대의 고운 눈앞에 못근섭 사라져……마시자, 사랑의 사랑의 잔속에 참행복 얻으리。
合唱。아! 사랑의 잔속에 참행복, 그잔속에 참행복 얻으리。
비올。내기쁨, 내기쁨, 그대들 속에서 얻어짐 나 알도다。아! 기쁜꿈, 기쁜꿈을 제하면 이세상 허무뿐。사랑의 즐거움 그역시 살같이 지나가고 어여뿐 꽃도 시들어 그빛을 잃거든……즐기세, 즐기세, 더른 즐거움이 우릴 기다리오。
合唱。아! 즐기세, 즐기세, 이잔과 노래가 이밤과 웃음을 장식해。즐거운 즐거운 이 樂園안에서 새날을 맞으리。
비올。歡樂은 나의 生命……
알프。사랑을 모르는 때만……
비올。사랑과 난 관계없소。
알프。아! 나의 이 運命。
全員。아! 즐기세, 즐기세, 이잔과 노래가 이밤과 웃음을 장식해。즐거운 즐거운 이 樂園안에서 새날을 맞으리。', 아 새날을 맞세, 아, 맞세。
[월쓰와 二重唱]
비外의 全員。(옆房의 音樂소리를 듣고) 이 무엇?
비올。이제는 춤을 추기로 하지요。
同上全員。고마운 생각 감사히 받세。
비올。갑시다 저리。(손님들이 옆房으로 가는데 비올렡타 얼굴이 蒼白해지며)아, 사!
同上全員。웨 그러오?
비올。아녀요, 아녀요。
同上全員。어째 그러오?
비올。(억지로 결으며)갑시다。(그만 주저 앉으며)아이머니!

☆　祝　오　페　라　上　演　☆

서　라　벌

에　덴
明洞二街

[B] 이인선: 4. "라 트라비아타"(La Traviata)　987

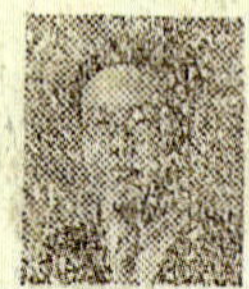

☆그랑빌醫師役
(바리톤)崇實中學
卒業　齒大在學中
朴元貞·任辟姬·
무쏘夫人諸氏師事
이번에 베이스役
을　代役
안니나役 (쏘프

金魯鉉氏

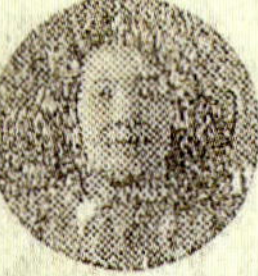

孫允烈氏

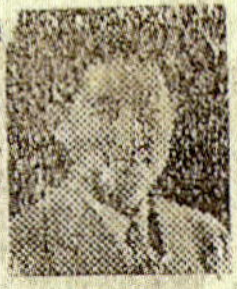

마노) 培花高女卒
業　서울藝大音樂
科中退
☆규뫼패役(테너)
法專出身　上海今
슬린羅樂歌劇院中
退　權熙南·슈슐린
李寶善諸氏師事

朴勝輅氏

비·알外의全員。아직도!
알프。아, 괴롭쏘?
풀·가·男·醫·傑。어제 그러오?
비올。소름이 끼쳐지오。먼저 가시오, 나도 뜨곰 가리다。
비·알外의全員。그렇게 하오。
(알프베도만 남고 모두 退場으로。)
비올。(일어나 거울을 보며)푸른 입술!
(알프레도를 보고)아. 아!
알프。고통이 조금 어떠시오?
비올。좀 나오오。
알프。이같은 生活 그대몸에는 毒藥과같음 깨닫지 못하시오?
비올。그러면 어째?
알프。오 나의 마음 그대의 幸福위해 늘 지키기 원하오。
비올。무슨 말씀? 그같이 누가 나를 위해………?
알프。사랑을 주는이 없는 까닭。
비올。정녕?
알프。오직 나밖에。
비올。아, 과연! (嘲笑하며)그런 큰사랑 전연 몰랐구려!
알프。날 嘲弄하오? 그댄 진정이 없나?
비올。진정? 네…글쎄요……내게 웨 무드시오?

알프。진정이라면 그런 嘲笑못하리다。
비올。정말이시오?
알프。나 거짓없쏘。
비올。그러면 어느때부터?
알프。벌써 滿一年。
알프。나의 큰幸福의 光明한날 그대가 가져왔네。 내맘을 흔든 그날부터 사랑에 산것 아냐? 이맘속에 끓는 사랑의 파도에 온 누리 함께 떠네。 참 이상하다, 사랑이 내게 준것 고통, 고통과 기쁨, 고통과 기쁨 두가질세。
비올。그말이 신정이라면 나를 떠나가시오。나 사랑으로 고통을 받을줄 전혀 몰라。그같이 사랑 원하면 다른이 구하시오。아 나를 지금 저버림 어렵찮으려。
알프。오 사랑 참 이상하다,사랑이 내게 준것 고통, 고통과 기쁨, 고통과 기쁨 두가질세。기쁨과 모진고통 기쁨과 모진고통 기쁨과 고통, 모진 고통。아 과연 기쁨과 모진고통!
비올。사랑은 챴지마오。아 나를 지금 저버림, 나를 버림, 나를 저버림 어렵찮어。아 날 저버리오, 아 날 저버리오, 날 저버리오, 저버리오。아 과연! 날 저버리오, 지금。(☆표는 重唱)
가스。(옆房에서 나오며)아직 무엇을 하오?

☆ 梗 槪 와 歌 詞 ☆

비올。이야기하오。
가스。아！아！좋소, 더하오。(다시 들어간다。)
비올。사랑 더 말마시오。그러시려오？
알프。服從하리다。(가면서)가오。
비올。가시렵더까？(가슴에 꽃았던 꽃을 주며)이꽃 가지고 가오。
알프。어찌해？
비올。도로 보내오。
알프。언제？
비올。그꽃이 시들거든。
알프。아, 아！그럼 來日……
비올。좋소, 그럼 來日。
알프。내맘, 내맘은 기뻐！
비올。날 사랑함 참인가？
알프。오 나의 사랑, 나의 사랑 무한하오。내맘, 내맘은 기뻐！
비올。날 사랑함 참인가？
알프。오 나의 사랑, 나의 사랑 무한하오。(간다)
비올。날 사랑함……가시려오？
알프。가오。(돌아와 손에 입맞춘다。)
비올。잘가오。
알프。오 나의 女神！
비올。잘가오, 잘가오。
알프。잘있으오, 잘있으오。(간다)
其他全員。(옆房에서 나온다。)
벌써 동이 밝아오네, 그만 돌아가겠소。感謝하오。친절한 主人, 과연 즐거운 歡樂！
市街에는 祭日얹네, 기쁜 時間 사라져。다시 몸을 便히 쉬어, 즐거움 기운을 내세。(모두 가버린다。)
비올。(혼자 남아)사랑의 참뜻을 깨달아간다。)
이상해！내맘속에 새겨지는 그말！참

사랑 내게 도리어 不幸치않을까？散亂한 이내맘을 어이할까？나 아직 사랑몰랐어라。참사랑, 이내맘을 어이할까？나 아직 사랑 몰랐어라。참사랑, 사랑의 기쁨, 나 아직 몰랐어라！
無味한 나의 生活 사랑의 기쁨속에 蘇生케 될까？아 그이런가？宴會의 소요한 속에 홀로, 소요한 속에 홀로 그맘에 감춘빛으로 그림을 그리는것……겸손한 그맘, 날위해 피곤한 몸을 지키며 사랑의 새론 힘으로 나를 깨우도다。
이 맘속에 끓는 사랑의 파도에온 누리 함께 뛰네。참 이상하다, 사랑이 내게 준것 고통, 고통과 기쁨 두가질세。기쁨과 고통 모진 고롱, 아 기쁨과 모진 고롱！(잠시 생각에 잠긴다。)
(興奮하여。)헛된 생각！虛無한 나의 幻想！가련한 身世！홀로 외로운 이몸, 이 沙漠같은 巴里에 나홀로 무슨 希望으로 살아가며 또 무엇을 할까？즐거운 歡樂의 旋風속에 나죽기 원하네。歡樂！歡樂！
항상 自由롭게 기쁨 찾기 원해。즐거운 기쁨, 항상 快樂의 큰길로 달려가기 원하네。낮과 밤을 가리지않고, 항상 기쁨찾기 원해。항상 너의 생각, 새로 기쁨으로 달려가네。아 항상, 아 항상, 나의 생각 달려가네。아 항상、아 내생각！
알프。(露臺아래에서)사랑, 사랑의 파도에 온누리 함께 뛰네。참 이상하다, 사랑이 내게준직 고통, 고통과 기쁨, 고롱과 기쁨 두가질세。
비올。아！아 사랑！
헛된 생각！다만 歡樂…항상 自由롭게……(反復)
☆알프。(露臺아래에서)사랑의 파도에

[B] 이인선: 4. "라 트라비아타"(La Traviata)   989

온누리 뛰네。
비올。아 달려, 아 달려, 아 항상 나의 생각。(反復)—幕—

第二幕

第一場

梗槪 巴里郊外村家。三箇月後。前日의 生活을 淸算한 비올렛타와 알프레도의 사랑의 보금자리。그러나 生活費에 쪼들린 비올렛타는 巴里로 家財를 팔려갔다。幕이 오르면 사냥갔다 돌아온 알프레도가 下女한테 비올렛타가 寶石類와 家財를 팔아 生活費를 調達한다는 이야기를 듣고 自己가 돈을 구하러 巴里로 간다。길이 어긋나 비올렛타가 돌아왔는데 손님이 왔다하여 만나보니 그는 알프레도의 父親죠르죠•제르몽이라는 老人이었다。그는 비올렛타가 自己아들을 誘惑한 惡女로 알고, 거짓말을 꾸며 自己의 어린 딸에게 婚談이 있으나 아들의 放蕩한 生活(비올렛타와의 生活)때문에 破婚이 되게되었으니 그깨끗한 處女의 將來를 위하여 斷念하기를 懇請한다。처음 비올렛타는 이를 拒否하나 하도 懇曲히 請하는 바람에 할일없이 承諾하여, 알프레도에게 離別의 片紙를 쓴다。이때 알프레도가 돌아와 自己 아버지가 온다고 하였다고 말한다。비올렛타는 시침을 떼고 슬그머니 庭園으로 나간채 巴里로 동무 플로라의 집에 가버린다。後에 配達夫가 가져온 離絲의 片紙를 보고 깜짝 놀란 알프레도는 무플男爵에게로 간것으로 誤解한다。이때에 아직 돌아가지않고있던 父親이 나타나 故鄕프로벤짜로 가자고 勸하나 플로라로부터 비올렛타를 饗宴에 招待한 書狀을 보고 巴里로 달려간다。

알프。(사냥服을 입고 室內로 들어온다。)그들 떠나선 즐거움 내게 없네。(獵銃을 버려놓는다。)아, 벌써 석달이나 나를 위해 비올렛타 安樂한 生活과 富貴를 버렸네。어여쁜 그의 앞에 뭇사람 경배하는 豪華론 饗宴도 다 버렸도다。날위해 지금모든 것 다 버리고 에서 滿足하네。나 그로 因해 다시 蘇生을 얻고 부드러운 그사랑의 숨결속에 내 지난날의 눈물 모두 씻음을 받았네。

내 젊은 熱情속에서 불길이 타는 맘에 위로를 준건 그의 참부드런 사랑의 微笑일세! 날 사랑한다」내귀에 그의 眞情 말한 그날부터 나 사는곳은 하늘에 華麗하고 또 즐거운 樂園과 같도다。(反復)

나 사는곳 저 하늘에 樂園같애, 나 지금 사는곳, 아 참 華麗한 저하늘에 즐거운 樂園같애!

알프。(急히 들어오는 안니나를 보고)안니나, 어디 갔었니?
안니。저 巴里요。
알프。누가 보냈기에?
안니。나의 아씨께서。
알프。어쩌해。
안니。馬車와 그밖에 또있는 것 다 팔려요。
알프。그 까닭은?
안니。그렇게 生活費 大端히 든다오。
알프。웨 이제 알리나?
안니。말말라 이르셨소。
알프。말말라고? 必要한 金額은?
안니。千「루이」라오。
알프。나 이제 巴里로 가리。이런말 모두 말하지 말아다오。나 지은 잘못 고침 마땅하리。가리! 가리!(알프레도, 밖으로 退場)。안니나, 집안으로 退場)

비올。(書類를 가지고 안니나와 이야기
하며 登場)알프레도는？
　안니。지금 巴里로 가셨소。
　비올。곧 오실까？
　안니。저 해가 지기전에 오신다고요。
　비올。이상해！
　쥬셀페。(片紙를 들고 登場하여 비올렡
타에게 준다。)片紙요。
　비올。좋네, 한商人 조금후에 찾아오면
곧 案內하게。
　(안니나, 쥬셀페 退場。)
　비올。)片紙를 뜯고) 아, 아！ 플로라가
내 居處를 알고 오늘밤 舞踏會에 請했으
나 기다림 헛되리。(片紙를 卓子위에 던지
고 앉는다。)
　쥬셀。손님 오셨소。
　비올。바로 그분일듯。(案內하라는 表示)
　제르몽。비올렡타。발테리시오？
　비올。네, 나요。
　제르。알프레도의 애비가 나외다。
　비올。네？(놀라, 椅子를 勸한다。)
　제르。그대로 因해 몸을 망치려는 경박
한 者의 애비요。
　비올。(愼愧하며) 이곳은 내집이요, 난
女子입니다。그러나 당신위해 내가 避하겠
소。(나가련다。)
　제르。(傍白)그態度！ 잠간……
　비올。甚하신 誤解입니다。(둘아와 앉는
다。)
　제르。그가 財物도 다 주지않았소？
　비올。받지도 않았고 받지도 않겠소。
　제르。(周圍를 둘러보며) 豪華른 生活！
　비올。(書類를 주며) 나 뉘게나 秘密인
이것 보여드리오。
　제르。(읽는다) 아！ 장하시오！ 그대財
物 모두아낌없이 쓰는것, 아！ 그러나

참 피로울 그대過去！
　비올。다 사라졌소。다만 알프레도, 나
사랑하므로 다 사함 받았어요。
　제르。高潔한 그대마음！
　비올。오, 나의 귀에 참 친절하신 말
씀！
　제르。(일어서며 나 그대맘의 犧牲을 求
합니다。
　비올。(일어서며) 아！ 안되오。정녕코
내게 무려을 要求리다。생각했던 이 運命！
아, 幸福 過했어라一
　제르。나 그대에게 求함은 나의 子女
의 將來를 위함이오。
　비올。무슨 子女！
　제르。네, 天使와 같이 純潔한 하늘이
주신 내딸, 알프레도 다시 내집에 돌아오
지 않을때 사랑을 주고 받으며 希望에
살던 處女, 結婚의 즐거운 約束 모두 거
품같이 사라지오。사랑의 貴한 장미꽃 不
幸케 마라주。(反復)아, 나의 祈請 拒絶말
고서 또 아니라 懇望마오。
　비올。아！ 알았오。그러면 얼마동안 알
프레도 떠나리다。밤을 苦痛 괴로워라 또,
　제르。그것이 아니요。
　비올。무엇 더 원하시오？ 견딜수 없
소！
　제르。아직 不足하오。
　비올。그러면 영영 저버림 원하오？
　제르。그렇소。
　비올。안되오。決코！ 決코！ 모르시오,
내맘속에 타는 愛情 無限한것？ 나의 親
舊, 모든 親戚, 나의 위로되지못함？ 또
알프레도, 다만 나의 모든 소망 되어짐？
모르시오, 病든 이몸 길지못합, 나의 生命
원하소。永遠한 離別？ 잊지못한 내 알
프레도！ 果然 無慈悲한 刑罰, 과연 무자

[B] 이인선: 4. "라 트라비아타"(La Traviata)　991

☆ 梗　槪　와　歌　詞 ☆

비한 형벌, 차라리 나 무려운 죽음 원하
오。아! 저죽음 나 원하오。아! 저 죽음
원하오。아! 저 죽음 원하오。아! 죽음
나 원하오。아! 저 죽음 원하오。

　제르。참 어려운 犧牲이요, 그러나 내말
들어보오。그래 참 곱고 또 젊으니 머잖어
……

　비올。더 말마시오。알았소。그이밖에는
아무도 사랑치않소。

　제르。그러나 男子의 말은 變키 쉽다오。

　비롤。(茫然히)아, 정녕!

　제르。無情한 歲月 살같이 어여쁜 靑春
실고가。시드른 人生 될때엔 어찌될까 생
각하오。그때엔 아무 香氣도 愛情도 모두
없어져 사람과 하늘 모두 그대위해 祝福
치않으리。

　비올。아 果然! 아, 果然!

　제르。아, 달콤하고 헛된꿈, 다 깨끗이
버리고 내집에 福을 나릴 天使되어주시오。
아직도 늦지않으니 더 생각하시오。이것은
과연 하늘이 내옆을 通해 傳하는 말이요。

　비올。내앞에 닥쳐온 가련한 運命, 내맘
에 소망 다 사라졌도다。하늘은 날 궁휼히
여길게냐, 아, 그의 마음 불상한 나를 아
불상한 나를 용서치 않을것 분명하오。

　☆제르。福을 나릴 天使되어 주오, 福을
나릴 天使되어주오。

　☆비올。용서치않을것 分明하오。

　비올。이 말을 전해주 어여쁜 따님께,
불상한 女子의 한 犧牲있는것 그맘에 남
아, 그를 위하여 擇한 죽음, 犧牲의 죽음
뿐。

　제르。설게 설게 우는 그맘, 설게 설게
설게 우는 그맘, 다 아오。그맘 다 아오。
거룩한 희생, 거룩한 희생, 나 要求하나
내맘 그대의 苦痛을 아오。그러나 거룩한
그대의 맘, 苦痛을 이기리!

　☆비올。이말을 전해주,어여쁜 따님께 불
상한 女子의 한 犧牲있는것, 그맘에 남겨
진 한 빗나는 소망은 이것뿐。아 그를 위하
여·택한 죽음 희생의 죽음뿐, 아 희생의
내죽음 죽음뿐! (反復)죽음뿐! 아 희생
의 죽음뿐, 죽음뿐!

　☆제르。아, 그맘 다 아오。아, 그맘 다
아오。

　한 거룩한 희생을 나 요구하나 내마음
그대의 괴움을 아오。참 거룩한 맘 고통을
이기리。설게 설게 우는 맘 거룩한 맘 고
통을 이기리。설게 설게 설게 우는 맘, 거
룩한 맘 고롱을 이기리。그대의 거룩한 맘
아 그대의 맘, 고롱을 이기리。

　비올。분부하오?

　제르。사랑치 않는다 말하오。

　비올。믿지않으리。

　제르。떠나오。

　비올。따라오리。

　제르。그러면……

　비올。딸갈이 날 품에 안아주오。勇敢해
지리다。(抱擁한다) 깨어질 그의 마음 나
무려워합너다。서기 게시다가 그를 위로하
여주오。(遊園을 가리치며

　(비올탭타, 片紙를 쓰며 卓子로 간다。)

　제르。어찌하려오?

　비올。萬一 아신다면 날 反對하시리다。

　제르。너그러운 맘! 아, 나어찌 報答할
까? 아, 너그러운 맘! 아, 너그러운
맘!

　비올。(제르몽에게 따라오며 죽음! 죽
음! 깨끗한 죽음! 지난날의 귀한 記憶!
날 저주하지 않도록 내苦痛 傳해주오。

　제르。아, 그런 말을 말고서, 올 幸福
기다리오。하늘이, 그대눈물 씻어줄날 끔

돌아오리。

☆비올。내 사랑 죽인 犧牲참 그가 알아줄까。그러나 나 죽기까지 부를것 그이뿐。나 죽기까지 부른것 그이뿐。나죽기까지, 나죽기까지 끝없이 부른것 홀로 그이뿐。나 죽기까지 부를것 부른것 그이뿐。

제르。용기를 얻어 사시오。高尙한 犧牲속에서 勇氣를 얻으오。그대의 귀한 犧牲, 그대의 귀한 犧牲, 큰 幸福을 받으리。아 아, 그대의 귀한 犧牲, 큰 幸福 받으리。高尙한 犧牲속에서 勇氣를 지금 얻으오, 勇氣를 얻으오。

비올。누가 옵너다。가시오。

제르。아 과연 감사하오。

비올。가시오。永遠한 離別될듯……

제비。抱擁하며)幸福하시오。

비올。安寧히! (門가까이 가며)

제르。잘 있으오。(門에서)

비올。(울며)내사랑 죽인 犧牲 참 그가 알아줄까…그러나, 나 죽기까지…(울음에 말이 막힌다)安寧히!

제르。잘 있으오。

비。제。幸福하시오。

☆비올。잘 가오。

제르。잘 있으오。(庭園으로 通하는 門으로 나간다。)

……………………………………

비올。힘을 주소서。하느님。(앉아서 片紙를 쓴다。)

(片紙를 다 쓴 後에 招人鐘을 누른다。)

안너。날 부르셨소?

비올。자, 이 片紙 너좀 傳해다오。

안너。(住所를 보고 놀라며)아!

비올。말말고 어서 가라。(안너바, 나간다。) 이젠 그이에게 써야지……무어 할까? 날 勇氣줄者런가? (片紙를 쓴後 封

緘한다。)

알 。(登場)무어하오?

비올。(片紙를 감추며)아너요。

알프。片紙썼소?

비올。네……아뇨……

알프。당황한 態度! 뉘에게 썼소?

비올。당신께。

알프。그럼 날 주오。

비올。지금은 안뇌오。

알프。용서하오。나 不安한 까닭이요。

비올。(일어나며)어찌해?

알프。아버님 오셨소。

비올。아! 보셨소。

알프。아직……怒하신 片紙 주섰으나, 그대를 보면 사랑하실줄 믿소。

비올。(興奮하여)날 만나잖게 하오。나 여기 있잖겠소。당신 먼저 아버님 憤怒 풀어주오 간절히나도 빌겠소。離別이 없이 늘 幸福하리。날 진정 사랑해, 알프레도, 날 진정, 그렇잖소? 날 진정, 알프레도, 날 진정, 알프레도, 그렇잖소?

알프。내 위로! 果然! 웨 우는가!

비올。 는 눈물밖에 없소……이젠 鎭靜됐오。보시오? 웃는 얼굴 보지오?(억지로 웃음지어보이며)진정된 나를……웃는 얼굴……저리 가있겠오。나 당신옆에 당신옆에 永遠히……(熱情은 더하여)날 사랑하여주, 나 無限 당신 사랑해, 아 알프레도, 당신 無限 사랑하오。잘 있으오。(庭園으로 달려나간다。)

………………………………………

알프。아 그의 사랑 늘 變함없어! (앉아서 冊을 편다。)時計를 보며)늦었네, 오늘은 畢竟 아버님 오시잖어。

쥬셉。(急히 들어오며) 아씨께서는 지금

[B] 이인선: 4. "라 트라비아타"(La Traviata) 993

急히 馬車를 타고 巴里로 向히여 떠나시
었소。안니나, 벌써 더먼저, 떠났다오。
　알프。모두 잘 아네。
　쥬쎕。아마도 그의 所有 다 處分하려함
이나, 안니나가 막으리。(庭園건너가는 아
버지를 보고)저 庭園안의 사람 썰까? (나
가려한다。)
　配達人。게시오, 제르몽?
　알프。네 나, 나요。
　配達人。馬車타신 한婦人 내게 이片紙주
며 傳히라 부탁했소。(片紙주고 돈을 받고
나간다。)
　알프。아, 비올렡타! 웨 내맘 興奮될
까? 혹시 自己를 따라오라함인가…떨리
는내맘무얼까?(開封하고 읽는다。)「당신
과이片紙로 나 離別하오 아!(이때 父親
들어와, 알프레도를 껴안는다。父親을 보
고) 오 아버지!
　제르。알프레도, 피로운 네맘의 눈물을
씻고 네애비의 집으로 다시 물아오라。
　(알프레도, 落望하여 두손을 얼굴에 대
고 小卓子옆에 앉는다)
　제르。저 프로벤짜, 네故鄕 밝은 해와
바다를, 밝은 해와 바다를 아조 잊어버렸
나? 물아가지 않겠나, 밝은 해가 웃는곳
(反復)너의 故鄕집으로? 嘆息속에 잠겨
진 지난날의 그햇빛, 너를 위해 또다시 燦
爛하게 빛나리。(反復)져 하늘이 날 이곳
에 引導했네!
　너의 늙은 애비의 받는 苦痛 모르나,
(反復) 너를 잃은 故鄕집, 슬픔속에 쌓였
네、너를 잃은 故鄕집, 너를 맞나 나의 맘
所望 아직 남았네。너의 집의 名譽를 아직
尊重한다면 너를 맞난 나의 맘 所望 아직
남았네。지히는이 나의 祈禱 들으셨네、들
으셨네。아 널 맞난 나의맘 즐거워라, 故

鄕으로 돌아가자!(알프레도를 흔들며)나
의 愛情에 너 對答하라。
　알프。悲憤속에 내가슴 갈라지오。날버려
두오。
　제르。참아라。
　알프。復讐하리!
　제르。지체말고 떠나자。자 어서。
　알프。원수 두폴[男爵]!
　제르。들 짧겠나。
　알프。싫소?
　제르。그러면 널 찾은겪 헛되잖나?
　알프。(일어나다 卓子위의 플로라에게서
온 片紙를 보고)아! 간곳은 이곳! 復讐
하려 나는 가려오。(火急히 나간다。)
　제르。아 무엇? 참아라。따라나간다。)

第 二 場

梗槪 플로라의 客室。
　假面舞踏會가 열려있다。징시女子들의
춤。가스롱其他가 鬪牛士로 假裝하고 合
唱에 맞추어 춤。이때 알프레도가 달려오
고 뒤이어 두풀男爵이 비올렡타를 데리고
들어온다。알프레도는 가스롱等 그냥 賭
博만 한다。비올렡타는 不安하여 플로라
와 이야기하고있다. 사랑에 不幸한 사람
은 賭博에 運이 좋아 連勝。손님들은 일
단 食堂에 들어가고 비올렡타가 다시나오
자 알프레도 따라나오는데 이는 男 爵이
알프레도에게 決鬪를 請할지 모르니 돌아
가라고 懇請하려고 만나자함이었다。알프
레도는 嘲笑한다。비올렡타는 제르몽과의
約束때문에 自己本心을 숨기고 盧僞의 告
白을한다。이에 알프레도는 激怒하여 食
事中의 一同을 불러내어 빚진돈을 갚는다
고 웨치며 賭博에서 딴 돈을 비올렡타의
발앞에 버던진다。비올렡타는 失神한다。
이때에 제르몽이 찾아와 여기서 優雅한合

994　절대음악 혼자 간다

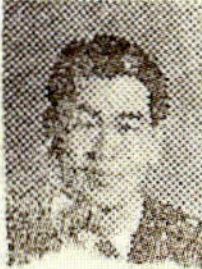

六音樂總指揮 하르빈
第一音樂 諾井三郎氏
師事（作曲理論）朝比
奈隆氏師事（指揮法）
하르빈放送管絃樂團指
揮 解放後 하르빈交
響樂團指揮 一九四六

林元植氏

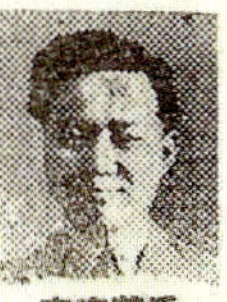

年七月歸國 現在 高麗
交響樂團 常任指揮者
☆合唱指導 延專卒業
北美시카고市아메리칸
音樂學校卒業 現在 梨
大音樂部部長奉職

李宥喜氏

唱付 八重唱이 展開되는데 男爵은 알프레도에게 決鬪를 請하고 플로라. 가스롱·제르몽. 侯爵等은 비올렛타를 同情戱勞하고 비올렛타는 알프레도가 自己의 愛情묘름을 嘆息하고 알프레도는 自己의 非行을 뉘우친다。 —幕—

歌 詞

플로。오늘밤 假裝舞踏會의 指揮 子爵이 맡으섰소。비올렛타와 알프레도 亦是 招待했소。

侯爵。消息을 모르시오? 비올렛타와 알프레도 헤여진걸。

플。醫。참인가?

侯爵。아마 男爵과 같이 오리。

醫師。나 어제 볼때엔 變합 없었건만

플로。(右手의 履音을 들으며)친구들이 오네。

(짚시의 一群이 棍棒과 탐부린을 들고 拍子를 맞추며 들어온다。)

짚시合唱。우리는 먼곳에서 찾아온 짚시외다。누구나 손을 보면 占치오。저하늘의, 저하늘의 별로 占치면 잘모른것 잘모른것 하나도 없지요。어려운 앞일 모두 말할수 있어요, 저하늘의 별로 占을 치기만 하면 어려운 앞일을 모두 말할수 있어요。(反復)

合唱의 一部。봅시다(플로라의 손금을 보며)婦人께는 늘 競爭者가 있소。

合唱의 다른 一部。(侯爵의 손금을 보며)閣下의 맘은 미덥다 말하기 어렵소。

플로。(侯爵에게) 그러면 당신마음 아직도 변하시오?

侯爵。내마음은 變함없어。다 헛된 말이요。

플로。가죽을 벗더라도 이리(狼)의 맘은 惡해。더 날 속이지마오, 곧 後悔하리다。날 속이지마오。곧 後悔하리다。(反復)

醫. 合唱。지나간 모든 일을 다 잊어버린 後에 네앞에 닥처오는 앞일 을 注意하라。

플. 醫. 侯 合唱。지나간 모든일 아조 잊어버리고 우리앞에 닥처을 앞일을 주의합시다。(反復)

(플로라와 侯爵。握手한다)

(西班牙鬪牛士의 合唱。가스롱其他가 扮裝한것 右手에서 登場)

가. 第一테너合唱。우리들은 勇敢한 鬪牛士西班牙에서 물어온 勇士요。鬪牛위해 잔채베풀려고 아름다운 巴里로 찾아왔소。들어주오。한재미스론 이야기, 우리 물의 사랑어떠한지。

플. 醫. 女聲合唱。좋소。勇士들, 이야기하오。즐겁게 들으리다。

가. 第一테너合唱。들으시오,저괴킬료,天下장사, 비스케이땅의 鬪牛士,힘센 팔뚝 빛난 눈에 창도 파연 잘던져。안달루사 고운 處女그의 맘에사모했네。아그러나 고운 處

[B] 이인선: 4. "라 트라비아타"(La Traviata)　995

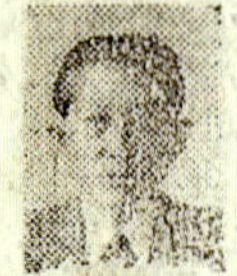

☆演出　東大獨文科卒業　東亞日報學藝部長　被任　劇藝術研究會創立同人　映畵製作及演劇·歌劇等演出에 從事

徐恒錫氏

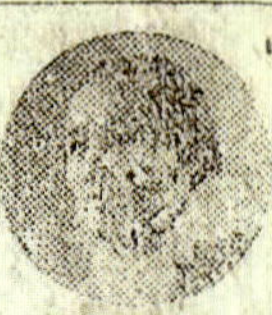

☆按舞及演出助手　右井漢舞踊研究所에서　舞踊研究　歸國後　主로　歌劇演出研究　現在　金漢人舞踊研究團經營

金漢人氏

女이와 같이 말했네。「다섯, 다섯鬪牛 하루 안에 넘어뜨리면, 돌아올때 나의손과 맘을 바치오리다。」그 말을은 勇敢스런 鬪牛士는 그날로 (鬪牛士들이 槍을 땅에 나려치며) 다섯鬪牛, 다섯鬪牛 땅에 넘어뜨렸도다。

풀·醫·俠·女聲合唱。과연 용감스런 鬪牛士, 그 사랑의 힘이여, 거만스런 그處女 그 후의 態度 어떠했나?

가·第一테너合唱·拍手속에 돌아오는 勇敢스런 鬪牛士, 맞아주는 고운處女 부드러운 그의 팔

풀·醫·俠·女聲合唱。勇氣로써 鬪牛士들 고운 사랑 얻으나 부드러운 우리맘은 求함 다만 즐거움뿐。

全員。옳소。즐거움 求하는 우리들 이밤을 즐기세。어서 놀음 펼쳐놓고 우리운수 시험하세(反復)맘에 기쁨찾는 우리。짜른 밤을 즐기세。어서 놀음 펼쳐놓고 우리운수 시험하세。(反復)

(男子들, 假面을 벗는다。一部는 놀음을 시작한다。)

全員。(알프레도登場)알프레도! 그대!

알프。아 친구들。

플로。비올렛타는?

알프。모르오。

全員。잘 헤여졌소! 옳소! 자 놀음합시다。

(가스롱과 알프레도 其他 돈을건다。비올플타, 男爵과 팔을 끼고 登場。플로라 마중 나간다。)

플로。오실때 기다렸소。

비올。招待를 感謝하오。

플로。男爵께 感謝하오。비올렛타 데려온 것。

男爵。(비올렛타에게 제르몽도 왔소。그를 보오?

비올。아 과연 그이! (傍白) (男爵에게) 나 보오。

男爵。(不快하여)알프레도에게 당신 말하지마르시오 아무말도。

비올(傍白)나 웨이곳 찾아왔나。히느님 날 救援해주소서!

플로。내엎에 앉아말하오。그동안 생긴일을。

알프。(놀음을 하며)아, 베끗!

가스。또 이겼구려。

알프。사랑에 不幸한 者 賭博엔 運이 좋은 法……

가·俠·男聲合唱·勝利는 항상 그대

알프。勝利는 모두 내것, 이밤에 따는 돈으로 재미론 시골 찾아가 맘껏 즐기려오。

플로。혼자?

알프。아뇨, 아뇨, 나 이前에 함께 놀던 女子 같이 가려오。

비올。히느님!

가스。(비올렛타를 가리키며)가련한 女子!

男爵。(알프레도에게 憤怒를 참으며)당신!

비올。(男爵에게)그러지말아주오。

알프。(泰然히)男爵, 날 부르겠소。

男爵。(놀리는 態度로)大運이 틔었구려 나하고 놀아보려오?

알프。좋소。快히 應하겠소。

비올。(傍白)내앞에 죽음 찾아올듯, 하느님, 날 구원해주소서!

男爵。걸었소, 一百루이。

알프。나亦是 一百루이。

가스。(때문 물리며)아 「에이스」또 「제

996　절대음악 혼자 간다

크」。(알프레도에게)또 이겼소!

男爵。그럼요。

알프。그래도 좋소。

가스。(패를 물리며)아, 빠깃, 일곱끗。

醫.侯.男女合唱。또 이겼소。

알프。勝利는 역시 내것!

가.醫.侯.男女合唱。神奇하오。勝利는 알프레도 獨占이요。

폴로。시골갈 費用 모두, 男爵이 내사겠소。

알프。(男爵에게)머합시다。

下人。(登場)저녁準備됐소。

폴로。갑시다。

가.醫.侯.合唱。갑시다。(다 나간다。알프레도와 男爵만 남는다。)

비올。(傍白)내앞에 죽음 찾아올듯, 하느님, 날 구원하소서!

알프。(男爵에게)계속해 더하겠소?

男爵。지금은 머못하나,日後에 復讐하리다。

알프。아 언제든지 좋소。

男爵。갑시다, 져리…후일…

알프。언제나 소원대로 (가면서)갑시다。

男爵。갑시다。(舞臺 잠시 빈다。)

(비올렐타, 근심스런 얼굴로 再登場。뒤에 알프레도 따라나온다。)

비올。만나보길 請했으나, 나와줄까? 말들어줄까? 그러나, 내말에 그의 憤怒 사라질理 없어……

알프。어찌하여 날 불렀소?

비올。어서 이곳 떠나가오。당신몸에 危險하오。

알프。아 알았오, 더말마오。卑怯하게 나를 보오?

비올。아노, 나 決코……

알프。그러면 어찌?

비올。男爵 두려운 까닭이요。

알프。生命걸고 싸울 원수,만일 그가 나의 손에 쓰러지는 그날에는 그대 保護者와 사랑, 한꺼번에 없어질것, 그를 두려워함인가?

비올。萬一 그가 勝利하면 나의 마음 不幸할것, 나 두려운 까닭이요。

알프。나의 죽음! 무슨 상판?

비올。떠나가오, 더 지체말고。

알프。내가 떠나가기 前에 내게 約束하여주오。나의 뒤를 따라올것。

비올。아, 나 너피소。

알프。안되겠오?

비올。가시오 어서。나의 이름 제버리고 떠나가오。나의 約束, 나의 約束 나는 實行해야되오。

알프。아 무엇? 約束? 그는 누구?

비올。나를 恭敬하는 사람。

알프。두폴이오?

비올。(善히 애를 쓰며)네。

알프。그와 정녕?

비올。정녕…정녕…

알프。(달려가서 食堂문을 亂暴히 열고)다 이리오오。(全員。당황하여 나온다。)

폴.가.弱.醫.侯.合唱。무슨 일로 부르셨소?

알프。(비올렐타를 가리키며)이런 女子 보시었오?

其他合唱。누구? 비올렐타?

알프。그의 所行 모르시오?

비올。말마오。

其他合唱。모르오。

알프。이 女子 나를 위하여 財物도 消費했오。나 그를 진정 信用코 모두다 받았었오。그의 썼던 탈을 벗기고 그만 다 알았은즉 證人을 삼기 위해 (反復) 그대들 보는 앞에서 이제 나 돈을 갚으오。(비올렐타의앞에 侮辱的態度로 돈주머니를 던진다。비올렐타, 失神하는것을 뜰로라 안는다。)

비.알以外全員。아 과연 苛酷한 그대의 侮辱。부드런 마음에 毒藥과 같애。女子를 侮辱한 無禮한者여, 져멀리 이곳을 물러가오。가오,가오, 가오, 물러가오。女子를 侮辱한 無禮한 者여, 져멀리 이곳을 물러가오, 물러가오, 물러가오, (反復)

제르몽。(이미 그前에 登場하여있다가) 軟弱한 女子, 큰 激憤속에 너 蔑視한 罪

[B] 이인선: 4. "라 트라비아타"*(La Traviata)*　997

못깨닫는가? 내아들 어디서 또 찾아볼까, 널 다시 아들이라 부를수 없도다。(反復)

알프。아 나의 잘못 깨달아지오。거짓된 사랑 猜忌론 내맘 미치게했소。너그런 容恕 주지않을것 分明하오。내마음 그들 잊지못하고 분한 맘 이리 날 引導했소。이제 興奮 다 사라지고 맘속에 後悔 사모치오。

〔合唱付八重唱〕

A폴,가.醫.侯。合唱。(비올렌타에게)아쓰린 苦痛을 참으오。나 그대의 苦痛을 잘아오。親切한 친구, 참愛情속에 설어운 눈물 다 씻으오。

B男爵。(알프레도에게)이女子에게 던진 無禮한 侮辱, 나 어찌 나, 어찌 참을손가, 나 언제든지 機會를 얻어 그대의 生命 그대의 生命 빼앗고말것 記憶하오。

C제르。(傍白)나 홀로 아오。潔白한 그맘。말없는 가련한 그의 가슴。純潔한 사랑 眞實한 그맘, 말없는 가슴, 나 잘아오。

D알프。내잘못! 아, 아! 오, 나의 잘못 너그런 容恕 주지않을것 分明하오。

비을。알프레도,알프레도。이가슴속에 감추인 사랑을 깨닫지못해。내맘을 찢는 苛酷한 侮辱도 나 그대위해 다 참도다。

A。苦痛을 참으지오。

B。復讐하려오。

C。………

D。오 나의 잘못 깨달으오。

비을。그러나 나의 참사랑 알고 맘 悔改할날 꼭 돌아오리。하늘이 그대 참 회개로써 회개로써 구원주심 懇求하오。나의 맘아! 참 그대 항상, 항상 사랑하리。그맘 다시 회개합위해。나의맘 항상 그대 사랑하리。(反復)

알프。오 나의 잘못 깨달아지오。거짓된 사랑이 시기로 내맘을 미치게했소。너그런 容恕 주지않을것 分明하오。내마음 그들잊지못하고 분한 맘 이리(로) 날 引導했소。이런 대 興奮 다 사라지고 맘속에 後悔사모치오。(反復)

A。아 그대 쓰린 苦痛 다 잘아오。다 잘아오。落心마오。

B。아, 나 그대의 生命을 빼앗을것 기억하오。기억하오。

C。아, 나 潔白한 그의 맘 다 잘아오。다 잘아오。다 잘아오。

D。아, 나의 잘못 너그런 容恕 주지않을것 分明하오。

E(비을)。아, 나의 맘 항상 그대 사랑하리, 사랑하리, 사랑하리。

(제르몽。아들을 데리고 退場。男爵은 그 뒤를 따른다。비올렌타는 플로라와 醫師에게부축되어 唉房으로 가고 其他는 各各 헤여진다。) —幕—

第 三 幕

梗槪 비올렌타는 病室에 누어 있다。대는 아침일곱時。弱한 音聲으로 안니나를 부른다。醫師는 이미 비올렌타가 不過몇時間後에 죽을것을 알고 있다。비올렌타는 自己의 남은돈 二十루이中에서 十루이를 안니나에게 준다。그리고 혼자 제르몽한테서 온 片紙를 끄내어 읽는다。그片紙에는, 約束을 지켜주어 고맙다는말과 아들과 男爵이 決鬪하였으나 男爵이 輕傷을 입었다는것, 外國旅行中의 아들한때 비올렌타의 本心을 傳했으니 歸國하는대로 아들이 謝過하러갈터이니 빨리 쓰快하여 幸福된 將來를 맛으라는것이었다。거울을 들어 얼굴을 보며 死期가 臨迫한것을 깨닫는다。밖에서는 謝肉祭의 즐거운 合唱이 지나간다。이때 알프레도가 들어와 비올렌타를 抱擁한다。여기에 二重唱「사랑아, 巴里를 나와 함께 떠나」를 노래한다。비올렌타는 生前에 다시 사랑하는 님을 만난 기쁨을 感謝드리려 寺院에 가자하며 옷을 입으려다가 그만 쓰러진다。이때,제르몽은 비올렌타를 내딸(며누리)이라 부르려고 찾아온다。醫師도 온다。비올렌타는 自己肖像이 들어있는 메달을 알프레도에게 주며 純潔한 處女와 結婚하라고 勸告하며 그의 품에 인겨「나는 나았다」고 웨치고 絕命한다。

歌 詞

비을。(病席에서 깨면서)안니나?

안니。(暖爐옆에서 졸다가)부르셨오?
비을。잤었니? 불상해라。
안니。네. 容恕하오。
비을。내게 물좀 다오。
안니。(물을 마시게 한다)。
비을。이제는 아침이 됐지?
안니。일곱時요。
비을。窓을 조곰 열어다오。
안니。(그리하며 밖을 본다)醫師님 오시오。
비을。오, 참된 친구。일어나게 도와다오。
(부축되어 長椅子로 간다。醫師, 들어와 부축한다。감사하오。매맞춰오신것을!
醫師。(脈을 짚으며)네…조곰 어떠하오。
비을。몸은 피로우나 맘은 편안하오。지난밤 僧正께서 날위로됐소。아!내苦痛 멸어줌은 다만 祈禱입니다。
醫師。잘 주무셨오?
비을。편안히 잘 잤어요。
醫師。기뻐하시오。그대 희복할날 머지않었소。
비을。아! 헛된 소망으로 날위로하려 하오?
醫師。(비을렐타의 손을 잡고)잘있으오, 있다 다시……
비을。날 잊지마오。(醫師나간다。)
(안니나, 따라나간다。)
안니。(가만히)정말 어떠하오?
醫師。이제는 그의 生命 몇時間없소。(나간다。)
안니。安心히오……
비을。오늘이 名節이냐?
안니。오늘은 謝肉祭라 騷亂합니다。
비을。즐거운 이世上에 不幸속에 우는者 그얼말까! 돈은 얼마나 남았느냐?
아니。(돈櫃를 열고 헤여본다。)二千두어요。
비을。그半은 너의所用으로 써라。
아니。남는 돈 적어지요。
비을。아, 내껜 넉넉하리! 더내 걱정을 말고서 멀리 가서 혹 편지왔나봐。(아나나 나간다。비을렐타, 가슴에서 片紙를 끄내어 읽는다。)「約束을 지켜준것 感謝하오。決鬪로 男爵이 負傷을 當했으나 漸漸 나아가오。알프레도는 外國에 있소。그에게 그대의 犧牲을 알리었소。잘 그대의 너그런 容恕를 求하러 갈것이요。나도 또한 가리다。빨리 나으시오。그리고 幸福된 將來가 운 것을 믿으시오…죠르죠。제르몽」(悲愴한 소리로)늦었죠!(일어서서) 苦待해! 어찌 오지않나! (거울을 보며) 아, 變한 나의 모양! 醫師의 말은 나의 病이 낫겠다고! 쇠잔한 이몸 다시금 希望없어!

永遠한 형벌이여, 지난날 즐거운꿈,장미빛 내얼굴 찾을걸 漠然해。내 사랑 알프레도,날멀리 며나고 괴곤한 내맘의 위로 사라졌네。내맘의 위로。아! 나의 지난날 불상한 죄를 모두 하느님 자비로써 용서하여주오! 아! 모두 모무 끝이 왔네,모무 끝이 왔네……

기쁨과 모든 고통 머잖아 사라지리,죽음의 저무럼은 모든것 끝내도다。내죽는엔 눈물로 꽃줄이 없고, 날위해 十字架세울 줄이 없어……

아무도 없어。아, 나의 지난날 불상한 죄를 모무 하느님 자비로써 용서하여주오! 아, 모무 모무 끝이 왔네, 모두 끝이 왔네……

(酒神「바커스」祭의 合唱, 밖에서 들려온다。)

合唱。길내어주시오, 즐거운 名節, 꽃으로 단장한 점승을 위해 뿔달린 점승께 길내어주오。나발과 피리로 祝賀를 하세。
살찐 황소 지나가게 길을 내어주시오。
살찐 황소 지나가게。(反復)즐거운 名節, 朕으로 단장한 점승을 위해 뿔달린 점승께 길내어주오。넓게 길을 내어주오。(하하하하 笑聲。)
안니。(急히 돌아와 주저하며)오,아씨
비을。웨 그러니?
안니。오늘은 정말로 조금 나으시오?
비을。그래 어쩌해?
안니。맘을 진정하시겠죠?
비을。웨 무슨일로?

[B] 이인선: 4. "라 트라비아타"(La Traviata)   999

안니。생각잖던 기쁨 미리 祝하려 뛰어왔소。

비올。생각잖던 기쁜일?

안니。네, 정말 아씨……

비올。알프레도! (안니나, 머리몬 그덕인다。)그이가 왔나! 정말정말,아어서 알프레도?

(알프레도 들어와 서로 抱擁한다。)

☆비올。오,내 알프레도, 오 내 알프레도 내 알프레도,내사랑!

☆알프。오내 비올렡타。오 내 비올렡타。내 비올았타。내사라!

알프。아 나의 잘못 다 용서하오。

비올。아 정말 당신 돌아왔구려。

알프。내 뛰는 가슴 사랑을 말해 나그대 없이 더 견딜수 없소。

비올。생전에 다시 맞나는 기쁨, 죽음의 두려움(을) 물리치오。

알프。사랑아, 나와 내아버지, 그대의 용서바라오。

비올。그 무슨 말씀?사랑을 위해 나 홀로 만든 罪였오。

알프。아무런 惡魔라도 우릴 다시 못떼리, 못 떼리。

비올。아무런 惡魔라도 우릴 다시 못떼리。

알프。아, 다시。

비올。아, 다시。

알프。아, 다시。

비올。아, 아, 아, 아, 다시 못떼리。

〔二　重　唱〕

알프。사랑아, 巴里를 나와함께 떠나, 離別없는 生活 시작해보세。지난날 苦痛 다 사라지고 내몸에 健康 빛나리라。어 홀로 나의 소망과 햇빛, 幸福될 앞날 찾아오리라。

비올。사랑아, 巴里를 나와함께 떠나, 離別없는 生活 시작해보세。지난날 苦痛 다사라지고, 내몸에 健康 빛나리라。그때 홀로 나의 소망과 햇빛, 幸福될앞날 찾아오리라。

알프。사랑아, 巴里를 나와함께 떠나。

아, 나와함께 떠나, 시작해보세, 離別없는 生活。아, 離別없는 生活。

☆비올。지난날 苦痛 다 사라지고,幸福된 앞날 찾아오리。지난날 苦痛 다 사라지고, 幸福된 앞날 찾아오리。

☆알프。지난날 苦痛 다 사라지고, 아, 또 네몸에 健康 네몸에 健康빛나리라。빛나리라, 다시!

☆비올。지난날 苦痛 다 사라지고, 내몸에 健康, 내몸에 健康 빛나리라,빛나리라 다시!

비올。아, 같이 갑시다, 저 寺院으로, 우리의 기쁨 感謝드리러……(비틀거린다。)

알프。아, 푸른 얼굴。

비올。아녀요, 다만 서럽던 맘에 無限한 기쁨 突然히 맞는 그까닭이요。(쇠진하여 椅子에 주저앉는다。)

알프。(부축하며)하느님! 비올렡타,

비올。모두 다 나의 약한 탓이요, 이젠 다 낫소。웃는 날 보오。(애써 웃음짓는다。)

알프。(失望하여)苛酷한 運命!

비올。아녀요!안니나, 내옷을 다오。

알프。아, 아직 기다리오。

(안니나, 웃옷을 가져다 겹쳐둔다。비올렡타, 입어보려하나, 입을 氣力 없어 땅에 던지고 絶望하여 소리지른다。)하느님! 안되오!

알프。(傍白)아, 아! 어쩌할까!(안니나에게)醫師를 불러라。

비올。(안니나에게) 아! 내게 다시 알프레로 돌아온 소식을 傳한後에 그醫師님께 나 아직 더 살기 원함, 살기원함 말해다오…(안니나, 나간다。)(性急히 일어나 알프레로에게)당신이 나를 못救하시면 世上에 나를 救할이 없소。아!하느님, 苦痛 속에서 늘 울던 젊은 生命, 긴 울음같던 오늘에 어찌 죽음을 주오! 내맘에 기른 소망 다 헛된 꿈이었네。가련한 내맘 지금 絶望속에 울으오!

알프。내맘의 기쁜 소망인 귀여운 나의

1000　절대음악 혼자 간다

사랑! 나 그대눈물 볼때에 내앞도 캄캄
하오。그러나 그대마음에 더 굳은 忍耐로
써 소망의 밝은 빛을 다시 맞아들이오.

☆알프。오! 비올렛타, 그대의 고통에
내가슴 터쳐버리오! 비올렛타, 진정하오

☆비올。오! 내 알프레도, 우리를 또다
시 헤치는 苛酷한 運命! 苛酷한 運命이
여!

(비올렛타, 長椅子에 쓰러진다.)

(안니나。제로봉。醫師, 들어온다.)
제르。(비올렛타를 보고)아, 비올렛타!
비올。아, 어서!
알프。아버지!
비올。잊지않았소?
제르。너그러운 그대, 내사랑하는 딸을
삼기위해 찾아왔소.
비올。아, 아! 늦게 오셨소!(껴안으며)
그러나 감사하오。그란빌〔醫師〕을 보시
오? 親愛한 여러분품속에 숨은 지오…
제르。무슨 말이오!(비올렛타를 들여
다보며) 하느님! 과연!
알프。보신니까, 아버지?
제르。더 날 서럽게 마라。큰 後悔 나의맘
을 울리도다。부드러운 그의 말에 나 쓰러
질듯…(이때, 비올렛타, 箱子에서 메달을
꺼낸다.) 分別없는 늙은것! 모두다 나의
잘못이었네!
비올。더 가까이 와서 들어주오,내 알프
레도。(悲愴한목소리로)이것,지나간 사랑
이 남긴 선물로 받소. 이것 나죽은 후에
날 代身보아주오.

알프。죽는단 말을 말고서, 사랑아, 더
살아라。나 어찌 너를 홀로 죽음의 어둔길
로 보내고 말을소냐.
비올。純潔한 處女 당신을 맘 다해 사랑
하면, 주저치말고 당신안해로 삼기, 안해
로 삼기 원하오……
그에게 이것 준후 이말을 전해주오。나
멀리 하늘우에서 두분 祝福하리.

〔五　重　唱〕
안・醫。눈물지라, 나 그대위해 나 늘 눈
물지리。피로운 세상 머나 하느님품에, 하
느님품에 쉬오.

☆알프。아니되오。홀로 죽음길 못가오.
저죽엄도 널 뱃지 못하리。너 만일 죽는
그때엔 너 죽는 그때엔, 널 따라 나도 죽
음길 찾아가리.

☆제르。나 그대위해 죽기까지 눈물지
리, 나 그대위해 눈물지리。피든 세상을
떠나 하느님품에 편히 쉬오.(反復)

☆비올。그에게 이것준후 이말을 전해주
오。저멀리 하늘우에서 나 항상 두분 祝福
하리.

비올。(말한다.)아, 과로운, 내 고통이
다 멎었소。다시 나 살것 같으오。이상하게
또 기운이 나요。아, 나 다시, 아 다시 나
산것갈애! 즐거워!(다시 長椅子에 쓰러
진다.)

안・제・醫。하느님! 죽엄!
알프。비올렛타?
안・제・알。오, 구해주소서.
師醫。(脈운 짚어보고) 아 죽엄!
안・알・제・醫。오, 내 苦痛!　—幕—

高麗交響樂團定期演奏會

〔朝鮮初演〕

I. 交　響　曲　第4番……………베—로—벤 曲
II. 피아노協奏曲第1番…………리　스　트 曲
　　獨　奏　尹　琦　善
III. 슬　픈　圓　舞　曲…………시베리우스 曲
IV. 音詩曲「핀란디아」…………시베리우스 曲
——指揮—— 林　元　植
1月28・29日　市　公　舘

[B] 이인선: 4. "라 트라비아타"(La Traviata)　1001

첫公演을 가지면서

「모든 것을 바라면서 아무것도 이루지 못하였고나!」——이것은 詩人바이론의 名句이다. 우리 朝鮮오페라 協會의 일이 또한 그러하니, 朝鮮에서 처음되는 오페라公演이라 萬般準備에 遺漏가 없도록 애쓰노라 하였음에 不拘하고 여러가지로 未備한 點이 많음을 스스로 認定하지 않을 수 없다. 決코 拙速을 바란것도 아니요 初試驗의 功勞를 襲斷할려고 한것도 아님은, 練習에 近一年이나 걸렸고 人材의 總網羅를 펴하였음으로 미루어알것이기 때문이다. 그러면서도 여러가지 難關에 부닥치고 이리저리 制約을 받아 오늘내어놓는 이러한 것이 되고 말았다. 잘되었거나 잘못되었거나 우리의 가진바의 總力量이므로 이것으로써 달게 批判의 對象이 되련다.

公演까지의 物心兩面으로 도움을 아끼지 않으신분들에게 삼가 이 公演의 鑑賞으로써 도움의 보람을 삼아주시기 바란다. 다만 모든 일에 「첫술에 배부르지 않는다」는 것을 느꼈다 함을 말이여둔다.

公演까지의 功勞있는 분들

먼저 公演까지의 費用一切를 대어주시기로 約束하고 적지않은 補助를 주선 中央新聞社副社長 金亨涞氏가 안계셨던들 練習시작을 보지 못炯였을번 하였다. 다음 賽金用達에는 趙炳玉氏가 애써주었다. 오케스트라總譜는 朝鮮에서 求할수 없어 前 文敎部音樂顧問 일라이·해이 모위츠氏가 美國에 注文하여주었다. 서울市長 金亨敏氏와 京電專務 獨孤璇氏는 顧問으로서만 아니라 公演까지에 여러가지로 直接的 後援을 아끼지 않으셨다. 이에 삼가 感謝의 뜻을 表한다.

對內的으로는 理事 崔熙南氏와 李宥善氏(合唱) 白彰圭氏(伴奏)가 手苦하였고, 今般의 公演關係者와 出演者는 모두 私를 버리고 公演까지에 全力을 다하였음을 여기 적어 그분들의 勞를 밝힌다. (채정근)

豫告 第二回公演「카르멘」全曲

(觀客의메모)

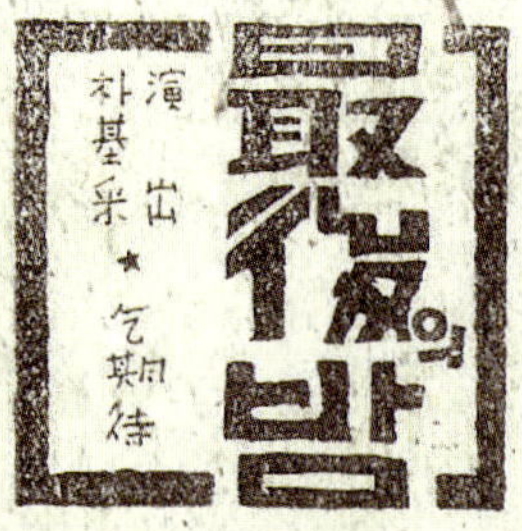

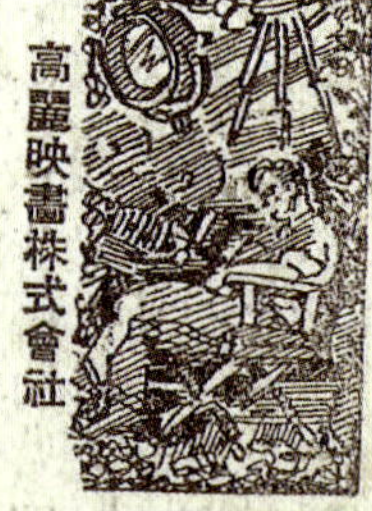

表紙커트는 名歌手파라프

1002 절대음악 혼자 간다

"라 트라비아타"(*La Traviata*)
재공연

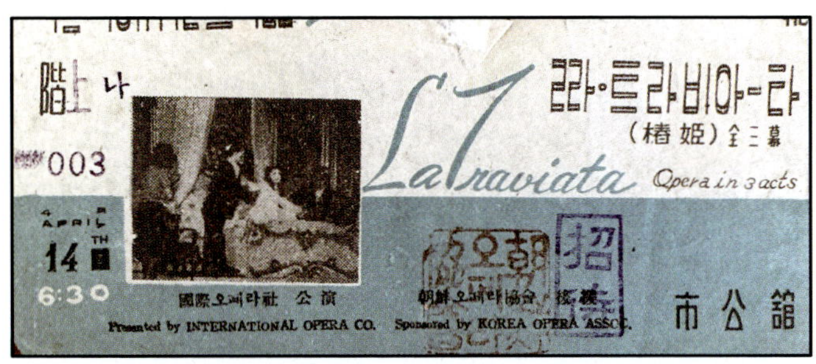

사진: 오페라 "춘희" 제공연 당시 입장권 (1950. 4)

1948년 1월 '한국 오페라 역사상 최초'로 공연된 오페라 "라 트라비아타"(*La Traviata*) 재공연에 대한 요청이 각계각층으로부터 쇄도하자 예정에 없던 재공연을 그해 4월 14일부터 18일까지 1일 2회 총 10회 다시 갖게 되었다. 서울 시공관(현 명동예술극장)에서 <국제오페라사> 주최, <조선오페라협회> 후원으로 개최되었다. 이 두 단체는 이인선(李寅善) 선생이 직접 설립한 단체이다.

재공연에서도 이인선(李寅善) 선생은 역시 총지휘 및 제르몽(Germont) 역을 맡았다. 재공연에서 초연 때와 달라진 것은 발레리(Valery) 역에서 마금희 씨가 제외되었고 지휘 역시 이유선(李宥善) 씨로 교체되었다.

재공연 프로그램의 변경된 표지와 배역(p. 2), 그리고 최종 페이지(p. 20) 외로 리브레토(libretto)의 이인선 역사본(譯詞本) 부분(pp. 3~19)은 앞서 최초로 공연 당시의 것과 동일함으로 생략되었다.

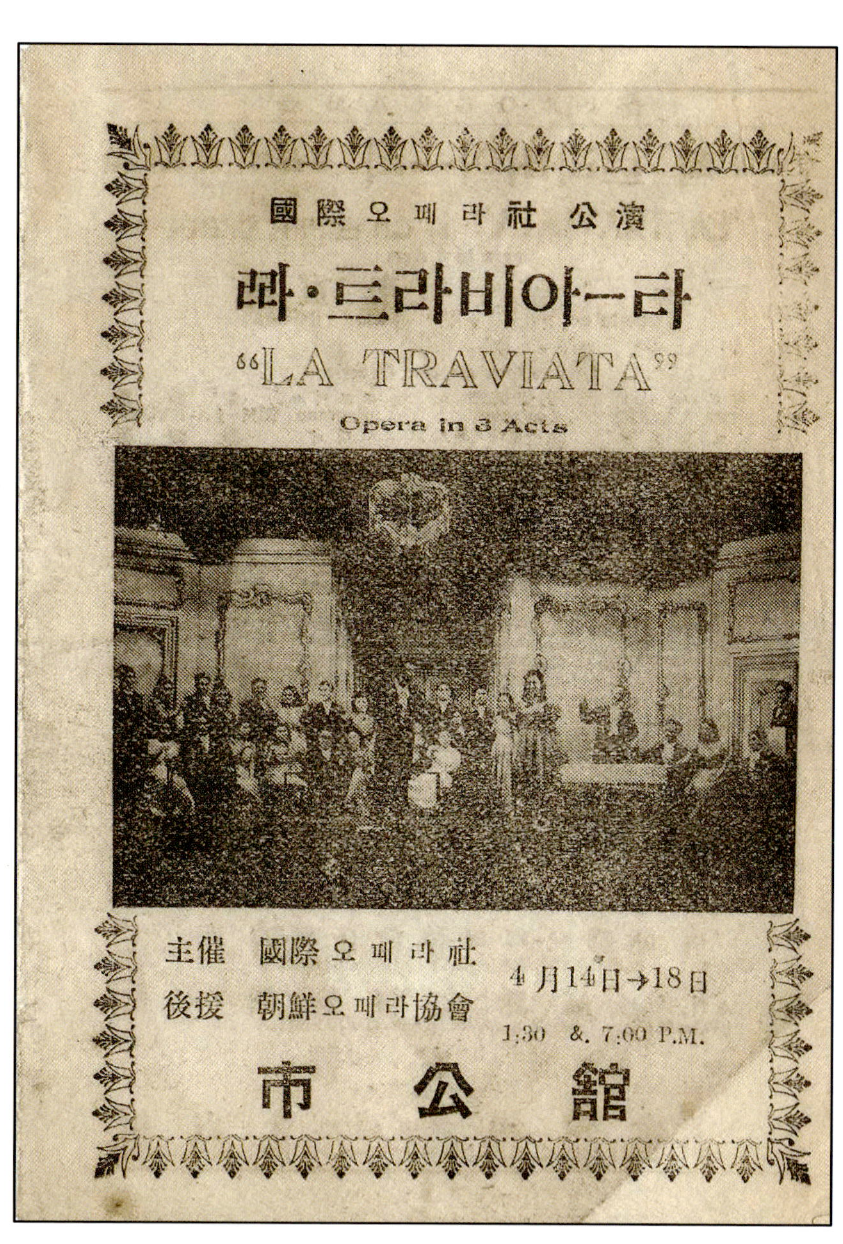

國際오페라社公演
라·트라비아—타
"LA TRAVIATA"
Opera in 3 Acts
主催　國際오페라社
後援　朝鮮오페라協會
4月14日→18日
1:30 ＆. 7:00 P.M.
市 公 舘

오페라 椿 · 트라비아—타 ···쥬쎌페. 베르디曲

'LA TRAVIATA" by GIUSEPPE VERDI
Opera in 3 Acts

譯　詞　李　寅　善
Translated by　　LEE　IN-SUN

登　場　人　物
Characters of the Drama

비·올렡타·발레리	高等娼婦	쏘프래노	金　慈　璟
VIOLETTA VALERY	Courtesan	Soprano	KIM JA-KYUNG
알프레도·제르몽	비·올렡타의戀人	테너	李　寅　善
ALFREDO GERMONT	Violetta's lover	Tenor	LEE IN-SUN
플로라	비·올렡타의親友	메쪼 쏘프래노	李　烈　熙
FLORA	Vi ietta's friend	Mezzo Soprano	LEE YUL-HI
안니—나	비·올렡타의 下女	쏘프래노	孫　允　烈
ANNINA	Violetta's housemaid	Soprano	SON YOON-YUL
쬬로쬬·제르몽	알프레도의父親	빠리톤	鄭　榮　在 / 玉　仁　讚
GIORGIO GERMONT	A fredo's father	Bariton	JUNG YUNG-JAI / OK IN-CHAN
가스롱 子 爵	알프레도의親友	테너	宋　鎭　爀
GASTON, Viscount	Alfredo's friend	Tenor	SONG JIN-HYUK
두 폴 男 爵	알프레도의 戀敵	빠리톤	高　宗　益
DOUPHOL, Baron	Alfredo's rival suitor	Bariton	KOH JONG-IK
오미니 侯 爵		뻬이스	黃　柄　鐘
MARQUIS d OBIGNY		Bass	WHANG BYUNG-DUK
그랑윌 醫 師		뻬이스	金　魯　鉉
GRENVIL	Doctor	Bass	KIM LOH-HYUN
쥬쎌페	비·올렡타의 下人	테너	朴　勝　裕
GIUSEPPE	Violetta's servant	Tenor	PAK SEUNG-YOO

「비·올렡타」와「플로라」의 友人인 紳士와 淑女들의合唱
Chorus of Ladies and Gentlemen, friends of Violetta and Flora

合 唱　朝鮮오페라協會合唱團
Chorus:　KOREA OPERA ASSOCIATION CHORUS

오케스트라　高 麗 交 響 樂 團
Orchestra :　KOREA SYMPHONY ORCHESTRA

指 揮　李　宥　善
Conducted by　LEE YOO SUN

演 出 徐 恒 錫　舞臺裝置 金 貞 桓
Stage director SUH HANG-SUK　Sets designed by KIM JUNG-WHAN

[B] 이인선: 4. "라 트라비아타" *(La Traviata)*　1005

☆ 歌　詞　全　文 ☆

그에게 이것 준후 이말을 전해주。나멀리 하늘우에서 두분 祝福하리。
미울―그에게 이것준후 이말을 전해주오。저멀리 하늘우에서나 항상 두분 祝福하리。

〔五重唱〕

안．醫―눈물지리, 나 그대 위해 나 늘 눈물지리。피로운 세상 떠나 하느님품에, 하느님품에 쉬오。

비울―(말한다。) 아, 피로운, 내 고롱이 다 멋었조。다시 나 살것 갈으오。이상하게 또 기운이 나오。아, 나 다시 아 다시 나 살것갈애! 즐거워! (다시 長椅子에 쓰러진다。)

☆알프―아니되오。홀로 죽음길 못가오。저 죽음도 널 뺏지 못하리。너 만일 죽는 그때엔 너 죽는 그때엔, 널 따라 나도 죽음길 찾아가리。

안．제．醫―하느님! 죽엄!

제르―나 그대위해 죽기까지 눈물지리, 나 그대위해 눈물지리。피론 세상을 떠나 하느님품에 편히 쉬오。(反復)

알프―비올렙타?

안．제．알―오, 구해주소서。

醫師―(脈을 짚어보고) 아 죽엄!

안．알．제．醫―오, 내 苦痛! ―幕―

朝鮮오페라協會와 國際오페라社에 關하여

朝鮮오페라協會는 一九四六年三月 李寅善氏의 發起로 創立된것으로 많은 苦難을 克服하고 今年一月에 第一回公演을 가지기까지 그背後에 힘을 주신 여러분의 恩功이 많습니다。

顧問으로계신 趙炳玉, 李卯默, 吳天錫, 洞孤璇, 崔承萬, 故俞億兼 諸氏及 白樂承, 金炯敏, 金亨洙諸氏의 物心兩面으로의 絶大한 俊授의 힘과 對內的으로는 理事長 李寅善氏 以外에 理事中 蔡廷根, 李宥義 兩氏及 會員中 金永純氏의 功績이 컸습니다。

同 오페라協會는 歐米의 「오페라」를 公演하는데 그치지 않고 나아가서는 앞으로 「우리의 오페라」를 建設하여 우리 朝鮮의 文化를 音樂을 通하여 世界에 紹介하는데 그 目的이 있습니다。

同協會 第一回公演은 滿都 여러분의 愛護와 實讚下에 아름다운 結實을 맺았거니와 앞으로 「오페라」의 더큰 發展을 爲하여 同協會에 所屬되는 國際오페라社의 誕生을 보게 되었습니다。國際 오페라社는 오페라의 公演을 直接 企劃하는 企劃體로서 이러한 企劃體가 많어지는데 따라서는 우리나라에도 「오페라。제一존」을 가질수도 있게 될것입니다。

同國際오페라社는 李寅善氏를 中心으로 協會主催 第一回 公演時에 重要한 役割을 한 諸氏로 構成 되었고 이밈에 「椿姬」를 그의 第一回 公演으로 上演한後 第二回公演으로 「카르멘」을 上演하려 합니다, 그리고 더욱 오페라 協會의 本來의 目的에 隨伴하여 「우리의 오페라」를 가지기 까지 努力하려 합니다。

國際오페라社　文藝部　郭商洙

☆ 『불조심 내가 먼저』 서울市 消防局 ☆

1006　절대음악 혼자 간다

'한국 오페라 역사상 최초'로 공연된 오페라 "라 트라비아타" (La Traviata) 공연 관련 사진 (1948. 1.16.~1.20.)

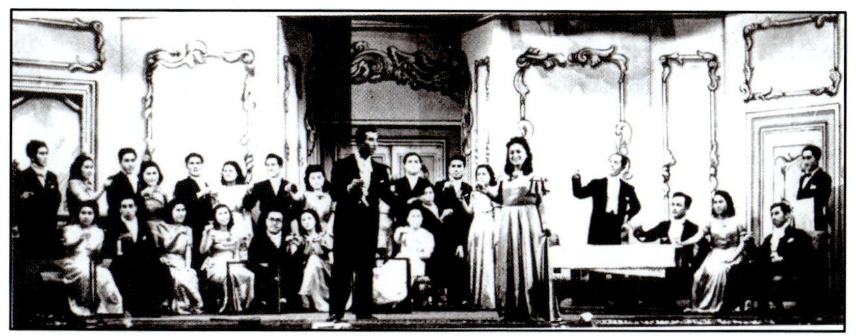

사진: "축배의 노래": 이인선(알프레도 제르몽, Alfredo Germont), 김자경(비올레타 발레리, Violetta Valery)

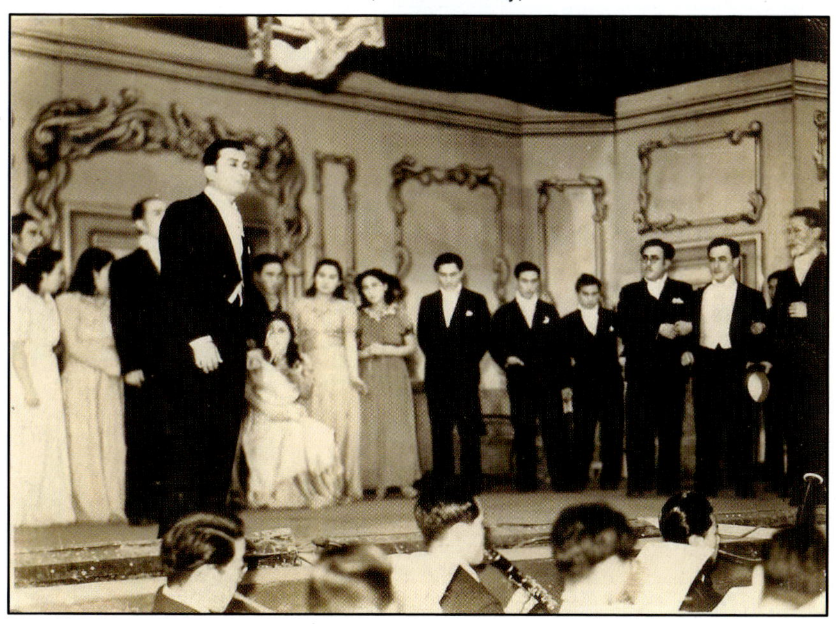

사진: 이인선(알프레도 제르몽, Alfredo Germont)

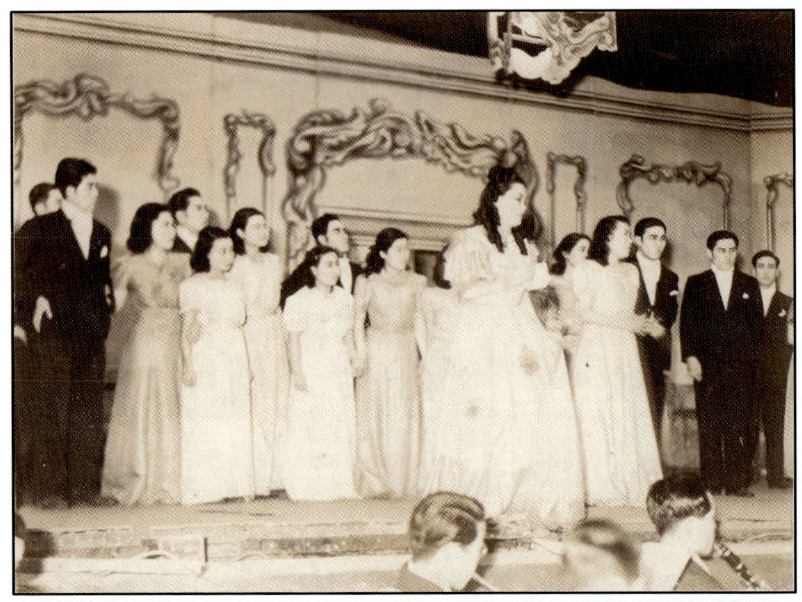

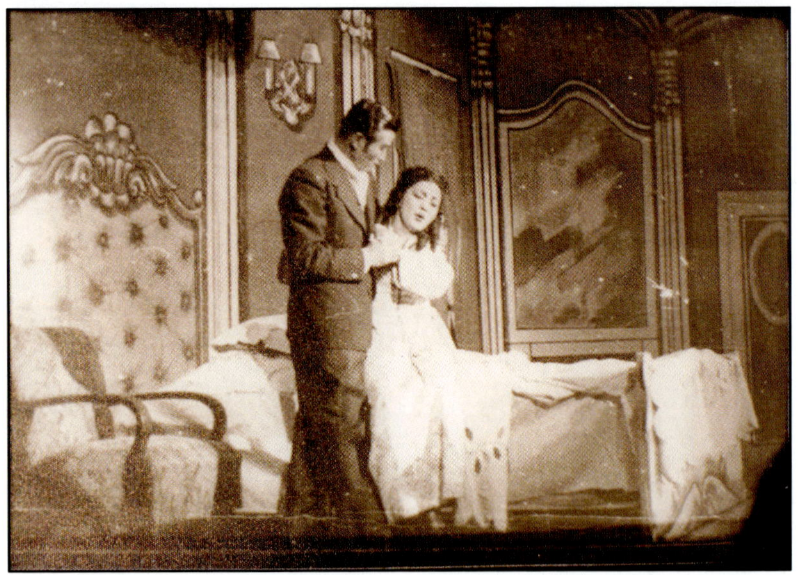

사진: 이인선(알프레도 제르몽, Alfredo Germont), 김자경(비올레타 발레리,
Violetta Valery)

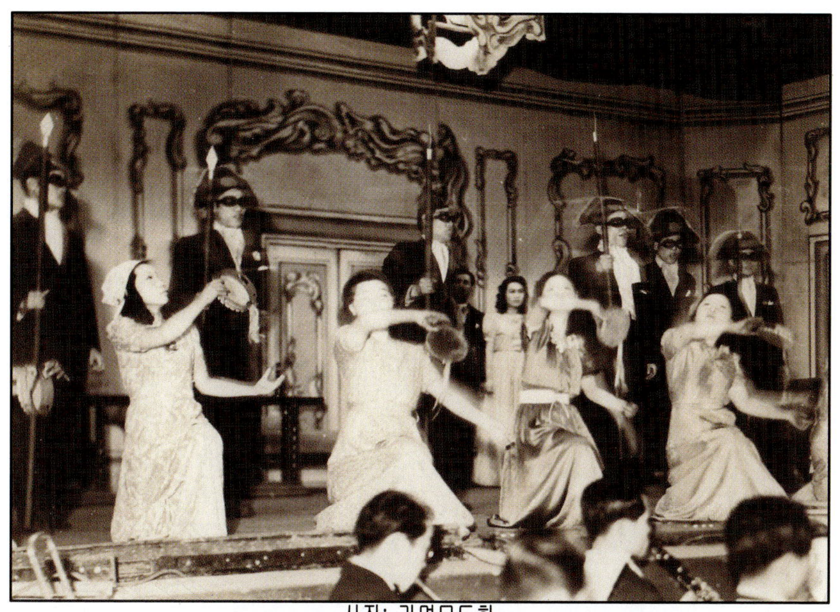

사진: 가면무도회

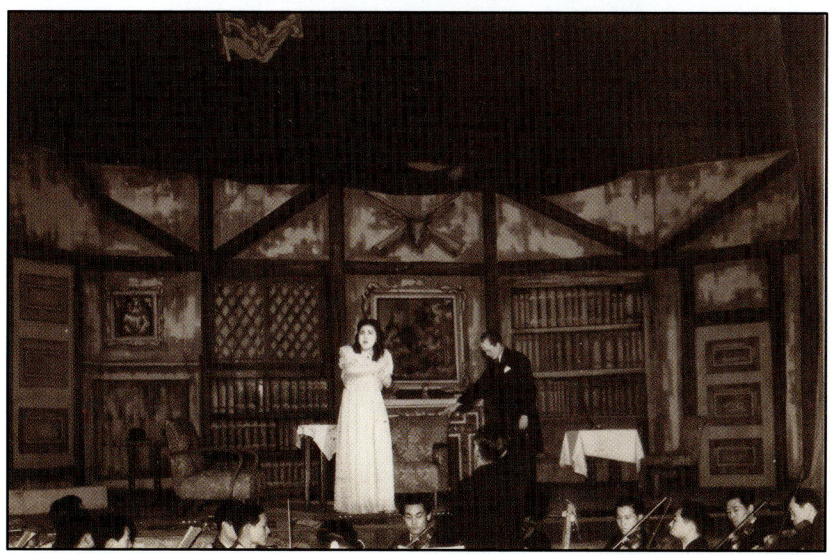

사진: 김자경(비올레타 발레리, Violetta Valery), 정영재(조르죠 제르몽, Giorgio Germont)

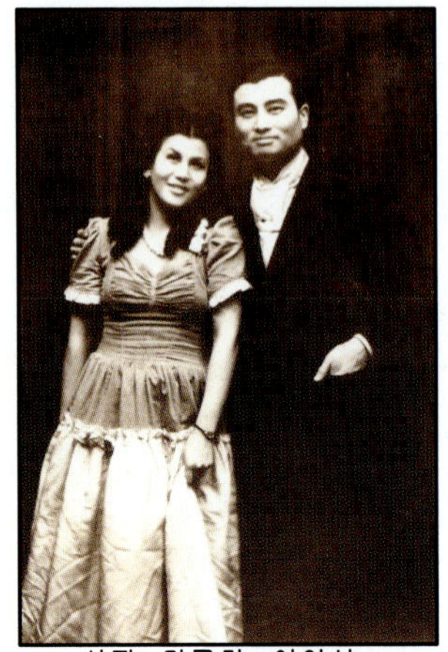

사진: 마금희, 이인선

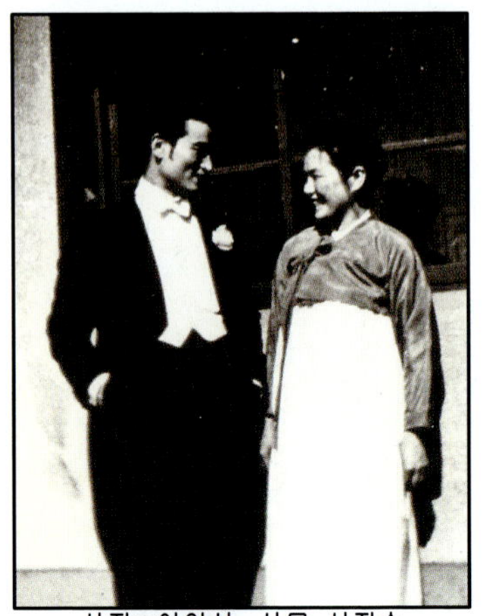

사진: 이인선, 사모 서지순

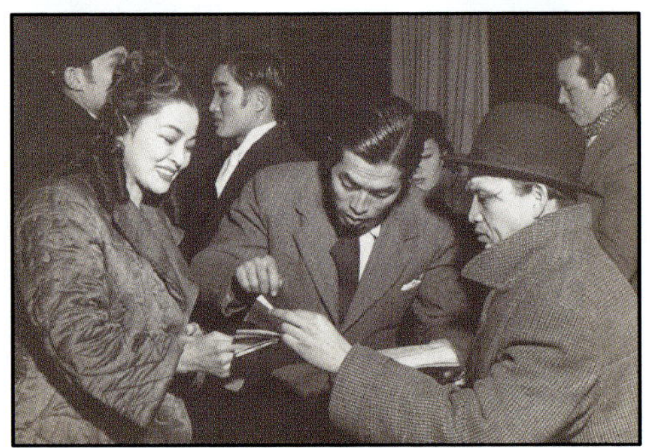

사진: 김자경, 임원식, 옥인찬

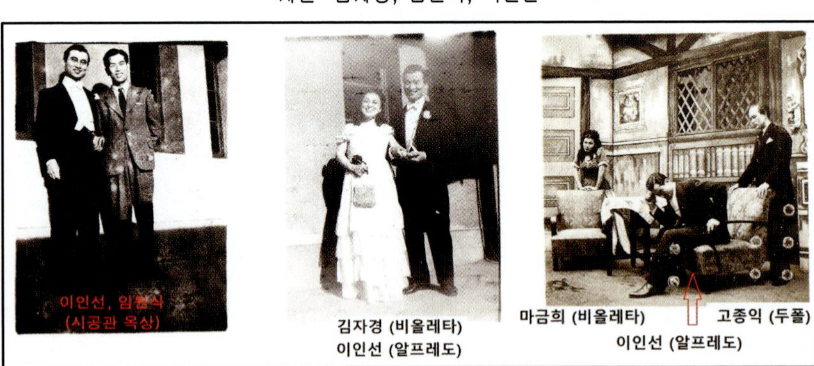

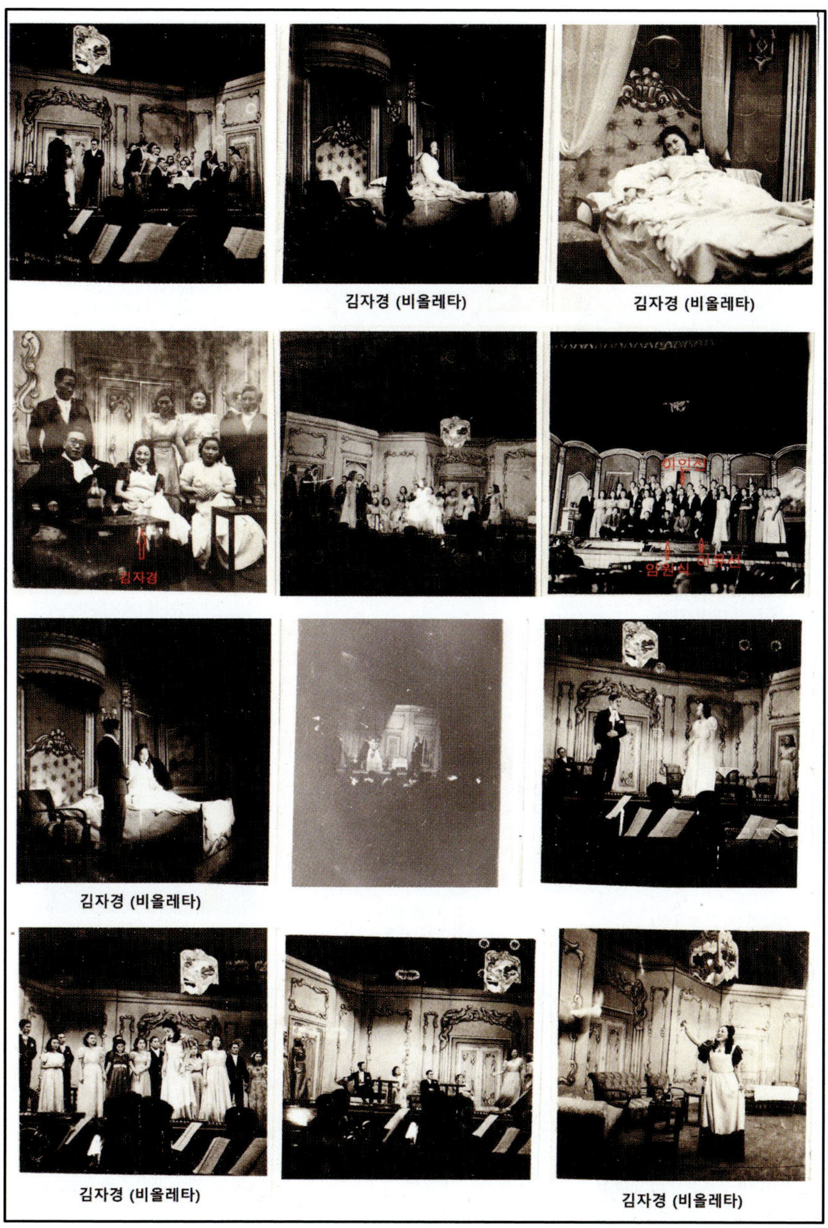

[B] 이인선: 4. "라 트라비아타"*(La Traviata)* 1011

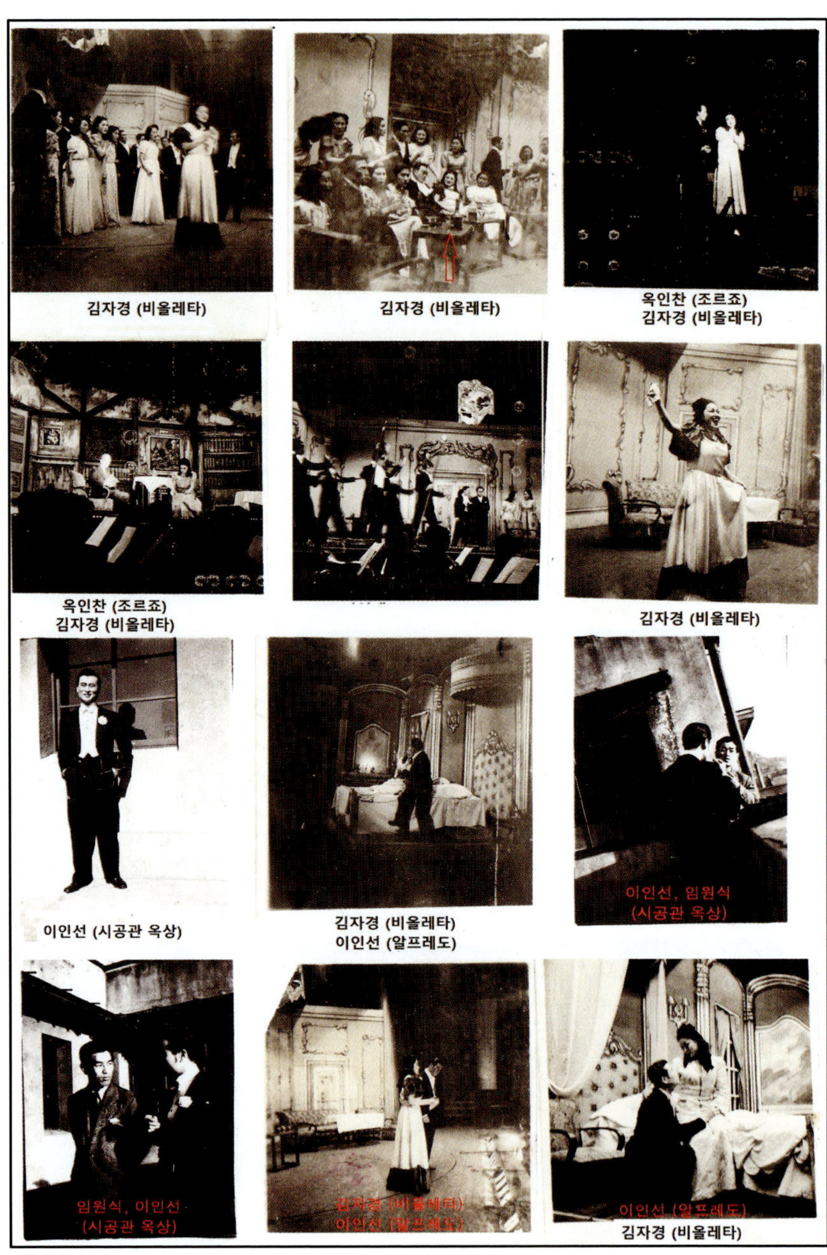

김자경 (비올레타)

김자경 (비올레타)

옥인찬 (조르죠)
김자경 (비올레타)

옥인찬 (조르죠)
김자경 (비올레타)

김자경 (비올레타)

이인선 (시공관 옥상)

김자경 (비올레타)
이인선 (알프레도)

이인선, 임원식
(시공관 옥상)

임원식, 이인선
(시공관 옥상)

김자경 (비올레타)
이인선 (알프레도)

이인선 (알프레도)
김자경 (비올레타)

1012 절대음악 혼자 간다

5. "카르멘"*(Carmen)*

Georges Bizet 작곡
Henri Meilhac, Ludovic Halévy 오페라 대본

이인선(李寅善) 역사(譯詞)

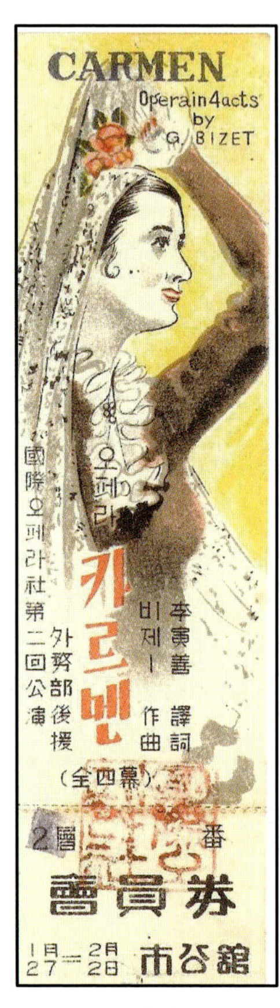

사진:
"카르멘" 초연 당시 입장권
(1950. 1.)

'한국 오페라 역사상 두 번째'로 공연된 오페라 "카르멘"(Carmen)은 대한민국 정부가 수립된 지 불과 1년 5개월, 1950년 1월 27일부터 2월 2일까지 1일 2회 총 14회, 서울 시공관(현 명동예술극장)에서 이인선(李寅善) 선생이 설립한 <국제 오페라사> 주최, <외무부> 후원으로 한국 초연되었다. 이는 '한국 오페라 역사상 최초'로 공연된 오페라 "라 트라비아타"(La Traviata)가 1948년 1월 16일부터 20일까지 1일 2회 총 10회 공연된 이후 두 번째이다.

당시 프로그램에는 이인선 선생의 역사본(譯詞本)이 첨가되었으며 이는 1950년 초연(初演) 이후 현재까지 사용되어오고 있다.

이인선 선생은 "카르멘"의 역사(譯詞), 총지휘 및 돈 호세(Don Jose) 역까지 1인 3역을 했다.

"카르멘"(Carmen)의 재공연 요청이 쇄도했으나 이를 개최할 경제적 여건이 되지 않아 그는 그해 4월 미국으로 떠났다. 그리고 두 달 후 6·25전쟁이 발발했다.

오늘날 종이와는 비교할 수 없는 빈약한 재질로 제작된 당시 프로그램 원본은 74년이라는 세월을 지나면서 퇴색되어 원래의 형태를 잃었음에도 불구하고 자료의 역사적 가치와 중요성을 감안하여 원본 그대로를 기록 차원에서 올리는 바이다.

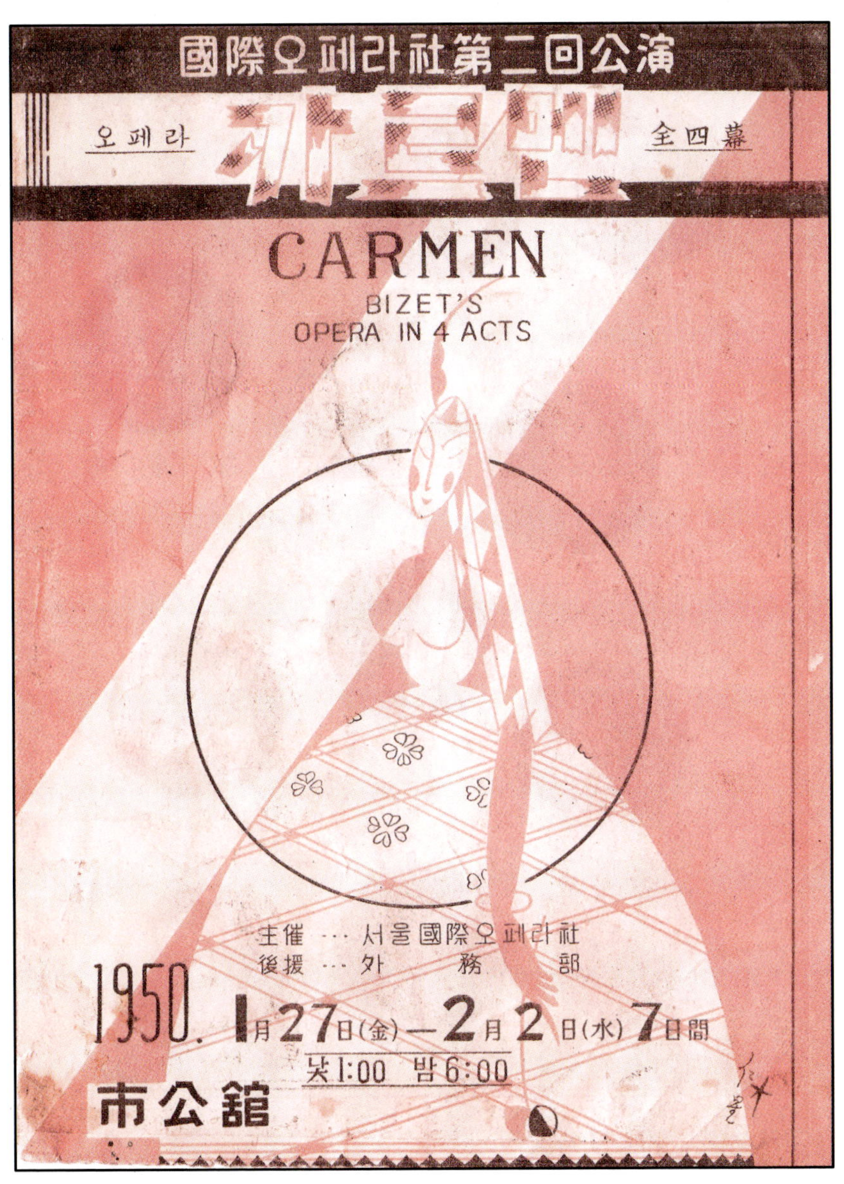

國際오페라社第二回公演
오페라 카르멘 全四幕
CARMEN
BIZET'S
OPERA IN 4 ACTS
主催 … 서울國際오페라社
後援 … 外務部
1950. 1月27日(金) — 2月2日(水) 7日間
낮1:00 밤6:00
市公舘

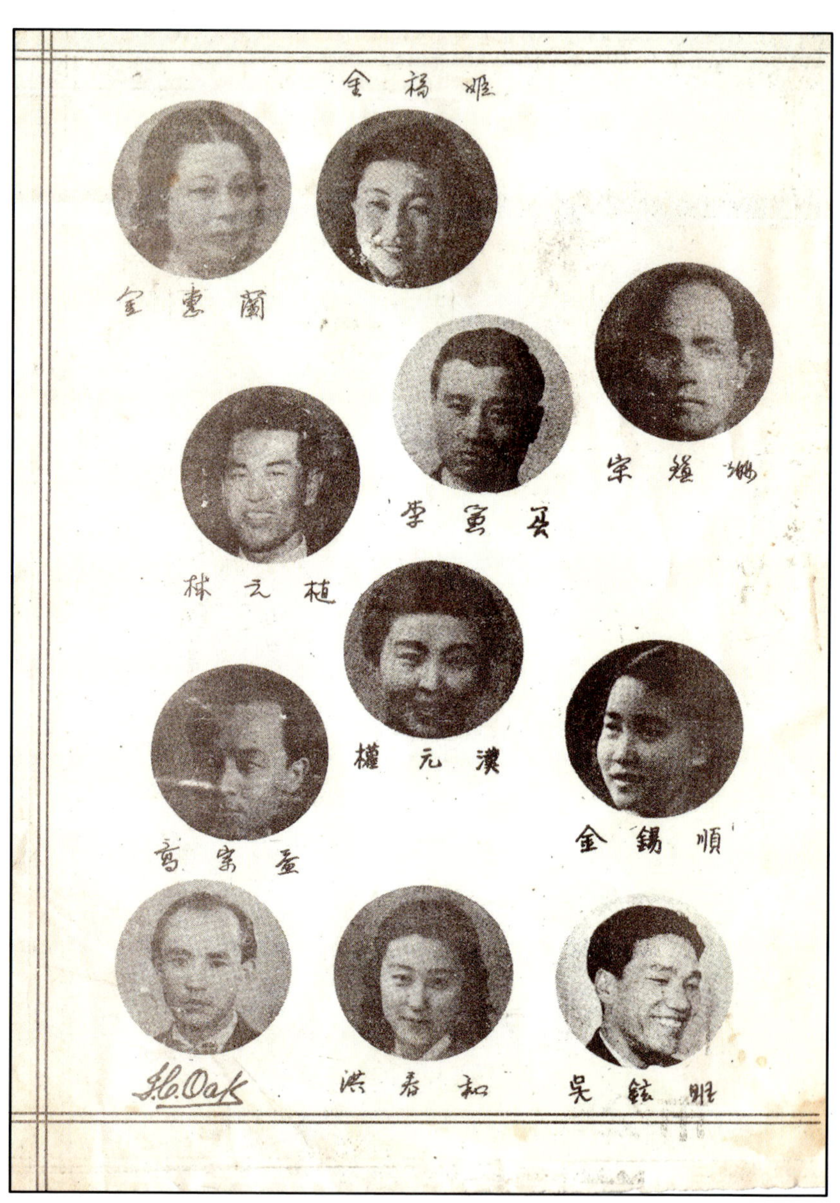

金福姬
金惠蘭
李寅荃
宋鎭娥
林元植
權元漢
高宗臺
金錫順
S.C.Oak
洪春和
吳鈺旺

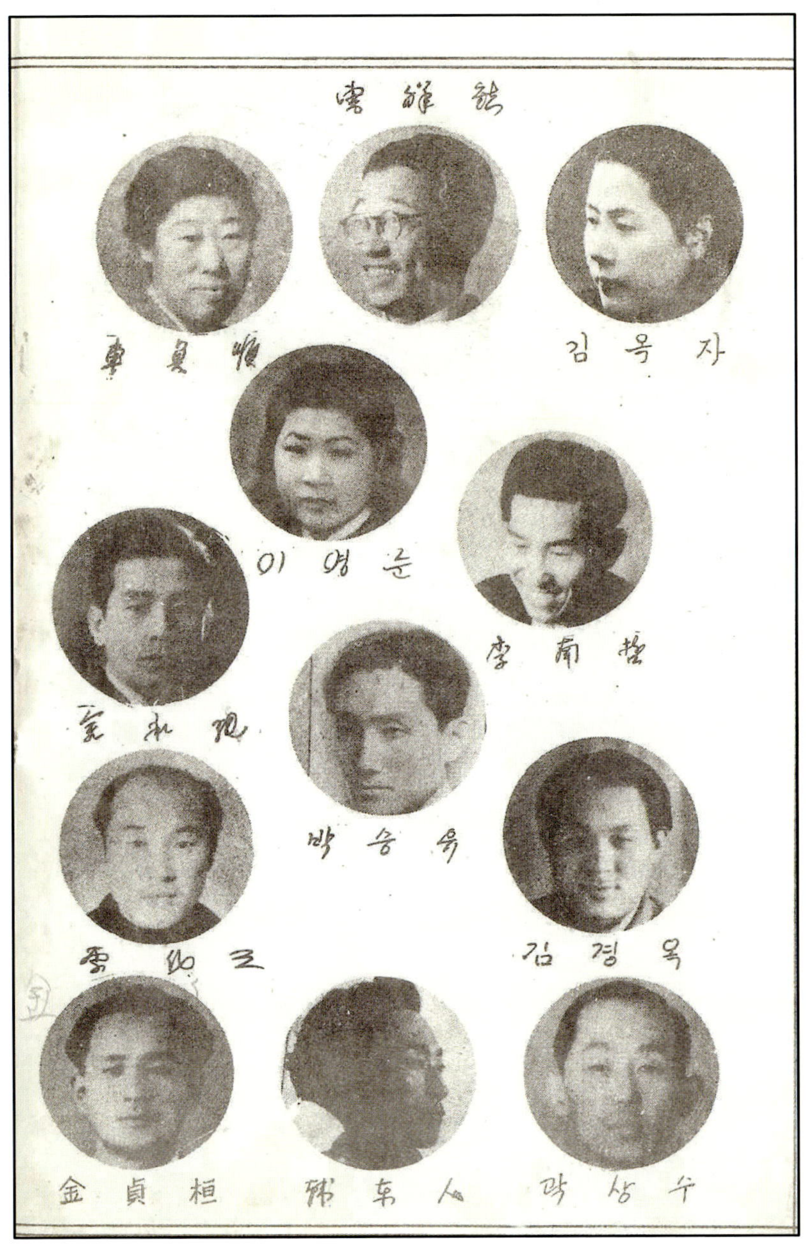
�... 雄 ...
車夏順
김 옥 자
이 영 순
李 冑 哲
黃 재 기
박 승 옥
尹 아 ...
김 경 옥
金 貞 桓
韓 東 人
곽 상 수

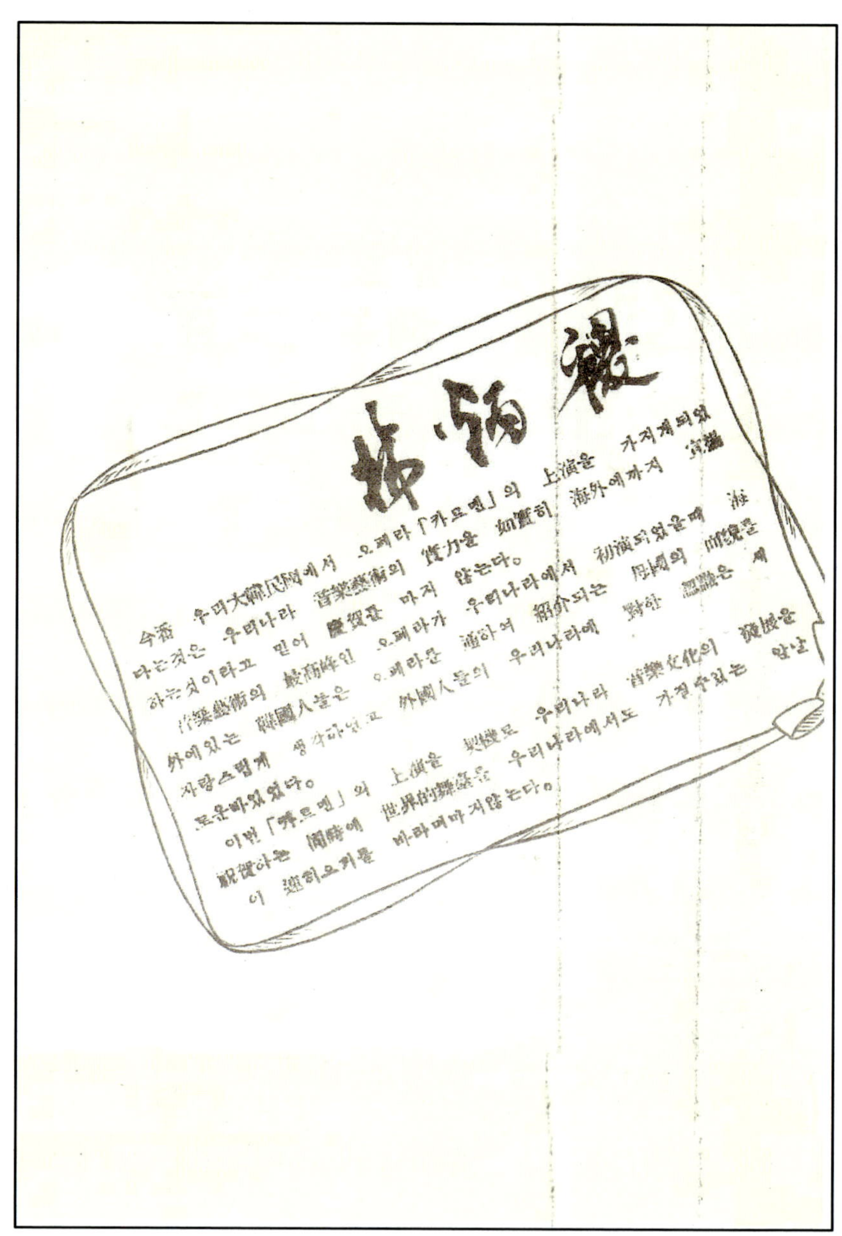

祝賀辭

今番 우리大師[民間]에서 오페라「카르멘」의 上演을 가지게되었다는것은 우리나라 音樂藝術의 實力을 如實히 海外에까지 演播하는것이라고 믿어 慶賀를 마지 않는다.
音樂藝術의 最高峰인 오페라가 우리나라에서 初演되었을때 海外에있는 韓國人들은 오페라를 通하여 紹介되는 母國의 面貌를 자랑스럽게 생각하였고 外國人들의 우리나라에 對한 認識은 새로운바가있었다.
이번「카르멘」의 上演을 契機로 우리나라 音樂文化의 發展을 祝賀하는 同時에 世界的舞臺를 우리나라에서도 가질수있는 이 連히오기를 바라며 마지않는다.

I have watched with keen interest the artistry and hard work
of the International Opera Company. Any group taking the leader-
ship in introducing new cultural fields encounters tremendous diffi-
culties. It is only by stern devotion to the principles of art that
progress in musical or literary fields can be accomplished.

I feel that the present production of Carmen adds a distinguished
new attraction to this capital of Korea and international center. I
firmly hope that the International Opera Company will continue the
splendid progress made so far.

extend my
I take this opportunity to ' congratulations to the members of
the cast.

JAMES L. STEWART

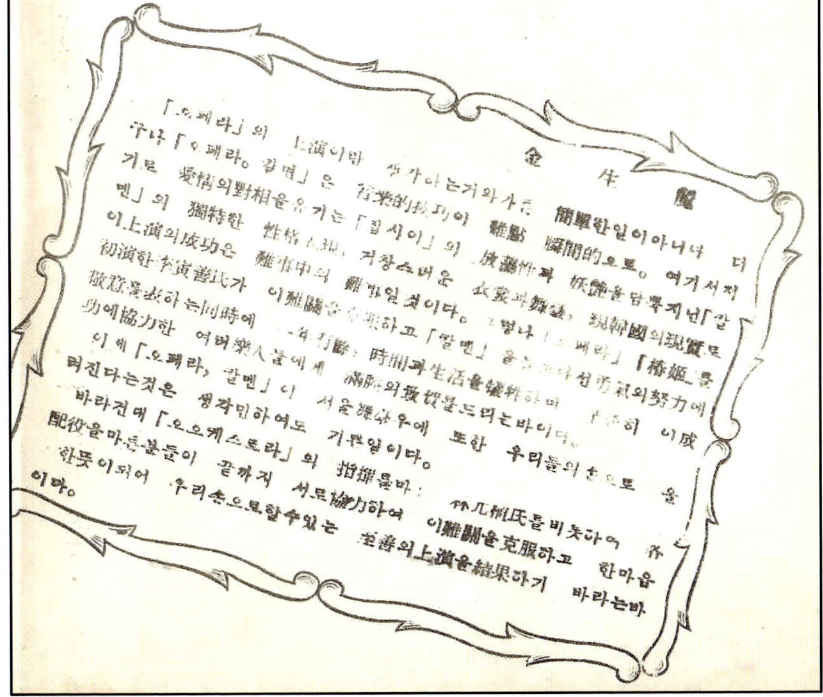

配　　役

카　　르　　멘………질 쩌 女子……………………………金惠蘭 · 金福姬
호　　　　세………龍騎兵伍長……………………………李寅善 · 宋鎭爀
미카엘라……「호세」와 約婚한 시골處女…權元漢 · 金錫順 · 洪春和
에스카밀료………鬪牛士……………………………………玉仁讚 · 高宗益
츠　　니　　가………龍騎兵大尉…………………………………吳鉉明
프라스키―타………「카르멘」의 동무…………………………車貞順
메르쩨―데스………　　　〃　　　………………………金玉子 · 李英順
모　탈　레　스………龍騎兵伍長…………………………………曹祥鉉
당카이로……　密輸者………………………………金永純 · 李南哲
레멘다―도………　　　〃　　　………………………………朴勝裕

　　合　　　唱………國際오페라코러스 · 藝術大學코러스
　　兒童合唱………봉선화童謠會 · 放送어린이노래會
　　舞　　　踊………서울빠레이團

　　오케스트라…………서울심포니

音樂指揮…………　林　　元　　植

總　指　揮…………　李　　寅　　善

導　　演…………　李　　化　　三

裝置衣裳………金貞桓　衣裳製作………文化高等洋裁學園
導　　補………金京玉　照　　明………螢　　進
舞踊指導………韓東人　合唱指導………郭商洙

카 르 멘
CARMEN （全四幕）

初　　演　　1875年3月3日　巴里「오페라・코미―크」座
作　　曲　　비제―（G. Bizet）
作　　詞　　메일락（Meilhac）及　알레비（Halevy）（佛）
譯　　詞　　李　　寅　　善

序　　言

　「카르멘」은「메리메」(P. Mérimée)의　小說에서　取材한「오페라」로서　佛蘭西　歌劇中에　가장　優秀한　歌劇임은　勿論이요、歐美各國을　通하여　最大의大衆的　人氣를　가진　歌劇이라　해도　過言이　아니다。

　作曲者「비제―」는　이歌劇中에　아름다운　西班牙　音樂을　取하여　南國的이며　多感的인　獨特한　音樂的　色彩를　나타냈고, 거기에　또　效果的인　管絃樂의　靈筆을　加하여　活氣와　美의　强烈한　魅力을　가진　歌劇으로　만들었다。

　이　歌劇이야말로　世界的　傑作으로서　佛蘭西　歌劇을　伊太利와　獨逸　歌劇의　水準으로　끌어올린　偉大한　功績을「비제―」가　세웠다고　하겠다。그러나「비제―」는　不幸히도　이　歌劇이　成功하는　것을　보지　못하고　오히려　初演의　不成功으로　因한　失望과　落膽　속에서　初演後　三個月만에　死去하였다。「카르멘」의　最初의　失敗는　內容이　너무　非道德的이란　것과　音樂이　그　時代에　있어서, 너무　革新的이었던　것과　當時「바그너―」를　排擊하던　巴里人들에게　너무「바그너―」的이란　非難을　받은데　그　原因이있다。「카르멘」과같은　非道德的　女性을　舞臺위에　上演하는　것은　社會　敎化에　害毒을　끼치는　行爲라고　생각하는　사람도　많았다　한다。그　까닭으로　臺本을　쓴「메일락」과「알레비」는「카르멘」의　上演을　可能하게　하기에　苦心하여「메리메」의　原作中에는　없는　純眞한　處女「미카엘라」를　對照人物로　登場시키므로서「카르멘」이란　절색女子가　發散하는　野性的　妖氣中에　一陣의　淸風을　加하여　비로소　上演하게된것이라　한다。

　歌劇「카르멘」은　이러한　曲境을　거쳐서「비제―」가死去한지　四個月만인　1875年10月23日「윈―」에서　上演되었을　때　비로소　大成功을　博하고　繼續하여　歐美　國에서　絶讚을　받으며　今日에　이르렀다。

— 1 —

第 一 幕

舞臺　西班牙「쎄빌리아」의 네거리。西班牙風의 建物들이 背景으로 보이고 右便에 煙草工場 入口。左便에 兵隊의 守衛所가 있다。正面에는 階段이 있고 그 위에 다리가 놓여 있다。때는 正午。

槪要　騎兵 伍長「모랄레스」가 當番中인 다른 兵士들과 함께 오고가는 通行人을바라보며 時間을 보내고 있을때 같은 騎兵伍長「동호세」와 約婚한 어여쁜 시골處女「미카엘라」가「호세」를 만나려고 찾아온다。「모랄레스」는「미카엘라」에게「호세」는 조금 더 있어야 交代兵들과 함께 올터이니 그 동안에 들어와 기다리기를 勸한다。수집은「미카엘라」는 交代할 時刻에 다시 찾아오겠다고 말하고, 逃亡해 버린다。喇叭소리가 나자 元氣있게 노래하면서 兵丁들의 行進을 흉내내며 따라오는 거리의 아이들과 함께 交代兵의 一隊가 나온다 隊長「즈니가」와「호세」도 그 隊에 같이 나온다。때마침 工場에서 正午를 알리는 鍾소리가나자 近處에서 靑年들과 職工들이 煙草工場 女工들을 보고자 모여든다。조금後에 女工들은 담배를 피우며 나온다。그中에서 第一로 男子들의 人氣를 끄는 女子는 野性的인 美貌의 젊짜女子「카르멘」이다。「카르멘」은 第一 나중에야 나온다 그러고, 自己를 에워싸고 아첨하는 젊은 男子들을 相對도 아니하고 放逸한 사랑을 말하는「하바네라」를 노래한다「호세」는 軍刀에 使用한 쇠사슬을 만들기에 專念하고「카르멘」과 其他 女工들을 눈도 거들떠보지 않는다。「카르멘」은 自己의 關心을 사려는 많은 男子들이 있었으나 마음은 도리어「호세」에게 끌리어 가려다가 다시돌아와서 가슴에 꽂았던「캐시아」꽃을「호세」에게 던져주고, 工場으로 돌아간다。「호세」는 一種의 魅力을 느끼면서 그 꽃을 집는다 그리고「카르멘」에게서 받은 强한 印象 속에 잠겨있을 때「미카엘라」가 다시 찾아와서「호세」를 만난다。「미카엘라」는「호세」의 어머니에게서 부탁받은 片紙와 돈을 傳하고 그의어머니의「키스」까지 傳한다。이때「호세」는 그리운 故鄕을 追憶하며「미카엘라」와 함께아름다운 二重唱을 부른다。그리고 어머니의 片紙를 읽고나서 어머니의 命令대로「미카엘라」와 約婚하겠다 생각하고「카르멘」에게 對한 一時的 情熱을 씻어버리기로 決心한다 이때 별안간 煙草工場에서 悲

1022　절대음악 혼자 간다

鳴과 騷音이 들린다。그것은
「카르멘」이 싸다름 끝에 自
己의 동무「마뉴엘리타」를 칼
로 負傷시킨 까닭이였다。「효
세」는 隊長「쮜니가」의 命令
으로「카르멘」을 逮捕하여 捕
縛한다。그러나「쮜니가」가 令
狀을쓰러 들어간 동안「카르
멘」은「효세」를「쎄기딜랴」의
노래로 誘惑하고야 만다。「호
세」는 드디어「카르멘」의 捕
縛을끌러 주고「카르멘」을 獄
으로 護途하는 途中에 逃亡하
게 한다。「카르멘」을 노아준
罪로「효세」는 代身 二個月間
投獄된다。

1. 前奏曲

生氣 潑剌하고도 華麗한 行進
曲으로 始作되어 最後에는 暗
澹한 感을 주는 音樂으로 變
한다。

2. 劇唱과合唱

幕이 열리면 守衛所앞에서 伍
長「모탈레스」와 當番中인 一
群의 兵士가 담배를 피우며
談笑하며 있고 네거리에는 많
은 男女가 來往하고 있다。
兵士들 네거리에 많은 사람가
고 또 오누나, 지나는 사람의
모양다 가지各色이로다。재미로
워 쓰 재미로운 求景이로다。
재미로워 쓰 쓰 쓰。

모탈레스 (泰然히) 우리 파수
를 보며 時間보내기 爲해 지
나는 사람 바라보며 놀고 있
도다。네거리에 많은 사람 가
고 또 오누나。
兵士들 네거리에 많은 사람 가
고 또 오누나。지나는 사람의
모양 다 가지各色이로다。재미
로워 재미로워 재미로운 求景
이로다。
모탈레스와 兵士들 兵士들 재
미로워, 쓰 쓰 쓰。(미카엘라
登場)
모탈레스 저고운 處女 바라보
게 말할듯한 態度로다。보라,
보라 돌아 오며 躊躇하네。
兵士들 그 理由를 무러보게。
모탈레스 (「미카엘라」에게 親
切히) 아! 누구를 찾으시오?
미카엘라 (純直하게) 伍長을 찾
고 있소。
모탈레스 (强調하며) 伍長은 나
요。
미카엘라 나 찾는 이는「돈,호
세」라 부르오,그이를 아시오?
모탈레스「돈, 호세」! 잘 알
구말구요。
미카엘라 (기뻐하며) 정녕!여
기 그이도 계선가요?
모탈레스 그 사람은 이 隊의
伍長 아니라오。
미카엘라 (失望하며) 그러면 없
단 말이요?
모탈레스 그렇소 나의 고운 處

女여。그러나, 곧 이곳으로 올
것이요。이곳으로 올것이요。머
지않아 交代할 時間되면 그이
도 함께이리 오게되오(反復)。
(매우親切하게) 그가 여기 올
동안 나의 고운 處女여, 暫間
안에 들어와 기다리면 어떻소?

미카엘라 안으로?

모탈레스와兵士들 그렇소。

미카엘라 안으로?

모탈레스와兵士들 그렇소。

미카엘라 아니 되오, 그러나 참
感謝하오。

모탈레스 怯을 내지 말고서 이
리 들어오시오。保護하여 줄것
을 나 굳게 約束하오。

미카엘라 疑心하는 것 아니나
또 다시 와 또 다시 와뵈옵지
오。머지 않아 交代할時間 되면
또다시 찾아 오기로 하지요。

미카엘라 머지 않아 交代할
時間 되면 또 다시 찾아
오기로 하지요。

모탈레스와兵士들 가지마
오, 交代할 時間 되면 우리
는 모두 돌아가게 되오。

모탈레스 가지 마오。

미카엘라 아니되오。

모탈레스와 兵士들 가지마
오 ㅅ ㅅ 가지 말고 여기
있으오。

미카엘라 아니 되오。아뇨ㅅ
ㅅ ㅅ ㅅ (逃亡하며)잘 있으
오, 난 가야 되오。

모탈레스 고운새를놓쳤도다。또
다시 지나는 사람 보면서 時
間 보내세。

兵士들 네거리에 많은 사람 가
고 또 오누나。지나는 사람의
모양 다 가지各色이로다。재미
로워 재미로워 재미로운 求景
이로다,

모탈레스 재미로워 재미로워。

兵士들 재미로워 ㅅ ㅅ ㅅ。

3의1거리의兒童들合唱

멀리서 喇叭 소리가 나고 軍
隊가 行進해 온다。(그에並하
여舞台에서 喇叭소리가 나자 兵
士들이 守衞所 앞에 整列한다。)
喇叭手와 橫笛手가 앞서서 오
고 거리의 兒童들이 노래하며
따라온다。그 뒤에 隊長「즈니
가」伍長「호세」兵士들의 順으
로 交代兵이 나타난다。

兒童들 交代하는 兵丁들과 우
리 같이 왔어요。힘차게 울리
는 喇叭 따따다다따, 따따따。
머리 번쩍 높이 들고 兵丁 같
이 걸어요, 조금도 틀림 없이
하나, 둘, 다 발맞추오。兩쪽어
깨 쭉 펴고 가슴내어밀고서 다
같이 팔을 곧게 옆에 놀어또
댔네。交代하는 兵丁들과 우리
같이 왔어요, 힘차게 울니는 喇
叭 따따다다따, 따따따。따따다
따따다다따, 따다다 따다다따따,
따다다 ㅅ ㅅ ㅅ ㅅ 따따다

따따。따따다 따따다다, 따다다
따다다따따。 따다다 ㅅ ㅅ ㅅ
ㅅ 따다다따따。 머리 번쩍 높
이 들고 兵丁 같이 걸어요。
조금도 틀림 없이, 하나, 둘,
도 발맞추오。 兩쪽 어깨 쭉 펴
고 가슴 내어밀고서 다같이 팔
을 곧게 옆에 늘어 뜨렸네
우리들도 왔어요, 따따다 ㅅ ㅅ
따따따, 따따따따。

모탈례스 조금前에 한 고운 處
女, 그대를 찾아서 왔다가 갔
다네, 푸른 치마에 머리를 땋
고。

돈, 호세 「미카엘라」 틀림 없네。
當番을 畢한 兵士들이 退去한
다。거리의 兒童들은 前과 同
樣으로 喇叭手와 橫笛手의 뒤
를 따라 도라간다。

兒童들 돌아가는 兵丁들과 우
리같이 갑니다 힘차게 울리는
나팔 따따다 따따, 따따다。머
리 번쩍 높이 들고 병정 같
이 걸어요 조금도 틀림 없이
하나, 둘, 다 발맞추오。따따다
다따다다, 따다다 따다다따따,
따다다 ㅅ ㅅ ㅅ ㅅ 따다다
따따。따따다다 따다다, 따다다
따디다따따, 따다다 ㅅ ㅅ ㅅ
ㅅ 따다다 따따。

3의2 吟誦

즈니가 저기저집이 煙草工場 아
닌가, 저기 있는 커다란 저
집?

돈, 호세 과연 그러하오, 또보거
드물게 거기 女工들은 참 몹
시 輕率하오。

즈니가 그들을 곱다 생각지 않
나?

돈, 호세 上官이여, 모릅니다。나
조혀 그런 것에 注意하지 않
소。

즈니가 그대의 맘 빼앗긴 곳
나 잘 아네, 한 어여쁜 處女
아넌가, 그의 이름 「미카엘라」
푸른치마에 머리를 땋고。웨
對答을 아니 하나?

돈, 호세 事實 그러하오, 참 그
를 사랑하오。女工들이 나올 때
에 고운가 보시오, 나옵니다?
잘 보신 後에 判斷하오。

4. 煙草女工들의合唱

工場에서 鍾이 울린다。「호
세」는 앉아서 軍刀의 사슬을
만들기에 專念하고 있다。近處
에서 靑年들과 職工들이 모여
든다。

靑年들 종이 울리네。고운 女
子들을 보기 爲하여 여기 모
이네。고운 그대들의 뒤를 따
라 가리, 우리들의 사랑을 말
하며, 우리들의 사랑을 말하며
달콤한 사랑! 달콤한 사랑!
(煙草女工들이 담배를 피우며
悠ㅅ히 나온다)

職工들 보시오, 저 건방진 눈,
간사한 愛嬌, 無理하게 참아가
며 피우는담배!

女工들 하늘 높이 煙氣가 올라가오, 올라가오, 저 하늘로 좋은 香氣 가득 싣고는올라가오。그煙氣머리로도。그 香氣에 마음 爽快하여지오。부드러운 사랑도 사라지오, 煙氣같이。굳게맺은 言約도 사라지오, 煙氣같이。부드러운 사랑도 煙氣같이, 굳게 맺은 言約도 煙氣같이 사라지오, 사라지오。

하늘 높이 煙氣가 올라가오, 올라가오。하늘 높이 煙氣가, 煙氣가 올라가오。높이 올라가오。올라가오, 올라가오。

職工들 어찌 보이지 않나, 저 「카르멘씨타」! (카르멘登場)

青年들 왔도다!

職工들 왔도다!

一同 왔도다, 왔도다, 「카르멘씨타」!

青年들 (「카르멘」에게) 카르멘 그대 어디나 따라 가리! 카르멘! 너의 對答들려다오, 너 언제나 사랑주려나, 카르멘, 너 언제나 사랑주려나。

카르멘 (「호세」를 흘낏보고나사) 언제 사랑줄지 나도 알수 없소, 永久 안줄지, 或來日줄지 오늘안줄 것만 分明하오。

5. 하바네라

카르멘 맘의 사랑은 들새와 같애 깃드림 과연 어려워,한번 그 맘애 아니 들면, 달래도 쓸데 없어요。말로 나를 펴는 사람과 말없는 사람이 있다면, 나는 차라리 말없는 그 사람을 擇하겠소。

카르멘 사랑! 사랑! 사랑! 사랑!

一同 맘의 사랑은 들새와 같애 깃드림 과연 어려워 한번 그 맘애 아니 들며 달래도 쓸게 없어요。

카르멘 사랑은 自由로운 것! 당신이 나를사랑지 않여도, 난 당신 사랑하오。나 萬一 당신 사랑할맨 조심하오!

一同 조심하오!

카르멘 날 사랑지 않아도, 당신 自由로 나 사랑하오。

一同 조심하오!

카르멘 나 萬一 당신 사랑할맨날 조심하오。

一同 사랑은 自由로운 것! 당신이 나를 사랑지 않아도 난 당신 사랑하오。나 萬一 당신 사랑할땐 조심하오! 조심하오!

카르멘 날 사랑지 않아도 당신 自由로 나 사랑하오。

一同 조심하오!

카르멘 나 萬一 당신 사랑할 땐 날 조심하오!

카르멘 그색를 잡았다 생각하면 곧 날라 도망합니다 苦待하면 더 멀리 가고, 안하면 가까이 옵니다 날라 왔다가 날라 가고, 갔다가 곧 또 옵니

다, 그를 잡으면 다라나고, 避
하면 도로 잡히오!
카르멘 사랑! 사랑! 사랑! 사
랑!
一同 날라왔다가 날라가고 갔
다가 곧 또 옵니다 그를 잡
으면 다라나고 避하면 도로
잡히오!
카르멘 사랑은 自由로운 것!
당신이 나를 사랑하지 않아도
난 당신 사랑하오. 나 萬一
당신 사랑할랜 조심하오!
一同 조심하오!
카르멘 날 사랑치 않아도 다
신 自由로 날 사랑하오。
一同 조심하오!
카르멘 나 萬一 당신 사랑할
랜 날조심하오!
一同 사랑은 自由로운 것! 당
신이 나를 사랑치 않도 나
당신 사랑하오. 나 萬一 당신
사랑할랜 조심하오! 조심하오!
카르멘 날 사랑치 않아도 당
신 自由로 날 사랑하오。
一同 조심하오!
카르멘 나 萬一 당신 사랑
할랜, 날 조심하오!
一同 조심하오!

6의1 劇唱

青年들 (「카르멘」에게) 카르멘
그대 어디나 따라가리! 카르멘
너의 對答들려 다오! 정답게,

오, 카르멘! 너의 對答 들려다
오! (青年들이 「카르멘」을 둘
러 싼다. 「카르멘」은 青年들
을 본後에 「호세」를 바라보고
躊躇한다. 그러고 工場으로 들
아가려 다가 다시 굴아와서
裝藥針 修理에 沒頭하고 있는
「호세」에게 가슴에 꽂았던
「캐시아」꽃을 던저주고 다라
난다)
女工들 (「호세」를 둘러싸고 웃
으면서) 사랑은 自由로운 것!
당신이 나를 사랑치 않아도
난 당신 사랑하오, 나 萬一
당신 사랑할랜 초심하오! (一
同大笑)

(工場에서 다시 鍾이 울리자
職工들과 青年들이 다 가버리
고 兵士들은 守衛所 안으로
들어간다。 홀로남은 「호세」는발
앞에 떨어진 꽃을 집는다。)

6.의2 吟誦

호세 부끄럼없는 그의 視線!
적은 이 꽃 彈丸같이 내 가
슴은 매혔도다! 香氣는 아름답
고 꽃은 어쁘오. 아, 그 女
子! 惡魔가 果然있다면, 그가
分明 惡魔겠데
미카엘타 호세!
호세 미카엘라!
미카엘타 나외다!
호세 반가워라!

미카엘라 당신 어머님 날 보
았소。

7. 의1 二重唱

호세 (昻奮하여) 나의 어머님 消
息 어서 말하여다오。
미카엘라 (純直하게) 당신 어머
님께서 주신 片紙여기 갖어왔
소。
호세 (기뻐하며) 편지를!
미카엘라 또 당신용으로 적으
나 돈도 가져왔어요。 (躊躇하
며) 아, 또……
호세 또 무엇?
미카엘라 아, 또…말하기 어려
운 부탁! 참 사랑하는 아들에
겐 돈보다 貴한것, 돈보다 貴
한, 것나여기갖어왔어요。
호세 그 무엇인지 내게어서 말
해다오。
미카엘라 말해주리다。나가져 온
겻 다 傳하여 주리다。당신
어머님 나와 寺院에 갔다가,
나을 때, 날입맞추며, 이 같이
말 했소。저「쎄빌리아」그다지
면곳이아니너, 너 한번 나를 爲
해, 내아들「호세」를 찾아 보
아주려마, 내 아들「호세」를 찾
아 보아주려마。나 도 밤과 낮
으로 恒常 그를 爲해 祈禱하
며, 또 그의 찰못 容恕하고 돌
아옴 苦待하도다。어서 내 아
들찾아 가서 나의 말 모두

傳하고, 내 뺨에 입맞춘것까지
代身 傳하라 하셨소。
호세 나의 어머님 입술! (우
리말에「키스」에 該當한 名詞
가 없음으로「입술」을「키스」
의 意로 臨時 代用함)
미카엘라 아들을 위하여,
호세 나의 어머님 입술!
미카엘라 맞추신 고입술,나 約
束한대로 당신께 傳하오。(「호
세」의 이마에 입맞춘다)
호세 (感激하여) 내 눈에 브이
고, 어머니와 나의 故鄕! 지나
간 날의 情다운 옛記憶 새로
워라!
호세 오, 그리운 나의 故鄕!
오, 즐거운 記憶! 오, 즐거운
오, 즐거운 記憶 이제 다시
내 맘에 힘을 가저오네。내
눈에 또 다시 情답게 보이
오, 내 어머니와 故鄕!
미카엘라 그 눈에 브이으,
그의 어머니와 故鄕 집! 지나
간 나의 情다·운 옛記憶 새로
워! 또 다시 그의 맘에 힘을
가저 오매。그 눈에또다시情답
게 보이오, 그의 어머니와 故
鄕!
호세 나 하마트면 꼭 惡魔에게
잡힐 것을! 어머님이 날 救해
주셨네, 먼곳에서 보내주신 어
머님의 그 입술 큰 危險속에
서 날 건져주셨네。

미카엘라 (生氣있게) 무슨 惡魔
？무슨 危險？난 모를 말이오,
무슨 말씀이오？

호세 아니, 아니！너의 할일 말
하여다오, 곧 집으로 돌아가련？

미카엘라 네, 오늘저녁。來日 어
머님을 뵙게 되오。

호세 (活氣있게) 아, 그러면 내
말 傳하여 다오, 나 어머님을
사랑하며 늘 맘으로 尊敬하네
내 잘못을 悔改하고 容恕함
빌도다。어서 어머님 찾아가서
나의 말 모두 傳하고 네 뺨
에 입맞춘 것 다시 代身 어
머님 드려다오。(「미카엘라」
의 뺨에 입맞춘다)

미카엘라 (純直하게) 네, 그리하
리다。아들 代身하여 당신이
주신 것 傳하여 주리라。

호세 내 눈에 보이오, 내 어머
니와 나의 故鄕！지나간 날의
情다운 옛 記憶 새로워라！

호세 오, 그리운 나의 故鄕！
오, 즐거운 記憶！오, 즐거운
오, 즐거운 記憶 이제 다시
내 맘에 힘을 가져오네。내
눈에 또 다시 情답게 보이
오, 내 어머니와 故鄕！내
눈에 다시 보이는 故鄕, 지
나간날, 오, 情다운 記憶！내
맘에 다시 재 힘을 주네.
오, 즐거운, 오, 즐거운 記憶
그리운 나의 故鄕！오, 즐거

운 記憶！새로운 힘 가져오
네오, 그리운 故鄕 집！

미카엘라호 그 눈에 보이오
그의 어머니와 故鄕 집！지나
간 날의 情다운 옛記憶 새로
워！또 다시 그의 맘에 힘을
가져오네。그 눈에 또 다시
情답게 보이오, 그의 어머니와
故鄕！그 눈에 다시 보이는
故鄕, 지나간날, 오, 情다운 記
憶！그 맘에 다시 재힘을 주
네。오, 즐거운, 오, 즐거운 記
憶, 그리운 그의 故鄕！새로운힘
가져오네, 오, 그리운 故鄕 집！

7. 의2 吟 誦

호세 片紙 읽을 동안 좀기다
려다오。

미카엘라 아노. 읽으시오。나 곧
또 오리다。

호세 왜 가려하나？

미카엘라 당신 혼자 보시는것
좋을것 같소。읽으오, 나 곧오
리다。

호세 곧 오려나？

미카엘라 곧 오리다。(미카엘
라退場)

호세 (조용히 어머니의 片紙를
읽고) 어머니 念慮마오！말하신
그대로 나 다 順從하리다。귀
여운 「미카엘라」안해로 삼으리
다。너 던진 꽃, 더러운 惡
魔！

8. 合唱

「호세」가 片紙를 넣고「카르멘」이 던져주던 꽃을 꺼내여 버리려 할때 突然工場에서 悲鳴과 騷亂한 싸움 소리가 들려온다。守衛所에서 隊長「즈니가」와 兵士들이 뛰어나온다。

「호세」는 꽃을 다시 넣는다

즈니가 아, 이것 무슨 일일까
(工場에서 女工들이 뛰어나온다)

女工A群 도이주, 도이주, 들리지 않소?

女工B群 도아주, 도이주, 兵丁들이여!

A群 「카르멘」이 그랬네。

B群 아니, 아니, 그렇지 않네!

A群 「카르멘」이 그랬네。

B群 아니, 아니, 그렇지 않네, 絕對로!

A群 그렇네, 아, 정말 그렇네! 손먼저댄것 그애 라네!

B群 (「즈니가」에게) 아, 듣지 마시오!

A群 (「즈니가」에게) 아, 듣지 마시오! 士官님!

B群 이 말 들으시오!

A,B群 우리 말을 들으시오, 우리 말을 들으시오! 이 말 들으시오, 이 말 들으시오!

B群 (自己들 便으로「즈니가」를 끌며)「마누엘리타」거듭해 커

마란 목소리로, 맘에 드는 나귀 한匹 사려한다 웨쳤오。

A群 (自己들 便으로「즈니가」를 끌며)。그 말 들은「카르멘」이 이 같이 嘲弄했소。"나귀는 자서 무엇하게? 마당비나 자려마"

B群 「마누엘리타」지지 않고 또 이같이 對答했소。,네가 散步할 때엔 내 나귀를 빌리마, 나귀 등에 앉아서 네가 傲慢부릴 때 下人들이 따라가며 파리 쫓아 주리라"

A,B群 그러자, 둘이 서로 며리를 잡았다오。둘이 서로, 둘이 서로, 머리를 잡았다오。

즈니가 (性急히) 다 쓸데 없는 말이로다! 다 쓸데 없는 말이로다! (「호세」에게) 보라! 호세, 두 자람 데리고 안에 들어가서 事實 調査해 오라!
(「호세」는 二名의 兵士를 데리고 工場으로 들어간다)

A群 「카르멘」이 그랬네。反復

B群 아니, 아니, 그렇지 않네 反復。

A群 아, 정말 그렇네!

B群 絕對로!

A群 손 먼저 댄 것 그애라네

즈니가 보라! 떠들지 말고 둘러가라!

A,B群 士官님! 士官님! 아, 듣지 마시오, 이 말 들으시오,

우리 말을 들이시오, 우리 말
을 들으시오, 이 말 들으시오
이말 들으시오!

A群 정말 「카르멘씨타」 그손을
먼저 냈소.

B群 정말 「마누엘리타」 그 손을
먼저 냈소.

A群 「카르멘씨타」요

B群 「마누엘리타」요

A群 「카르멘씨타」요

B群 「마누엘씨타」요

A群 네, 네, 네, 네, 네, 네, 네。

B群 아뇨, 안뇨, 아뇨, 아뇨, 아
뇨, 아뇨。

A,B群 그애가 손을 먼자 냈
소。 反復

A群 아, 「카르멘씨타」요!

B群 아, 「마누엘리타」요!

A群 아, 「카로멘씨타」요!

B群 아, 「마누엘리타」요!

A群 정말 「카르멘씨타」 「카
르멘씨타」요!

B群 「마누엘리타」 「마누엘리
타」요! (兵士들은 다 물러가
고 조금後에 「호세」와 二名의
兵士와 함게 「카르멘」이 工場
에서 나온다.)

9. 노래와 劇

호세 上官이여, 싸움 이러났었
소。적은 말다툼이 싸움으로 變
하여 한 女子 負傷했소.

즈니가 뉘에게?

호세 이 女子요。

즈니가 (「카르멘」에게) 무엇이
라 答辯할 말 있나?

카르멘 (노래하며) 트라 라 라
라 라 라 라 라, 칼로 날 썰어
도 對答하지 않겠소。
트라 라 라 라 라 라 라 라, 뜨
거운 불이나 槍劒도 무렵지
않소。

즈니가 노래는 좀 이따 부르
고 내묻는 말에 正當히 對答
하라!

카르멘 (倣慢하게 「즈니가」를
흘겨보며) 트라 라 라 라 라 라
라, 나의 秘密을 끝까지 지키
려오。트라 라 라 라 라 라 라
라, 나 그 누구를 참말로 사
랑하오。

즈니가 네 態度가 그럴진댄 獄
에 들어가, 맘때로 노래하라。

女工A,B群 獄으로! 獄으로!
(「카르멘」이 가까이 있는 女
工 한名을 보기좋게 갈긴다)

즈니가 못된것! 네 손이 빠르
겐 생겼나 보다。

카르멘 (傍着無人의 態度로) 트
라 라 라 라 라 라 라, ㅅㅅㅅ
ㅅㅅㅅ, ㅅㅅㅅㅅ ㅅㅅ,
ㅅㅅㅅ ㅅㅅㅅ, ……。

즈니가 가련하다, 아, 가련하다。
참 어여쁜 女子로되 고운 두
팔 묶는 수밖에 다른 道理없

으리라。

(「호세」에게 結縛하라 命하고 守衛所로 들어간다。「호세」는 「카르멘」의 팔을 뒤로 結縛하고 椅子에앉힌다)

카르멘 날 다려 갈 곳은?

호세 獄이리네, 더 어찌할 수 없네。

카르멘 정말 어찌할 수 없소?

호세 命令 거역할수 없네。

카르멘 그러나 당신이 그런 命令을 받았어도, 나를 참 사랑하므로 救해 줄것 잘 알고있소。

호세 사랑한다고?!

카르멘 그렇소! 나 당신께 던져준 그꽃 참말 異常한 꽃이오, 내어버려도 그 香氣에 醉하고마오。

호세 아,더 말마라, 듣는가?더 말마라, 듣지 않겠네

10.「쎄기딜랴」와 二重唱

카르멘 「쎄빌리아」城壁 가까이 저「릴리아스, 파스티아」의 집에, 나「쎄기딜랴」춤추며「만사닐랴」마시기 爲해「릴리아스, 파스티아」찾아가려 하오。정말로 재미 보려면 언제나 둘이 必要하오, 내 第一 좋은 동무로 내 사랑 끌고 가려오。아 그러나,내 사랑 그이와 나 어제 離別했어요, 외로운 내 맘 참 피로워라, 그러나, 내 맘 自由로워!날 찾는 사람 無數하나 다 맘에 들지 않아요。날 누가 진정 사랑할가,내 사랑 다바치리다!누가 내 맘가지시려요?때를 맞추어 잘 오셨소, 나의 새사랑옆에 두고기다릴것 도 무언가!「쎄빌리아」城壁가까이, 저「릴리아스, 파스티아」의 집에 나「쎄기딜랴」춤추며「만사닐랴」마시기 爲해아 저「릴리아스, 파스티아」찾아가려오。

호세 (嚴하게)네게 말 말라고 부탁하지 않았나?

카르멘 (純直하게)말한 것 아너고 노래를 불렀어요, 노래를 불렀어요, 또 생각하오, 나 생각하는 것 自由요。한 軍人을 생각하오, 한 軍人을 생각하오 그 軍人 날 잘 알고 날 사랑하오, 또 나도 사랑하오。

호세 카르멘!

카르멘 (分明하게)내 맘의 軍人은 저 大尉나 少尉도 다 아너고, 한 伍長이요, 또 내게 는 그이로 과만하오, 나 또 그이로 滿足하오。

호세 카르멘!네게 醉해버렸네。眞情 나를 속이지 않고, 너의 約束지키겠나? 아, 너의 사랑 카르멘, 카르멘, 날 주려나?

1032 절대음악 혼자 간다

「카르멘」 네。춤춥시다
호세 자「릴리아스 파스티아」
約束하나?
(「카르멘」을 結縛한 捕繩을 끌러준다)
「카르멘」 저「쎄기딜랴」。마십시다「민사닐랴」。
호세 카르멘 約束하나?
카르멘 아, 「쎄빌리아」城壁 가까이 저「릴리아스, 파스티아」의 집에, 우리「쎄기딜랴」춤추며「민사닐랴」마시러 가오 트라 라 라 러 따 라 따 따 따 따 따 트라 라 리 따 라 라 라 따 따 따 따 리 라。

11. 終 曲

守衛所에서「즈니가」가 나오는 것을 보고「카르멘」은 結縛된 모양으로 急히 椅子에 앉는다 兵士들도「즈니가」를 따라 나온다。
즈니가 (「호세」에게 書類를 주며) 令狀이로다。가라! 조심해데려가라!
카르멘 (「호세」에게) 途中에서 메어 밀려라。메어 밀거든 일부러 넘어지시오。逃亡한터이。나 만나보려 오지오。(女工들과 사람들이 모여든다)
카르멘 (「즈니가」의 顏前에 웃음을 던지며 노래한다) 사랑은

自由로운 것, 당신이 나를 사랑치않아도, 난당신 사랑하오, 나 萬一 당신 사랑할땐 조심하오! 날 사랑치않아도, 당신 自由로 나자랑하오, 나 萬一 당신 사랑할땐 날 조심하오!

「카르멘!」은「호세」와 兵士들에게 護衛되어 獄으로 向하여 걸어간다。다리로 올라가는 돌階段에 이르자「카르멘」은 不意에「호세」를 힘껏 메어민다。「호세」는 일부로 몹시넘어진다。「카르멘」은 橋上으로 뛰어 올라가서 두팔을 번쩍 들고 大笑한後 逃亡한다。女工들과 群衆들도 그 光景을 보고 暴笑。

第 二 幕

舞臺 「릴리아스파스, 티아」의 酒店 때는 밤이다。
槪要 「릴리아스, 파스티아」의 酒店은「쎄빌리아」市의 末端, 城壁가까운 곳에 있는 酒店으로「짚씨」들의 集會所요 密輸者들의 巢窟이다。「즈니가」와 數名의 士官이 이 酒店에 찾아와서 술을 마시고 있다。「짚씨」女子들의 춤이 始作되자「카르멘」은 輕快한 旋律로 奔放한 感을 주는「짚씨의 노래」를 부른다。춤이 끝나면,

— 14 —

벌서 閉店할 時刻이 된다.
「츠니가」는「카르멘」에게「호세」가 代身 獄에 가쳤다가 오늘 釋放되였다는 것을 알리고「카르멘」을 보러 다시 오겠다고 말한다. 이때 밖에는 有名한「그라나다」의 鬪牛士「에스카밀료」를 祝賀하는 炬火行列이 지나간다.「에스카밀료」가 酒店으로 들어오자 사람들은 그를 爲하여 祝盃를 울린다.「에스카밀료」는 祝盃에 謝禮하며 人海를 이룬 鬪牛場內에서 猛牛와 싸옴하는 壯快한 이야기의「鬪牛의 노래」를 부른다. 그러고,「카르멘」의 사랑을 慇懃히 求한다.「에스카밀료」와 群衆들이 酒店에서 물려가고「카르멘」과「프라스키―타」「메르쎄―데스」세 女子만 남는다. 이윽에 密輸者「당카이로」와『레멘다―도』가 들어와서 二女子들에게 自己들의 惡事에 助力해 주기를 請한다.「카르멘」은「호세」가 반드시 찾아올 것을 豫想하고 갈이 떠나는 것을 拒絶한다. 멀리서「호세」의 쇼리가 들리자「카르멘」은「호세」도 같이 가도록 觀誘해 보기로 하고 모두 隣室로 보낸다. 찾아온「호세」를 爲하여「카르멘」은「깨스터넷스」의 伴奏로 춤을 추어준다.「호세」는 그 춤에 陶醉

된다. 그러나 멀리서 들려오는 歸營喇叭쇼리에 精神을 차리고 곧 돌아가려한다.「카르멘」은「호세」의 사랑을 過信했던 어리석음을 말하며 날카로운 神經으로「호세」를 돌아가라고 虐待한다.「호세」는 前에「카르멘」이 던져주었던 꽃을 주며 너에서 내여들고 有名한「꽃노래」로 自己의 자랑을 말한다 그래도「카르멘」은 듣지 않고 眞情으로 自己를 사랑하면 멀리 自己를 따라서 自由로운 天地로 오라고 한다.「호세」는 軍人의 名譽를 爲하여 斷然 拒絶하고 돌아가려 한다.「호세」가 門을 열으려 할 즈음 밖에서 隊長「츠니가」가 門을 열고 들어온다「카르멘」을 찾아온「츠니가」는「호세」를 보고 곧 돌아가라 命令한다.「호세」가 그 命令에 不服하자「츠니가」는 拔劍하여「호세」를 威脅한다.「호세」도 興奮하여 拔劍한後 對抗할 때「절석」들이 隣室로부터 나와서「츠니가」의 武器를 뺐고 拘禁한다. 上官에게 對抗한「호세」는 다시 兵營으로 돌아갈 수 없음을 自覺하고「카르멘」의 勸대로 自由로운 世界를 찾아 山中으로 따라가기로 한다 自由를 讚美하는 合唱이 高潮에 達하자 幕.

間奏曲

12. 의1 짚씨의노래

「릴리아스, 파스티아」의 酒店에서「즈니가」「모랄레스」其外에 士官 數人이 술을 마시며 담배를 피우고 있다。「카르멘」「프라스키ー타」,「메르쩨ー데스」세 女子가 士官들을 相對하고 있고 主人「릴리아스, 파스티아」는「테불」의「쩌비ー스」를 하고 있다。室內 一隅에는 짚씨 男子數名이「기타ー」와「탬버린」을 치고 있고 짚씨女子들이 거기에맞추어 춤을 준다。

카르멘 (「카르멘」이 노래를 始作하자 춤은그친다)「씨스트르」의 맑은 쇳소리, (註「씨스트르」는 古代埃及의 一種의 振鈴) 異國의 情緒자아내네。그 音樂 듣는 짚씨 女子 자리차고 다 일어났네。「탬버린」치고 흔들며, 그 맘에 타는 熱을 다해「기타」를 높이 울리네, 같은 노래 같은 曲調, 같은 노래 같은 曲調! 트라따따............。

카르멘, 프타스키ー타, 메르쩨ー데스 트라 라라라...... (짚씨女子들이 노래에 맞추어 춤춘다

카르멘 (춤이 中止되고) 구리와 金銀 裝飾이 軟褐色 팔에 번쩍이고, 옷마다 가벼운 날개같이 바람타고 펄럭이오。그 노래 맞춰 춤추오, 그노래 맞춰 춤추오。부끄럽게 추던 느린 춤이 活氣있게 빨라져 가오, 또 興은 더욱 더 높아 가오!트라 라 ㅅ ㅅ............。

카르멘, 프라스키ー타, 메르쩨ー데스 트라 라 ㅅ ㅅ......(짚씨女子들이 이노래에 맞춰 춤춘다)

카르멘 (춤이 中止되고) 그 짚씨 男子들 亦是, 다 그의 樂器힘껏 치오, 그 音樂 듣는 짚씨女子 혹하여참지 못하오。그 노래「리듬」들을 때그노래「리듬」들을 때, 熱情에 醉해 精神없이, 圓을지어 다 춤을 추며, 기쁜 旋風 모라 오네。트라 라 ㅅ ㅅ............。

카르멘, 프라스키ー타, 메르쩨ー데스 트라 라 ㅅ ㅅ......(짚씨女子들이 노래에 맞춰 춤춘다)(노래를 마친 後에 카르멘, 프라스키ー타, 메르쩨ー데스 三人도 짚씨女子들의 춤에 어울려 亂舞한다。)

12. 의2 吟誦

프라스키ー타 (「즈니가」에게) 士官이여,「파스티아」의말이…
즈니가 그래, 主人「파스티아」의 願이 무언가?

프라스키ー타 저 制事가 門달
　을 時間 벌서됐다 한다오。
즈니가 그러면, 곧 가야지。 너
　희는 같이 안가련?
프라스키ー타 우린 여기 있겠
　소。
즈니가 카르멘, 너도 안가겠나
　들어라! 너 내게 怨恨을 품었
　지?
카르멘 무슨 일로? 왜요?
즈니가 네 代身 그 兵丁 獄
　에 가뒀었네。
카르멘 그를 어찌하시었소?
즈니가 오늘 놓아 주있네。
카르멘 놓였다니, 기쁘오。 安寧
　히 돌아가시오!
카르멘, 프라스키ー타, 메르쎄
ー데스 安寧히 돌아가시오!
　(즈니가와 士官들이 나가려
　할때 밖에서 合唱이 들린다)

13. 合　唱

合唱 (舞台 뒤에서) 萬歲! 萬歲
　鬪牛士여! 萬歲, 萬歲, 鬪牛士여
　萬歲, 萬歲「에스카밀료」! 萬歲
　萬歲「에스카밀료」! 萬歲, 萬歲
　萬歲!
즈니가 저 行列은「그라나다」
　에서 勝利한 鬪牛士를 祝賀함
　일세 잔을 들으시오, 나의 좋
　은 친구에, 지나간 成功과, 재
　成功爲하여。

(「에스카밀료」가 炬火行列과
　함께 登場。女子들이 잔을 돌
　리며 술을붇는다。)
一同 萬歲, 萬歲, 鬪牛士여! 萬
歲, 萬歲, 鬪牛士여! 萬歲, 萬歲
「에스카밀료」! 萬歲, 萬歲,「에
　스카밀료」? 萬歲! 萬歲! 萬歲!
　(一同祝盃)

14. 의¹ 鬪牛의노래

에스키밀료 당신들과 祝盃를 올
　리는 것 나 기쁘고 참 爽快
　하오。軍人과 鬪牛士는 性質이
　같애, 모두 다 싸움을 조아
　하도다。아, 오늘 鬪牛場의 客
　席 사람의 洪水를 이뤘네。그
　많은 사람 다 興奮하여, 마음
　대로 떠들며 높이 소리치오。
　高喊속에 騷亂한 場內, 그도
　無現는 아니라! 勇氣와 또 힘
　센 勇士들의 기쁜 祭日인 까
　닭에! 오라! 注意하라! 오라!
　오라! 아!「토레아도르」, 주의
　하라! (註「토레아도르」는 鬪
　牛士의意) 토레아도르! 토레아도
　르! 한 검은 눈의 고운 女子
　가, 너를보고 있네, 또 그의
　사랑이,「토레아도르」, 널기다
　리리도다!
一同「토레아도르」주의하라! 토
레아도르! 토레아도르! 한검은눈
　의고운 女子가, 너를보고있네,
　또 그의 사랑이,「토레아도르」

1036 절대음악 혼자 간다

별 기다리도다。

에스키밀료 별안간 조용해지네 조용해지네, 아, 무슨 일일까? 마음을 띠이는 時間이 되었네 성난鬪牛「토릴」에서 뛰어 나오도다! 달려들어 들어떠받는 뿔에 鬪牛士란말 벌서 쓰러졌다 壯하다 鬪牛! 소리를 치네! 그 鬪牛 또 앞과 뒤로 달려드오 그 몸에 槍이 꼬친채 달리어저 鬪牛場 회로 물들여 버렸네! 담을 넘어 모두 逃亡하고 이젠 너의 차롄세! 오라! 주의하라! 오라! 오라! 아! 「토레아도르」주의하라! 토레아도르! 토레아도르! 한 검은 눈의 고운 女子가, 너를 보고 있네, 또 고의사랑이 「토레아도르」널 기다리도다!

一同 「도토레아도르」 주의하라! 토레아도르! 토레아도르! 한 검은 눈의 고운 女子가, 너를 보고 있네, 또 고의 사랑이 「토레아도르」, 널기다리도다!

메로쎄—데스 사랑!

에스키밀료 사랑!

프라스키—타 사랑!

에스키밀료 사랑!

카르멘 (「에스카밀료」를 보며) 사랑!

에스키밀료 (「카르멘」을 보며) 사랑!

一同 토레아도르! 토레아도르!

기다리오!

14. 의2 吟 誦

에스카밀료 (「카르멘」에게) 어어쁜 그대! 이름이 무엇가? 나 危險當할 때에 이름 부르며네。

카르멘 「카르멘」 「카르멘찌—타」은다내 이름이요。

에스카밀료 널 사랑한다면 어찌겠나?

카르멘 날 사랑할 必要없지 않소!

에스카밀료 네 對答 몹시 冷情하나 所望을 가지고 기다리고 있겠네。

카르멘 소망은 달콤한 것을 기다림은 自由요。

즈니가 카르멘, 너 안가겠더냐 다시오마。

카르멘 와도 소용없소!

즈니가 무엇! 나 관계치 않네!

14. 의3 「에스카밀료」의 退場

壯快한 行進曲에 맞추어 「에스카밀료」退場。士官들과 群衆들 또 따라서 退場하고 「카르멘」「프라스키—타」, 「메르쎄—데스」세 女子만 남는다。左手에 있는 門을 通하여 他室로부터 密輸者「당카이로」와 「데멘다—

도! 가 들어온다。

14. 의4 吟 誦

포라스키ー타 말해주오, 消息을 어서!

당카이로 消息은 과히 나뻐지 않네。좋은 수가 있네, 成功을 爲하연 그대를 꼭必要하네。

포라스키ー타, 메르쎄ー데스, 카르멘 우리들이?

당카이로 참으로 꼭 必要하네

15. 의1 五重唱

당카이로 좋은 일이 한 가지 있오。

프라스키ー타 아, 무슨 좋은 일이오?

메르쎄ー데스 아, 무슨 좋은 일이오?

당카이로 기매키게 좋기는 하나, 그대를 必要하외다。

레멘다ー도 그대를 必要하외다

카르멘 우리?

당카이로 옳소。

프라스키ー타 우리?

레멘다ー도 옳소。

메르쎄ー데스 우리?

레멘다ー도, 당카이로 옳소。

프라, 메르, 카르멘 우리?

프라, 메르, 카르멘 왜우리 必要하시오?

레멘다ー도, 당카이로 꼭 그

대를 必要하외다。

레멘다ー도, 당카이로 참 率直하게 告白하오, 그대를 尊敬하므로 率直하게 告白하오。詐欺를 하려할 때나, 陰謀에나, 略奪에나, 언제나 必要한 것은 女子들을 끼는 거요。女子들을 안끼고선 참 成功하기 어렵소。

프라, 메르, 카므멘 우리들을 안끼고선 왜 成功하기 어렵소?

레멘, 당카 그렇게 생각되지않소?

프라, 메르, 카르멘 참 그렇다고 생각되오。

레멘, 당카 그렇게 생각, 되지 않소?

프라, 프라, 카르멘 참 그렇다고 생각되오,

프라, 메르, 카르멘 참 그렇다고 생각됩니다。

레멘, 당카 참 그렇다고 생각되지 않소?

프라, 레멘, 당카 나쁜일 하려할 때마다。

메르, 카르멘 詐欺를 하려할 때나, 陰謀에나, 略奪에나!

一同 언제나 必要한 것은 女子들을 끼는 거요。女子들을 안끼고선, 참 成功하기 어렵소。女子들을 안끼고선 참 成功하기 어렵소, 아, 欺詐를 하려할 때나 陰謀에나 略奪에나, 언제

나 必要한 것은 女子들을 끼
　는 거요。
프라 아, 언제나! 아, 언제나!
　必要한 것,
메르, 카르멘, 레멘, 당카 언제나
　언제나。必要한 것, 必要한 것
　꼭,
一同 어여쁜 女子요!
당카시로 말해주게, 떠나겠네。
프라 언제던지。
메로 所願데로。
당카이로 곧 떠나려네。
카르멘 아! 容恕하오, 容恕하오
　모두 떠나려면 떠나오! 난 정
　말로 못떠나겠소 난 안가오,
　난 안가오。
레멘, 당카 「카르멘」도 같이 가
　야되오。
카르멘 난 안가오, ㅅ ㅅ
　ㅅ。
　프라, 메르 아, 우리 일이 되
　지않게 無情히 拒絶말아주,
카르멘 난 안가오 ㅅ ㅅ ㅅ ㅅ。
프라, 메르 아, 꼭 「카르멘」도
　가야되오。
당카이로 그理由무언가, 카르멘
　말해주게!
메로 理由를,
메로, 레멘 理由를,
프라, 메로, 레멘 理由를,
프라, 메로, 레멘, 당카 理由를!
카르멘 그 理由 알려주리다。

당카 말하오!
레멘 말하오!
프라 말하오!
메르 말하오!
카르멘 그 理由 내가 요지음
프라, 당카 무엇?
프라, 메로 무엇?
카르멘 사랑하는 中이로。
당카 무어라고?
레멘 무어라고?
프라, 메르 사랑을 하는 데이라
　오!
레멘, 당카 사랑을?
프라, 메르 사랑을!
카르멘 아, 사랑을!
당카 브라, 카르멘, 진정인가?
카르멘 사랑에 나빠졌다오!
레멘, 당카 그 말에 우리 놀
　랫네, 前에도 그대 여러번 義
　務와 사랑 을 다 같이 圓滿
　히 解決하지 않았나, 義務와 사
　랑을 圓滿히 다 解決하지 않
　았나? !
카르멘 오늘 저녁 나 당신들
　과 떠나기 맘에 願하나 이번
　엔 事情 그렇지 않소。義務브
　다 더 重히 생각됨 사랑이요
　더 重히 생각됨 사랑이요。
당카 그것이 最後의 말인가?
카르멘 그러하오!
레멘 한번 더 생각하여 보시오

프라, 메로, 레멘, 당카 가야되오
카르멘, 가야되오. 우리일에, 必
要하오, 그렇 ː 않소?

카르멘 그 말이 옳나고 생각
되오.

一同 詐欺를 하려할때나 陰謀
에나 略奪에나, 언제나 必要한
것은 女子들을 끼는 거요. 女
子들을 안끼고선 참 成功하기
어렵소 女子들을 안끼고선 참
成功하기 어렵소 아, 詐欺를 하
려할 때나 陰謀에나, 略奪에나
언제나 必要한 것은 女子들을
끼는 거요.

프라 아, 언제나! 아, 언제나!
必要한 것,

메로, 카르멘, 멘레, 당카 언제
나, 언제나, 必要한것, 必要한
것, 꼭,

一同 어여쁜 女子요, 꼭 必要
한 것 女子요.

15. 의2 吟 誦

당카 (「카르멘」에게) 누굴 기
다리나?

카르멘 아녀요, 요전 그 兵丁
이요. 그이가 내 代身 獄에
가쳐 있었다오 。

레멘 微妙한 일이요。

당카 그 兵丁 쨌던 그매를 잊
지않었, 겠네. 찾아울것 確實한
가?

16. 1의 노래(小歌曲)

멀리서 「호세」가 軍隊的인 노
래를 부르며 漸ㅅ가까이 오고
있다。

호세 머저라! 누군가? 「알칼라」
의 騎兵!

카르멘 들어보오!

호세 어디로 가는가를 「알칼라」
의 騎兵?

카르멘 옵니다!

호세 나의 敵을 땅에 넘어뜨
리고자 싸움하러 가오。果然
그러면 지나가거라, 싸움과 사
랑은 둘 다언제나 우리의 일
이요, 「알칼라」의 騎兵!

프라 좋은 騎兵이오。

메르 좋은 騎兵이오、

당카 우리에겐 참 좋은 동물
세。

레멘 (「카르멘」에게) 따라오라
勸하오。

카르멘 拒絕하리다。

레멘 勸告해보오。

카르멘 좋소。해보리다。

호세 (漸ㅅ가까이오며) 머저라!
누군가? 「알칼라」의 騎兵!
어디로 가는가, 「알칼라」의 騎
兵?眞實하고 참된 ㅗ의 고운
사랑 찾아보러가오。果然 그러
면 지나가거라, 싸움과 사랑은
둘 다언제나 우리의 일이요,

1040 절대음악 혼자 간다

「알칼라」의 騎兵! (노래소리
가 아주가까워지면 프라, 메르
메멘 당카, 四人은 隣室로 避
하고 「카르멘」만 남아 있다.
「호세」는 노래가 끝나자 門
을 열고 들어온다.)

16.의2 吟 誦

카르멘 오셨구려!
호세 카르멘!
카르멘 獄에서 나오시오?
호세 두달을 지내고.
카르멘 날 원망하오?
호세 아닐세! 니 너를爲하연 즐
  겁게 더있겠네.
카르멘 날 사랑하오?
호세 참 사랑하네.
카르멘 당신의 上官들 다녀갔
  소。그를 爲해 춤췄소。
호세 정말, 메가!
카르멘 당신 날 猜忌하실줄 믿
  소。
호세 나참 猜忌하네.
카르멘 怒하지마오, 당신。

17 二重唱

카르멘 (快活하게) 당신 爲해
  춤추려오, 또 보시오 나를, 내
  춤에 맞추어 어떻게 伴奏하나
  (「호세」를 椅子에 앉히며)
  앉으시오 「돈, 호세」。 (演劇을
  하는 듯한 態度로 절을 하며)

始作하오! (「캐스터넷스」로
自己가 伴奏하며 춤을 춘다)
트라 라 라 라 라 라 라……
(「카르멘」은 熱心이 춤을 추
고 「호세」는 그춤에 陶醉하고
있을 때 멀리서 喇叭 소리가
漸次 가까이 들려온다)
호세 (「카르멘」의 춤을 制止
  하며) 머저다오, 카르멘, 머저다
  오, 暫間만!
카르멘 (놀라며) 어찌해 그러오
호세 저기 저 소리……아, 歸
  營 喇叭소리 들려오도다, 너 듣
  지 못하나?
카르멘 (快活하게) 좋소! 좋소!
  참마침 이요, 「오르케스트라」
  伴奏없어 춤이 寂寞한 때, 저
  하늘에서 나린 音樂 참 반갑
  소, (멈췄던 춤을 다시 始作
  한다) 트라 라 라 라 라 라……
  (喇叭소리가 멀어진다)
호세 (다시 「카르멘」의 춤을 制
  止하며) 어찌해 모르나, 카르멘
  저 歸營 喇叭? 돌아가서 呼名
  받어야 된다네!
카르멘 (歸營할 準備를 하고
  있는 호세를 보며 茫然히) 呼
  名 爲해! 兵舍로! (爆發하는
  感情으로) 아! 참 어리석였었네
  아! 참 어리석였었네! 내 힘을
  디하여 내 힘을 디하여 나
  그를 즐겁게 하려고 애쎘네.
  노래와, 춤으로, 나의사랑을 더

알리려 했것만! 따다다따, 저
나팔소리에, 따다다따, 그만 가
버리네! 가시오! 못났소! (軍帽
를 「호세」에게 亂暴하게 던지
며) 軍帽가지고 가오, 이 軍刀
도 彈藥筒, 모두 가지고 가오
어서 兵舍로 돌아가오!
호세 (悲痛하게) 苛酷하다, 가르
멘, 날 嘲弄하는가! 떠나는 내
맘애 괴로움 限없네。너 밖에
아무도, 참 아직것, 아무런 女
子도 내 맘을 이와 같이 괴
롭힌 일 없네!
카르멘 따다다따, 아, 歸營喇叭
이요! 따다다따, 아, 늦어지겠오
하느님! 하느님! 歸營할 時間늦
어지겠다고 달아나오! 이것그의
사랑이요!
호세 아직너 나의 사랑 모르
나?!
카르멘 모르오!
호세 그러면 들어 보라!
카르멘 나 듣기 원치않소!
호세 들어 보라!
카르멘 늦어지는 것 모르오?
호세 들어 보라!
카르멘 늦어지는 것 모르오?
{호세 아, 들어 보라!
{카르멘 아뇨, 아뇨, 싫소!
호세 들어라, 카르멘, 들어 보
라! (「호세」는前에「카르멘」
이 던져 주었던 꽃을 軍服上

衣에서 꺼내어 「카르멘」에게
보이며)
(꽃노래) 너내게 던져 준 이
꽃은 獄中에도 늘 지녔었네, 시
드른 이 꽃 언제나 고운 香
氣뿜었었네。寂寬속에 꾸 눈을
감고 맑은 香氣를 맡아 볼
때, 내 마음 다 醉했었네, 또
어둠 속에널 보았네! 내 마음
너를 원망했네! 피로운 내 맘널
咀呪했네。어찌하여, 나의 運命
널 만나게 되었을가! 또 내 맘
을 나 책망하며 한낱 소망에
불탔었네, 피로운 내 맘에 타
오른 한 所願과 한 所望은 널
다시 만나봄! 오, 내 「카르멘」
널 思慕하는 내게 한번만, 네
고운 눈결 던져주려마, 너 내
맘모두 빼앗었네, 오 내「카르
멘」! 나 恒常 네것 이로세!
카르멘, 내 사랑!
카르멘 아뇨! 날 사랑치않소!
호세 뭐라고?
카르멘 아뇨! 날 사랑치않소!
아뇨날 사랑하면 나를 따라오
시리다!
호세 카르멘!
카르멘 아! 날 진정 사랑한다
면,
호세 카르멘!
카르멘 저 멀리 지 山속으로
말위에 나를 싣고서,平原과 險
한 峻嶺넘어서, 恒常 날 따라

1042 절대음악 혼자 간다

오리라! 날 진정 사랑한다면,

호세 (當惑하여) 카르멘!

카르멘 저 멀리 저 山속으로 나를 따라 오시리다! 참 그곳은 自由로운 곳, 服從할 上官 하나도 볼 수 없고, 또 나팔을 불더라도, 돌아갈 時間 됐다고 할 것 없소! 하늘 아래 즐거운 生活, 廣闊한 天地가 모두 다 네 것이오, 그 中에도 第一 좋은 것은 自由라. 自由라오!

호세 하느님!

카르멘 날 진정 사랑한다면,

호세 카르멘!

카르멘 저 멀리 저 山속으로,

호세 맘마라!

카르멘 저멀리 저 산속으로 말위에 나를 싣고서,

호세 아, 카르멘, 더 말을 말아 오, 하느님!

카르멘 말위에 나를 싣고서, 저 平原과 또 險한 峻嶺 넘어 즐겁게 날 따라오시리다!

호세 괴로운 내 맘, 내 맘! 카르멘, 어찌! 아, 괴로운 내 맘!

카르멘 그렇지 않소? 나를 따라 오시리다, 나를따라!

카르멘 나를 따라 오시리다, 나를 따라 오시리다! 나를 따라!

카르멘 나를 따라

호세 아, 더 말- 말아!

(「카르멘」은 「호세」를 끼여 안으며 따라 오게 하려고 誘惑한다)

호세 (「카르멘」의 팔을 뿌리치며) 아, 더 듣기 願치 않네 軍服을 벗고, 脫走함 恥辱이요 不名譽일세! 못하겠네!

카르멘 (苛酷하고) 좋소! 오오!

호세 (嘆願하며) 카르멘, 哀願하네!

카르멘 아뇨, 더 사랑치않소!

호세 들어라!

카르멘 가오! 미워 하오!

호세 카르멘!

카르멘 가오! 영영 떠나가오!

호세 (悲愴하게) 그러면 잘있으오! 나 떠나가오!

카르멘 가오!

호세 그러면! 잘 있으오! 영영 난 가오!

카르멘 잘 가오!

(「호세」가 門으로 向해 간다。門을 열고자할즈음 밖에서 누가 門을 두두린다。暫時沈默。)

18 終 曲

즈니가 (門밖에서) 보라! 카르멘! 보라, 보라!

호세 아, 누가 왔는가?

카르멘

즈니가 (門을 열고 들어온다)
나 혼자 열고 들어가네. (호세를 본 后「카르멘」에게) 아하!고운 그대여, 士官을 버리고 兵卒을 擇함은 趣味로 보아도 좋다 할 수 없네.
(「호세」에게) 돌아 가거라!

호세 싫소!

즈니가 (嚴하게) 어서 물러가라!

호세 못떠나가겠오!

즈니가 (拔劒하여「호세」를 危脅하며) 惡漢아!

호세 (按拔하며) 惡魔여! 決闘를 원하나?!

카르멘 (「즈니가」와「호세」中間으로 들어서며) 嫉妬의 이 싸움! 모두 이리오! (질쩌 男女가 隣室에서「카르멘」이 부르는 소리를 듣고 다 물려온다。「당카이로」와「레멘다-도」는「카르멘」이 눈짓하자「즈니가」의 武器를 뺐는다°)

카르멘 (「즈니가」에게 嘲弄하는 語調로) 敬愛하는 士官이여 사랑이 悲運속에 당신을 빠쳤구려!참 나쁜 時間을 擇하여오셨오!이젠 적어도 한時間, 우리 일마칠때까지 이곳에 머불러 기다려주오!

레멘,당카 (兩便에서「피스톨」을 들고, 그러나 禮儀있게) 敬愛하는 士官이여! 이곳을 우리 마침 떠나려던 中이요, 우리와 함께 가시지 않겠소。

카르멘 (웃으면서)참 좋은 散步요!

레멘, 원하시오?

당카 원하시오?

레멘,당카,질쩌 男子들 對答을 하여주오。

즈니가, (自己의 立場을 깨닫고 快活하게) 두말 않고 承諾하오, 이런 論爭엔 나 亦是다른 道理없다 생각하오。아,그러나 後日을 생각하오!

당카 (自若하게) 이것도 戰爭이요!자, 이제는 士官이여, 두말 말고 앞으로 걸어가!

레멘,질쩌 男子들 두말 말고 앞으로 걸어가오! (질쩌 男子들에게 護衛되어「즈니가」退場)

카르멘 (「호세」에게) 이제는 동무 되시겠소?

호세 (한숨치며) 별 수 없네!

카르멘 아, 그 對答 傲慢하오! 그러나 괜찮소。지, 우리 따라 와보시오。하늘아래 즐거운 生活, 광활한 天地가 모두다 내 것이요, 그中에 또 第一 좋은 것은 自由라오! 自由라오!

一同 (「호세」에게) 저 平原과 險한 峻嶺 다 넘어서 우릴 따라 저 멀리 山속으로 山속으로, 와브시오, 한번。하늘 아래

1044 절대음악 혼자 간다

즐거운 生活, 광활한 天地가 모
두다내것이오, 그中에 또 第
一 좋은 것은 自由라오! 自由
라오!

호세 (興奮되어 精神없이) 아!
짚씨男女들 하늘 아래 즐거운
生活!

프라,메르,카르멘,호세,레멘,
당카 즐거운 生活!

짚씨男女들 하늘 아래 즐거운
生活!

프라, 메르, 카르멘, 호세, 레
멘,카당 즐거운 生活!

一同 明朗한 하늘 아래 광활
한 그 天地가 다 내것이라오.
저 하늘 아래 廣濶한 그 天
地가 다 내것이라오. 그中에
第一 좋은 것은 自由라오! 自
由라오!

第 三 幕

舞台 荒凉한 山中。때는 밤。

概要 數名의 密輸者들이 여기
저기에 드러누워 자고 있을 때
짚씨 男子의⊛一群이 密輸品들
을 메고 이곳에 온다。 그들은
幸運이 山아래서 우리를 기다
리고 있는데 途中에서 다 조
심하자는 合唱을 부른다。「당
카이로」가 密輸品 運搬의 安
全與否들 살피기 爲해 떠난 동
안 「호세」는 岩上에서 면곳을

바라보며 어머니를 생각한다。
「카르멘」은 「호세」에게 집으
로 돌아가라고 한다。 그말로
因하여 「호세」와 「카르멘」 사이
에 言爭이 이러난다。 「프라스
키-타」와 「메르쎄-데스」는
運數를 占쳐본다。 하나는 사랑,
하나는 幸運, 둘이 다 吉運을
기뻐한다。「카르멘」도 占쳐본
다。 그러나 不幸이도 「카르멘」
에게는 番々이 「죽음」의 占만
나온다。 偵察갔던 「당카이로」가
돌아온다。 「호세」만 남어서
남아지 物件을 지키고 一齊히
떠나서 監視網을 넘기로 한다
女子들이 앞서가서 監視하는 稅
關吏들과 戲弄할 동안 安全히
넘어갈수 있다는 合唱을 하
며 一同은 出發한다。「호세」
가 홀로 남아서 지키고 있을
때 「미카엘라」가 案內者의 案
內로 이곳에 當到한다。 約婚한
「호세」를 妖女 「카르멘」에게
서 救해내기 爲하여 이곳을
찾아 온것이다。「미카엘라」는
무서운 山中에서 恐怖를 느끼
며 神의 保護를 비는 可憐한
抒情的인 노래를 부른다。「미
카엘라」는 곧 「호세」를 發見
하나 「호세」가 銃을 겨누어 어
디론지 쏘려는 것을 보고 岩
間에 숨어버린다。 銃聲이 난后
에 나타나는것은 鬪牛士「에
스카밀로」다。 조금만 더얕었더

면「호세」의 銃에 꼭 죽었을
것이라하며「호세」의 命令대로
自己의 이름을 알리고 찾아온
目的을 말한다. 그러고 自己는
「카르멘」을 만나러온 새 愛
人이라는 것을 말하자「호세」와
決鬪가 始作된다.「에스카밀료」
는 生命이 危殆하게 된 때 마
침 돌아온「카르멘」과 其他에
게 싸움이 制止되어 겨우 목
숨을 건진다. 그러고 一同을
「쎄빌리아」의 鬪牛日에 꼭
求景와 달라고 招請하고 그곳
을 떠나간다. 岩間에 숨어 있
던「미카엘라」는「레멘다―도」
에게 發見되어 끌려나온다.「미
카엘라」는「호세」에게 돌아가
기를 哀願하나 듣지 않는다.
다시「카르멘」의 돌아가라는 말
에「호세」는 더욱 떠나지 않
을 決心을 한다. 그러나 어머
님이 危篤하다는 말을 듣자「호
세」는 모든것을 斷念하고「미
카엘라」를 따라서 떠나간다.
그러나「카르멘」에게 또 만나
리라는 말을 남기고 간다. 멀
리서 鬪牛士의 노래가 들리자
「카르멘」이 그곳으로 가려는
것을 보고「호세」는 길을 막
고 가지못하게 한다. 鬪牛士의
노래를 들으며「짚씨」들이 남
은 짐을 가지고 떠날 準備를
할 때 幕.

間　奏　曲
19. 의1 六重唱과 合唱

山間의 荒地. 幕이 열터면 密
輸者들 數名이 外套를 덥고여
기 저기에 드러누워 있다. 짚
씨 男子들이 密輸品의 짐을 메
고 오고 짚씨女子들도 따라서
이곳에온다. 카르멘, 호세, 프리
스키―타, 메르쎄―데스, 레멘다
―도, 당카이로 等도그 가운데
있다.

짚씨 男子들 들어라, 동무여,
저기 저 山아래 큰 幸運이 기
다리도다. 途中에서 다 조심하
라, 조금도 失手없도록! 조금도
失手없도록! 조금도 失手없도록
들어라, 동무여, 저 山아래 幸
運이 기다리도다. 다 조심하라
途中에서 조금도 失手없도록!
프라, 메르, 카르멘, 호제, 레멘,
당카 우리의 일 참 훌륭하지
만, 돌 같은 心藏 必要하오,
成功을 하려면 또 危險이 아
래와 위로 어디던지 따라오나
무렵지않소, 우리들! 우릴 삼키
는 물결도 두렵지 않고, 거친
暴風雨 그 亦是 두렵지 않소
저 山아래서 지키는 軍人들도
우린 두려워하지 않고 앞으로 가
오. 모두 勇敢히 앞으로 가오!
一同 들어라, 동무여, 저기 저
山아래 큰 幸運이 기다리도다
途中에서 다 조심하라, 조금도

失手없도록! 조금도 失手없도록
조금도 失手없도록! 들어라, 동
무여, 저 山아래 幸運이 기다
리도구。다 조심하라 途中에서
조금도 失手없도록!
注意하라! ♪ ♪ ♪。

19. 의2 吟 誦

당카이로 동무들 略한 時間마
쉬기로하세, 우리의 商品 安全
히 잘 運搬할 수 있나 한번
살피기 爲해 暫間만 다녀오겠네
(「레멘다ー도」와 함께 退場)
(「호세」는 岩上에 올라서서
멀리 山아래를나려다 보며 홀
로 생각에 잠겨있다)
카르멘 (「호세」에게) 무엇을 보
시오。!
호세 나를 저 멀리서 職分다
하는 좋은 兵丁으로 믿을 한
女人을 생각하네。아! 헛된 그
의 생각!
카르멘 그 女人은 누구요?
호세 카르멘, 날 괴롭게 말아
다오, 내 어머닐세。
카르멘 그러면 그에게로 곧 돌
아가오, 이 일은 당신께맞지
않소。速히 이곳을 떠남이 더
나으리다。
호세 아, 날 떠나리고?
카르멘 그렇소!
호세 널 버리고, 카르멘?또 다
시 그럴 말한다면………
카르멘 그럼 날 죽이려오?

(「호세」의 노려보는 눈을 보
며) 두려운 눈! 왜對答하지 않
소?두려울 것 없도다, 죽음도
運命이요! (「호세」는 슬픈낯
으로 그곳을물러가고 「카르멘」
은 「프리스키타」와 「메르쎄ー데
스」가 있는 곳으로 간다。)

20. 의1 三 重 唱

「프라스키ー타」와 「메르쎄ー데
스」는 「카ー드」로 占을치고
있다。
메르 쒸으으!
프라 쒸으으!
메르 자르으!
프라 자르으!
메르 아, 되었네!
프라 아, 되었네!
메르 나 석장이요。
프라 나 석장이요。
메르 녀장이요。
프라 녀장이요。
프라,메르 자, 이제는 내 꼬운
占아저 앞일을 다 바로 말해
다오。
프라 그 누가 우릴 속일까!
메르 그 누가 우릴 속일까!
프라 또 누가 사랑 주겠나!
메르 또 누가 사랑 주겠나!
프라,메르 다 말해다오, 다 말
해다오, 그 누가 우릴 속
일까, 또 누가 사랑 주겠나!
프라 말해다오!

메르 말해다오!
프라 말해다오!
메르 말해다오!
프라 내건 젊은 靑年일세, 날
　　무한히 사랑한다네.
메매 내건 돈많은 老人일세,
　　나와 結婚하려고 하네!
프라 (傲慢하게) 그의 말에 날
　　태우고, 저 山으로 달음질하네!
메르 참 華麗한 큰 宮闕로 날
　　다려다 女王을 삼네!
프라 그의 사랑 끝이 없고, 每
　　日 새로운 재미를 보네!
메르 나 限없이 가진것은 金剛
　　石과 寶石일세!
프라 그이는 훌륭한 大將되어
　　많은 사람이 늘따르네!
메르 그이는, 그이는 오래 못
　　잘고서, 아! (기쁘게) 죽으오!
　　나 財産 다 相續하네!
프라,메르 또 말해다오, 내 고
　　운 占아, 저 앞일을 다 바로
　　말해다오, 그 누가 우릴 속일
　　까! 또 누가 사랑 주겠나! 다
　　말해다오! 다 말해다오! 그 누
　　가 우릴 속일까, 또 누가 사랑
　　주겠나!
메르 아, 幸運!
프라 사랑!
카르멘 (처음부터 占치는 것을
　　보고 있다가) 보세! 나도 占쳐
　　보세,
　　　(「카—드」를 재껴본 後 거의

말하는 語調로) 따이어먼드! 스
페이도!
카르멘 죽음! 그렇네! 내가 먼
　　저, 다음엔 그이! 무 사람 떠
　　죽음,
카르멘 (繼續해 「카—드」로 占
　　을 치며) 죽음의 두려운 像을
　　避해 보려고 아무리 섞어도 그
　　占은 언제나, 變치않고 꼭 같
　　이 죽음을 告하네! 運命의 冊
　　속에 幸運이 있다면 겁 낼것
　　없도다, 네 손에 들어올 그 占
　　은 언제나 즐거움이리라。그러
　　나 네 運命 저 죽음이라고 적
　　히여 있다면, 스무번 占쳐도
　　언제나 無情히 죽음을 告하리!
　　스무번 占쳐도 언제나 無情히
　　죽음을 告하리! 죽음을 告하
　　리!
　　(「카—드」를 또 재껴보며) 亦
　　是, 亦是 나는 죽음뿐!
프라,메르 또 말해다오, 내
　　고운 占아, 저 앞일을 다
　　바로 말해다오, 그 누가 우
　　릴 속일까! 또 누가 사랑
　　주겠나! 다 말해다오, 떠 말
　　해다오, 그누가 우릴 속일까,
　　또 누가 사랑 주겠나!
카드멘 亦是, 亦是, 내겐 失
　　望! 죽음, 죽음, 亦是!
메프 아, 幸運!
프라 사랑!
카르멘 난 죽음뿐!

1048 절대음악 혼자 간다

메르 아, 幸運!
프라 사랑!
카로멘 난 죽음뿐!
메로 亦是!
프라, 메로 亦是!
프라, 메로, 카로멘 亦是! 亦是

20, 의² 合 誦

「당카이로」가 돌아온다」
카르멘 (「당카이로」에게) 이제
는?
당카 이제는, 우리 直時 떠나
서 넘어가보세. 「호세」는 남어
서 이 物件지켜주게.
프라 앞에 障碍는 없소?
당카 單只꼭 지나야 되는 좁은
길에 稅官 세사람이 서 있으니
잘 處理함 必要하네.
카로멘 이제는 짐을 다 메고
서 떠납시다, 넘어야 되오!

21. 合 唱

프라, 메르, 카로멘 우리 일이오
稅官을 속임! 모두 놀기를 참
좋아 하고, 女子의 맘 사려 애
쓰오, 아, 우리가 앞서가겠소.
프라, 메로, 카로멘, 짚씨女子들
우리 일이오, 稅官을 속임! 모
두 놀기를 참 좋아하고, 女子
의 맘 사려 애쓰오, 아, 우리
가 앞서가겠소. 그稅官들,
카로멘 놀기 좋아하리라!
女子들 親切하고

메로쎄 맘이 寬大하리라!
女子들 우리들의,
프라 맘을 사려하리라!
카로멘 제아무리 大膽無敵하여
도,
女子를 우리 일이요, 稅官을
속임!
레멘, 당카 그것은 그물 일
이오.
一同 모두 다놀기를 참 좋아하고
女子의 맘 사려 애쓰오!
프라, 메로, 카로멘 아, 우리가
앞서가겠소.
짚씨男子들 그들을 앞서가게 하
오! 아, 앞서 가게하오!
프라, 메로, 카로멘 마주쳐도 關
係없소, 할일은 참 單純하오,
그들의 손 뿌리치지 않고 실
없은말 들어주고 웃음으로 그
이들과 戱弄하면 될것이오。
女子들 安全히, 安全히, 그동안
에, 그동안에넘어갈 수 있으리
라! 密輸할 物件가지고!
프라, 메로, 카로멘 나가세고앞을
向해나가세! 우리 일이요, 稅官
을 속임!
레멘, 당카, 짚씨, 男女들 그들
일이오 稅官을 속임!
一同 모두 놀기를 참 좋아하
고 女子의 맘 사려애쓰오,
프라, 메로, 카로멘 우리가 앞
서 나가세, 앞서 나가세. 아
앞에서서 나가세!

레멘,당카,질찌男女들 나가
오, 앞서, 앞서서 앞서서,
아, 앞에서서 나가오!
질찌女子들 아, 그렇게 앞서
나가오, 앞서 나가오, 앞에서서
나가오!

(一同退場。「호세」는 홀로남아
銃의 裝藥을 調査하며 岩上으
로 올라간다。이때案內者가 나
타나 손짓하자 「미카엘라」登場
案內者는 그곳을 (避하여돌아
간다。)

22. 의1 詠 唱

미카엘라 그密輸者들이 바로 여
기 있다네, 그이를 꼭 만나리
라。 그의 어머님이 내게매낀
責任 大膽히 實行하리라。나두려
움을 저버리고 내 責任을 다
하기 願하나, 아, 맘에 勇氣 나
지않고큰 두려움 속에 맘이떨
리오, 怯냄은 잘못이나 홀로 險
한 이곳나 무서웁지오, 하느님
내게 勇氣와 保護를 주시기 비
오! 맘이 狡猾한 그 女子 나
어서만나 보리라, 내가 사랑한
그에게 恥辱을 준 女子로다。危
險하고 고운 女子로되, 나 두
려울 것 없도다! 아, 나두려
울 것 없도다! 大膽하게 말
하겠네, 아, 날 保護하여 주소
서, 하느님, 날保護해 주소서!
아, 나 두려움을 저버리고 내
責任을 다하기 願하나, 아, 맘

에 勇氣나지 않고 큰무려움
속에 맘이 떨리오。怯냄은 잘못
이나홀로 險한 이곳 나 무서워
지오。하느님 내게 勇氣와 保護
를 주시기 비오이오, 하느님,
勇氣와 保護 주웁소서! 오, 하
느님 勇氣와 保護를 주심 비
오!

22. 의2 吟 誦

미카엘라 (岩上에 「호세」가 있
는 것을 보고) 아, 틀림없도다
바위 위에 저이! 오시오「호세」
호세! 나 더 못가겠소。

(「호세」가 銃을 쏘려고 겨냥
하는 것을 보고) 왜저럴까?
겨냥해쏘려네。아, 나의 氣運이
이젠 다 빠졌네。(銃聲이 나
자 「미카엘라」는 岩間에 숨어
버리고 反對方向에서 「에스카밀
로」가 銃에 맞아 구멍이 뚫
린 帽子를 들고 나타난다)
에스카밀로 좀 더 알았더면난
죽었으리라。
호세 (바위 우에서 나려오며)
이름을 대여라!
에스카밀로 너무甚히 마시오!

23. 二 重 唱

에스카밀로 나는 「에스카밀로」
저 「그라나다」의 鬪牛士요。
호세 에스카밀로!
에스카밀로 그렇소。

1050 절대음악 혼자 간다

호세　이름은 알고 있소。잘 왔소, 동무여 그러나 우리와 함께 정말로. 있겠소?

에스카밀료　(輕率하게) 그 目的 아니요。바로 말하면 사랑에 빠진 까닭이요。(快活하게) 사랑하는 女子를 만나려 할때목숨을 애껴서는 全然 값이 없소,

호세　바로 그 女子가 여기 있오?

에스카밀료　맞았소,한 고운 집씨 女子요。

호세　이름은 무어요?

에스카밀료　카르멘。

호세　(傍白) 카르멘!

에스카밀료　카르멘! 그렇소。그 女子에게는 愛人이 있었소, 그를 위해 脫走까지 했단 兵丁이요。

호세　카르멘!

에스카밀료　그 사랑은 다 식었소, 그의 사랑여섯달가는 法이 없다오。

호세　그를 사랑하오?

에스카밀료　사랑하오!

호세　그를사랑하오?

에스카밀료　사랑하오, 나 그를 사랑하오, 참 그를사랑하오!

호세　집씨 女子를 빼려가려 하는 者는, 相當한값을 내야 되오.

에스카밀료　(快活하게) 좋소, 내리다, 꼭내리다。

호세　(威脅的으로) 生命을 걸고서 싸움하야되오 (短刀을 잡는다)

에스카밀료　(놀래며) 아,生命을 걸고!

호세　잘 알았소!

에스카밀료　(嘲弄하는 語調로) 말쏨 잘알았소. 그 女子가 한동안 자랑했던 脫走한 兵丁은 당신이오?

호세　나 틀림없소!

에스카밀료　나 과연 기쁘오! 妙하게 여기서 그의 愛人 만난 것!

호세　내 怨恨을 풀을 對激 찾았네, 내 칼, 내 칼에 너의 피가 솟아나리라!。(反復) 조심하여라, 두려운 나의 칼! (反復) 失手하면 生命을 빼았기네. 조심하여라, 두려운 내 칼!오라, 오라!조심하라 오라, 오라!

에스카밀료　이싸움에 우숨 밖에 나지않네, 한 女子를 찾아와 그 愛人 만났네!(反復) 失手하면 生命을 빼앗기네。조심하여라, 두려운내 칼!오라, 오라, 오라!조심하라!오라, 오라!(兩人은 決鬪를 始作한다「에스카밀료」의 短刀가 부러지고「호세」가 短刀로「에스카밀료」의 가슴을쩌르려는 瞬間「카르멘」이 마침 당카이로等

— 3 2 —

(파 이곳에 돌아와 그 光景을 보고, 「호세」의 팔을 制止한다。)

24. 終曲

카르멘 (「호세」의 팔을 잡으며) 날 보오! 날 보오! 호세!

에스카밀료 (이러나 「카르멘」에게 절하며) 아, 나 참즐거워라 나 목숨을 「카르멘」그대가 건졌도다! (「호세」에게 意氣揚々하게 또 傲慢하게) 들으오, 兵丁이여, 오늘은 우리 서로 勝負를 못냈네, 그러나 언제던지 또 다시 만나서 싸움하여 보세。

당카이로 (中間에 뛰여들며) 그리하게 싸움 말고, 자, 곧 떠나가세。그러면 잘 가시오, 동무。

에스카밀료 가기 前에 한마디만 말하겠소、「세빌리아」闘牛에다 와 주시오, 華麗한 내 솜씨 보여드리리다。날 좋아하는이, (「카르멘」을 보며) 모두 다 오지여! (威脅的 態度를 取하고 있는 「호세」에게 冷靜히) 親舊여, 맘 鎭靜하오! (「카르멘」을보며) 나의 말 다 끝나고 더 할말없도다, 親舊들 잘 있으오! (「에스카밀료」는 일부러 느린 거름으로 그곳을 떠나간다。「호세」가 다시 「에스카밀료」에게 덜려들려는 것을 「당카이토」와 「레멘다ー도」가 制止한다)

호세 (「카르멘」에게 威嚇하며 그러나 自制하며) 조심하라, 카르멘, 왜 날 괴롭히나?!

당카이로 떠나세, 떠나세, 지체 말고!

집씨男女 떠나세, 떠나세, 지체 말고!

레멘다ー도 (一同이떠나려 할 때 岩間을 가리키며) 아, 저기 누가 숨을 곳 찾고 있네!

(「레멘다ー도」가 그리로 가서 「미카엘라」를 끌고 나온다)

카르멘 女子로다!

당카이로 果然! 기쁜 놀램일세

호세 (「미카엘라」인것을 알고) 미카엘라!

미카엘라 돈, 호세!

호세 어쩌해 여기 찾아 왔나?

미카엘라 나 당신 보러 왔소 멀리 저 故鄕집엔 어머님 외로이, 恒常 祈禱드리며 아들 爲해 울더다, 또한 사랑의 팔펴고 돌아옴 苦待합니다。불상이 역이시오, 호세, 아, 호세아!, 어서 돌아갑시다!

카르멘 (「호세」에게) 돌아가오, 이 일이 당신에겐 適當하지 않소。

호세 (「카르멘」에게) 따라가란 말인가?

카르멘 네, 떠나 가야되오!

호세 따라가란 말인가? 그러면 너 재자랑은 따라가기 좋겠네!

1052 절대음악 혼자 간다

아, 진정코! (斷乎하게) 나의
生命 잃더라도, 아, 카르멘, 널
떠나지 않겠네! 우리 몸에 감
긴 사슬축을 때풀리리라! 나의
生命 잃더라도 決斷코 널 떠
나지 않겠네!

미카엘라 아, 나의 말들어주
어머님이 고대하오, 어머니와
매인사슬 당신이 끊으시려.

프라,메르,레멘,당카,질씨
男女 떠나지 않고 있는 때엔
生命이 危險하오, 그의 매인
자슬을 축음이 끊어 주리!

호세 (「미카엘라」를 뿌리치며)
놓아다오,

미카엘라 아, 아, 호세!

호세 斷罪된 나로다! (激昂된
感情에 自我로 저버리고 「카르
멘」을 잡는다)

프라,메르,레멘,당카,질씨男
女 호세, 주의하오!

호세 아, 咀呪할 女子로다! 그
러나 決코 너를 놓치 않고, 같
은 길 늘 걷도록 네게 盟要하
리라. 나의 生命 잃더라도 決
斷코, 널 떠나지 않겠네.

프라,메르,레멘,당카,질씨男
女 주의하오, 주의하오 「돈, 호
세」!!

미카엘라 (嚴然한 態度로, 그러
나 슬프게) 나 마지막으로 할
말 한 마디 있소. 들으오, 호
세, 당신 어머님 危篤하오. 당

신을 容恕치않고 죽을 수 없
다오!

호세 아, 무엇? 어머님이?

미카엘라 네, 「돈, 호세」!

호세 가자! 아, 가자! (「호세」가
몇발지국 걸어가다가 거름을 멈
추고 「카르멘」에게) 滿足하라!
그러나 널 또ᄂ 만나리라!
(「호세」가 「미카엘라」를 다리
고 떠나간다. 멀리서 「에스카밀
료」의 쇼리가 들려자 발길을
멈축고 躊躇한다)

에스카밀료 (舞台 뒤에서) 「토
레아도르」주의하라! 로레아도르
(「카르멘」이 「에스카밀료」의
쇼리를 듣고 그에게로 달려가
려 할때 「호세」가 길을 막으
며 못가게한다)
한 검은 눈의 고운 女子가 너
를 보고 있네, 또 그의 자랑
이 「토레아도르」 기다리오!
(질씨들은 남은 짐들을 메고며
나려한다)

— 幕 —

第 四 幕

舞台 「세빌리아」의 鬪牛場 앞,
正面에 鬪牛場의 높은 돌담이
보이고 그 中央에 入口가 있
다。入口에는 긴 幕이 느리워
있다。때는 晴明한 날 午後。

概要 鬪牛場 앞에 많은 장사
들이 쇼리를 지며부채, 굴, 담
배, 프로그램等을 팔고 있다。
사람들의 歡呼 속에 鬪牛士들의

行列이나라난다。最后로 華麗한 鬪牛服을 입은「에스카밀로」가 옆에아름답게 盛裝한「카르멘」을데리고 나타난다。「카르멘」의 사랑은 完全히「호세」에게서 떠나서 이「씨빌리아」의 人氣者인 勇敢한 鬪牛士「에스카밀로」에게로 옮겨진 것이다。鬪牛士를 따라서 群衆들도 鬪牛場內로 續々들어간다。

「프라스키―타」와「메르세―데스」는「카르멘」에게「호세」가 群衆속에 와 있다는 것을알리고 注意하라고 勸한다。그러나「카르멘」은 그자리를 避하지 않고 群衆들이 다 場內로 들어간后에「호세」와 만난다。「호세」는 自己의 사랑을 再三 말하며 다시「카르멘」의 사랑을 哀願하나「카르멘」은 冷情히 拒絶한다。鬪牛場內에서 歡呼소리와 함께「에스카밀로」의 勝利를 노래하자「카르멘」은 재 사랑의 勝利를 기뻐하며 場內로 들어가려 한다。「호세」는「카르멘」의 길을 막으며「에스카밀로」를 사랑하느냐고 묻는다。「카르멘」은 當場에 죽는 限이 있더라도「에스카밀로」를 사랑한다고 말하겠다 하고 再次이떠나는 歡呼소리에 場內로다시 들어 가려한다。「호세」의 哀願은 도더여 威脅으로 變한다。最后의 말로 따라오겠느냐고 물을 때「카르멘」은 依然히 强硬하게 拒絶하며「호세」

가 주었던 반지를 빼어던저 返還한다。「호세」는 憤에 激하여 前后를 저버리고「에스카밀로」를 讚美하는「토레아도르」의 노래가 높이 나는 場內로 避해가는「카르멘」을 쫓아가서 鬪牛場 入口에서 그를 잡아 短刀로 한번에 刺殺하고만다。場內에서 나온 群衆들은 이 慘劇을 唖然히 볼뿐이다。失神하고 서있던「호세」는 群衆을 向하여 죽인 사람은 나라고 말하고 悲痛한 목소리로 사랑하는「카르멘」의 이름을 부르며「카르멘」의 주검위에 몸을 던지고 慟哭한다。管絃樂의 沈痛한 顫音속에 最后의 幕이 나려진다。

間　奏　曲

25. 合　唱（舞踊曲）

鬪牛場앞。부채, 귤, 葡萄酒等을 파는 行商人들이 客을 부르며 웨치고 있다。群衆들을 入場하는 鬪牛士와 官吏들을 보려고 右往左往。群衆속에는「카르멘」「프라스키―타」,「메르체―데스」「즈니가」가 있고「호세」도 눈에 띠운다,

男女　二十錢이오 々々々々々々々。

시원한 부채사시오? 달콤한 귤을 사시오? 재미있는「프로그램」이요, 술이요, 물이요, 아, 담배요!（反復）二十錢이요, 々々

ㅅ。사시오 二十錢이요, 도련님
과 고운 아씨!

즈니가 굴을 다오, 빨리!

女子들 (「프라스키타」와 「메르
쎄데ー스」에게) 여기있쇼, 집으
시오 고운아씨!

한女子 (돈을 내는「즈니가」에
게) 感謝하오, 士官이여, 感謝하
오!

女子들 (「즈니가」에게) 이건 맛
이 더 좋은 굴이요。

男女 시원한 부채 사시오! 달
콤한 굴을 사시오! 재미 있는
「프로그램」이요! 술이요! 물이
요! 이, 담배요!

즈니가 보라, 부채를 다오!

한「짚씨」女子 (「즈니가」에게)
雙眼鏡도 사시렵니까?

男女 二十錢이요, ㅅ ㅅ ㅅ。
사시오, 二十錢이요, 도련님과 고
운 아씨!
二十錢이요, 二十錢이요, 二十錢
이요。사시오! 사시오!

26. 行進曲과 合唱

鬪牛士의 行列을 멀리 보면서
群衆들은 合唱하며 歡迎한다。
合唱의 區切마다 다른 行列이
지나간다。 (註) 토레아도르… 1
鬪牛士의 總稱。2 토레로…徒步
鬪牛士。3 반데릴레로… 裝飾한
槍으로 소를 찌르는 鬪牛士。4
피카도ー르…長槍으로 소를찌르
는 乘馬한 鬪牛士。5 에스파ー

다…劍으로 最後로 소를 죽이
는 鬪牛士。

兒童들 이리로, 이리로, 저 行
列이 오네!

群衆 이리로, ㅅ ㅅ, 아, 이리로
저 行列이 오네! 이리로 저
行列이오네, 鬪牛士의 장한 行
列!밝은 햇빛 槍에 번쩍이네
높이 ㅅ ㅅ ㅅ。帽子를 다 무
쁘세! 이리로 저 行列이 오
네! 鬪牛士의 장한 行列!이리
로 오누나, 오누나!

兒童들 (行列이 始作된다) 보라
저기 저 行列 앞에보기 싫은
한 巡査가, 보기 싫은 한巡査
가 천ㅅ이 걸어오고 있네。비키
라, ㅅ ㅅ ㅅ!

群衆 비키라, 순사여, 비키라!

兒童들 비키라, ㅅ ㅅ ㅅ。

群衆 비키라, ㅅ ㅅ ㅅ ㅅ。

(巡査가 지나간다)

男子들 지나갈 때 다 拍手하
세, 우리 勇敢스런 「추또」들!
뿌라보! (훌륭하다, 잘한다等의
意) 萬歲! 이리로 오네 勇敢스
런 「추또」들!

女子들 보라, 저 「반데릴레로」,
快活한 態度 부럽도다,

男子들과 兒童들 보라! ㅅ
ㅅ ㅅ。참 華麗하게 수놓은 저
鬪牛士服을 입고서。보라, ㅅ
ㅅ!이리로 向해 오도다!快活
한 「반데릴레로」!

(「반데릴레로」들이 지나간

다)

兒童들 아, 또 다른 行列이 오네.

女子들 아, 또 다른 行列이 오네.

男子들 보라, 저 「피카도—르」.

兒童들 보라, 저 「피카도—르」.

群衆 장하도다, 槍을 던져 鬪牛를 찔러 성을더 돋아주리라.

兒童들 아, 장하도다! 아, 보라, 장하도다!.

(「피카도—르」들이 지나간다)

一同 「에스파—도」, ㅅㅅㅅ。 「에스카밀료」, ㅅㅅㅅ。

(에스카밀료가 華麗한 鬪牛服을 입고 아름답게 盛裝한 「카르멘」을 데리고 登場)

一同 저 「에스파—다」 銳利한 칼로 싸움을 다 끝내도다。最後에 그의 날쎈 攻擊 終幕을 裝飾하도다。아, 에스카밀료, ㅅ아, 「뿌라보」! 이리로 저 行列이 오네 鬪牛士의 장한 行列! 밝은 햇빛 槍에 번쩍이네 높이 ㅅㅅㅅ。帽子를 다 두르세。이리로 저 行列이 오네 鬪牛士의 壯한 行列! 아, 에스카밀료! ㅅㅅ 뿌라보! 萬歲! 뿌라보! 뿌라보!

에스카밀료 (「카르멘」에게) 네가 萬一 「카르멘」, 나를 사랑하면, 네 맘에 즐거움 지금 깨달겠네, 나를 진정 사랑하면!

카르멘 아, 果然 「에스카밀료」당신 참 사랑하오, 나 아젹 이처럼 사랑준일 없소.

카르멘 나 참 당신 사랑하오!
에스카밀료 나 참 그때 사랑하네!

男子들 비키라, 비키라, 「알카데」를 爲하여! (「알카데」(市長이나 太守에 該當함)가 警吏들과 함께 登場하여 먼저 鬪牛場內로 들어간다。그뒤로 鬪牛士들과 群衆들도 入場한다)

프라스키—타 (「르카멘」에게) 카르멘, 말들으오, 이곳에 있지마오.

카르멘 어찌해 그러나?

메르쎄—데스 그이가 왔쇼!

카르멘 누가?

메르 저, 「돈, 호세」요! 숨고있쇼, 사람 틈에. 보시오!

카르멘 아, 보았네.

프라 주의하오!

카르멘 그를 두려워할 내가 아니로다。만나서 그이와 말하겠네.

메르 카르멘, 그리말고 주의하오!

카르멘 관게찮네.

프라 주의하오!

群衆들을 따라 「프라스키—타」와 「메르쎄—데스」도 鬪牛場으로 들어가고 「카르멘」과 「호세」

1056 절대음악 혼자 간다

만 남는다。

27. 二重唱과 마즈막合唱

카르멘 (愛情없이) 당신이오?

호세 나요!

카르멘 이러 찾 아온것을 나 알고 있었소。동무가 나에게 당신이 날 죽일까 두렵다고 말했소。그러나 난 逃亡하지 않겠오。

호세 널 威脅하지 않고 나 비네, 哀願하네! 지나간일, 카르멘 나 모두 다 생각지 않네。아 둘이 떠나서 저 멀리 재 하늘 아태 새롭게 살아보세!

카르멘 할수 없는 要求외다, 나는 속이지않소, 내 맘을굽힐수 없소。우리의 사랑 다 끝났소 決코 속이지 않소, 사랑이 다 끝났소。

호세 카르멘, 아직 나의 마음, 아, 아직 나의 마음 오 내「카르멘」널 사랑하므로 널 救하려네 (熱烈히) 아, 너를 사랑하므로 너와 또 날 救하려네。

카르멘 아뇨! 당신이 날 죽일 때가 닥처온 것 잘 알고 있소, 나 살던지 또 죽던지 싫소, 싫소! 나 당신 말 듣지 않겠소!

호세 카르멘, 아직 나의 마음, 아, 아직 나의 마음,오, 내「카르멘」널 사랑하므로널 救하려네, 아, 너를 사랑하므 묘 너와 또 날 救하려네 오, 내「카르멘」, 아직 나의 마음, 아, 너를 救하려네, 카르멘, 아, 널 사랑하므로 널 救하려네, 너와날 救하려네。

카르멘 왜 당신을 버린 내 맘 다시 사려 애쓰오?내 맘 당신 떠났소。날 사랑한다 말 하나 얼을 것없소, 그 말 모 두 쓸때 없소, 아, 그말!

호세 (焦慮하며) 나를 사랑치않나?

(絕望하며) 나를 사랑치않나?

카르멘 (冷靜히) 아뇨! 사랑하지 않소。

호세 그러나, 카르멘, 오 내 마음, 카멘카, 널아직 사랑하네!

카르멘 모두 다 내게는 無用 한 말이요。

호세 카르멘, 널 아직 사랑하네!또한 너 萬一 願하면, 나 다시 前같이 동무가 되겠네。다 듣는가?다 듣는가? 아, 날 어찍 버리나, 오, 내「카르멘」?!아, 사랑의 꽃피던 지난날 한번 더 생각하자, 날 버리지 말게, 「카르멘」, 날버리지 말게!

카르멘 나 絕對로 듣지 않겠소!나 죽는 것 또한 自由라오。

群衆 (鬪牛場 內에서) 萬歲, ㅅ 壯快한 光景! 피에 물든 모태

우에 성난 鬪牛달리고 있네!
보라 ♪ ♪ ♪, 힘센 저 성난
鬪牛 화살같이 달려가네! 바로
心臟 젤렸도다! 보라, ♪ ♪ ?
勝利여!
「에스카밀료」를 爲하여 부르
는 群衆의 노래를 들으며 「카
르멘」은 즐거움을 참지 못한
다。 「호세」는 「카르멘」을 凝
視한다。 노래가 끝나자「카르멘」
은 鬪牛場 안으로 들어가려한
다。
호세 (「카르멘」의길을 막으며)
 어디로?
카르멘 비켜주!
호세 喝采를 받는 것 네 새
 사랑인가?!
카르멘 비켜주, 비켜주!
호세 너 決斷코 못들어가리라.
 카르멘, 꼭 나를 따르라!
카르멘 비켜주, 「돈, 호세」, 못
 따라 가겠소
호세 그를 찾아 가려나? 그를
 사랑하나?
카르멘 그렇소! 나 이제 에서
 죽더라도 그를 사랑한다 말하
 려하오
群衆 (鬪牛場 內에서) 萬歲, ♪
 壯快한 光景! 피에 물든 모래
 우에 성난 鬪牛달리고 있네!
보라 ♪ ♪ ♪, 힘센 저 성난 鬪
 牛 화살같이 달려가네!
 (이 合唱中에 「카르멘」 은

다시 鬪牛 場內로 들어가려하
나 「호세」가 또 막는다)
호세 (激烈한 感情으로) 정녕 너
 로 因해 내 靈魂저 地獄으로
 가겠네。 재 사랑 품속에 안기
 여나를 嘲笑하려 하나?! 너
 決斷코 못가리라! 카르멘, 나를
 따라 오라!
카르멘 싫소, ♪ 決코!
호세 威脅하기에지쳤네!
카르멘 (怒號하며) 그러면 죽이
 던지 날 가게 놓아주오!
群衆 (鬪牛場內에서) 勝利! 여
호세 (亂暴하게) 最後로 말하라
 따라 오지않겠나?
카르멘 싫소, 싫소! (손에서
 반지를 빼여내여 던지며) 당신
 이 주었던이반지 가져가오,
 자!
호세 무엇? 이惡魔야! (「호세」
 가 短刀를빼여 들고 「카르멘」
 에게 달여든다)
群衆 「토레아도!」주의하라! 토
 레아도르! 한 검은 눈의 고
 운 女子가 너를 보고 있네,
 또 그의 사랑이「토레이도르!」
 기다리오!
 (이 合唱中에 「호세」는 鬪牛
 場 안으로避해 가려는「카르멘」
 을 鬪牛場 入口에서 잡어 短
 刀로 찌르니 「카르멘」은 땅에
 서너머지며 그자리에서 죽는다
 「호세」는 精神을 잃고「카르

1058 절대음악 혼자 간다

멘」앞에 무릎을 꿇고 앉는다.
合唱이 끝날 때 쯤되여 場內에서 「에스키별료」, 「프라스키―타」, 「메르쎄―데스」, 「즈니가」 等을 비롯하여 警吏와 群衆이 나와서 이 慘景을 唖然히 바라본다.)

호세 (失神한 表情으로 이러서서) 날 잡아가시오, 죽인 사람은 나요。카르멘! 아, 카르멘, 오, 내 사랑! (「호세」는 「카르멘」의 주검위에몸을 던지며 慟哭한다。)

― 幕 ―

公演을 갖으면서

檀紀四二七九年三月에 朝鮮오페라 協會가 創立되여 第一回公演으로 檀紀四二八一年一月「라트라비―아타」을 出演한后 眞正한 오페라 公演團體誕生의 必要를 痛感한바있어 同協會理事長이 였던 李寅善氏를 中心으로 檀紀四二八一年三月에 國際오페라社가 創立되였읍니다。本社는 檀紀四二八一年四月에 第一回公演으로「라트다비아―타」를 再上演하여 滿都에 讚詞와 아울러多大한成果를 거두고곧이어서「카르멘」의 上演을計劃하였으나 財政難과 特히「오께스트라스코아」求得難에 逢着하여 不得已上演이 遲延된것에對하여는 社會諸位께 未安히 生覺합니다。第一回「라, 트라비아―타」公演時에는 趙炳玉氏以外 社會諸位께서 物心兩面으로 多大한 援助를不惜히시여 感謝를마지않거니와 今番에는 藝術을 사랑하시며 또 特히「오페라」의 國際外交性을 重大視하시는 林外務長官閣下께서 聲援하여주시여 外務部後援으로「카르멘」을 上演하게되여 感謝를마지않읍니다 또 이公演을UN委員團에 紹介할수있게된것은 本社와 團員一同의 光榮인 同時에 重任을다시금느끼는바입니다。

이번公演에 直接援助를하여주선 분으로 林 外務長官 以外에 曺 外務次官 黃情報局長이게시고 또 外務部緖職員이게심니다 깊이 感謝를드립니다 또한 여러가지로 便宜를보아주신 國立劇場長柳致眞氏 同事務長安載廷氏及 文總會長高義東氏와 金八峰 全熙祚 鄭鎭宇 劉漢澈 權奇鎬 鄭樂天 李用弼 朴利濮 金星欽 李運熙諸氏에게 感謝를드립니다。

★ 消 息

本國際오페라理事長 李寅善氏는 多年오페라運動에 盡力하여 오시던바이번「카르멘」을 告別公演으로 渡美하게되였다 氏는本職인 醫學의길로떠나가는하나 餘暇에「오페라」上演에 關한 諸部門에 硏究를하리라하며 后歸國하여더욱 오페라運動에 盡力하시리라고하며 東京 호놀루루 로스엔젤머스 等地에서는 벌서부터氏의 獨唱會를 期待準備中이라고。

合唱團員
（가 나 다 順）

I Soprano

金 應 子	金 点 順	李 烈 熙	李 愚 男
李 惠 玉	趙 姬 泰	田 賢 淑	崔 鳳 淑
崔 貞 華	胡 鎭 玉		

II Soprano

金 惠 卿	林 聖 順	李 英 淑	李 圭 玉
鄭 蘭 子	崔 聖 喜		

Tenor

林 鎭 祐	朴 世 泳	李 祐 根	李 南 洙
李 昌 驚	池 喆 泳	崔 戊 龍	黃 順 昌

Bass

姜 相 鎬	姜 聖 熙	具 亨 會	金 永 昊
梁 仁 煥	朱 完 珣		

카 르 멘 感
李 化 三

오페라 카.르멘을 導演하는대 나는 率直히告白하자면 落弟다 作曲者인 비一제를 理解하는程度로는 到底히 안될말이다.

메지리 티一브, 나 아리아 가온대 끈임없이 호.르는 間奏사히에 반다시 필요한演技를 지조 忘却한點을 나는指適하여둔다 오페라 를演出 할야면 晉樂人이라야 可能할것이다 晉樂人이안이라도 晉樂을 알여이뤌것이다 樂譜를 스스로暗記 하여야뤌것이다 그걸 無視하고서는안뤌것이다 特히 오페라 카.르멘에 있어서 重要한 스폴쌘도 물 全部喪失하고 말것이다 나自身 그렇다 晉癎한 내가 이만한 카.르멘을 形成化하였다는건 主宰者 李寅善氏의 熱誠 助手 金京玉君의 努力과 高宗益氏의 親切한 內助라고 生覺하여 感謝의뜻을표하는바이다.

오페라 "카르멘"*(Carmen)* 한국 초연 공연 관련 사진
(1950. 1.27.~2.2.)

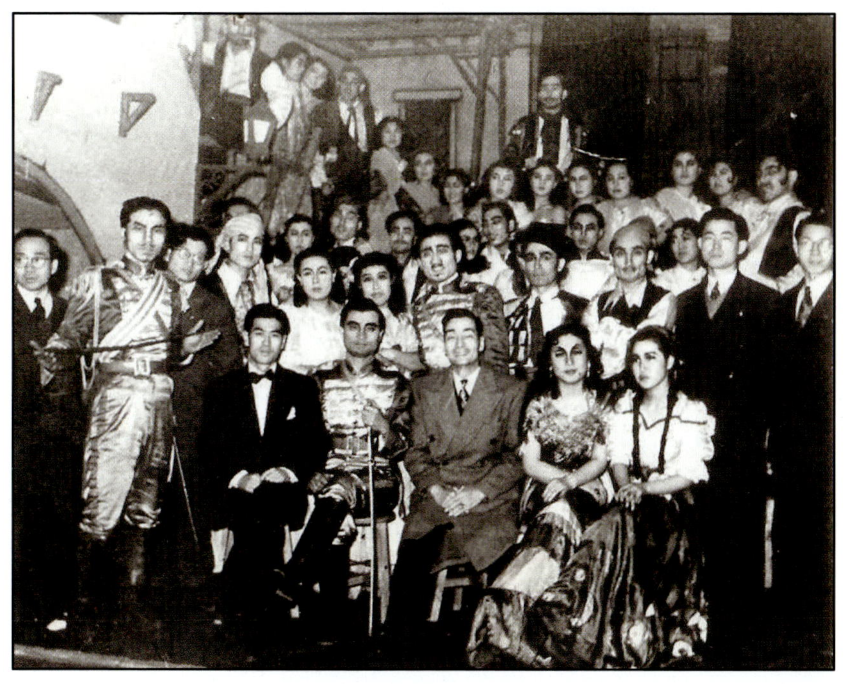

"카르멘" 초연 공연 기념 사진

앞줄 왼편부터:

임원식(지휘자), 이인선(돈 호세, Don Jose), 임병직(외무부 장관), 김복희(카르멘, Carmen), 김석준(미카엘라, Micaëla)

장소: 시공관

일시: 1950. 2.2.

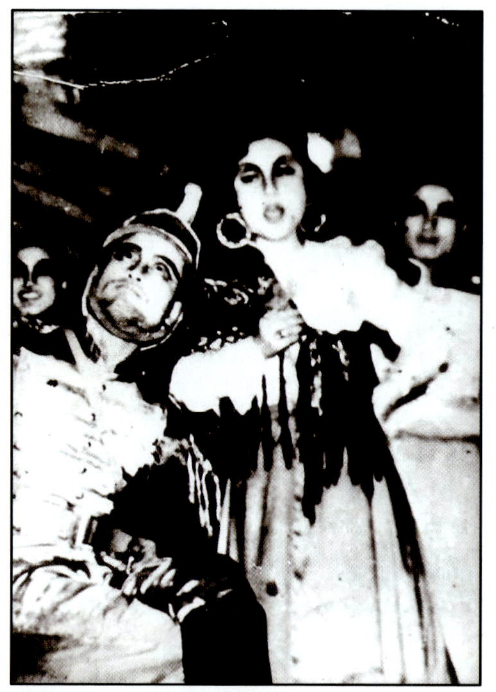

사진: 이인선(돈 호세, Don Jose), 김복희(카르멘, Carmen)

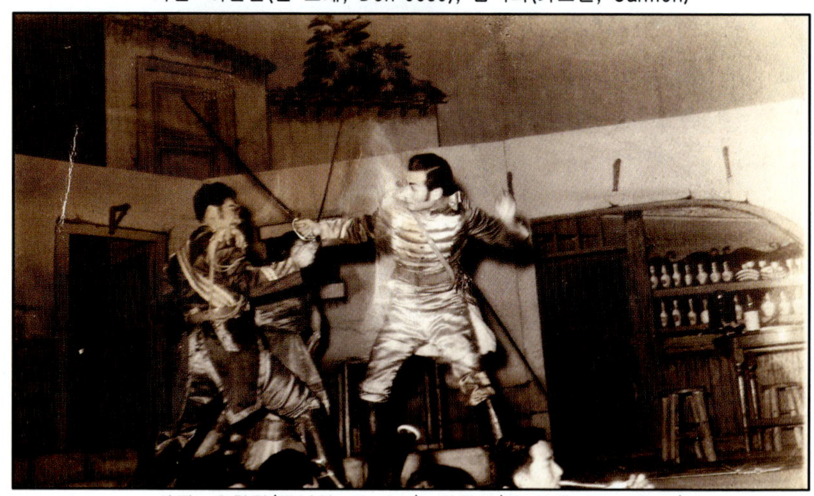

사진: 오현명(즈니가, Zuniga), 이인선(돈 호세, Don Jose)

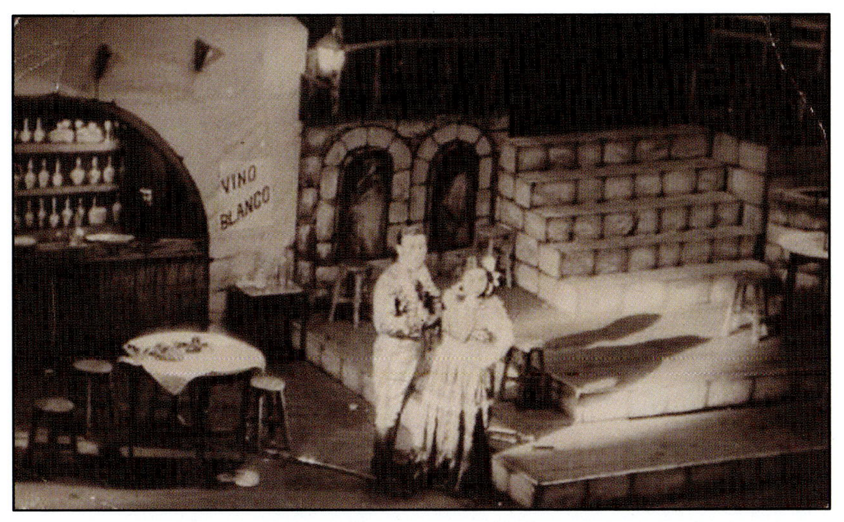

사진: 이인선(돈 호세, Don Jose), 김혜란((카르멘, Carmen)

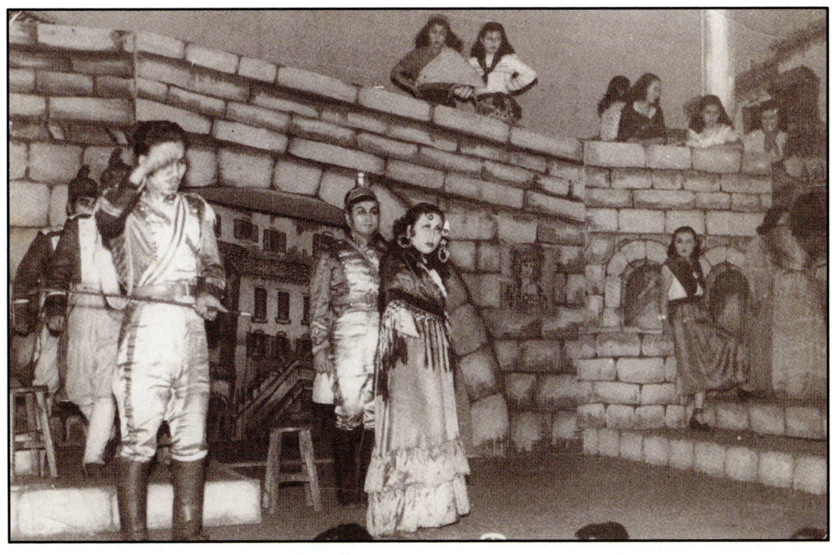

사진: 오현명(즈니가, Zuniga), 이인선(돈 호세, Don Jose), 김혜란((카르멘, Carmen)

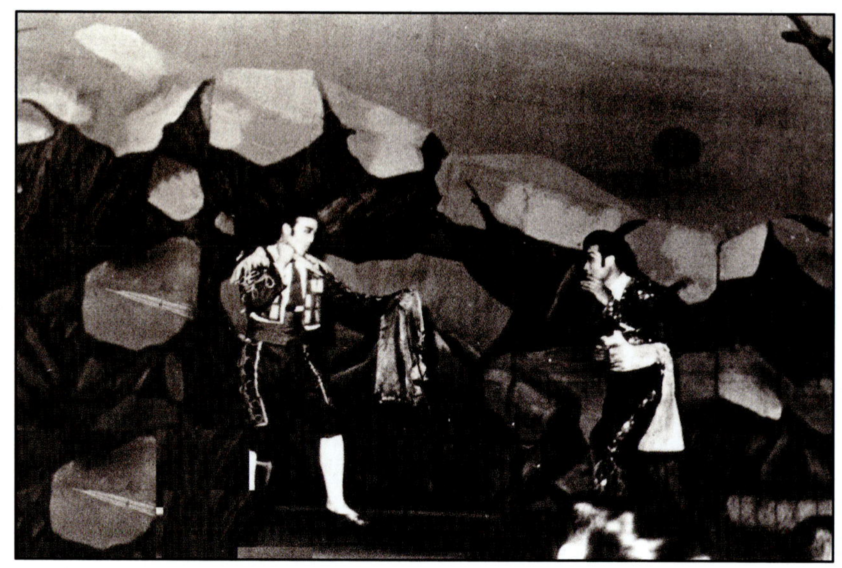

사진: 고종익(에스카밀로, Escamillo), 이인선(돈 호세, Don Jose)

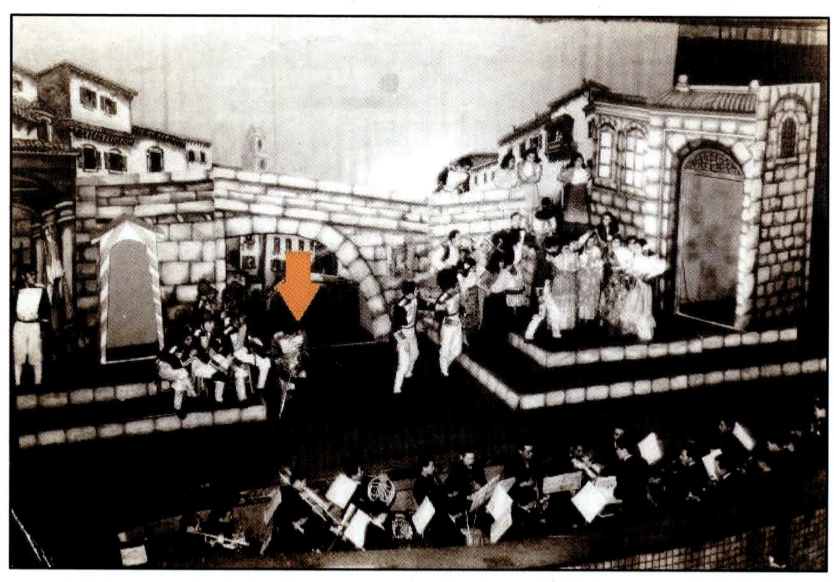

사진: 이인선(돈 호세, Don Jose)

1064 절대음악 혼자 간다

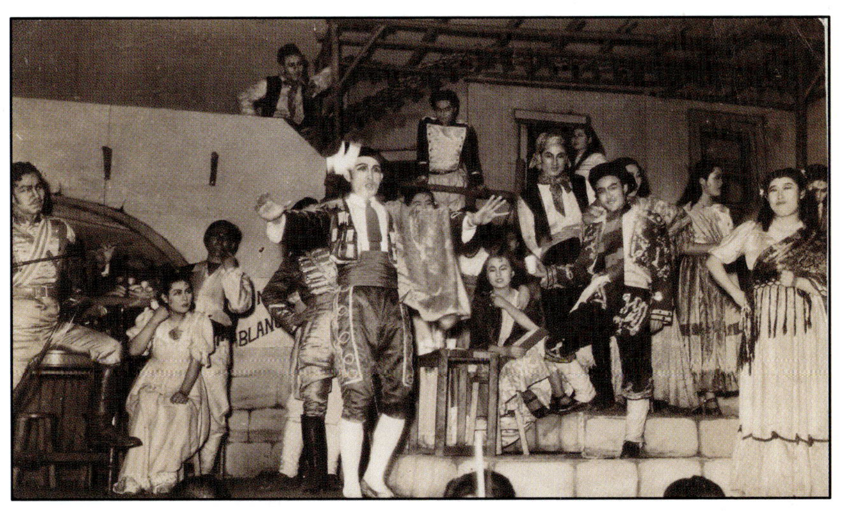

사진: 고종익(에스카밀로, Escamillo)

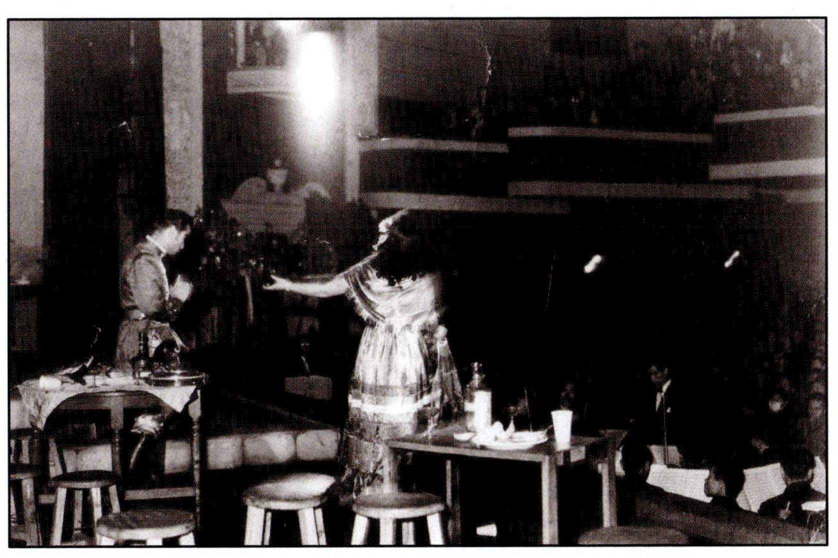

사진: 이인선(돈 호세, Don Jose), 김혜란((카르멘, Carmen)

[편집자 추신]

"카르멘" 프로그램 원본에서

(1) 페이지 2는 짝수 페이지로 인해 빈 페이지임으로 여기에서는 삭제되었으며,

(2) 프로그램 뒷면은 "코롬방"(명동 과자) 광고로 이 역시 싣지 않았다.

(3) "카르멘" 공연 축사(祝辭)를 한 임병직(林炳稷) 씨(p. 1018)는 당시 외무부 장관, James I. Stewart 씨(p. 1019)는 주한 미국대사, 그리고 김생려(金生麗) 씨(p. 1019)는 지휘자 겸 바이올린 연주자로 고려교향악단 및 서울교향악단을 창단한 분이다.

6. 출판 오류의 심각성
- "토스카"(*Tosca*)를 중심으로 -

이여진(李如辰)

대한민국 정부 수립 전후로 10~15년이라는 기간은 6·25전쟁을 포함해서 정치적, 경제적, 사회적 모든 면에서 우리나라가 겪은 가장 어려운 시기 중 하나였을 것이다. 이같이 어려운 상황 속에서도 이인선(李寅善) 선생은 정부 수립 7개월 전인 1948년 1월 한국 오페라 역사상 최초로 오페라 "춘희"(*La Traviata*)를 초연, 그해 4월에 재공연, 그리고 6·25전쟁 발발 5개월 전인 1950년 1월에는 한국 오페라 역사상 두 번째로 오페라 "카르멘"(*Carmen*)을 초연함으로써 우리나라 오페라의 개척자라는 칭호를 얻게 되었다. 선생은 이 기간 동안 "춘희"와 "카르멘"은 물론 그가 1950년 4월 도미(渡美)함으로 인해 공연하지 못한 "토스카"(*Tosca*) 와 "나비부인"(*Madame Butterfly*) 또한 완역(完譯)하였다.

이 시기는 물론 6·25전쟁과 이에 따른 복구 기간 동안 우리나라는 민주주의 수호와 먹고 사는 일 이외에 문화적 뒷받침, 또는 보호 따위는 뒷전일 수밖에 없었던 것이 당시 현실이었다. 따라서 저작권 보호 같은 것은 생각조차 하기 힘든 사치스러운 법이었을 것이다. 이에 더해 국내에도 없는 사람의 번역물에 대한 권리는 물론 어떤 식의 보호도 찾아 볼 수 없던 시절이었다. 결과 이 선생의 수 많은 번역물, 즉 100여 곡이 넘는 이태리 가곡을 위시하여 스페인과 영미 가곡은 물론 오페라 번역물들은 이런저런 제자들에 의해 빌려 간 후에 제대로 돌려받지 못해 어느 시간이 흐른 뒤에는 거의 대부분 유실된 상태에 놓이게 되었다. 그리고 사회적으로 조금씩 안정을 찾아갈 즈음 여기저기 출판사에서 이인선이라는 역자(譯者) 이름마저 제외된 채 이인선 선생의 번역물들이 산발적으로 출판되기 시작했다. 이같이 귀중한 이 선생의 자료들은 복사기도 없던 시절 이 사람 손에서 저 사람 손으로 사보(寫譜)에 사보를 통해 전해지면서 많은 경우 A가 B로 그리고 B가 Z로 오류의 오류가 범해지는 불행한 결과를 초래하였다.

여기서 예를 들고자 하는 오페라 "토스카"(Tosca)를 위시하여 "라 트라비아타"(La Traviata), "카르멘"(Carmen), "나비부인"(Madame Butterfly) 역시 이인선 선생은 물론 그의 유족들도 모르는 사이에 모 출판사에서 출판되어 현재까지 사용되어 오고 있는 실정이다. 이 선생의 귀한 자료들이 세상의 빛을 본다는 기쁨보다는 많은 사람들의 손을 거치면서 벌어진 엄청나게 왜곡된 출판물들을 보면서 단지 유족이라는 입장을 떠나 그 주옥같은 문화적 유산의 커다란 손상과 손실에 안타까운 심정을 금할 수 없다.

오늘날 세계 경제 대국으로 발전한 우리나라이지만 기록문화를 선도할 출판업, 특히 음악 출판사는 하나같이 그 영세성으로부터 벗어나지 못하고 있는 안타까운 현실이다. 그러다 보니 음악 출판사를 실제로 음악을 전공한 전문인이 운영 내지는 편집하는 경우는 찾아보기 힘들다. 대부분 음악과 관련이 없는 사람들이 음악 출판사를 운영하다 보니 수익에 대한 관심 외에 그 음악의 진정한 문화적 가치를 알아보고 이를 지키며 보존하겠다는 사고나 의지를 기대하기 힘든 것이 현실이 되었다.

본인은 한때 외국에서 작은 현대음악 출판사의 부편집인으로 음악 출판일을 전문가 입장에서 잠시나마 담당한 경험이 있다. 쇤베르크 (Schoenberg)의 한 작품을 재출판하는 작업에서 악보의 모든 음들을 일일이 분석한 후 다른 사람이 아닌 쇤베르크 자신이 작곡할 때 실수로 잘못 표기한 음 하나까지 찾아내서 교정한 후에서야 출판할 수 있었던 기억이 새롭다. 가사도 아닌 음(音)을, 그것도 타인의 실수로 빚어진 오타가 아닌 작곡가 자신이 실수로 잘못 표기한 음 하나까지 찾아내서 교정한 후에서야 비로소 출판한다는 것은 수익에 앞서 음악에 대한 신념과 문화발전에 대한 믿음이 운영자에게 있었기 때문이며 이 같은 열정은 곧 음악작품에 대한 절대적 헌신과 책임감으로 표출되는 것이다. 우리나라 음악출판업계가 전문인을 갖춘 실력 있는 그리고 무엇보다도 문화발전에 기여한다는 목적의식의 양심적 출판사로 거듭나지 않는 한 우리나라 예술문화는 그저 보기 좋은 개살구에 지나지 않을 것이며 우리가 자랑하는 문화경제 대국 역시 그 속은 문화 후진국에서 한치도 벗어나지 못한 한낱 허상에 불과할 것이다.

다음은 왜곡된 출판의 심각성을 보여주기 위한 한 예(例)이다. "토스카"(*Tosca*) 제1막에서 카바라도씨(Cavaradissi)의 독창, "*Recondita armonia*"("오묘한 조화")의 세 다른 악보를 아래에 제시한다.

악보 I: 이인선 번역 필사본
악보 II: 태림 출판사에서 출판된 이인선 번역본
악보 III: 가사 비교
    제1단: 악보 I
    제2단: 악보 II
    제3단: 이탈리아어 가사

오묘한 조화
(오페라 "토스카" 중에서)
Recondita armonia
(from the Opera, *Tosca*)

이 인 선 역사
Giacomo Puccini

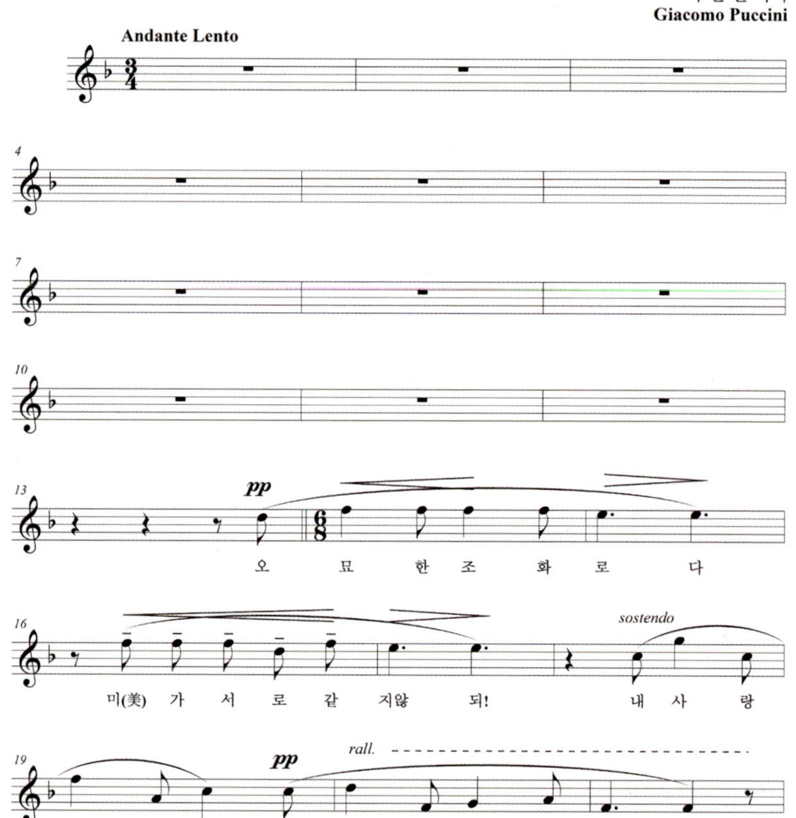

1070 절대음악 혼자 간다

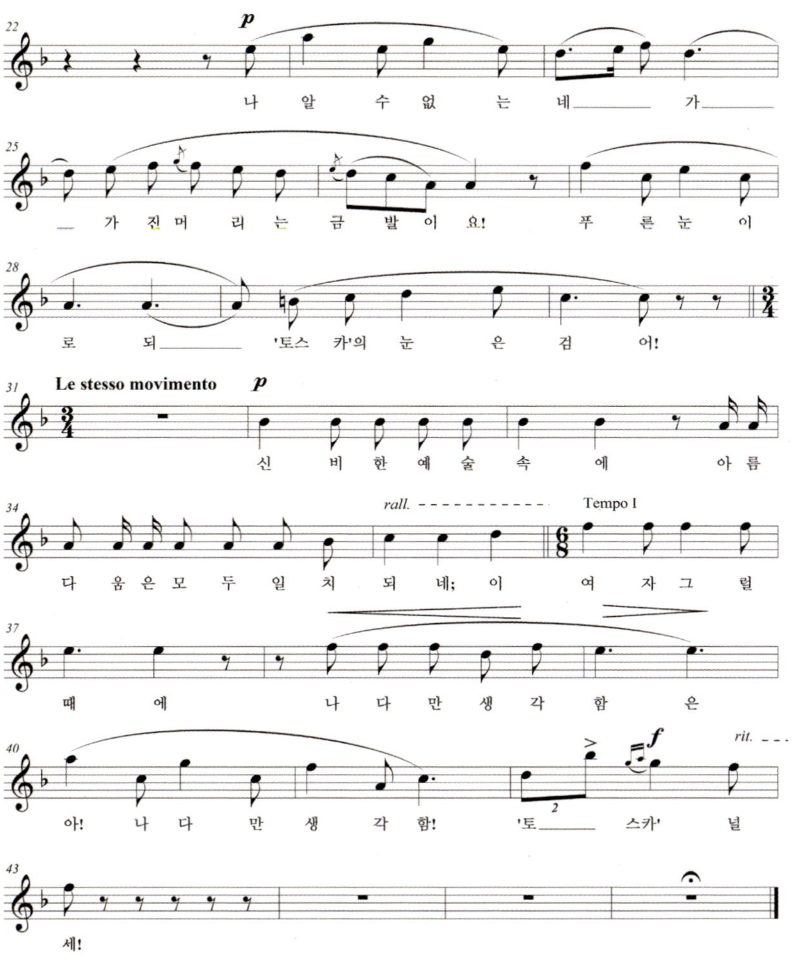

나 알 수 없 는 네 가
가 진 머 리 는 금 발 이 요! 푸 른 눈 이
로 되 '토스 카'의 눈 은 검 어!
Le stesso movimento
신 비 한 예 술 속 에 아 름
rall.
Tempo I
다 움 은 모 두 일 치 되 네; 이 여 자 그 릴
때 에 나 다 만 생 각 함 은
아! 나 다 만 생 각 함! '토 스카' 닐
rit.
세!

<악보 II>

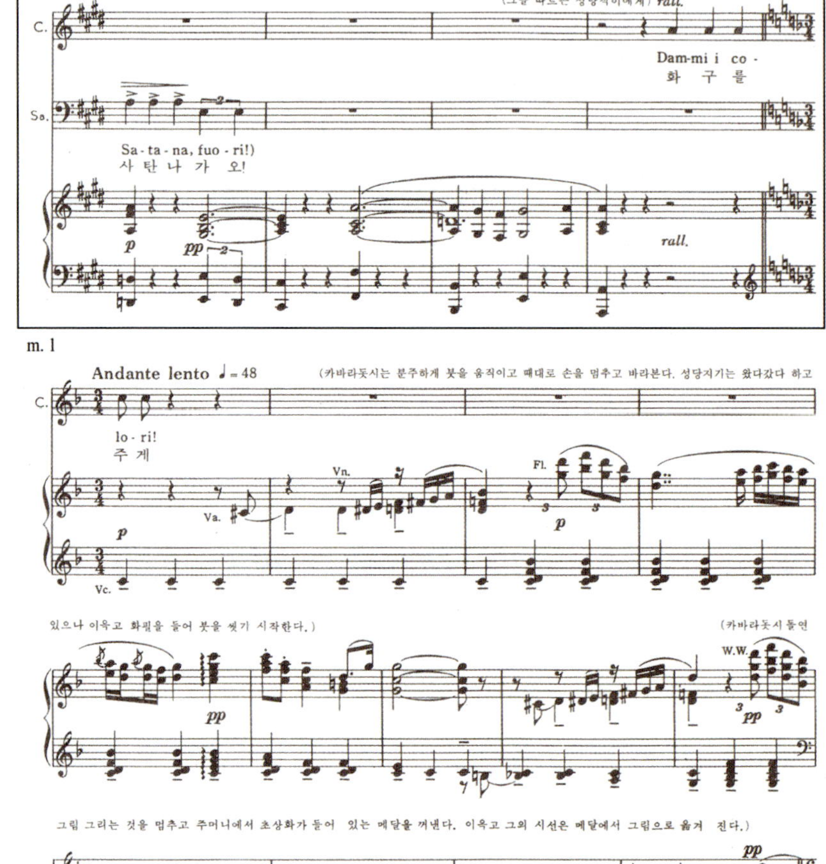

1072 절대음악 혼자 간다

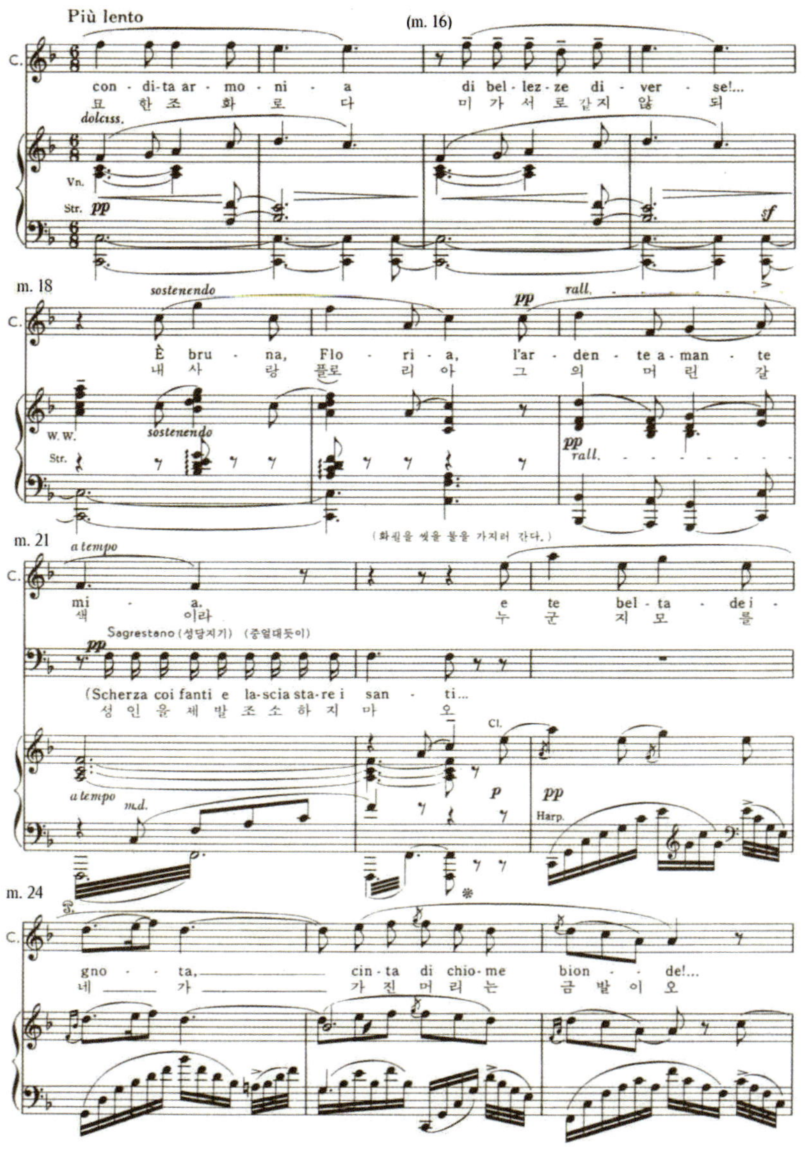
Più lento
(m. 16)
C.
con - di-ta ar - mo - ni - a   di bel - lez - ze di - ver - se!...
묘 한 조 화 로 다   미 가 서 로 같 지 않 되
dolciss.
Vn.
Str. pp
sf
m. 18
sostenendo
pp rall.
C.
È bru - na, Flo - ri - a,   l'ar - den - te a - man - te
내 사 랑 플 로 리 아   그 의 머 린 갈
W.W.
sostenendo
Str.
pp rall.
m. 21
a tempo
(화필을 씻을 물을 가지러 간다.)
C.
mi - a.   e te bel - ta - de i -
색   이라   누 군 지 모 를
Sagrestano (성당지기) (중얼대듯이)
pp
(Scherza coi fanti e la-scia sta-re i san - ti...
성 인 을 제 발 조 소 하 지 마 오
Cl.
p pp
a tempo
m.d.
Harp.
m. 24
C.
gno - ta,   cin - ta di chio - me bion - de!...
네   가   가 진 머 리 는 금 발 이 오

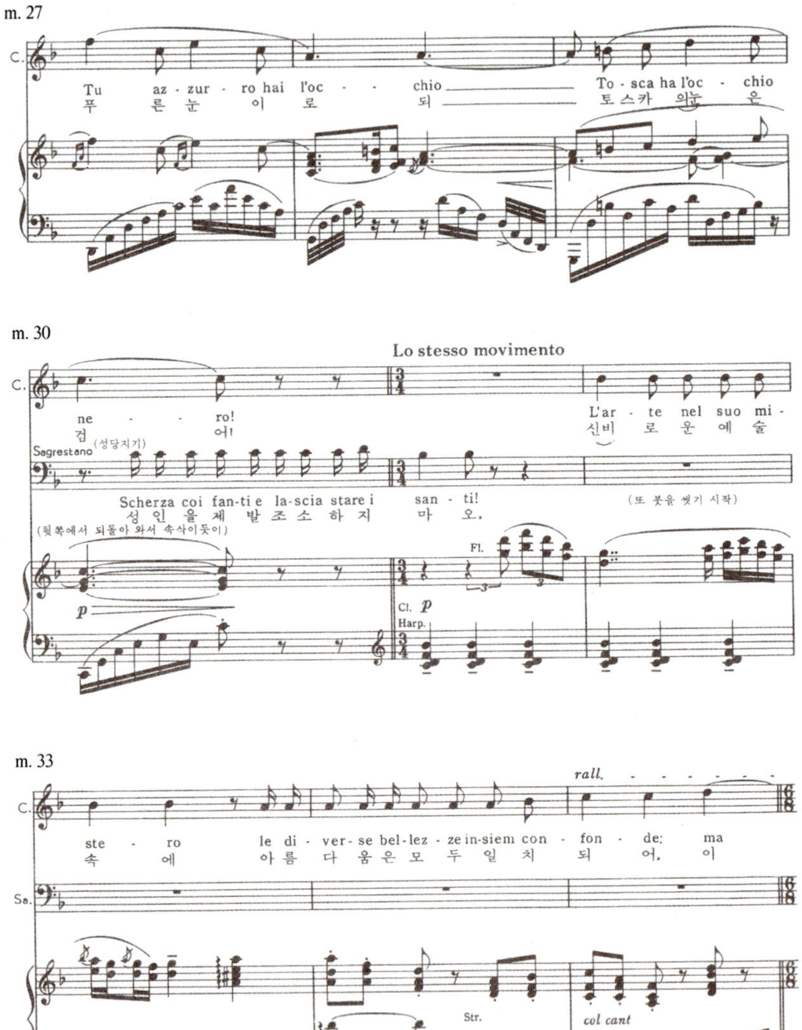

m. 27
C.
Tu az - zur - ro hai l'oc - - chio
To - sca ha l'oc - chio
푸 른 눈 이 로 되
토스카 의눈 은
m. 30
Lo stesso movimento
C.
L'ar - te nel suo mi -
신비 로 운 예술
ne - ro!
검 어
Sagrestano (성당지기)
Scherza coi fan-ti e la-scia stare i san - ti!
성 인 을제 발 조 소 하 지 마 오.
(뒷쪽에서 되돌아 와서 속삭이듯이)
(또 붓을 씻기 시작)
Fl.
Cl. p
Harp.
m. 33
rall.
C.
ste - ro le di - ver - se bel-lez - ze in-siem con - fon - de; ma
속 에 아름 다 움은 모 두 일 치 되 어. 이
Sa.
Str.
col cant

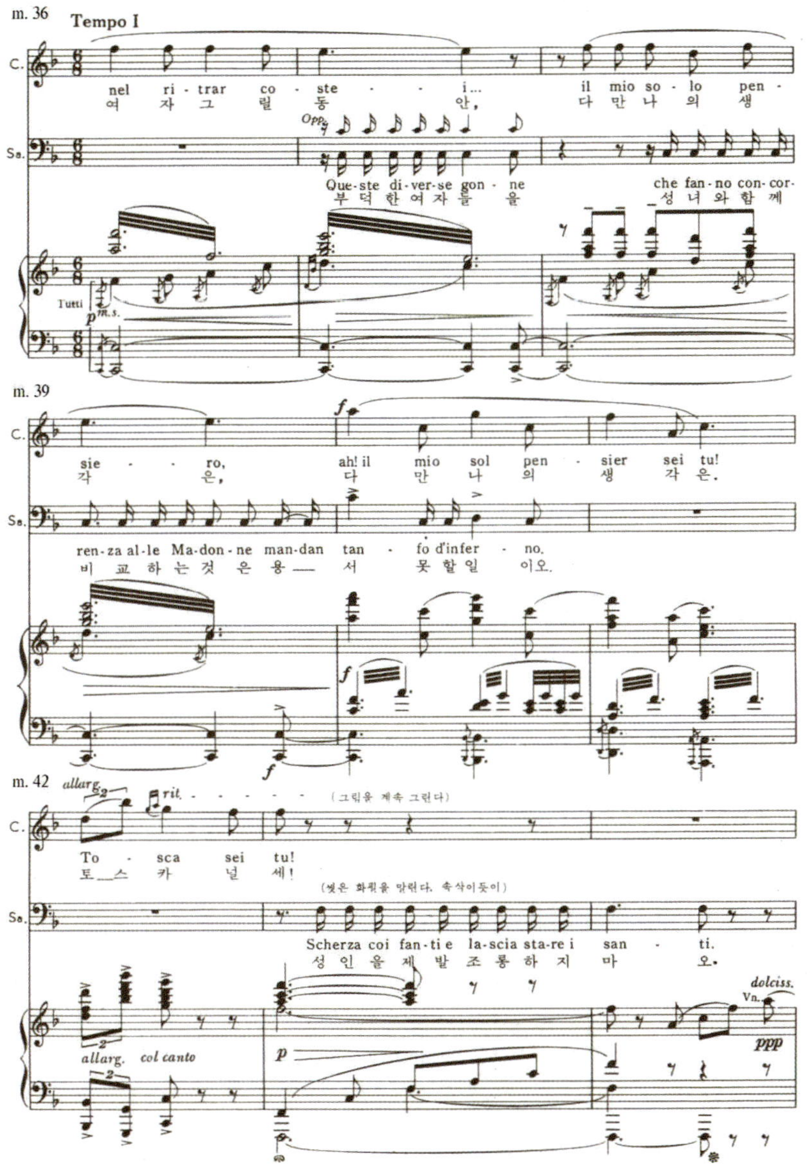
m. 36
Tempo I
C.
nel ri - trar co - ste - - i...   il mio so - lo pen -
여 자 그 릴 동   안,   다 만 나 의 생
Oppo
Sa.
Que - ste di - ver - se gon - ne   che fan - no con - cor -
부 덕 한 여 자 들 을   성 녀 와 함 께
Tutti
m.s.
p

m. 39
C.
sie - ro,   ah! il mio sol pen - sier sei tu!
각 - 은,   다 만 나 의 생 각 은.
Sa.
ren - za al - le Ma - don - ne man - dan tan - fo d'infer - no.
비 교 하 는 것 은 용 — 서 못 할 일 이 오.
f

m. 42
allarg. rit. - - - - - (그리움 계속 그린다)
C.
To - sca sei tu!
토 - 스 카 널 세!
(벗은 화륃을 말련다. 속삭이듯이)
Sa.
Scherza coi fan - ti e la - scia sta - re i san - ti.
성 인 을 제 발 조 롱 하 지 마 오.
allarg. col canto
p
dolciss.
Vn.
ppp

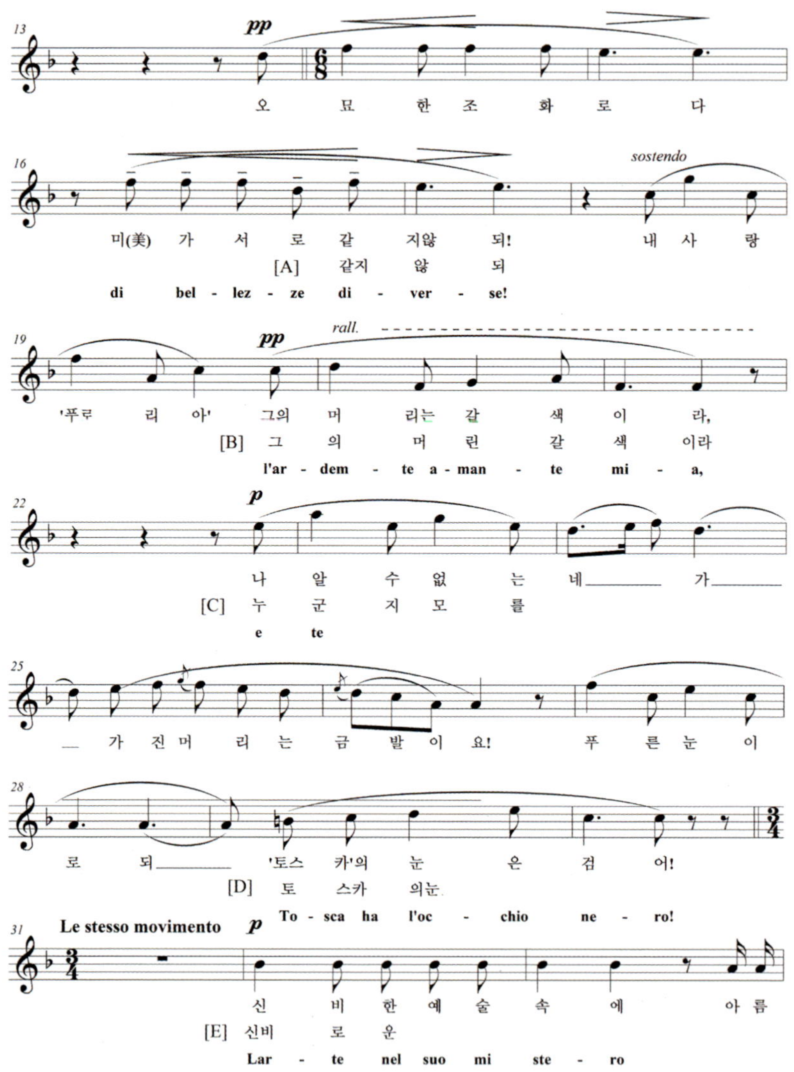

1076 절대음악 혼자 간다

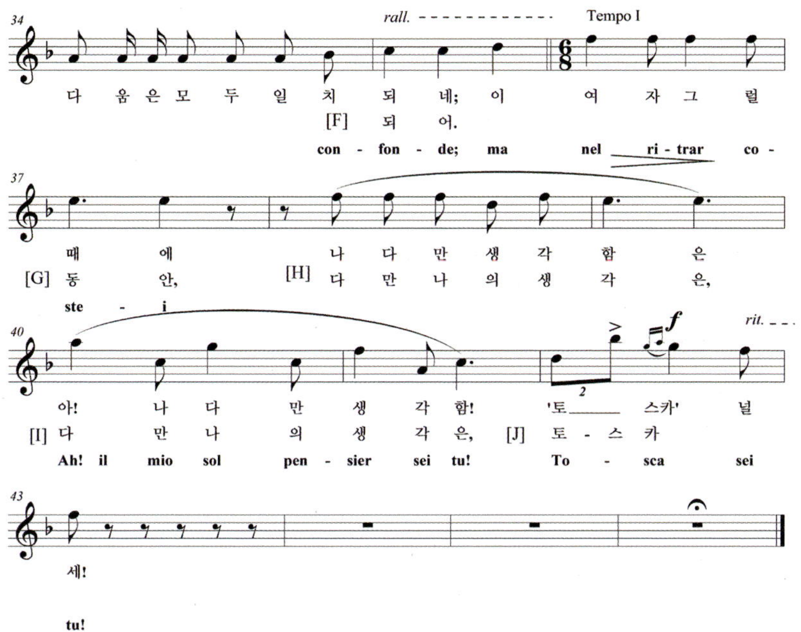

<h2 style="text-align:center"><악보 III>을 중심으로</h2>

<악보 III>에서 '가사 제1단'은 <악보 I>의 가사, '가사 제2단'은 <악보 II>의 가사, 그리고 '가사 제3단'은 이탈리아 원어이다.

[A] mm 16~17:

<악보 III> m. 16, 마지막 F음에 '가사 제2단'은 [A] "같지" 2음절 (즉, 악보 II)이 사용된 반면

'가사 제1단'에서는 F음에 "같"의 1음절(즉, 악보 I), 그리고 다음 마디(m. 17) E음에 "지않"의 2음절이 사용되어 있다.

우선 m. 16의 다섯 음들은 *tenuto*(테누토)로 8분음표 박자 하나하나가 강조된다. 만일 [A]와 같이 F음에 2음절이 배치된다면 m. 16 마지막 8분음표 박자는 2개의 16분 음가로 나뉘면서 5개의 테누토 8분음표 박자는 무너지게 된다.

뿐만 아니라 m. 17의 E음에 놓인 이탈리아 원어('가사 제3단')는 *"-ver-"*로 이것은 한 음절로 분류되나 노래 상에서는 *"-ve-r-"*로 *"-ve-"* 다음에 *"-r-"*이 발음 되어야 함으로 실제 노래에서는 2음절처럼 취급됨은 바로 이 E음에 "지않"('가사 제1단')의 2음절이 배치됨과 상등하다.

[B] mm. 19~20:

m. 19, 마지막 8분음표 C음에 [B] '가사 제2단'은 "그"의 1음절, 그리고 m. 20, 첫 박에 "의"가 놓인 반면 '가사 제1단'에서는 "그의"의 2음절 다음 m. 20, 첫 박에 "머"가 놓인다.

즉, '가사 제1단'에서는 "머리"라는 주요 명사의 "머"가 m. 20, 강박에 위치함에 반해 '가사 제2단'에서는 이 강박에 접미사 "의"가 놓인 것이다.

뿐만 아니라 m. 20, 두 번째 강박인 G음에 '가사 제1단'은 "갈색"의 "갈"이 배치된 반면 '가사 제2단'은 "머리"의 약 음절인 "린"이 강박에 놓여 있다.

이탈리아 원어('가사 제3단')를 보면 이 악구의 음들 하나하나에 각각 한 음절씩 배치되어있다. 예외는 m. 20의 F음으로 이 음에 *"-te"*와 *"a-"*의 두 다른 단어의 마지막과 첫 음절이 함께 배치되어 있다. 바로 이 F음에 '가사 제1단'은 "리는"의 2음절이 사용되었다.

'가사 제1단'에서 2음절이 사용된 이 악절의 또 다른 장소는 m. 19, 마지막 C음의 "그의"이다. '가사 제3단' 원어를 보면 *"l'ar-"*로 1음절이나 실제 노래상에서는 *"l'a—r"*로 마치 2음절처럼 발음된다. 따라서 '가사 제3단'의 원어와 '가사 제1단'은 서로 매우 흡사하다.

[C] mm. 22~23:

m. 23, 첫 A음은 고음으로 '가사 제1단'은 "알", 그리고 '가사 제2단'은 "군"이 놓여 있다.

이 A음은 강박으로서 '가사 제2단'의 "누구"의 "군"이 놓일 수 없는 것은 물론이지만 더 중요하게는 모음의 음향학적 측면에서 크게 잘못 되어있다. 즉, 각기 다른 모음들 자체가 지니고 있는 주파수(frequency)를 보면 ee (에), a(아), i(이) 등은 고(高)주파수인 반면에 oo(우), o(오), aw(오우) 등은 저(低)주파수인 것이다.

이 같은 음향의 물리학 법칙을 어긴 '가사 제2단'의 "군"으로 이 고음 A를 노래한다는 것은 여간 어렵고 부자연스러우며 불편한 것이 아니다.

Silvia Plath의 시(詩) 중 *"a bird flits nimble-winged in thickets…"*에서 모든 단어에 높은 주파수인 *"i"* (이)가, *"bird"*를 제외하고, 사용됨으로써 작은 새의 날렵함을 표현하고 있다. 언어로 전달되는 시(詩)에서도 이럴진대 하물며 음의 높낮이에 의존하는 성악 가사 번역에서 이런 기본도 모르거나 무시한다면 그 결과는 지금의 이 경우와 같이 무지를 면키 힘들 것이다.

[D] m. 29:

'가사 제3단'의 B-C음에 놓인 원어 *To-sca*와 제2단의 "토-스카"의 음절 분리가 일치하므로 '가사 제2단'의 역사(譯詞)가 옳은 것으로 보일지 모르겠다. 그러나 좀 더 자세히 분석해 본다면 그렇지 않다.

이 마디에서 D음은 강박인데도 불구하고 '가사 제2단'에서는 앞서 "토-스카"로 인해 "의눈"이 놓이게 되었다. 다시 말해 주요 명사 "눈"이 발음되기에 앞서 접미사 "의"가 강박에 놓이게 된 것이다. 이에 반해 '가사 제1단'에서는 주요 명사 "눈"이 강박 D음에 위치하게 된다. 뿐만 아니라 '가사 제3단' 원어를 보면 C음에 *"-sca"*와 *"ha"*의 2음절이 사용되어있다. 이와 상등하게 '가사 세1단'에서도 "-카의"의 2음질이 사용되었다.

[E] mm. 32~33:

'가사 제3단' 원어는 이 악절(mm. 32~33) 7개의 B^b 반복음에 각각 1음절씩 배치되어있다. 이와 상응하게 '가사 제1단' 역시 7개의 음절이 놓인다.

이에 반해 '가사 제2단'에서는 첫 B^{b}음에 "신비" 2음절이 놓임으로써 이 악절의 리듬 - · · · · - - 는 · · · · · - - 로 왜곡된다. (- 은 4분음표; · 은 8분음표)

[F] mm. 34~37:

m. 35의 '가사 제3단' 두 번째 C음에서 *"con-fin-de"*의 *"-de;"*는 세미콜론(semicolon)으로 다음 D음의 *"ma"*와 분리된다.

'가사 제1단'은 이와 일치하는 반면에 '가사 제2단'은 "되어"로 다음 문장과
분리되지 않고 연결된다.

[G] m. 37:

'가사 제1단'과 '가사 제2단'의 미묘한 의미, 즉 "때"와 "동안"의 차이이다.
후자는 '시간적 길이'를 뜻하나 전자는 이 문장에서 의미하는 바와 같이
"그런 순간"을 나타낸다.

[H] mm. 38~39:

m. 39, 첫 박 E음은 강박이다.
'가사 제2단'은 이 강박에 생각의 "각"을 배치함으로써 단어의 강박과 일치
하지 않는다.
그러나 '가사 제1단'에서는 이 E 강박음에 "함"을 사용함으로써 음과 단어
의 조화를 이루고 있다.

[I] mm. 40~41:

m. 40, '가사 제3단' 강박 A음에 *Ah!*라는 중요한 감탄사가 제2단에서는
빠져 있다. '가사 제1단'은 "아!"로 원어와 일치한다.
또한 m. 41의 마지막 C음에서 원어는 *tu!*로 일단 일단락된다. 이는 '가
사 제1단'에서 "함!"으로 일단락됨과 동일하다. '가사 제2단'은 이와 반대로
"은"으로 계속 다음 문장으로 이어진다.

[J] m. 42:

m. 42에서 '가사 제3단' D-B♭음에 *"To-"*와 장식음 G-A와 함께 G음에 *"-sca"*는 '가사 제1단'의 음절 배치와 일치한다.

이에 반해 '가사 제2단'에서는 D음에 "토-", B♭음에 "-스-", 장식음 G-A와 G음에 "-카"를 배치함으로써 원어 배치와 다른 것은 물론 "-스"를 고음 B♭에서 노래한다는 너무도 부자연스럽고 음향학적으로도 어긋난 잘못을 저지르고 있다.

이상에서 간단하게나마 살펴본 것처럼 '가사 제1단'과 '가사 제2단'을 어찌 같은 사람이 번역한 것이라고 믿어지겠는가!

노래 가사 번역이란 단지 의미전달에 그치는 것이 아니다. 선율구조에 따른 문리적 음향 법칙과 연계된 음절 발음의 음(音) 높낮이와 단어를 구성하고 있는 각각의 음절의 구조적 강박과 약박 위치, 그리고 음절 수에 의해 발생되는 리듬 등 고려해야만 할 수많은 사항과 조건들을 정확하고 올바르게 조정하면서 그 의미를 아름답게 표현하여야만 하는 것이다.

앞서 언급한 바와 같이 복사기도 없던 시절 한 사람이 베껴 쓴 사본을 다음 사람이, 그리고 또 그다음 사람이 베끼다 보니 세월이 지나면서 이같이 믿기 힘든 결과를 초래했다고 추측된다. 뿐만 아니라 "오페라 역사본(譯詞本)"에서 제시한 바와 같이 청중의 이해를 돕기 위해 1938년 *La Traviata* ([B] #4)와 1950년 *Carmen* ([B] #5) 프로그램에 이인선 선생이 번역한 가사 부분만 악보 없이 실린 것을 훗날 음악에 문외한 사람들이 이

들 악보를 편집하면서 아무런 음악적 고려 없이 가사의 해당 음(音)이 하나
이든 둘이든 그저 글자순서대로 마구잡이식으로 악보에 나열함으로써 벌어
진 결과일 것으로도 추정된다.

이 같은 오류를 찾아내서 고치고 교정해서 바르게 출판함으로써 저자
또는 역자의 역작을 보존하고 지키는 것이 그러나 출판사에서 할 몫이라고
굳게 믿는다. 이들을 출판해서 수익을 얻는 입장에서는 더욱더 그러하다.

수익이라는 말이 나왔으니 말이지만 그동안 이인선 선생이 그 어려운
시기에 역사(譯詞)한 4개의 오페라 즉, *La Traviata*, *Carmen*, *Tosca*,
*Madame Butterfly*를 역자는 물론 그 유족들로부터도 어떤 동의도 없이 출
판한 출판사는 2014년까지 이 4 작품을 총 20쇄 하였음에도 불구하고 로
열티(royalty) 단 한 푼을 지불하지 않았다. 이런 불법이 공공연히 자행되는
나라에서 제2의 이인선이 다시 나올 수 있을까?

이 짧은 아리아(Aria) 한 곡에서도 이같이 수많은 그리고 심각한 오류가
발생한 것으로 미루어 짐작컨대 전체 작품을 통해 말로 다 할 수 없는 수
많은 오류들은 이인선이라는 명성 자체를 위협하고도 남음이 있다.

책임감 있는, 책임을 질 수 있는, 책임을 질 줄 아는 사회, 즉 선진국이
된다는 것은 결코 돈으로만 이루어 질 수 있는 것이 아니며 문화적 가치를
경제 논리를 떠나 지키고 보존할 수 있는 양심과 가치관, 그리고 열정이 절
대적으로 요구되는 것이다.

오류 없는 이인선 선생의 "토스카"를 볼 수 있는 그 날은 그러하기에 출판 그 이상의 의미를 우리 삶에 돌려주리라!

7. 세브란스 의과대학 교가

이인선(李寅善)

(1929년 지음)

오백년[五百年] 옛 도읍[都邑] 우리 한양성[漢陽城]에

온정[溫情]이 깊은 저 목멱산[木覓山, 서울 남산(南山)의 옛

이름]에 안기어

반석[盤石]에 세운 굳건한 우리 학교[學校]

영원[永遠] 무궁[無窮]히 그 이름 나타내도다.

우리 정신[精神]은 굳은 뼈에 겨누니

저 죽음과 싸우는 용맹[勇猛]스런 전사[戰士]로다.

피와 땀을 흘려 육[肉]과 영[靈]을 건져내니

반도강산[半島江山]에 새 생명[生命]이로다.

찾아라, 진리[眞理]를. 너의 사명[使命] 다하여.

만세[萬歲] 만세 우리 학교[學校] 억천만년[億千萬年]

만만세[萬萬歲].

* [ ]는 편집자(李如辰)가 첨가.

　세브란스 교가는 1926년 4월 10일 세브란스 동창회 정기총회 의결을 거쳐 1928년 공모되었다. 이인선(李寅善)은 1925년 연희전문학교 문과에 입학하였으나 2년 후 세브란스 의전에 다시 입학하여 1931년에 졸업하였다. 공모를 통해 1929년 당시 2학년에 재학 중이던 이인선이 쓴 가사가 선정되었으며 찬송가(합동찬송가 17장, 새찬송가 660장: "온 세계 만민 다 기쁜 찬미하라.")의 곡으로 쓰이던 구노(Gounod)의 곡을 붙여 연희와 합병

전까지 세브란스 의과대학 교가로 사용하였다.

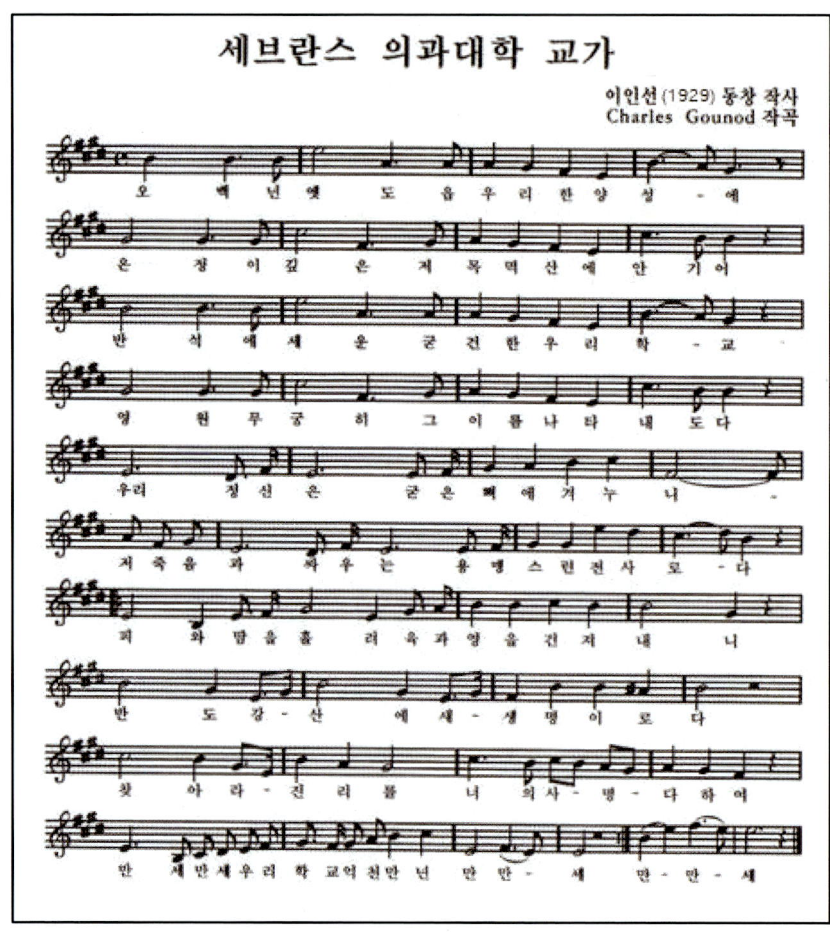

2004년 김경환 당시 세브란스 의대 학장께서 연대 도서관에서 발굴한 이인선 선생의 "세브란스 교가"는 〈연세음대 합창단〉과 〈연세음대 오케스트라〉에 의해 연주되어 그해 12월 CD로 제작되었다.

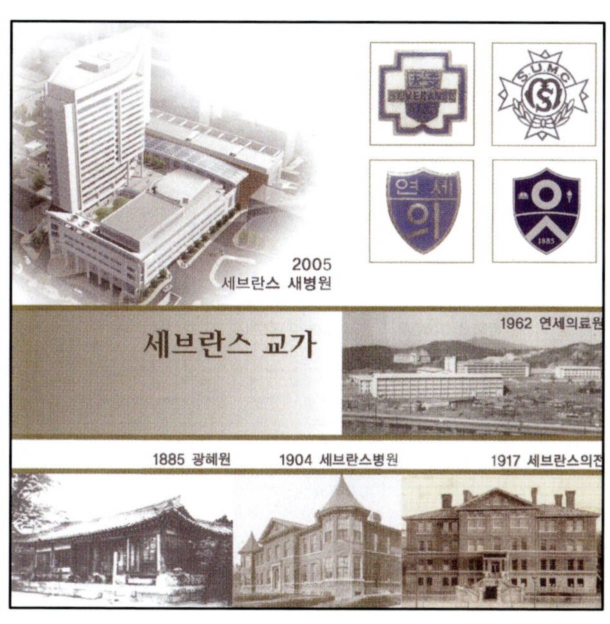

세브란스 의과대학 교가

오백년 옛 도읍 우리 한양성에
우정이 깊이 저 목멱산에 안기어
반석에 세워 튼튼한 우리 학교
영원무궁히 그 이름 나타내도다
우리 정신은 굳의 뼈에 겨누니
저 죽음과 싸우며 용맹스런 전사로다
피와 땀을 흘려 육과 영을 건져내니
반도 강산에 새 생명이로다
찾으라 진리를 너의 사명 다하여
만세 만세 우리 학교 의과 만만세

일천구백이십구년 이인선 동창이 지은 세브란스 의과대학
교가를 이천이년 칠월에 소헌 정도준 쓰다

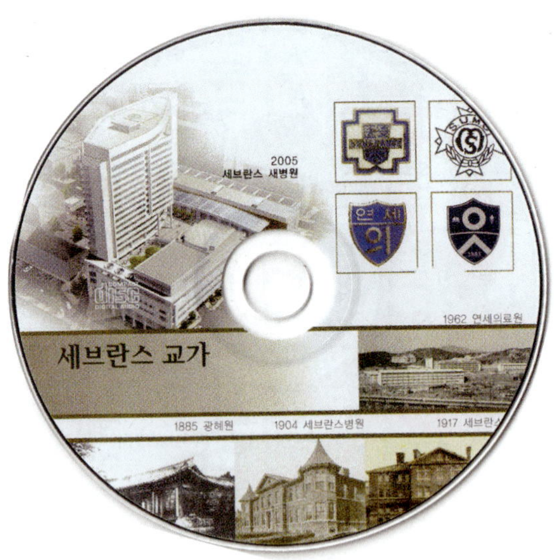

2005
세브란스 새병원
세브란스 교가
1962 연세의료원
1885 광혜원
1904 세브란스병원
1917 세브란스

세브란스 교가

1. 세브란스 교가 ································· 2:24
2. 연세대학교 교가 ····························· 2:03
3. 연세찬가 ···································· 1:19
4. 응원가 ····································· 1:02
5. 애국가 합창 ································· 3:26
6. 애국가 오케스트라 연주 ···················· 1:17

Total 11:44

세브란스 교가
작 사: 이인선(1931년 세브란스 의전 졸업) | 1929년
작 곡: Charles Gounod
편 곡: 이성환
녹 음: 2004년 12월 17일 연세음대 윤주용홀 박윤호
합 창: 연세음대 합창단
오케스트라: 연세음대 오케스트라
지 휘: 연세음대 최승한 교수

연세대학교 교가, 연세찬가 및 응원가
녹 음: 1978년
Remastering: 박윤호

제 작: 뮤직빌리지
디자인: 김경환, 이소영

서예대가 소헌 정도준(紹軒 鄭道準) 선생이 쓴 세브란스 교가는 현재 세 브란스 의과대학 본관에 걸려있다.

8. 이인선 독창회

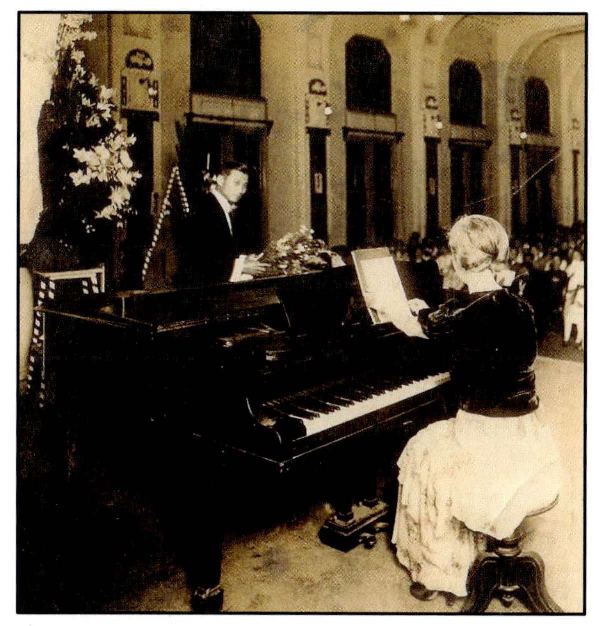

8.1 귀국 독창회

일시: 1937년 5월 20일

장소: 서울 부민관 (현 서울시 의사당)

　　1937년 이인선 선생 귀국 독창회 프로그램을 위시하여 1939년 평양 백선행(白善行) 기념관 독창회와 북경 독창회, 그리고 1950년 하와이에서의 독창회 프로그램 등은 안타깝게도 소실되어 그 정확한 내용을 알 수 없다.

1937년 이인선 선생 귀국 독창회 프로그램은 당시 조선일보(1937. 5.20.)에 실린 기사(참조: p. 1105) 중에 있는 프로그램 내용을 제시한다.

* [ ]는 편집자(李如辰)가 첨가.

- 프로그램 -

1. A. 理想[이상, *Ideale*] : 토스티[Tosti]
   B. 歌劇[가극] 루이사 밀러[*Luisa Miller*] : 베르디[Verdi], 아리아 「고요한 저녁에」

2. A. 적은 입[작은 입술, *'A Vucchella*] : 토스티[Tosti]
   B. 세빌냐-나[*Sevillana*] : 롱가스[Longas]
   C. 도라[돌아] 오라 내 딸아![*Torna, Piccina*] : 빅씨오[Bixio]

3. A. 무무 : 벨리니[Bellini]
   B. 마레키아레[*Marechiare*] : 토스티[Tosti]

休息[휴식]

4. A. 五月[5월]의 세레나타[*Serenata di Maggio*] : 리쟝디[리치아르디, Ricciardi]
   B. 홋따 : 데팔나
   C. 歌劇[가극] 미뇬[미뇽, *Mignon*] : 토마[Thomas], 로만사 「아 너 밋지 안나[믿지 않나]」

5. A. 카티나[*Catina*] : 스키파[Schipa]
   B. 안달누-사의 노래 : 힐나시오스

1092 절대음악 혼자 간다

8.2 S. LEE, YOUNG SENSATIONAL TENOR IN VOCAL RECITAL

新歸朝·第一回 李星[이인선 예명] 독창회

일시: 1937년 6월 7일

장소: 동경 히비야(日比谷) 공회당

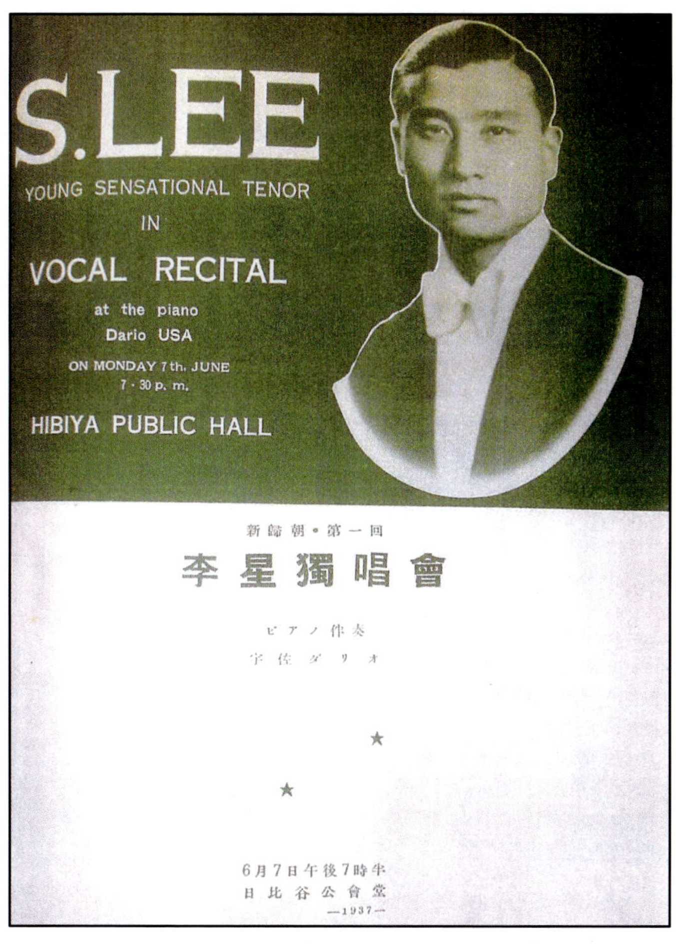

Programma

1. (a) Ideale ···P. Tosti

   (b) Luisa Miller ···G. Verdi
          Aria-"Quando le sere al placido"

2. (a) Serenata di maggio ···V. Ricciardi

   (b) Fa la nana bambin ···G. Sadero

   (c) Marechiare ···P. Tosti

3. (a) Catina ···T. Schipa

   (b) Mignon ··A. Thomas
         Romanza- "Ah! non credevi tu"

———— Intervallo ————

4. (a) 'A Vucchella ··P. Tosti

   (b) Mu–Mu ···R. Bellini

5. (a) L'Elisir d'amore ···G. Donizetti
         Romanza- "Una furtiva lagrima"

6. (a) Sevillana ···F. Longas

   (b) Cancion Andaluza ···C. Palacios

Accompanimento del pianoforte
dal
Sig. Dario Usa

プ ロ グ ラ ム

1. (a) 理　　　想 ……………………………………… トスティ
   (b) 歌劇「ルイザ・ミルラ」……………………… ヴェルデイ
     アリア "靜かな夕に"

2. (a) 五月のセレナータ ……………………………… リツチヤルデイ
   (b) イストリアの子守歌 …………………………… サ デ ロ
     "ねんねゝよ坊やよ"
   (c) マレキアーレ ………………………………… トスティ

3. (a) カテイナ ………………………………………… スキーパ
   (b) 歌劇「ミニヨン」……………………………… トーマ
     ロマンス "あゝ! 汝信ぜざりしや"

―― 休　　憩 ――

4. (a) 小さな唇 ………………………………………… トスティ
   (b) ム　―　ム …………………………………… ベルリーニ

5. (a) 歌劇「媚藥」…………………………………… ドニゼツテイ
     ロマンス "人知れぬ涙が"

6. (a) セヴイリアの女 ………………………………… ロンガス
   (b) アンダルーサの歌 ……………………………… パラシオス

ピアノ伴奏
宇 佐 ダリオ

8.3 테너 이인선 독창회

일시: 1946년 4월 21일

장소: 배재중학 음악당

주최: 조선오페라협회

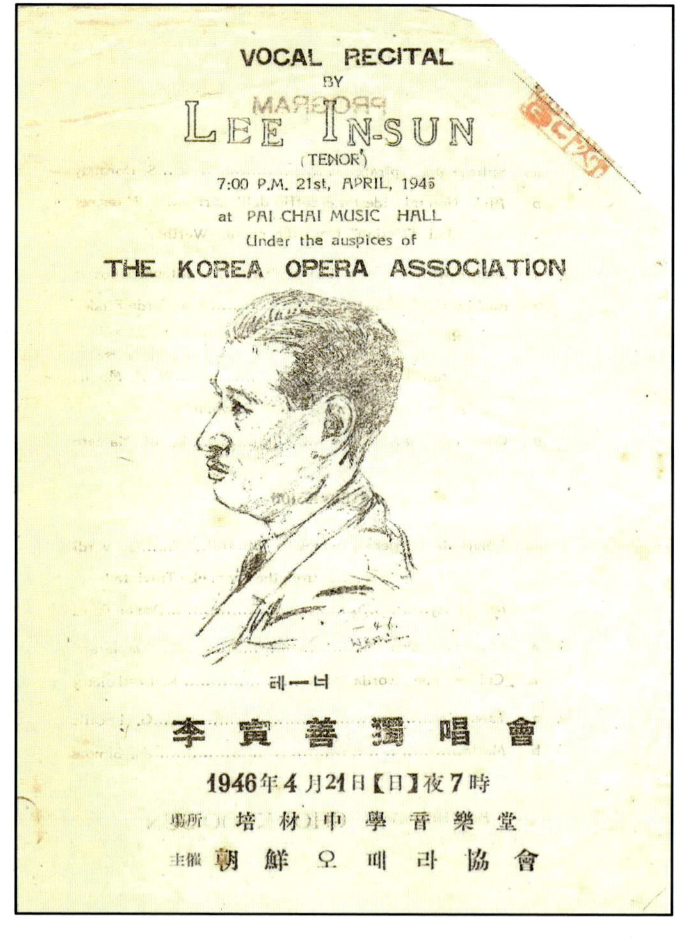

PROGRAM

1. a) Spirate pur, spirate....................................S. Donaudy

   b) Ah ! Non mi ridestar,o soffio dell' April......G. Massenet

   "Lied d'Ossian" from the opera "Werther"

2. a) Jeanie with the light brown hair...........Stephen Foster

   b) Kashimiri Song.................................Woodforde-Finden

   "Pale hands I loved"

3. a) Il mio tesoro intanto.........................W. A. Mozart

   Aria-from the opera "Don Giovanni"

   b) Cara mamma.......................................E. di Nazzaro

--INTERMISSION--

4. a) Lunge da lei perme non v'ha diletto!...........G. Verdi

   Recitative and Aria-from the opera "La Traviata"

   b) Ay-Ay-Ay...Osman Perez

5. a) Piscatore 'e Pusilleco ....E. Tagliaferri

   b) Chi se nne scorda cchiu !....................R. Barthelemy

6. a) Amapola ....G. Lacalle

   b) Marta...M. Simons

AT THE PIANO CHOI KYOO-SUN

曲　　順

1. 가) 불어라, 불어 ···또 나 ― 우 듸
   나) 아, 四月의 숨결아, 날 다시 깨우지마라 ······마 스 네 ―
   　　歌劇 『베르테르』 中에서 "『옷시안』의 노래"

2. 가) 軟褐色머리의 『쩨니』·····································포 ― 스 터
   나) 『캐쉬미어』의 노래···우 ― 드포 ― 드
   　　"내가 사랑허던 흰손"

3. 가) 그동안 내사랑을···모 ― 차르트
   　　歌劇 『돈・쬬반니』 中의 詠嘆調
   나) 사랑하는 어머니···나 짝 ― 로

―休　　　憩―

4. 가) 그를 떠나서는 내게 기쁨이 없노라··········배 르 듸
   　　歌劇 『라・트라비아 ― 타』 中의 朗詠及詠嘆調
   나) 아이, 아이, 아이··폐 ― 레 스

5. 가) 『푸실레크』의 漁夫·······································탈리아페 ― 리
   나) 누가 그것을 잊을소냐! ······························빠르텔레미

6. 가) 아마폴 ― 라··라 칼 ― 리 에
   나) 마 ― 르 타··쎄 ― 몬 스

피아노伴奏　崔　圭　嬋

8.4 LEE INSUN VOCAL RECITAL
[李寅善 獨唱會]

일시: 1950년 4월 5일

장소: 동경 히비야(日比谷) 공회당

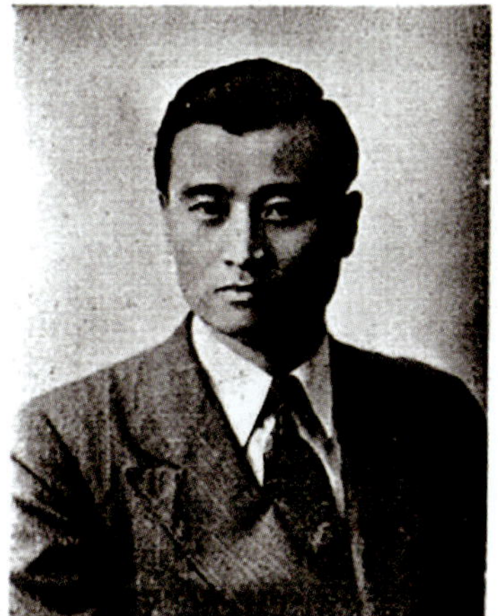

1934年―1937年伊太利とナポリに留學してアルー
レ・グドシェワチ・イリアノフナノダ等の謌父
エミリオ・ピツヲリ・スキツパの病氏に就いて
聲樂とオペラを專攻す。
1937年夏に歸國して國內各地にて獨唱會を開催
し又東京日比谷公會堂に於いても獨唱會を開催
して好評を博す。
1946年より韓國の音樂文化向上の爲オペラ運動
を起し多數のオペラの飜譯するかたわら直接自
身の獨指揮と指段の下に1948年1月にヴェルデ
イの椿姬1950年1月にビゼーのカルメンを上演
して滿場の絕讚を博す今般ニューヨーク市の招
請を受け渡米する途中ホノルル・サンフランシ
スコ・ロスアンゼルス等の各地にて獨唱會を開
くことになつてゐるが有志の發護と主催下に東
京に於いても獨唱會を開催することになつた。

Management

TAKAHASHI MUSIC OFFICE

No. 2, 6—Chome, Nishi Ginza Chuo-ku. Tokyo

1950 — 04 — 004

李 寅 善 獨 唱 會

PROGRAM

1 a) Liebestraum .... LISZT

  b) Musica Proibita .... GASTALDON

2 a) Don Giovanni "Il mio tesoro intanto" .... MOZART

  b) Mon Gentil Pierrot .... LEONCANALLO

3 La Gioconda "Cielo e mar" .... PONCHIELLI

—— intermission

4 a) Four-leaf Clover .... BROWNELL

  c) For you alone .... GEEHL

5 Carmen "Il flor che avevia me tu dato" .... BIZET

—— intermission

6 Two Korean Songs

      a) BONGSUNWHA .... R. P. HONG

      b) KAGOPA .... T. S. KIM

7 Werther "Chant d'Ossian" .... MASSENET

8 a) Princesita .... PADILLA

  b) Marta .... SIMONS

高 田 信 一　　主 催 **韓 國 居 留 民 團**
　　　　　　　　後 援 **韓 國 駐 日 代 表 團**

曲　　目

1　a)　愛　の　夢 ……………………………………………… リ　ス　ト

　　b)　禁ぜられた音樂 ………………………………………… ガ ス タ ル ド ン

2　a)　オペラ「ドン・ジョバンニ」より "われに語らえ" ……………… モ ツ ア ル ト

　　b)　愛するピエロよ ………………………………………… レ オ ン タ ヴ ア ロ

3　　　オペラ「ジョコンダ」より "空と海" ……………………… ポ ン キ エ リ

―――― 休　　憩 ――――

4　a)　四つ葉のクローバー …………………………………… ノ ラ ウ ネ ル

　　b)　唯君が爲に ……………………………………………… ゲ ー ル

5　　　オペラ「カルメン」より "花の歌" …………………………… ビ ゼ ー

―――― 休　　憩 ――――

6　韓 國 の 歌 曲

　　　a)　鳳 仙 花 …………………………………………… 洪 蘭 坡

　　　b)　踊 り 度 い …………………………………………… 金 東 振

7　　　オペラ「ヴェルテル」より "オシアンの歌" ………………… マ ス ネ ー

8　　　スペインプリンセレータ ……………………………… バ デ イ リ ア

　　　マ ル タ ………………………………………………… シ モ ン ス

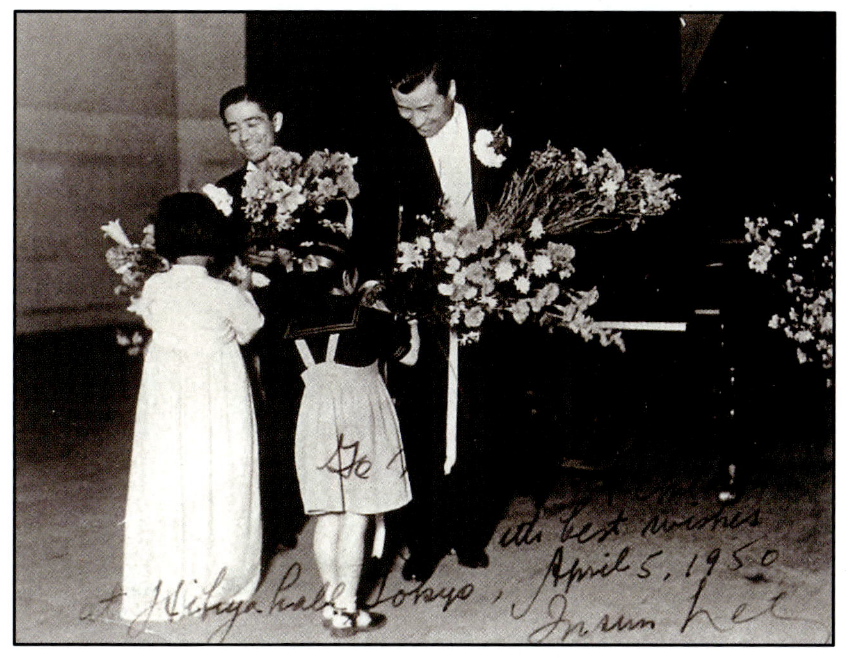

사진: [왼편]高田信一(타카다신이치), *pf.*; [오른편]이인선, *ten.*
동경 히비아(日比谷) 공회당 (1950. 4.5.)

이인선 선생은 한국에서 활동하는 동안 이태리 민요와 오페라를 중심으로 노래했지 한국 노래를 부른 적은 없었다. 그럼에도 불구하고 1950년 4월 5일 일본 히비야 공회당에서의 독창회에서는 특별히 한국 가곡을 첨가했던 것이다.

광복 된지 5년, 대한민국 정부 수립된지 불과 2년, 아직 한일관계가 어렵던 시기에 일본의 심장부인 동경에서의 독창회에서 일제에 대한 항쟁곡(抗爭曲)과도 같이 여겨졌던 "봉선화"와 마치 강제 징용되어 일본으로 끌려가 애달피 고향을 그리는 듯한 내용의 "가고파"를 일본인들 앞에서 대담하게 부른 것은 그의 깊은 애국심의 표출이었다고 사료(思料)된다.

The Korean Pacific Weekly(태평양 주보 기사, 1950. 5.18.)에 따르면 이날 독창회에 3,000여 명의 관객이 모여 열렬한 환영을 했다고 한다. 하지만 정치적으로 한일관계가 원활하지 못했던 시절에 보란 듯이 이 같은 내용의 한국 노래를 불렀으니 1937년 동일한 장소인 동경 히비아 공회당에서의 제1회 독창회 때 받은 "동양의 제1인자"라는 높은 평가와는 달리 일본의 주요신문 어디에서도 이날 독창회에 대한 기사는 찾아볼 수 없었다.

이인선(李寅善) 선생 독창회에 대한 기사는 서울과 평양을 중심으로 국내에서는 물론 당시로서는 극히 예외적으로 동경과 베이징, 칭다오 그리고 하와이 등지의 해외에서도 보도 되었다.

많은 기사들 중에서 1937년 5월 20일 "이인선 귀국 독창회"와 관련된 「조선일보」 기사를 특별히 여기에 명시하는 이유는 이인선 선생이 이탈리아 유학 시절 사사 받은 은사들이 직접 이인선 선생을 평가한 내용이 실렸기 때문이다.

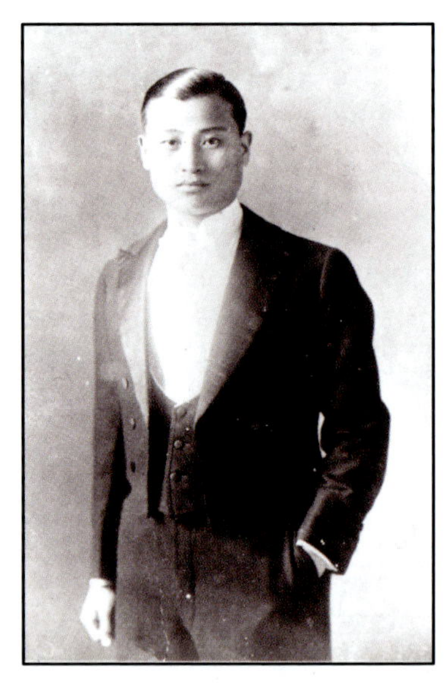

사진: 1937년 귀국 당시로 추정

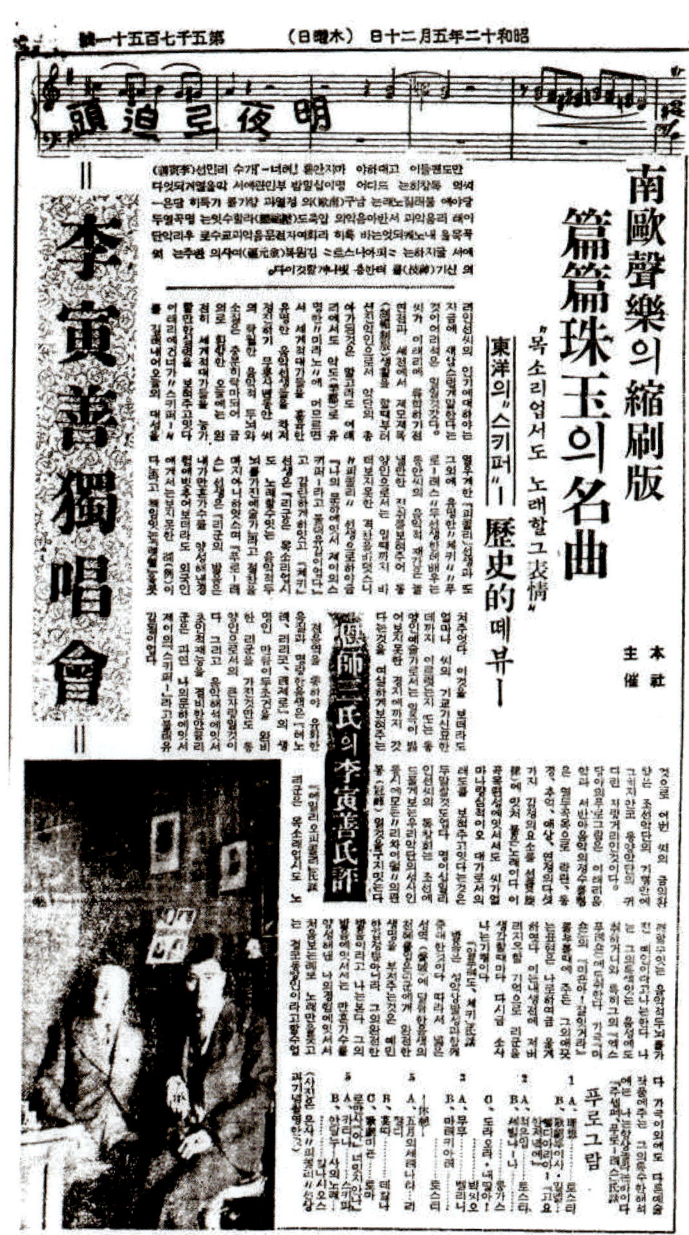

第五千七百五十一號　（木曜日）　昭和十二年五月二十八日

明夜로迫頭

南歐聲樂의 縮刷版
篇篇珠玉의 名曲
"목소리 업서도 노래할그表情"
東洋의 "스키퍼"─ 歷史的 떼뷰─

本社
主催

恩師二氏의 李寅善氏評

李寅善 獨唱會

南歐聖樂[남구성악, 즉 남구라파의 종교음악]의 縮刷版[축쇄판, 즉 축소판]
篇篇珠玉[편편주옥, 즉 노래마다 구슬과 옥]의 名曲[명곡]
목소리 업서도[없어도] 노래할 그 表情[표정]
東洋[동양]의 “스키퍼”[스키파, Schipa] 歷史的[역사적] 떼뷰[데뷔]*

* ([ ]는 편집자(李如辰)가 첨가.)

만도[滿都, 즉 온 도시] 팬들이 고대하야[여] 마지[맞이] 안튼[않던] 「테너」 가수 리[이]인선(李寅善) 씨의 독창회는 드디어 명 이십일 밤 부민관에서 막을 열게 되엇[었]다. 당야[當夜, 즉 그날 밤]에 불러질 노래는 남구(南歐, 즉 유럽 남부)의 열정과 향기를 가득히 담은 이태리[이탈리아] 음악과 서반아[에스파뇰] 음악의 압축도(壓縮圖)라 할 수 잇[있]는 명곡 열두 곡목을 내노케[내 놓게] 되엇[었]는바 특히 리화[이화]여자전문 음악과 교수로 우리 악단에서 굴지하는 “피아니스트” 김원복(金元福) 여사의 반주는 씨의 신기(神技, 즉 매우 뛰어난 재주)를 더 한층 빗[빛]나게 할 것이다.

==

리[이]인선 씨의 인기에 대하야[여]는 지금에 새삼스럽게 말한다는 것이 어리석은 일일 것 갓[같]다. 씨가 이태리[이탈리아]에 류학[유학]하기 전 연전[연희전문대학]과 세전[세브란스전문대]에서 제모제복(制帽制服)[제정된 모자와 복장, 즉 학생을 뜻함] 생활을 할 때부터 선진[先進, 즉 앞서고 진보적] 악인[樂人, 즉 음악인]으로서 악단의 총아[寵兒, 즉 특별한 사랑을 받는 사람]가 된 것은 말고라도 이태리[이탈리아]에서도 악도(樂都, 즉 음악의 도시)로 유명한 "미라노"[밀라노]에 머므[무]르면서 세계적 대가들을 훈육[訓育, 즉 길러냄]한 유명한 음악선생들을 차저[찾아] 정진하기 무릇 사년 동안 씨의 탁월한 음악적 두뇌와 소질은 충분히 탁마[琢磨, 즉 갈고 닦음]되어 금의[錦衣, 비단옷, 즉 출세했다는 의미]로 환향[還鄕, 즉 고향에 돌아옴]한 오늘에는 완전히 세계적 대가들을 능가할만한 실력을 보혀[여] 주고 잇[있]다. 이태리[이탈리아]에 건너가 "스키퍼"[스키파, Schipa]를 길 러내어 오늘의 대성을 일우게한[이루게 한] 「피콜리」[Piccoli] 선생과 또 그 외에 유명한 "체키"[Cecchi], "푸로-레스"[Florez] 두 선생한테 배우는 동안 씨의 음악적 재간은 놀랠[랄]만한 진취[進取, 즉 적극적으로 일을 이 룩함]를 보혀[여]주어 동양인으로서는 입때까지[이때까지] 바더[받아] 보 지 못한 격찬을 바덧스니[받았으니] "피콜리"[Piccoli] 선생으로 하야[여] 금 ["] 「나의 문하에 잇[있]서 제 이[2]의 스키퍼[Schipa]라고 불러 유감 이 업[없]다.["] 고 감탄하게 하얏[였]고 「체키」 선생은 「리[이] 군은 목소 리 업시도[없어도] 노래할 수 잇[있]는 음악적 두뇌를 가진 예술가」 라고 절찬을 마지 아니 하엿스며[하였으며] "푸로-레스"[Florez] 선생은 리[이] 군의 발음은 내가 만흔[많은] 가수를 양성해낸 경험에 빗추어[비추어] 보 더라도 외국인에게서는 보지 못한 레[예] (例)이다」 라고 책임 잇[있]는 「렛헬」[라벨, 즉 label]을 붓쳐[붙여] 주엇[었]다. 이것을 보더라도 얼마 나 씨의 기교가 신묘[神妙, 즉 신기하고 영묘함] 한데까지 이르럿[렀]는지 또는 동양인 예술가로서는 일즉이[일찍이] 밟아 보지 못한 경지에까지 갓 [갔]다는 것을 여실하게 보혀[여]주는 것으로 이번 씨의 금의환향[錦衣還 鄕]은 조선악단의 기쁨 만에 그치지 안코[않고] 동양악단의 커다란 자랑거 리인 것이다.

당야[當夜, 즉 오늘 밤]의 푸로그람[프로그램]은 이태리[이탈리아] 음악과 서반아[에스파뇰] 음악의 정수를 뽑은 열두 곡목으로 락관[낙관], 동경, 추억, 애상, 연정의 다섯 가지 감정의 요소를 선율(旋律)에 맞처[맞추어] 불은 노래이다. 이 곡목 편성에 잇서서도[있어서도] 씨가 얼마나 량심[양심]적이오[요] 대가로서의 태도를 보혀[여]주고 잇[있]다는 것은 두말 할 것도 업[없]다. 명[明日, 즉 내일] 이십일 리인선 씨의 독창회는 조선에 드물게 보는 우리 악단의 성사인 동시에 모든 "리싸이털"[리사이틀]의 관봉(冠峰)[즉, 으뜸가는 봉우리]일 것을 구지[굳이] 밋[믿]는다.

恩師[은사] 三氏[3씨]의 李寅善 氏 評[이인선 씨 평]

전 음역을 통하야[여] 유화한 음질과 명랑한 음색은 「태노레, 리리코[*tenore lirico*], 레제로[*tenore leggiero*]」의 생명인 만큼 이 두 조건을 완비한 리[이] 군을 가진 것만도 동양인으로서의 큰 자랑일 것이다. 그리고 음악해석에 잇서[있어서] 초인적 재능을 겸비한 만큼 리[이] 군은 과연 나의 문하에 잇서[있어서] 제 이[2]의 「스키퍼」[Schipa]라고 불러 유감 됨이 업[없]다.

「에밀리오 피콜리」[Emilio Piccoli] 氏[씨] 談[담]

리[이] 군은 목소래[리] 업시도[없어도] 노래할 수 잇[있]는 음악적 두뇌를 가진 예인[藝人, 즉 예술인]이라고 나는 한다. 나는 그의 특색 잇[있]는 음성에도 취하거니와 특히 그의 「엑스푸레숀」[익스프레션(expression), 즉 표현]에도 취한다. 가극 「미숀」의 「미숀아! 잘 잇[있]거라」[앙브루이즈 토마(Ambroise Thomas)의 오페라 "미뇽"(*Mignon*)에서 빌헬름(Wihelm)의 아리아, "잘 있거라 미뇽"(Adieu, Mignon!)을 잘못 표기한 것

으로 보인다.]를 부를 때에 주든[주던] 그의 애끗는[애끓는] 표현은 나로
하여금 울게 하엿[였]다. 이는 내 생전에 저버리지 못할 기억으로 리[이]
군을 생각할 때마다 다시금 소사[솟아]나는 기쁨이다.

「알푸레도 체키」[Alfredo Cecchi] 氏[씨] 談[담]

발음은 성악상 발성과 함께 중대한 것이다. 따라서 넓은 성역(聲域)에 달콤
한 음색의 천혜[天惠, 즉 하늘의 은혜]를 입은 리[이] 군에게 완전한 생명
을 부처[붙여] 주는 것은 예민한 감정뿐 아니라 그의 완전한 발음이라고
나는 본다. 그의 발음에 잇서서는[있어서는] 만흔[많은] 가수를 양성해낸
나의 경험에 잇서서[있어서] 처음 보는 례[예]로 노래만을 듯[듣]고는 결
코 동양인이라고 할 수 업[없]다. 가극 이외에도 다른 예술작품에 주는 그
의 특수한 해석에는 나는 항상 놀라는 바이다.

「주셉페 푸로-레스」[Giuseppe Florez] 氏[씨] 談[담]

[기사에 실린 프로그램 내용은 “8.1. 귀국 독창회”에서 인용(p. 1092)한 관
계로 여기에서는 생략함.]

(사진은 은사 “피콜리”[Piccoli] 선상[선생]과 기념 촬영한 것.)

추신:

　1937년 5월 20일 서울 부민관에서 열린 “이인선 귀국 독창회” 사진이
소실된 관계로 p. 1,091에 실린 사진은 출처가 불분명한 귀국 당시 개최된
여러 독창회 중 하나이다. 이 사진에 피아노 반주자는 1937년 5월 20일에

있은 "귀국 독창회" 당시 김원복(金元福, 1908~2002) 씨가 아닌 이 선생이 세브란스 학창시절 노래를 배웠던 치과 과장이었던 부츠 박사(Dr. James L. Boots)의 부인 플로렌스 부츠(Florence Schumacher Boots) 여사로 추정된다.

플로렌스 부츠 여사는 서양인으로는 처음으로 영어로 "한국악기 및 한국음악 개론"(*Korean Musical Instruments and an Introduction to Korean Music,* 1940)을 집필하여 세계에 우리 음악을 소개하였으며, 제임스 L. 부츠 박사는 세브란스 치과 건물 신축을 위한 기금모금을 위해 미국으로 건너가 10달러짜리 "돌 만개 팔기"라는 구호를 내걸고 모금 운동을 펼쳤는가 하면 "한국의 무기와 갑옷"(*Korean Weapons and Armor,* 1931)의 저자이다.

9. 이인선 선생 제자 발표회

제1회
이인선 문하생 발표회

일시: 1946년 11월 20일
장소: 배재중학강당
주최: 벨칸토회
후원: 조선오페라협회

前言(전언)　　　　　　　　　　李寅善(이인선)

深奧(심오)한 音樂藝術(음악예술)의 長途(장도, 즉 먼길)를 끝까지 走破(주파)해 보겠다는 자극(刺戟)을 엇게(얻게)하기 爲(위)하야[위하여] 또 낮서른 첫 코-스를 한번 試驗(시험)삼아 달려 보랴는[보라는] 練磨(연마)의 目的(목적)으로 여른(연) 것이 第一會 門下生 發表會(제1회 문하생 발표회)임니다(입니다).

決(결)코 完成(완성)되였다(되었다)거나 또는 자랑할만한 藝術(예술)을 披露(피로, 즉 일반에게 널리 알림)시키기 爲(위)한 發表會(발표회)가 아닌 즉 처음부터 가장 적은(작은) 期待(기대)로서 對(대)해 주시기 바랍니다.

指導(지도)라기보다도 서로 갖이[같이] 硏究(연구)하고 消日(소일)한지 이제 겨우 半年(반년)에 벌서(벌써) 發表會(발표회)를 가지게 함이 時期尙早(시기상조)요 붓그러운(부끄러운) 일이나 氣運(기운)껏 자라나려고 하는 우리 聖樂陣(성악진)의 健兒(건아)들을 激勵(격려)하시는 意味(의미)로서 많은 허물을 적게 責(책)하시고 長所(장소, 즉 장점)를 높이 稱揚(칭양, 즉 칭찬)해 주시면 저희에게 有力(유력)한 刺戟(자극)과 좋은 養分(양분)이 되어질줄 밋음니다(믿습니다).

[( )는 편집자(李如辰)가 첨가한 것이고, [ ]은 수정한 것임.]

This first vocal recital by my students is given with the idea of stimulating their desire to achieve perfection as well as to train them in the art of public performance. It is hoped that your expectations will be charitable.

Lee In-Sun, Instructor in voice

第 一 回

李 寅 善

門 下 生 發 表 會

日　時　　19 6, 1 1 月 20 日（水曜）下午 6,30
場　所　　培 材 中 學 講 堂
主　催　　벨、칸 토 會
後　援　　朝 鮮 오 페 라 協 會

VOCAL RECITAL

Given by

LEE IN-SUN and his PUPILS

6:30 P.M.

Wednesday, Nov. 20th, 1946

at PAI-CHAI AUDITORIUM

前　言　　　　　　　　　　　李　寅　善

深奧한　音樂藝術의　長途를 끝까지 走破해 보겠다는 衝動을 엇게하기爲하야 또 낯서른 첫 「코—스」를 한번 試驗삼아 달녀보랴는 鍊磨의 目的으로 여른것이 第一回 門下生發表會 임니다
決코 完成되였다거나 또는 자랑할만한 藝術을 披露시키기爲한 發表會가아닌즉 처음부터 가장 적은 期待로서 對해주시기 바람니다

第 一 部　PART I

1 韓　蘇　顯　
（테 너）
HAN SO-HYUN
(Tenor)
　A 내게平安을다시주소서 ……………………………로 스 티
　　Ridonami la calma ! …………………………… Tosti
　B 너 홀 노 ……………………………………카르티스
　　Tu sola……………………………… … Curt's

2 申　鉉　益　
（테 너）
SHIN HYUN-IK
(Tenor)
　A 불 밤 든 窓 …………………………………벨 니 니
　　Fenesta che lucivi ………… …… …Bellini
　B 어머니 무엇을 아시려하오? …………………누 틸 네
　　Mamma mia, che vo sape ? ………………Nutile

3 金　惠　卿　
（쏘푸래노）
KIM HE-KYUNG
(Soprano)
　A 不運한女人—歌劇「돈·카를로」中 …………베 르 디
　　Don fatale—from "Don Carlo" ……………Verdi
　B 無情한마음 ……………………………카르틸노
　　Core ngrato……… ： ………………Cardillo

4 金　有　善　
（테 너）
KIM YOO-SUN
(Tenor)
　A 아 마 릴 니 ………………………………카 치 니
　　Amarilli ……………………………… Caccini
　B 「푸실레코」의漁夫 ……………………탈녀아페리
　　Piscatore 'e Pusilleco ……………T gliaferri

5 史　相　弼　
（테 너）
SA SANG-PIL
(Tenor)
　A 꿈의갖이—歌劇「마르타」中…………………콜 노 토
　　M'appari tutt'amor—from "Martha"…………Flotow
　B 사랑이노래하오 ………………………탈녀아페리
　　Amore'canta ………………………Tagliaferri

6 二　唱　重　
DUET
「미카엘나」와「돈·호세」의二重唱—歌劇「카르멘」中…베 세
　　《나의어머님消息 어서말하여다오》
　　쏘푸라노 金 慈 璟（賛助） 테너 李 寅 善
　　Micaela and Don Jose's duet-from "Carmen"……… …… Bizet
　　"Parle moi de ma mere ! "
　　Soprauo KIM JA-KYUNG(gu st) Tenor LEE IN-SUN

休　　憩　　INTERMISSION

指導라기보다도 서로갖이 研究하며 消日한지 이제 겨우半年에 벌서 發表會를
가지게함이 時期尙무요 붓그러운일이나 氣運껏 자라나려고하는 우리 聲樂陣의 健
兒들을 激勵하시는 意味로서 많은허물을 적게 責하시고 長所를 높이稱揚해주시
면저희에게 有力한 刺戟과 좋은 養分이 되여질줄 밋음니다

第 二 部 PART Ⅱ

（테 너）
1 朴 勝 裕
PAK SEUNG YOO
（Tenor）

  A 이르럿도다―歌劇「메피스토페레」中 ········· 뽀 이 로
    Giunto―from ”Mefistofele” ············· Boito
  B 내말을傳해다오 ··········· 팔　　　보
    Dicitencello vuie ··············· Falvo

（테 너）
2 韓 景 鎭
HAN KYUNG-JIN
（Tenor）

  A 秘　　　密 ·············· 토 스 티
    Segreto ·················· Tosti
  B 사랑의노래 ··············· 삑 쎄 오
    La canzone dell'amore ··········· Bixio

（쏘푸라노）
3 李 今 鳳
LEE KEUM-BONG
（Soprano）

  A 거룩한女神이여―歌劇「노르마」中 ····· 벨 니 니
    Casta Diva from ”Norma” ··········· Bellini
  B 百 合 花 ··············· 오스카르
    Liliom szal ················ Oszkar

（테 너）
4 金 永 純
KIM YUNG-SOON
（Tenor）

  A 고 흔 눈 ··············· 쩬　　짜
    Occhi di fata ················ Denza
  B 最後의노래 ··············· 토 스 티
    Lultima　Canzone ············· Tosti

5 男 性 合 唱
（테너獨唱付）

  武士들의合唱과「에드가르도」의詠嘆
  ‖可憐한女子로다‖―歌劇「루치아」中 ········· 도니제리

테너 **李 寅 善** 빠리톤 **玉 仁 讚**（賛助）

合唱 벨·칸토會員 指揮 **李 宥 善**（賛助）

MALE CHORUS
with
Tenor solo

Chorus of the Knights and Edgardo's lament
  “Oh meschina”―from “Lucia” ········· Donizetti

Tenor LEE IN-SUN Baritone OK IN-CHAN (guest)
Chorus MEMBERS of “BEL CANTO” GROUP
Conductor LEE YOO-SUN (guest)

피아노伴奏 **金 在 昌**　　At the piano KIM CHAI-CHANG
      金 基 宇　　　　　　　　　　KIM KI-WOO

This first vocal recital by my students is given with the idea of stimulating their desire to achieve perfection as well as to train them in the art of public performance. It is hoped that your expectations will be charitable.

Lee In-Sun
Instructor in voice

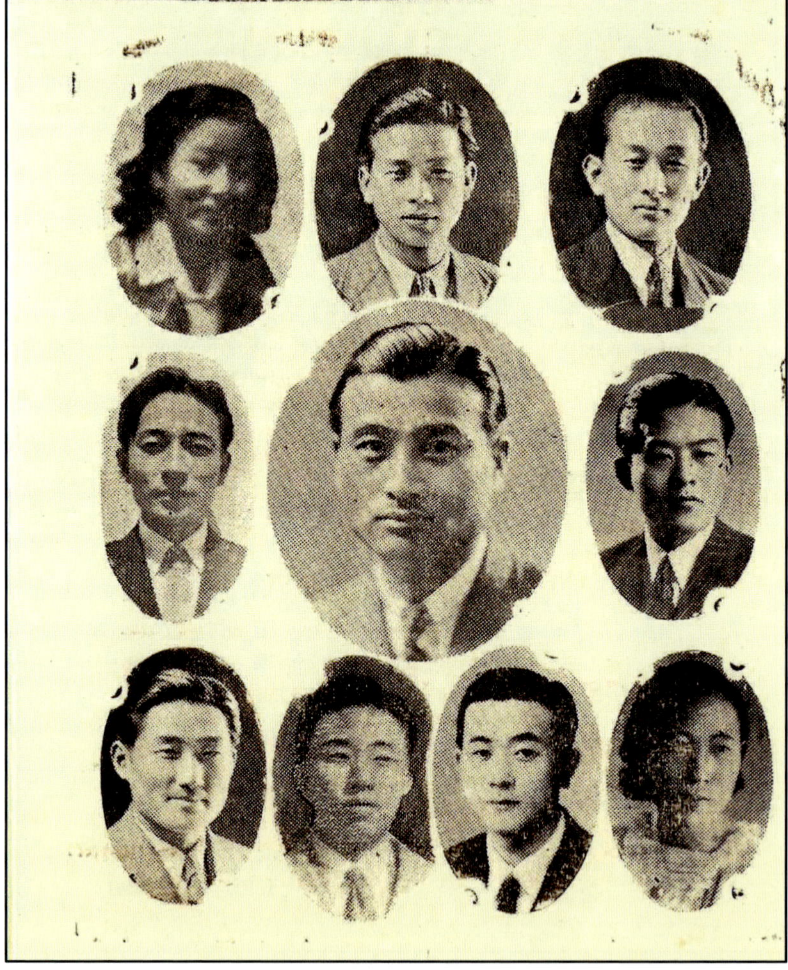

1990년 장영 교수가 기억하는 이인선 선생 문하생 명단은 다음과 같다.

권원한		김영춘		박세영		이남철		조경
기장환	재미	김유선		박승유		이우근	재미	조준호
김교진		김을용	재캐나다	박우종		**이유선**(이인선의 동생과 同名異人)		지철영
김기령		김자경		백석두	재미	**이해경**(조선왕조의 옹주)	재미	차정순
김복희		김장환	재미	사상필		이현수	재미	최길호
김상복		김학상		송진혁		임진우		최무룡
김석순	재미	김혜경		신현익		장순창	재미	최창호
김순용		김혜로		안형일		장영		한경진
김순임		김호성		이규순		전진택		한명자
김신환		노경환		이금봉		정애경	재미	한소현
김영순	재일	노현숙	재미	이남수		정영애	재미	홍진표

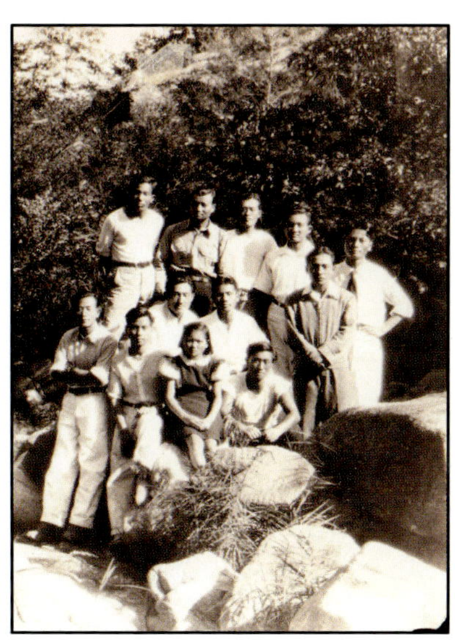

사진:

야유회에서 (1946년 경)
(뒷줄 왼쪽) 1. 김영순, 2. 이인선
(중간 왼쪽) 1. 박승유
(앞줄 왼쪽) 3. 작은누이 여경(如鏡)

10. 이인선(李寅善) 선생의
Bel canto(벨칸토) 발성법

이여진(李如辰)

이인선 선생은 '벨칸토' 발성에 관한 저서를 그의 의학전문 지식과 한국인으로서는 최초로 성악 공부를 위해 이탈리아에 유학(1934~37)하여 당대 최고의 테너 티토 스키파(Tito Schipa, 1888~1965)를 길러낸 에밀리오 픽콜리(Emilio Piccoli) 선생과 알프레도 첵키(Alfredo Cecchi, 1875~?) 선생에게서 사사 받으면서 연구한 벨칸토 발성, 발음, 창법 등이 융합된 내용으로 계획했던 것으로 보인다. 1940년 중반에 집필된 것으로 추정되는 필사본은 *"Il bel canto"*라는 제목하에 미완으로 남아있다.

따라서 다음은 필자(李如辰)가 이인선 선생이 남긴 부분적 자료와 선생의 여러 글을 통해 발성과 관련된 그의 생각을 추리(推理)한 것이다.

성악가로서의 성공 여부가 완전한 발성법을 습득하고, 못하는데 달렸다고 해도 과언이 아닐 만큼 성악도에게 발성은 시발점인 동시에 최종점인 것이다. 카루소(Caruso)의 "노래에는 첫째도 소리, 둘째도 소리, 셋째도 소리"라는 격언(格言)은 노래에 있어서의 발성의 중요성을 절실히 깨닫게 하는 것일 것이다.

이인선 선생의 글 "밀라노"(『필하아모니』 창간호(1949. 9.16.), 서울

교향악협회 출판부 (문성 인쇄소), pp. 36~39.)에서 언급한 바로는 과거 전통적 이탈리아 가수(歌手) 양성방법에 따른다면 소질을 가진 자로서 발성을 습득하는데 약 3년 내외의 시일이 요구된다고 한다. 발성이 바로 잡힐 때까지는 대개 매일(일요일과 축제일만 제외하고) 선생의 지도를 받는 고로 3년이면 적어도 900시간의 교습을 받게 된다는 계산이 나온다. 이것은 일주일에 한 번 레슨(lesson)을 받는 우리 실정으로는 15년이 소요되는 시간에 맞먹는 것이다. 그리고 또한 중요한 사실은 발성이 어느 정도 완성되기까지는 선생을 떠나서 학생 독자의 연습은 엄격히 금지한다는 것이다. 제대로 알지 못한 연습으로 오히려 나쁜 버릇을 미리 방지하기 위함이다.

이인선 선생은 그의 글에서
"내가 성악을 공부하는 동안 제일 감탄한 것은 이태리에서 명성을 날리고 있는 가수들의 진취심과 그 태도였다. 그들은 선생 앞에서는 명가수란 자존심도, 아무것도 없이 때때로 찾아와서 발성을 해보고 가는 것이다. 마치 피아노를 피아노 조율사에게 때때로 조율하는 것처럼 선생에게 와서 별 이상이나 없나 보고 가는 셈이다."(참조: "밀라노")라고 언급했을 만큼 발성은 성악가의 생명과도 같은 것이다.

나는 만4세 이전에 정식 무대(1946. 4.21.)에서 이태리 민요를 원어로 독창했으며 이인선 선생이 미국으로 떠나는, 내가 만7세까지 아버지 이인선 선생으로부터 직접 성악 지도를 받았다. 나는 무척 어린 나이였음에도 불구하고 아버지는 나를 아버지로부터 레슨 받는 어른 제자들과 똑같은 방식으로 훈련하셨다. 어떤 면에서는 일반 제자들 보다 더한 훈련이었던 것이 나는 매일 한 번이 아닌 아침과 오후 두 차례 발성 레슨을 받았다. 어린 나에게도 아버지는 엄격 그 자체이셨다.

  내가 기억하는 아버지의 '벨칸토' 발성법은
    첫째, 횡경막으로 최대한 길게 호흡할 것;
    둘째, 배에서부터 나오는 소리를 코의 윗부분과 이마 사이를 통해
       공명시킬 것;
    셋째, 각기 다른 발음에 따른 입과 혀 모양을 각각 분명히 할 것;
    넷째, 아랫배 외의 다른 모든 부위에서 힘을 뺄 것 등이었으나 그
밖의 많은 지적들이 이제 잊어진 것은 매우 아쉽다.

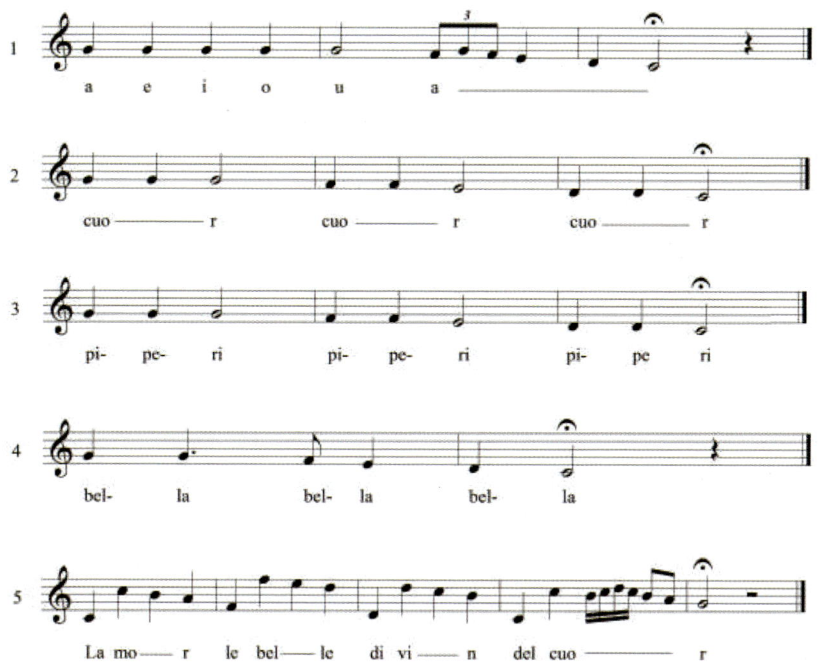

위의 악보는 다양한 많은 발성 실습 중에 기억나는 몇 가지를 추려본 것이다.

(1)은 모음만으로 구성된 것이고, (2)부터 (5)는 자음과 모음이 합쳐진 것이다. (1)에서 분명한 입 모양과 (2)~(5)에서 (1)에서의 입 모양과 더불어 혀의 정확한 위치에 대한 훈련이다. 예를 들어, 혀의 위치는 L의 경우 위쪽 앞니에 붙어야 하는 반면, R은 혀의 뒷부분에서 시작해서 혀끝을 살짝 굴려야 하는 분명한 차이의 훈련이다. 그리고 이 모든 서로 다른 발음을 위에서 지적한 '벨칸토' 발성법을 적용하여 가창하는 것이다. 물론 이 모든 예들은 반음계적으로 상행과 하행으로 연마된다.

이밖에도 수십 가지 다른 발성 연습들로 훈련을 받은 후에 음정 연습 및 호흡 연습을 위한 연습곡 ("콜위분겐"*(Chorubungen)*, "콘코네"*(Concone)*, "마르케지"*(Marchesi)*, 등)이 끝나면 그제야 이태리 가곡을 부르게 되는 순서로 진행되었다.

이인선 선생은 제자를 가르칠 때 그의 의학지식을 토대로 발성 기관의 해부를 도표로 만들어 벨칸토 발성의 원리를 강의하였다. 그는 연희전문학교 문과를 거쳐 세브란스 의전에 입학할 만큼 문학과 어학에도 남다른 재능을 보여 7개국어를 구사하였다. 이러한 지식은 그의 완벽한 딕션(diction, 참조: "이인선 애창곡집"에 일부 남아있는 '발음표'와 "발음과 창법")으로 이어져 외래어를 한글로 표기할 경우에도 그는 한글에 없는 발음, 예를 들어 R과 L은 각각 ㄹ과 ㄹㄹ, 그리고 V, F, Th는 각각 ㅂ°, ㅍ°, ㄷ°로, 또는 강한 발음과 약한 발음은 각각 큰 글자체와 작은 글자체로 표기하는 등 원어 발음과 일치하도록 최선을 하였다.

아래 그림은 이인선 선생이 미완으로 남긴 "벨칸토 발성법" 중 일부로 그가 얼마나 과학적으로 발성에 접근하려 했는지를 짐작케 한다.

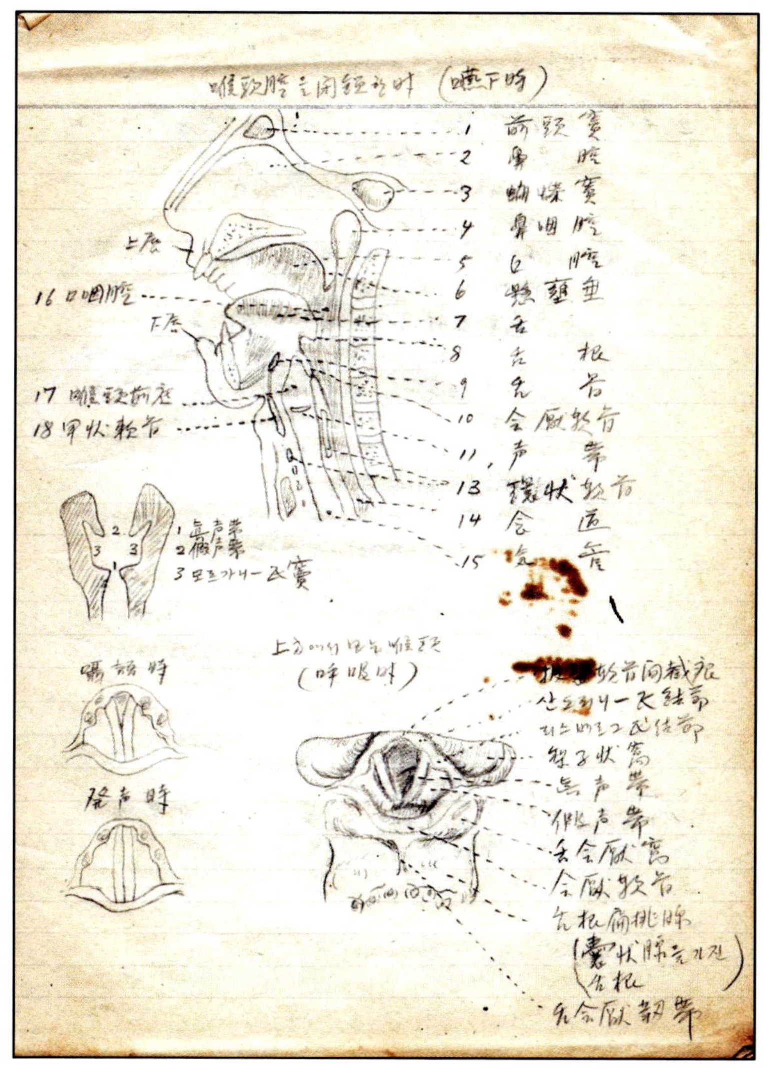

(喉頭腔[후두강]을 閉鎖[폐쇄]한 時[시] (嚥下時[연하시]))

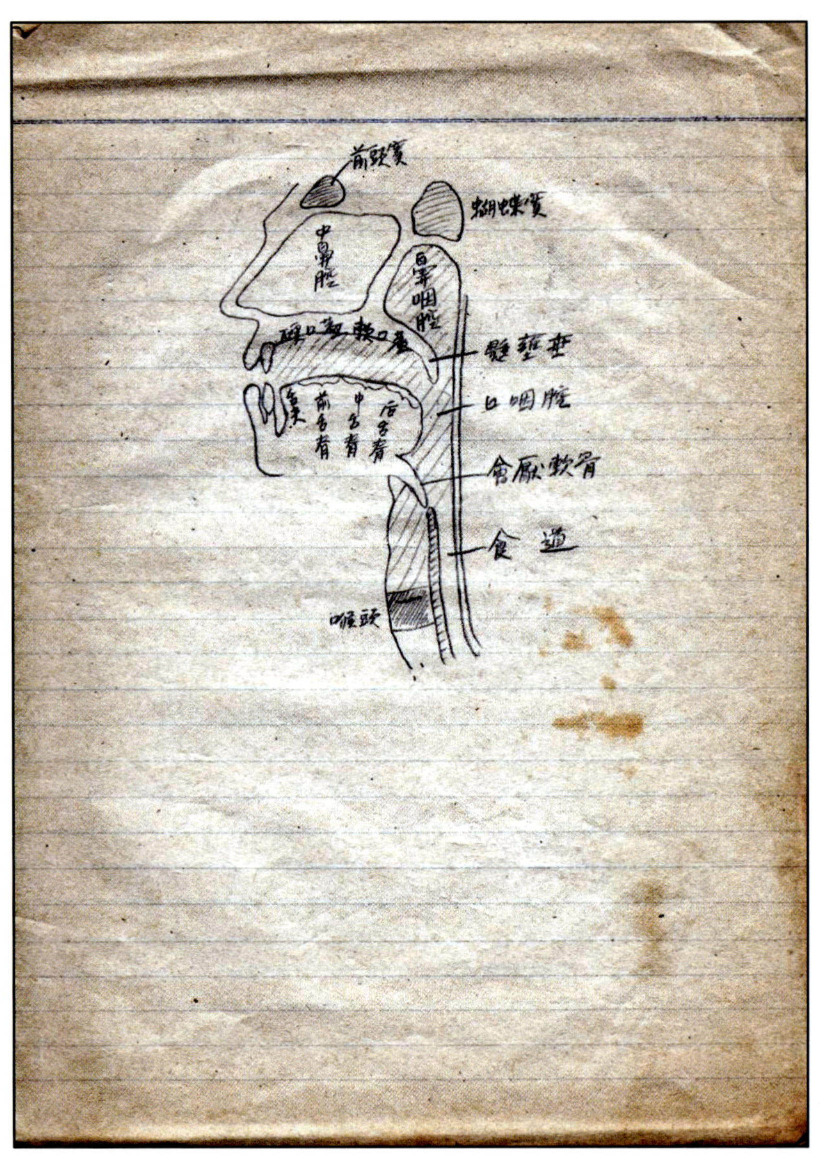

前蹄竇
蝴也樂質
中鼻腔
鼻咽腔
硬口蓋 軟口蓋
懸壅垂
口咽腔
舌
前舌背
中舌背
后舌背
會厭軟骨
食道
喉頭

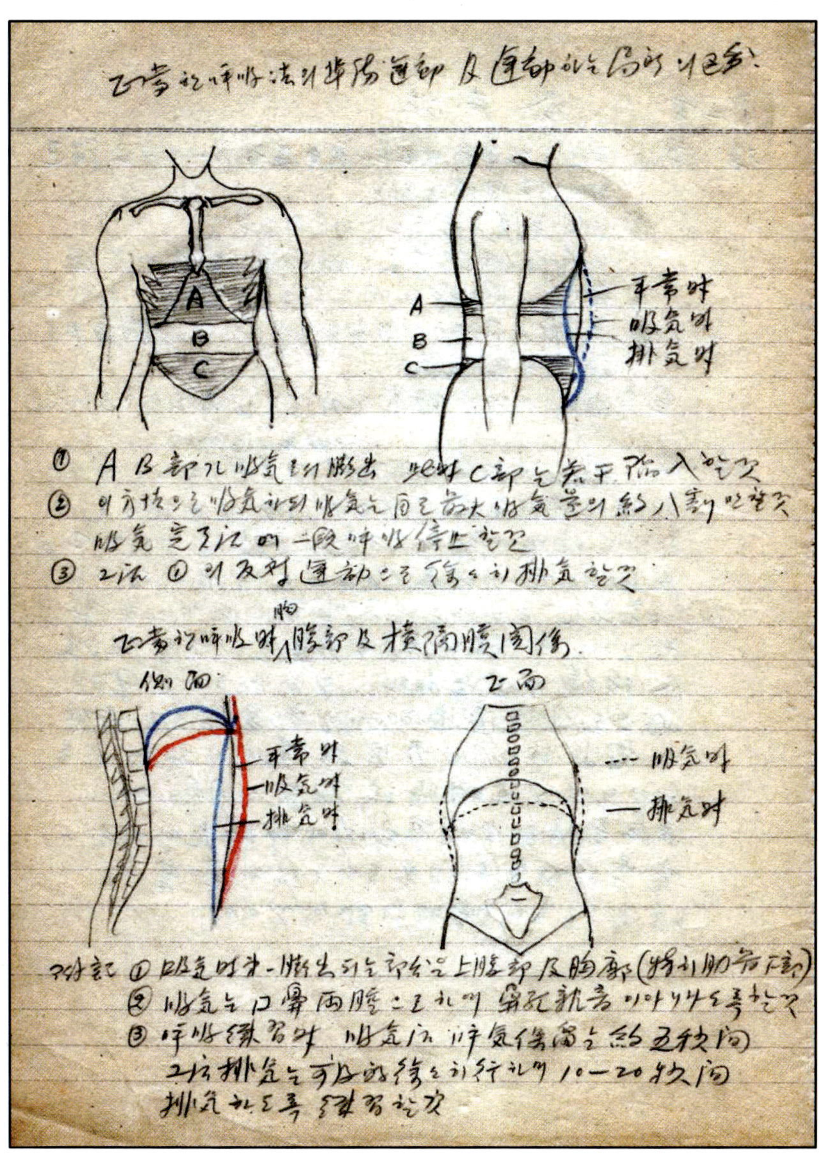

正常한 呼吸法의 準備運動 及 運動하는 局所 보조筋
A
B
C
平常時
吸気時
排気時
① A B 部가 吸気로 膨出 되나 C 部는 水平으로 入할것
② 이方法으로 吸気하되 吸気는 最大 吸気量의 約八割만 할것
吸気量으로 吓 一般 吸收 停止할것
③ 此法 ① 의 反對 運動으로 徐々히 排気할것
正常한 呼吸時 膛部 及 橫隔膜 位置
側面
乙面
平常時
吸気時
排気時
吸気時
排気時
附記 ① 吸気時에 膨出되는 部分은 上膛部 及 胸廓(特히 肋骨 下部)
② 吸気는 口 鼻 両膛으로 하며
③ 呼吸 練習時 吸気法 呼気法은 約 五秒間
排気는 행한 後에 行하며 一〇—二〇秒間

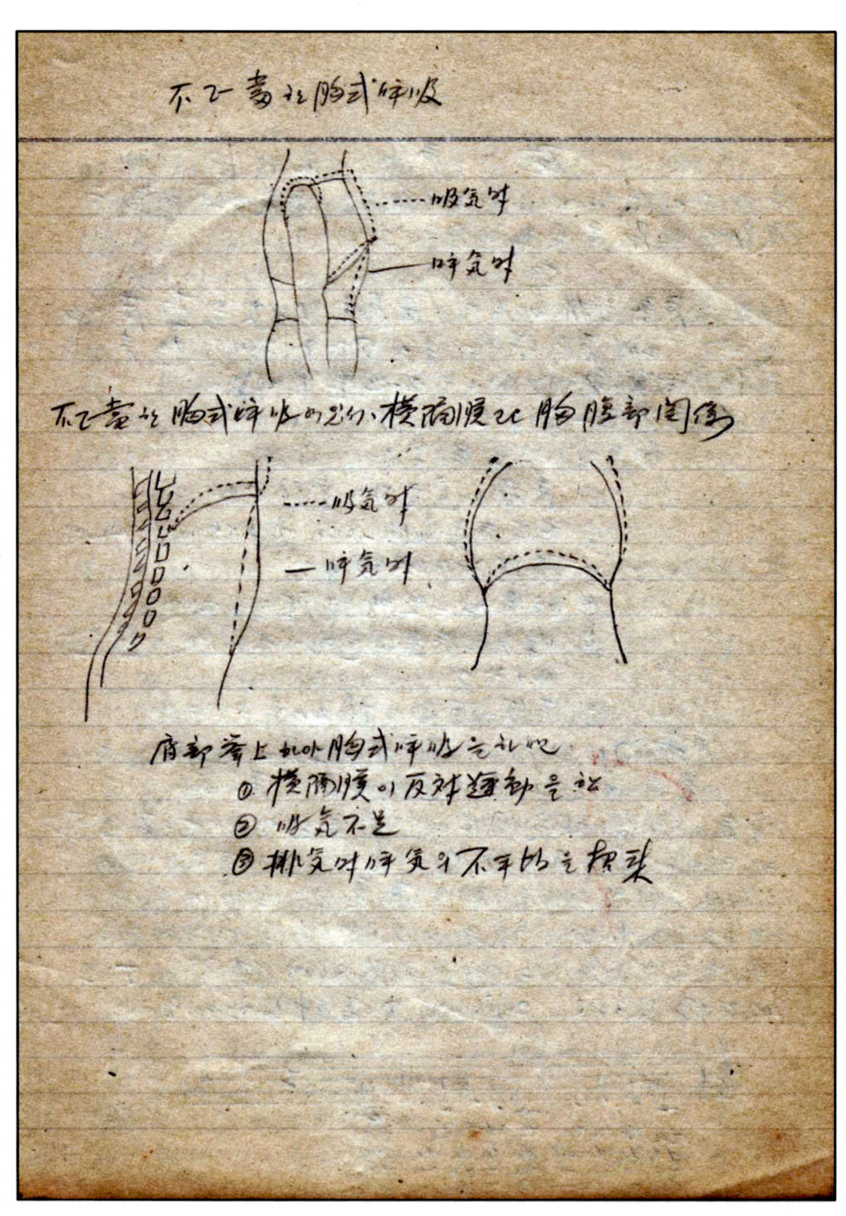

不己畜한 胸式呼吸에와서 橫隔膜과 胸腔部間隔

腹部를 上하야 胸式呼吸을하면
① 橫隔膜이 反對運動을 함
② 吸気不足
③ 排気며呼気의不平均을 招來

發聲

呼吸法에 依하여 吸氣로하여는 呼氣로써 聲帶를
振動식여 發聲을 하게된다

起聲

呼氣가 聲帶를 振動식여서 音聲을 내는것을 起聲이라
하며 그러 聲門, 聲帶 等이 으떻게 하여서 起聲이된다
는 硏究는 實際에 잇어서는 不必要하다
但 參考로 一言하면
發聲時에 必要 条件은
① 聲帶가 適當하게 緊張할것
② 左右聲帶이 均一하게 그中線에 向하여
接近하여 閉鎖될것
③ 呼氣가 一定한 强度를가질것
④ 呼氣가 聲帶에 音하게 함에 他의 压力
이 업슬것
⑤ 聲帶가 自由로 振動할수잇슬것

聲帶間이 左右이 發音時에 2㎜ 以上 開하게되면
呼聲이되고 그것은 大概는 失聲이된다

呼氣가 流出되자 곳 同時에 起聲되는것이 大端히 重要
한데 이리아 呼氣의 經濟가된다 또 呼氣가 過히
漏出 되지 안으면 大端히 滿足을 主는 소리가 될수잇다
呼氣가 漏出되면 雜音이 不快感을 더우게된다
이 呼氣의 漏出을 防止키爲하여 体習에 T를
必하여 体習하고 그後에 D를 体習함이 조타

미완의 "벨칸토 발성법"*(IL BEL CANTO)*에는

第一章[제1장]: 聲音及 發聲 器官[성음급 발성 기관, 즉 목소리에
영향을 주는 발성 기관]
第二章[제2장]: 發聲法[발성법]
[제3장]: 音樂의 要素[음악의 요소]
[제4장]: 伊太利 歌謠[이태리 가요]
[제5장]: 形式[형식]
[제6장]: ?

등으로 이어지며 예를 들어, 제2장: 發聲法(발성법)에는 호흡(呼吸), 공명(共鳴), 혀(舌), 강약(强弱), 음색(音色) 등의 훈련과정이 신체구조와 함께 설명되어 있다.

그는 훌륭한 가수 없이 훌륭한 오페라도 존재할 수 없다고 주장하였으며 훌륭한 가수일수록 "발성을 위하여 남보다 더 큰 노력을 쌓아 그의 심혼(心魂)을 다 기우려서 노래한다는 것을 우리는 알아야 한다."고 발성의 중요성을 피력하였다.

* [ ]는 편집자(李如辰)가 첨가.

11. "이인선 애창곡집"

제1집, 오선사, 1948. 2.10. 발행
제2집, 오선사 (원본 소실)

이인선(李寅善) 선생은 오페라 공연을 전후해서 출판한 "이태리 가곡집"과 "이인선 애창곡집"을 통해 당시까지 거의 전무(全無)하다시피 한 유럽의 가곡들의 우리말 번역을 통해 음악적으로는 물론 외국시(外國詩)의 번역 — 단순히 의미 전달만을 위한 것이 아닌 음의 높낮이에 따른 각각의 모음과 자음의 발성학적으로 합당한 음향적 발음의 단어 선택 — 이라는 문학적, 그리고 더 나아가 정신적으로 이 나라 예술인들에게 새로운 전기를 마련하였다.

해방 직후 첫 출판 된 "이태리 가곡집"과 "이인선 애창곡집"은 당시 큰 문화적 파장을 일으켰다. 이상만(음악 평론가)은 그의 학창시절 "이태리 가곡집"이 그에게 끼친 정서적 영향은 단지 그 자신만이 경험한 것이 아니었다고 당시의 감격을 지금껏 기억하고 있다.

그의 문하(門下)인 김기령(연세의대 명예교수)은 "맑은 목소리, 뛰어난 벨칸토 창법은 누구도 따를 수 없었다. 선생님이 우리말로 번역한 오페라 악보는 가사의 내용은 물론 모음과 자음의 딕션까지 그렇게도 이탈리아의 것과 흡사한지 놀라움을 금치 못한다. 또한 가사를 번역할 때 단순히 의미 전달에만 그치지 않고 노랫말 자체를 발성학적으로 구분하고 아름다운 우리말을 활용하여 듣는 이로 하여금 한국말의 이해를 새롭게 하는 일도 놓치지 않았다."[1]고 회고한다.

그런가 하면 외래어를 한글로 표기할 경우에도 그는 한글에 없는 발음, 예를 들어 R과 L은 각각 ㄹ와 ㄹㄹ, 그리고 V, F, Th는 각각 ㅂ°, ㅍ°, ㄷ°로 표기하는 등 원어 발음과 일치하도록 하였다.

이인선 선생이 번역한 이태리, 스페인, 영미 가곡은 총 150여 곡에 달한다. 불행하게도 시간이 지나면서 이들 중 많은 번역물이 여기저기 잡다한 가곡집들에 흩어져 있는 것은 물론 번역자 이름이 생략된 채 실려있거나 심지어 이인선의 가곡집이 통째로 다른 사람 이름으로 출판된 경우까지 발생하였다.

지면 관계상 이인선 선생이 번역한 모든 가곡을 여기에 실을 수 없기에 "이인선 애창곡집" 제1집만을 역사적 한 예로 당시 출판된 원본 악보 그대로를 올린다. 오랜 세월로 인해 선명도가 떨어진 원본 악보의 노래 부분만을 발췌하여 원본 악보에 수록되지 않은 2절(節) 내지 3절 가사를 포함한 편집자(李如辰)가 새롭게 카피(copy)한 보다 선명한 악보를 함께 실린다.

---

1) 김경환. "한국 오페라를 개척한 의사 이인선", 『우리나라 의학의 선구자』, 제2집.

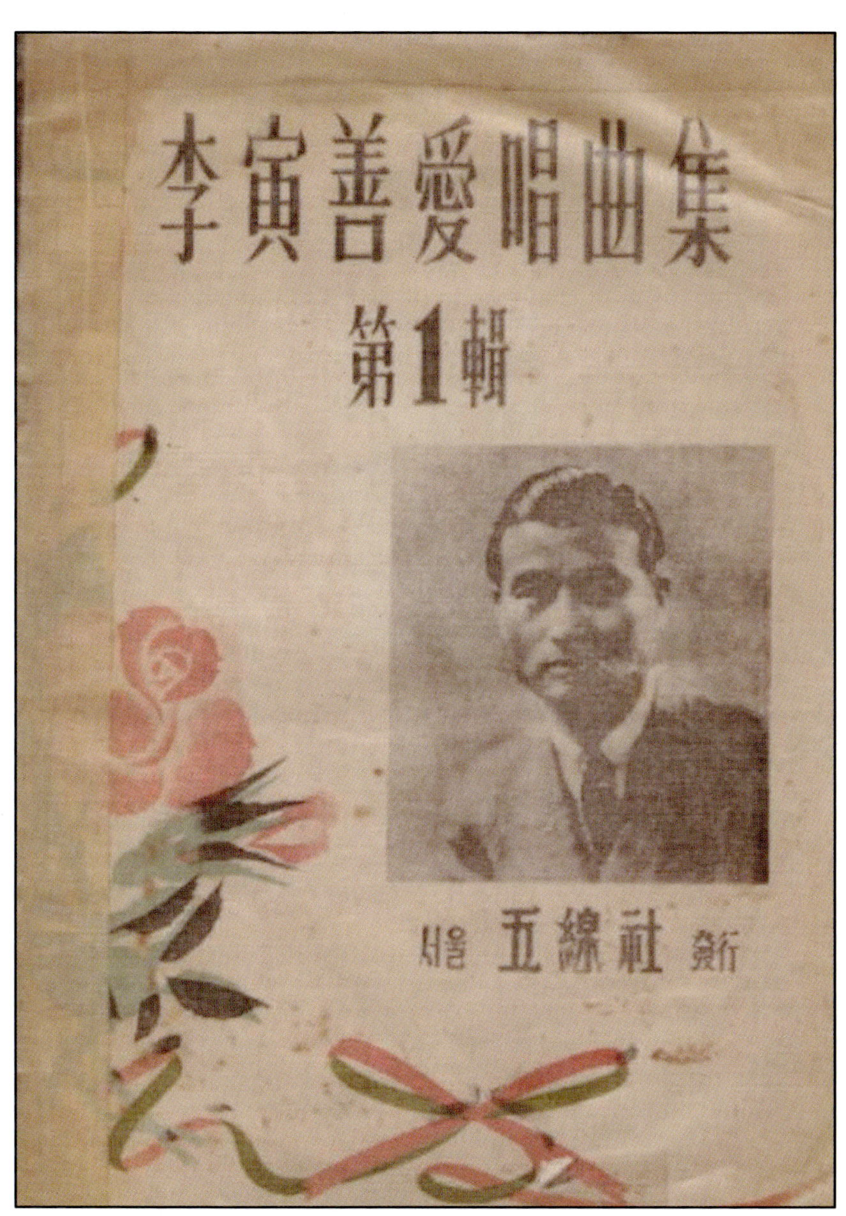

李寅善愛唱曲集
第1輯
서울 五線社 發行

머 릿 말

우리 朝鮮을 伊太利와 比較해보면 매우 近似한 點이 많다。첫째로 다같이 半島라는 點, 둘째로 洋은 달리하였지마는 거의 같은 緯度上에 있어서 近似한 氣候를 가지고 있다는 點, 셋째로 伊太利는 中北歐에서는 보기 어려울만한 맑고 푸른 하늘을 가졌다고 자랑하는데 우리 朝鮮도 그에 지지않게 鮮明한 아침과 맑 푸른 하늘을 가졌다는 點 等, 例舉할 것이 적지않다。그中에도 特記할 것은 伊太利人이 西洋에 있어서 第一 藝術을 사랑하며 노래를 좋아하는 國民인 것같이 우리 朝鮮民族이야 말로 東洋에 있어서 藝術과 노래를 第一 사랑하는 民族임에 틀림없으니 決코 偶然한 合致라고만 看過하기 어렵다。

우리는 伊太利人과 氣質까지 近似한 點이 있는지는 모르나 何如튼 伊太利의 노래를 듣기 즐겨하며 부르기 좋아함은 事實이다。우리가 부르는 많은 노래中에 伊太利의 노래를 적지않게 볼 수 있는데 거거에는 우리가 伊太利의 노래를 사랑한다는 理由도 多分히 있겠지마는 그 노래들을 紹介한 우리 先輩들의 숨은 功勞가 있다는 것을 잊어서는 안된다。

그러나 아직까지 우리에게 알려진 伊太利노래의 數는 너무나 적고 單純하다。多彩하고도 기름진 旋律과 고운 情緖를 가득가득이 실은 노래가 數없이 있건만 아직 우리에게 넉넉히 알려질 길이 없었다。이 遺憾을 多少라도 덜기 爲하여 오래前부터 새로운 樂譜의 出版을 꿈꾸어 왔으나 好機를 얻지못하고 있던바, 解放된 自由의 기쁜 날을 맞이한지 二年에 겨우 바라고있던 機會를 얻어 이에 부끄러우나마 적은 冊子를 通하여 紹介하게 된 것을 기뻐한다。앞으로 輯을 달리하여 새 노래를 繼續 紹介하려는바 이 노래들이 聲樂人들을 通하여 우리 쓸쓸한 동산에 적으나마 한포기의 푸른 풀과 한떨기 慰安의 꽃이라도 되어진다면 나는 甚幸으로 생각하겠다。

끝으로 樂譜出版에 助力을 不惜한 蔡廷根, 史相鉤兩氏에게 謝意를 表한다。

西紀 一九四七年 八月

서 울 市 蓮 建 洞 서

李 寅 善

附記

앞으로 실는 노래의 大部分은 伊太利노래나 其外의 外國노래들中에서도 새로운 것을 紹介하려 하며 「오페라」曲은 全然 실지 않기로 한다。

譯詞는 우리말에 無理가 생기지 않도록 努力하면서 可及的 原語 그대로를 譯하고 不得已한 境遇에 限해서만 義譯을 피하였다。이미 우리에게 紹介된 노래中에 從來 一部分 乃至 全部 誤譯된 歌詞로 불려진 노래들을 많이 보는데 이런 機會를 利用하여 하나씩 訂正을 꾀함도 조여 意味없는 일은 아닐듯 하여 每輯에 적어도 한 曲씩은 싣기로 했다。

Santa Lucia luntana(번 「싼타·루치아」)를 第一輯中에 실은 것은 이런 意圖에서 나온 것이다。海諒을 빈다。

머릿말[머리말]

　　우리 朝鮮(조선)을 伊太利(이태리)<이탈리아>와 比較(비교)해보면 매우 近似(근사)한 점이 많다. 첫째로 다 같이 半島(반도)라는 點(점), 둘째로 洋(양)은 달리하였지만 거의 같은 緯度上(위도상)에 있어서 近似(근사)한 氣候(기후)를 가지고 있다는 點(점), 셋째로 伊太利(이태리)는 中北歐(중북구)에서는 보기 어려울 만큼 맑고 푸른 하늘을 가져다고<가졌다고> 자랑하는데 우리 朝鮮(조선)도 그에 지지 않게 鮮明(선명)한 아침과 맑고 푸른 하늘을 가졌다는 點(점) 等(등), 例擧(예거)할<예로 들> 것이 적지 않다. 그 중에도 特記(특기)할 것은 伊太利人(이테리인)<이탈리아 사람>이 西洋(서양)에 있어서 第一(제일) 藝術(예술)을 사랑하며 노래를 좋아하는 國民(국민)인 것 같이 우리 朝鮮民族(조선민족)이야말로 東洋(동양)에 있어서 藝術(예술)과 노래를 第一(제일) 사랑하는 民族(민족)임에 틀림없으니 決(결)코 偶然(우연)한 合致(합치)<일치>라고 看過(간과)하기<보아 넘기기> 어렵다.

　　우리는<우리가> 伊太利人(이태리인)과 氣質(기질)까지 近似(근사)<비슷>한 점이 있는지는 모르나 何如(하여)튼 伊太利(이태리)의 노래를 듣기 즐겨하며 부르기 좋아함은 사실이다. 우리가 부르는 많은 노래 중에 伊太利(이태리)의 노래를 적지 않게 볼 수 있는데 거기에는 우리가 伊太利(이태리)의 노래를 사랑한다는 理由(이유)도 多分(다분)히 있겠지마는 그 노래들을 紹介(소개)한 우리 先輩(선배)들의 숨은 功勞(공로)가 있다는 것을 잊어서는 안 된다.

그러나 아직까지 우리에게 알려진 伊太利(이태리) 노래의 數(수)는 너무나 적고 單純(단순)하다. 多彩(다채)하고도 기름진 旋律(선율)과 고운 情緒(정서)를 가득 가득이 실은 노래가 數(수)없이 있건만 아직 우리에게 넉넉히 일려질 길이 없었다. 이 遺憾(유감)을 多少(다소)라도 덜기 爲(위)하여 오래 前(전)부터 새로운 樂譜(악보)의 出版(출판)을 꿈꾸어 왔으나 好機(호기)를 얻지 못하고 있던 바 解放(해방)된 自由(자유)의 기쁜 날을 맞이한지 二年(2년)에 겨우 바라고 있던 機會(기회)를 얻어 이에 부끄러우나마 적은<작은> 冊子(책자)를 通(통)하여 紹介(소개)하게 된 것을 기뻐한다. 앞으로 輯(집) <발행 순서>을 달리하여 새 노래를 繼續(계속) 紹介(소개)하려는 바 이 노래들이 聲樂人(성악인)들을 통하여 우리 쓸쓸한 동산에 적으나마 한 포기의 푸른 풀과 한 떨기 慰安(위안)의 꽃이라도 되어 진다면 나는 基幸(기행)<큰 행운>으로 생각하겠다.

끝으로 樂譜(악보) 出版(출판)에 助力(조력)을 不惜(불석)<아끼지 아니>한 蔡廷根(채정근), 史相弼兩氏(사상필 양씨)<두 분>에게 謝意(사의)를 表(표)한다.

西紀(서기) 一九四七年(1947년) 八月(8월)
서울市(시) 涎健洞(연견동) <에>서
李 寅 善(이인선)

附記(부기)

앞으로 싣는 노래의 大部分(대부분)은 伊太利(이태리) 노래나 其他(기타)의 外國(외국) 노래들 中(중)에서도 새로운 것을 紹介(소개)하려 하며 오페라 曲(곡)은 全然(전연)[전혀] 실지 않기로 한다.

譯詞(역사)<번역>은 우리말에 無理(무리)가 생기지 않도록 努力(노력)하면서 可及的(가급적) 原語(원어) 그대로를 譯(역)<번역>하고 不得己(부득기)<부득이>한 境遇(경우)에 限(한)해서만 義譯(의역)을 꾀하였다. 이미 우리에게 紹介(소개)된 노래 中(중)에 從來(종래) 一部分(일부분) 乃至(내지) 全部(전부) 誤譯(오역)된 歌詞(가사)로 불려진 노래들을 많이 보는데 이런 機會(기회)를 利用(이용)하여 하나씩 訂正(정정)을 꾀함도 全(전)혀 意味(의미)없는 일은 아닐듯하여 每輯(매집)에 적어도 한 曲(곡)씩은 싣기로 했다.

Santa Lucia luntana ("먼 싼타·루치아")<"먼 싼타 루치아">를 第一輯中(제 1집 중)에 실은 것은 이런 意圖(의도)에서 나온 것이다. 海諒(해량)<너그러운 양해>을 빈다.

---

* ( )는 한자를 한글로, 그리고 < >는 현재 사용하는 한글, 또는 이탈리아어의 한글 번역을 편집자(李如辰)가 첨부한 것임.

目　　次

目　次 (목차)

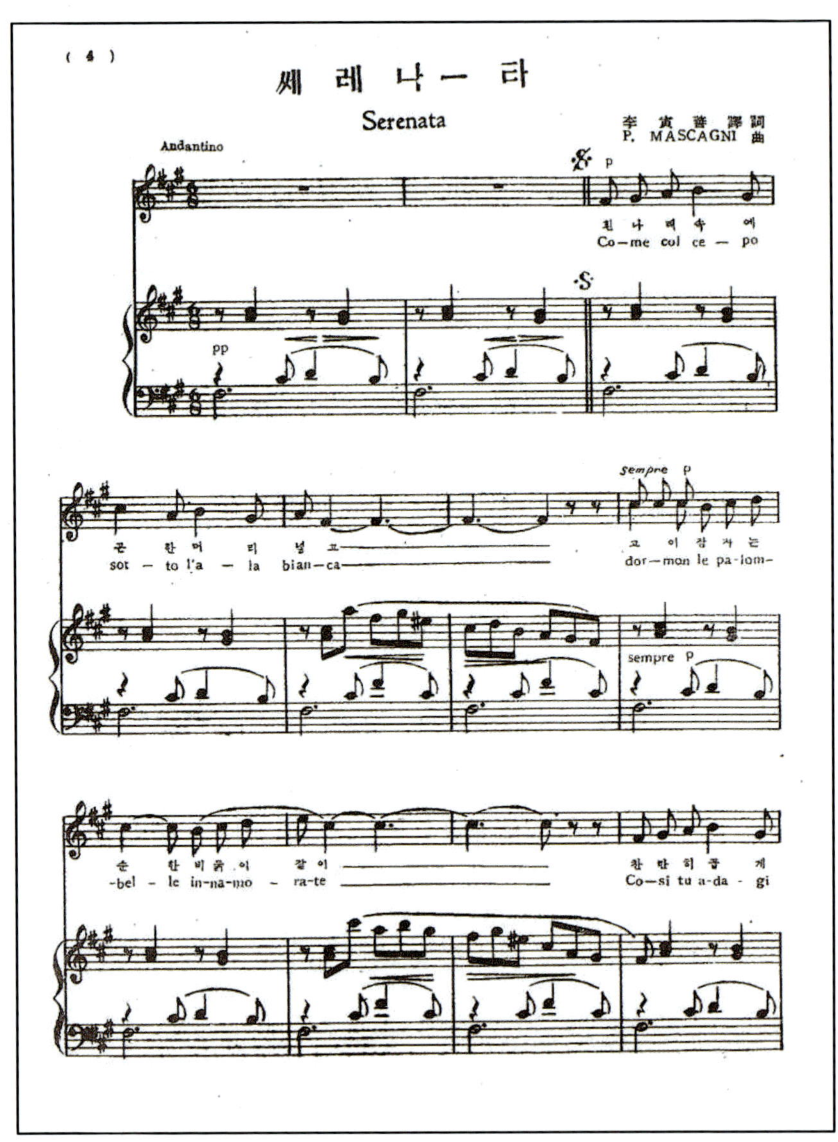

1138   절대음악 혼자 간다

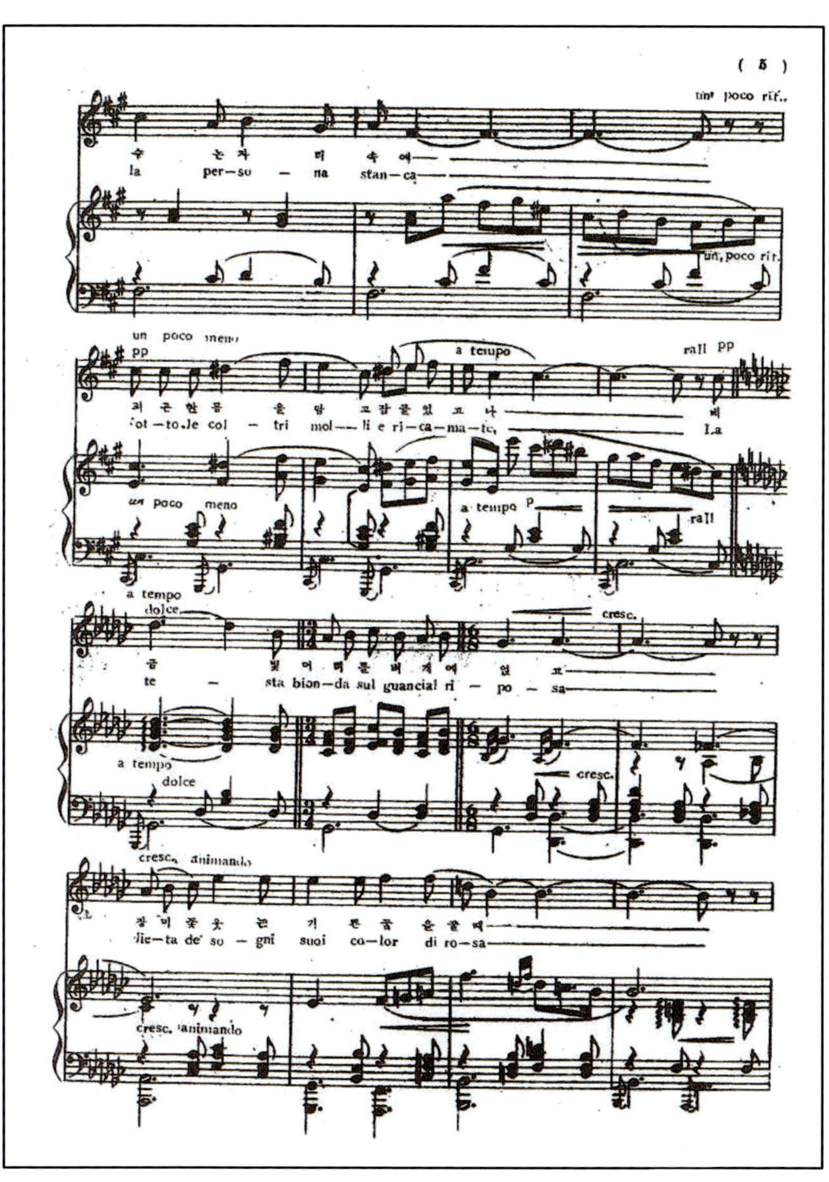
un poco rit.
수 는 자 리 속 에
la per—so—na stan—ca
un poco meno
pp
a tempo
rall pp
피 곤 한 몸 은 담 고 감 물 었 고 나
'ot—to.le col — tri mol— li e ri—ca—ma—te,
La
un poco meno
a tempo p
rall
a tempo
dolce
cresc.
금 빛 어 미 른 버 개 에 었 고
te — sta bion—da sul guancial ri — po—sa
a tempo
dolce
cresc.
cresc. animando
장 미 꽃 웃 는 기 픈 꿈 을 끝 때
lie—ta de' so — gni suoi co—lor di ro—sa
cresc. animando

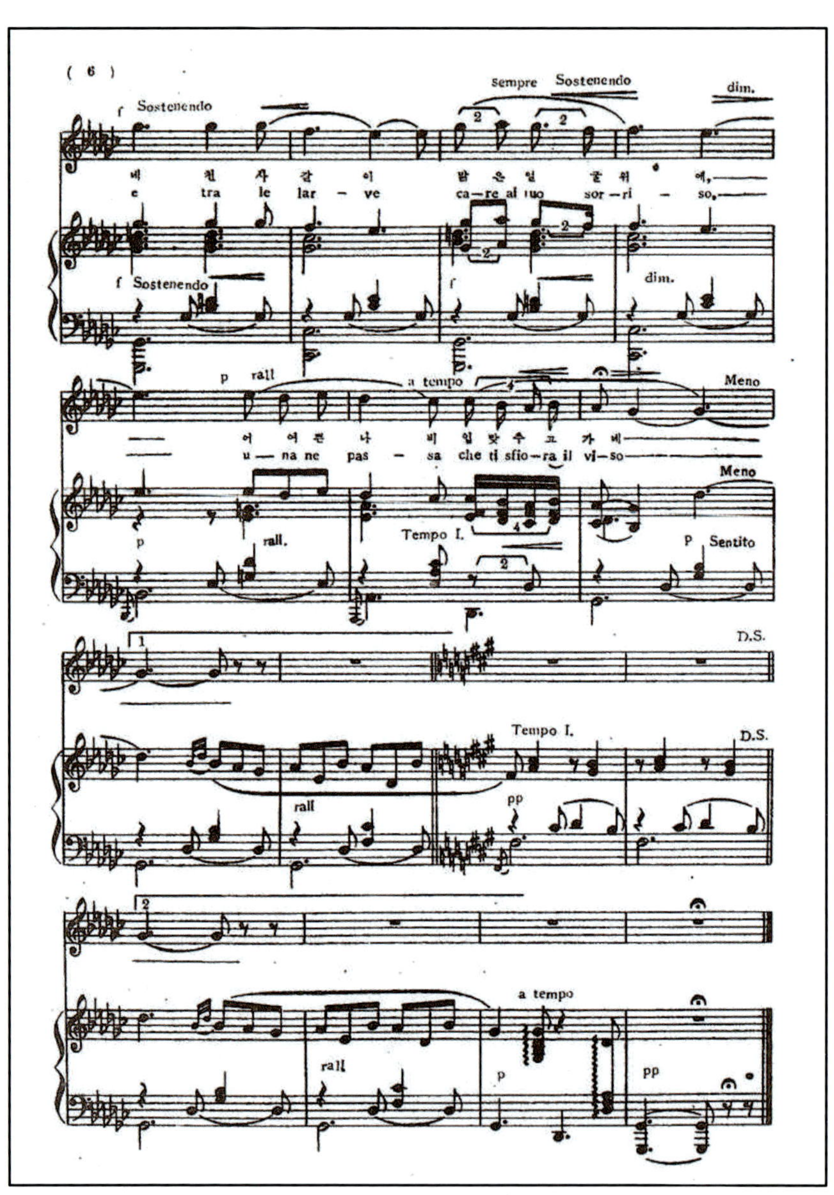
sempre Sostenendo
dim.
f Sostenendo
네 친 자 갈 이 밤 은 일 굴 쉬 에,
e tra le lar ve ca—re al tuo sor—ri so.
f Sostenendo
dim.
p rall a tempo
Meno
어 여 쁜 나 비 입 맞 추 고 가 베
u—na ne pas—sa che ti sfio—ra il vi—so
Meno
p rall.
Tempo I.
p Sentito
D.S.
Tempo I.
D.S.
rall
pp
rall
a tempo
p
pp

'쎄 레 나 - 타'
Serenata

이 인 선 역사
Pietro Mascagni

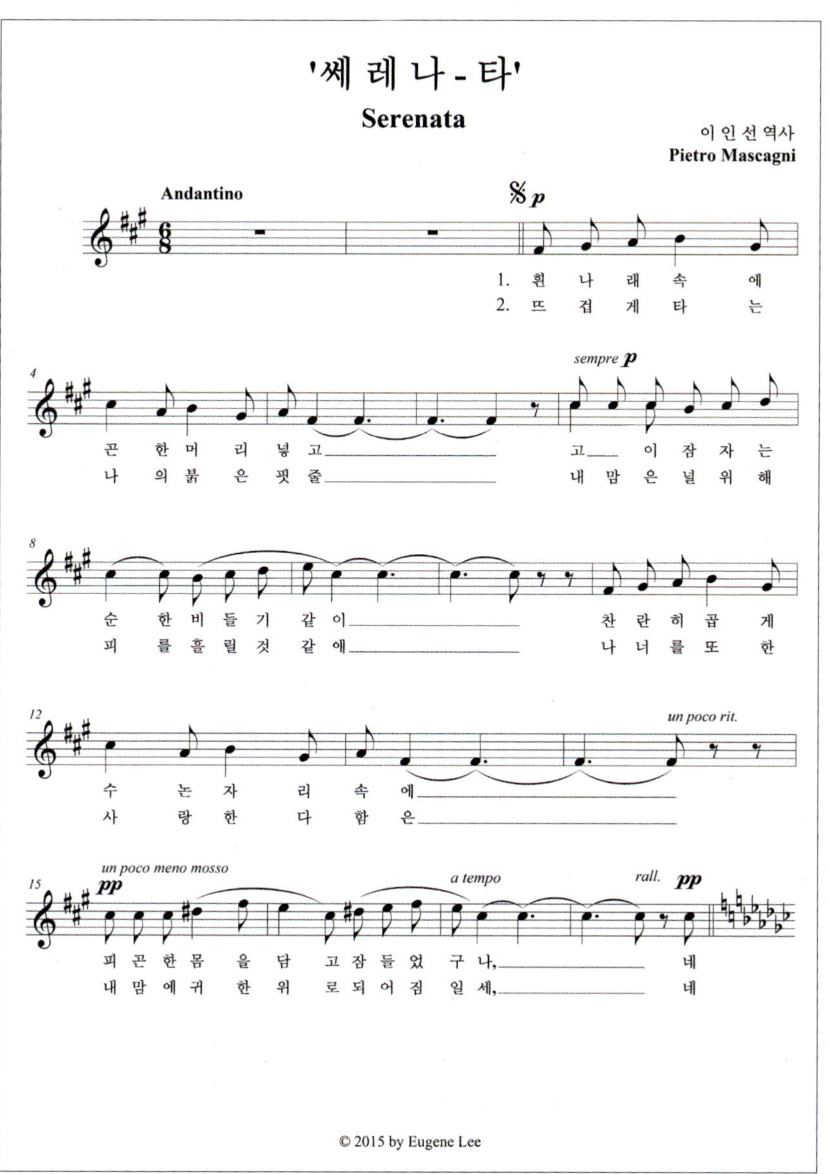

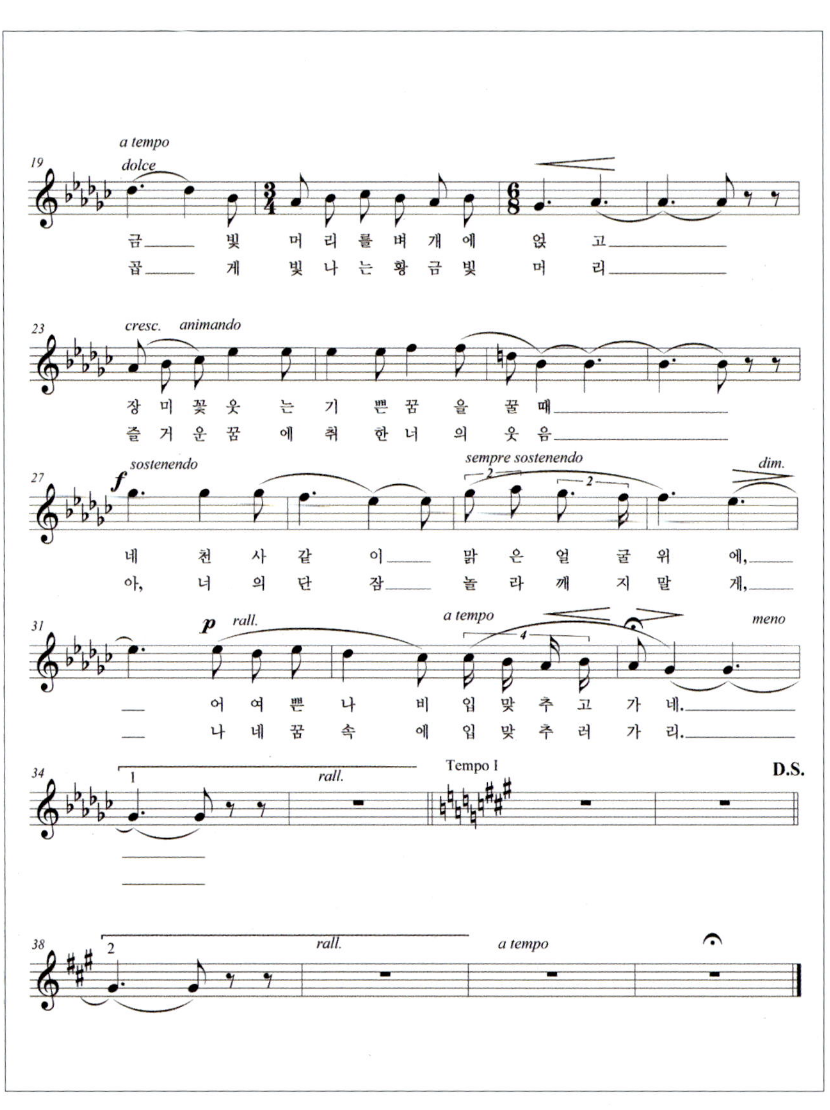
a tempo
dolce
19
금____ 빛 머 리 를 벼 개 에 얹 고____
곱____ 게 빛 나 는 황 금 빛 머 리____
23
cresc. animando
장 미 꽃 웃 는 기 쁜 꿈 을 꿀 때____
즐 거 운 꿈 에 취 한 너 의 웃 음____
27
sostenendo
sempre sostenendo
dim.
네 천 사 같 이____ 맑 은 얼 굴 위 에,____
아, 너 의 단 잠____ 놀 라 깨 지 말 게,____
31
rall.
a tempo
meno
어 여 쁜 나 비 입 맞 추 고 가 네.____
나 네 꿈 속 에 입 맞 추 러 가 리.____
34
1
rall.
Tempo I
D.S.
38
2
rall.
a tempo

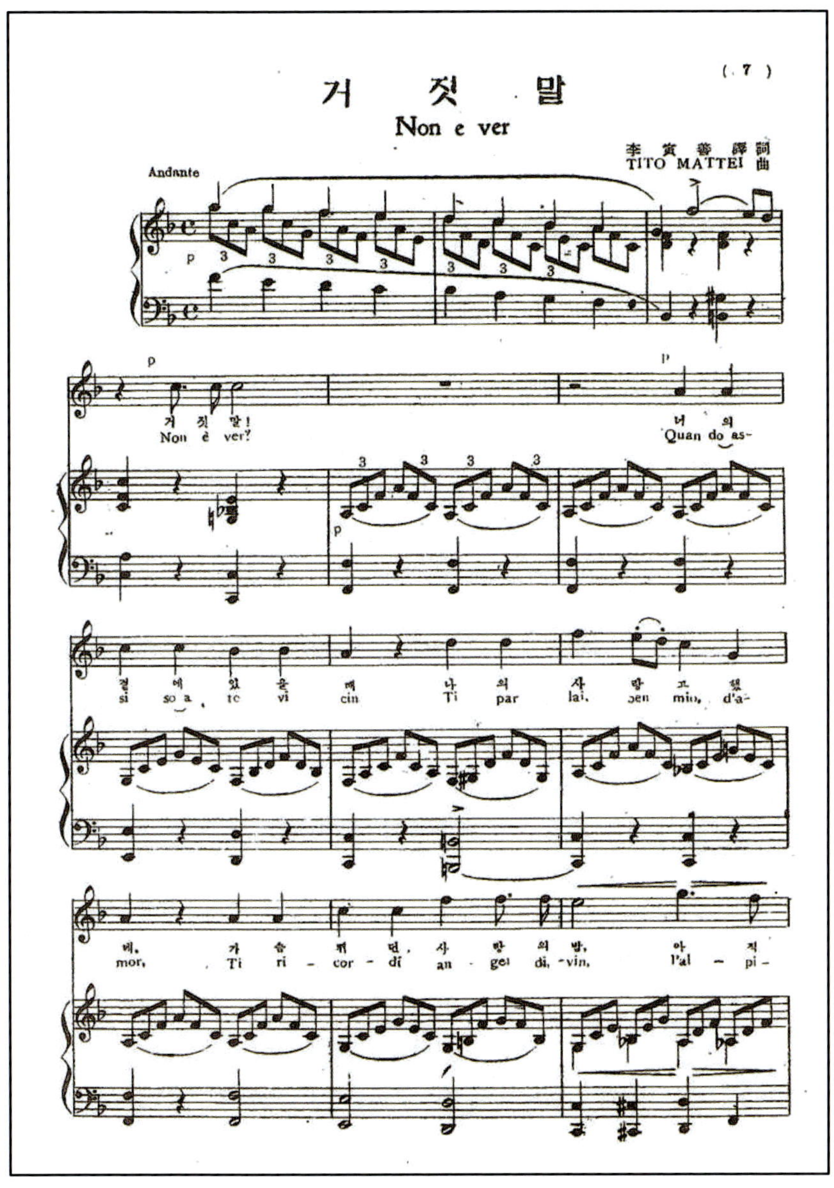
(7)
거 짓 말
Non e ver
李寅華 譯詞
TITO MATTEI 曲
Andante
p
3 3 3 3   3 3 3
p
거 짓 말!
Non è ver?
너 의
Quan do as-
p
결 에 있 을 때   나 의 사 랑 고 했
si so a, te vi cin   Ti par lai, sen mio, d'a-
메, 가 슴 태 던, 사 랑 의 밤, 아 직
mor,   Ti ri - cor - di an - gel di, -vin,   l'al - pi-

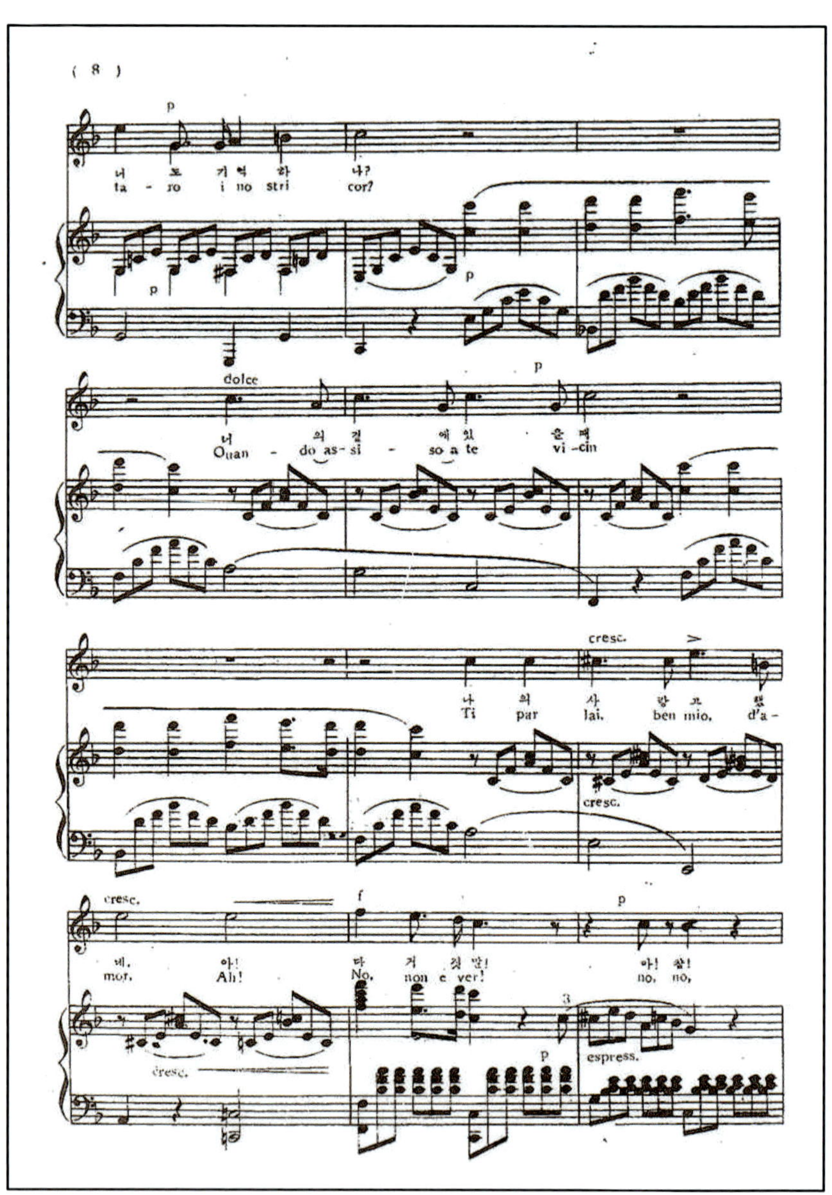
너 도 기 억 하 나?
ta - ro i no stri cor?
p
dolce
p
너 의 곁 에 있 을 때
Ouan - do as-si - so a te vi -cin
cresc.
나 의 사 랑 그 댔
Ti par lai, ben mio, d'a-
cresc.
cresc.
f
p
네, 아! 다 거 짓 말! 아! 참!
mor, Ah! No, non e ver! no, no,
cresc.
espress.

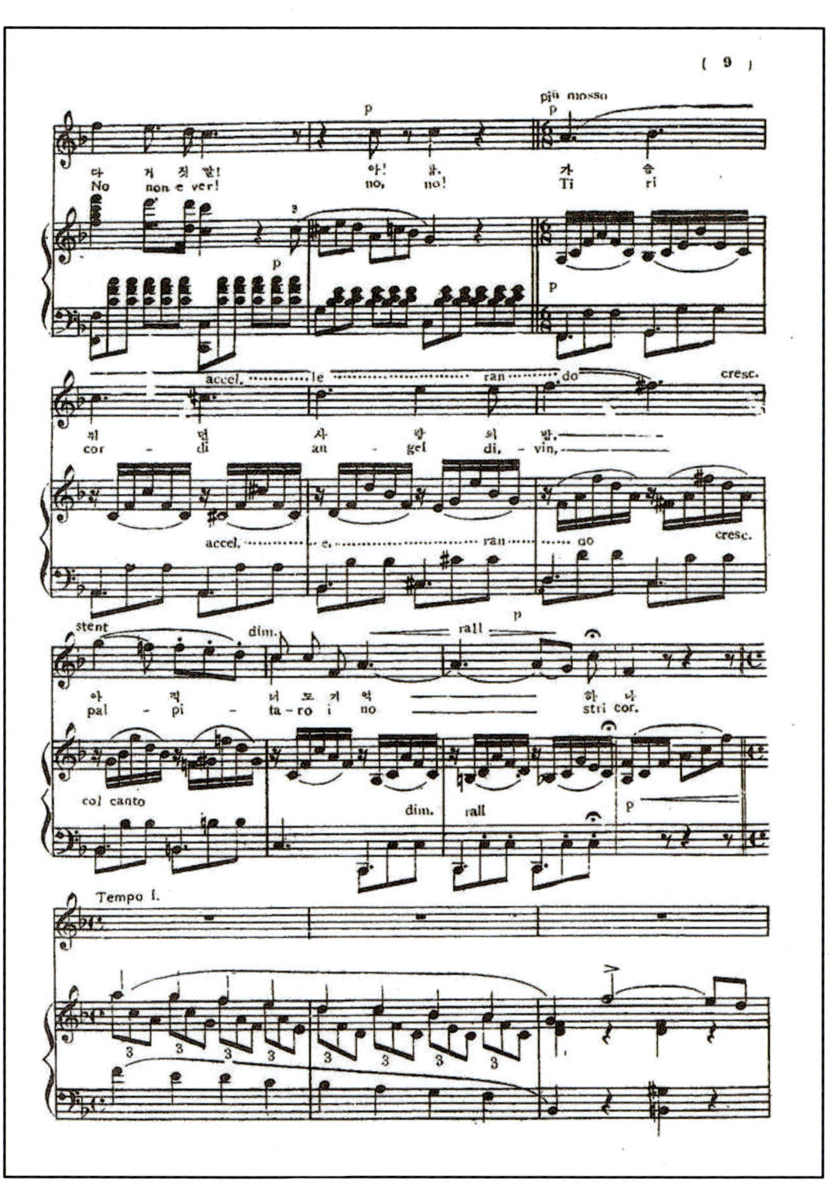
piu mosso
p
p
다 거 짓 말!
No non e ver!
아! 요.
no, no!
가 슴
Ti ri
accel. le ran do cresc.
뷔 던 사 랑 의 밤,
cor - di an gel di, - vin,
accel. e, ran ao cresc.
stent dim. rall p
아 직 너 모 거 억 하 나
pal - pi - ta-ro i no stri cor.
col canto
dim. rall p
Tempo I.
3 3 3 3 3 3 3 3

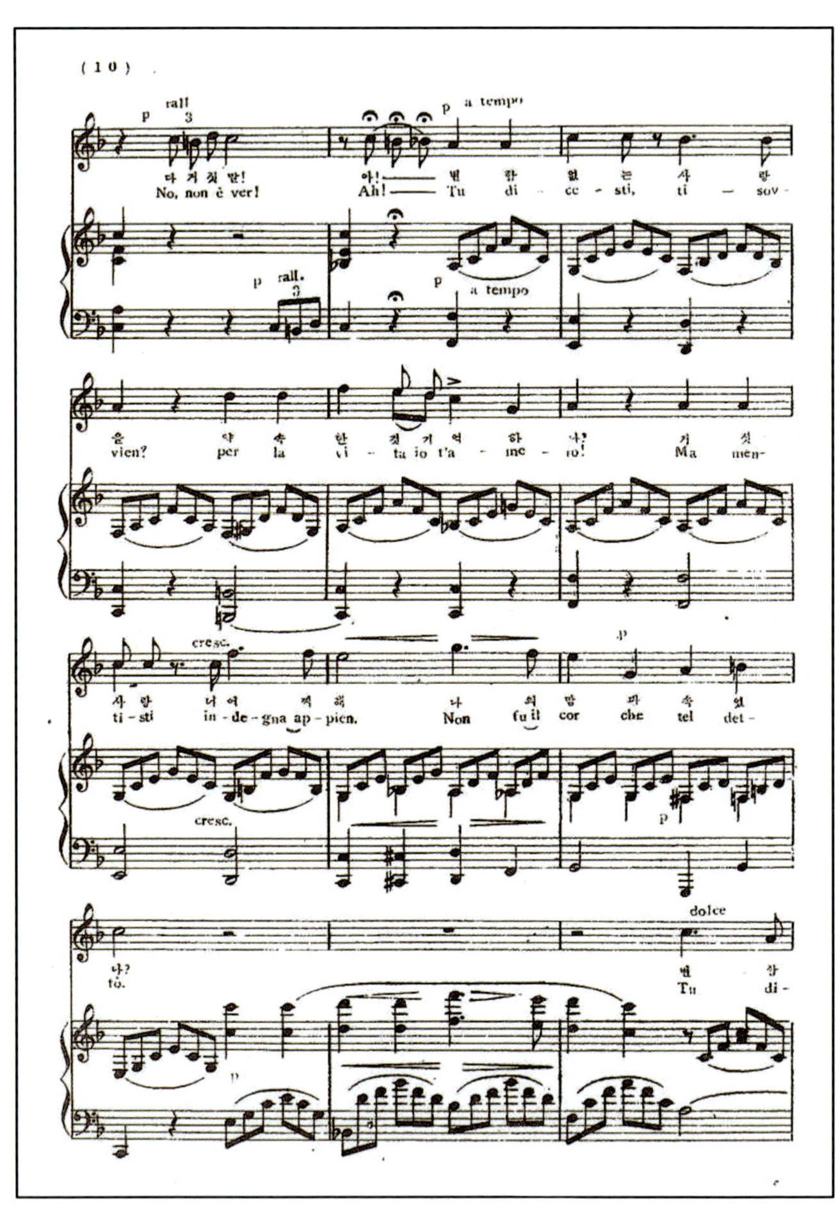
(1 0)
다 거짓말!
No, non è ver!
아!— 변 함 없 는 사 랑
Ah!— Tu di ce - sti, ti — sov-
은 약 속 한 것 기 억 하 나?
vien? per la vi - ta io t'a - me - ro!
거 짓
Ma men-
사 랑 너 어 떡 해
ti - sti in - de - gna ap - pien.
나 의 맘 따 속 였
Non fu il cor che tel det-
낭?
to.
변 상
Tu di-

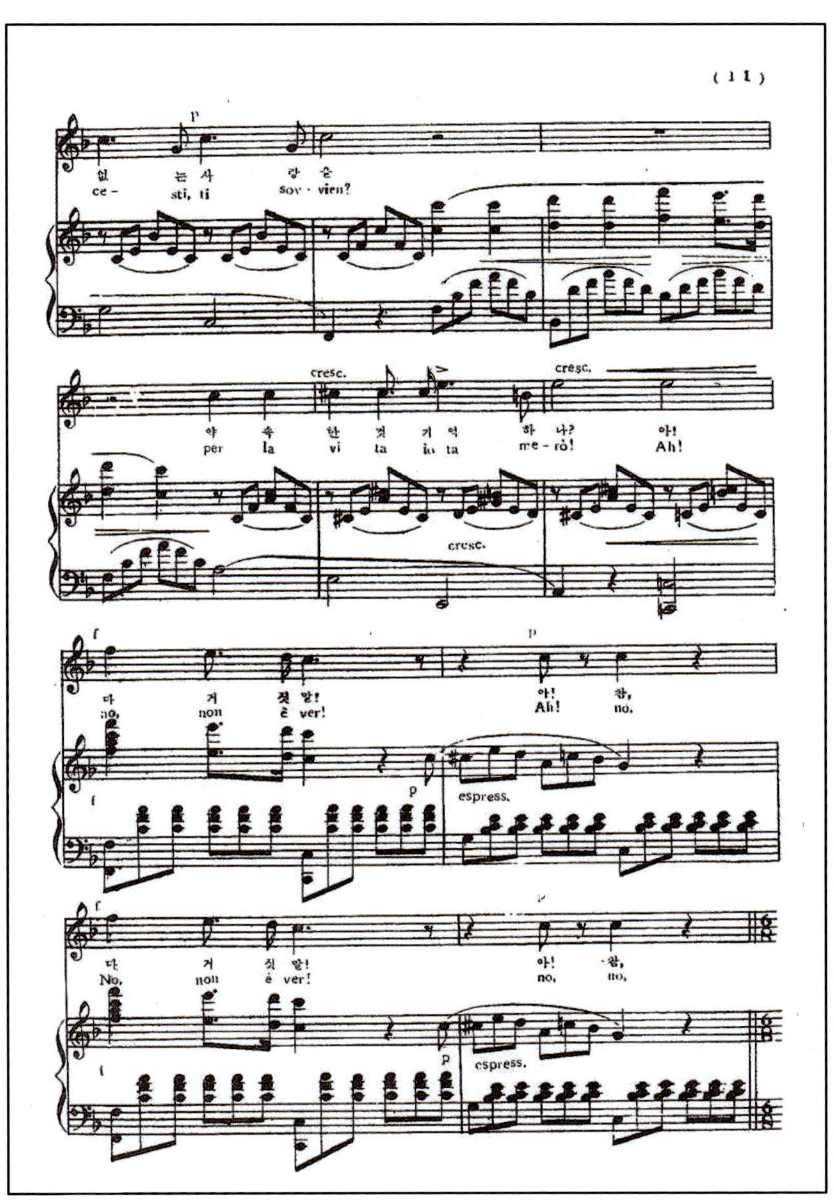
p
없 는 사 랑 술
ce - sti, ti sov · vien?
cresc. cresc.
약 속 한 것 기 억 하 나? 아!
per la vi ta io ta me - rò! Ah!
cresc.
f p
다 거 짓 말! 아! 참,
no, non è ver! Ah! no.
f p espress.
f p
다 거 짓 말! 아! ·참,
No, non è ver! no, no,
p espress.

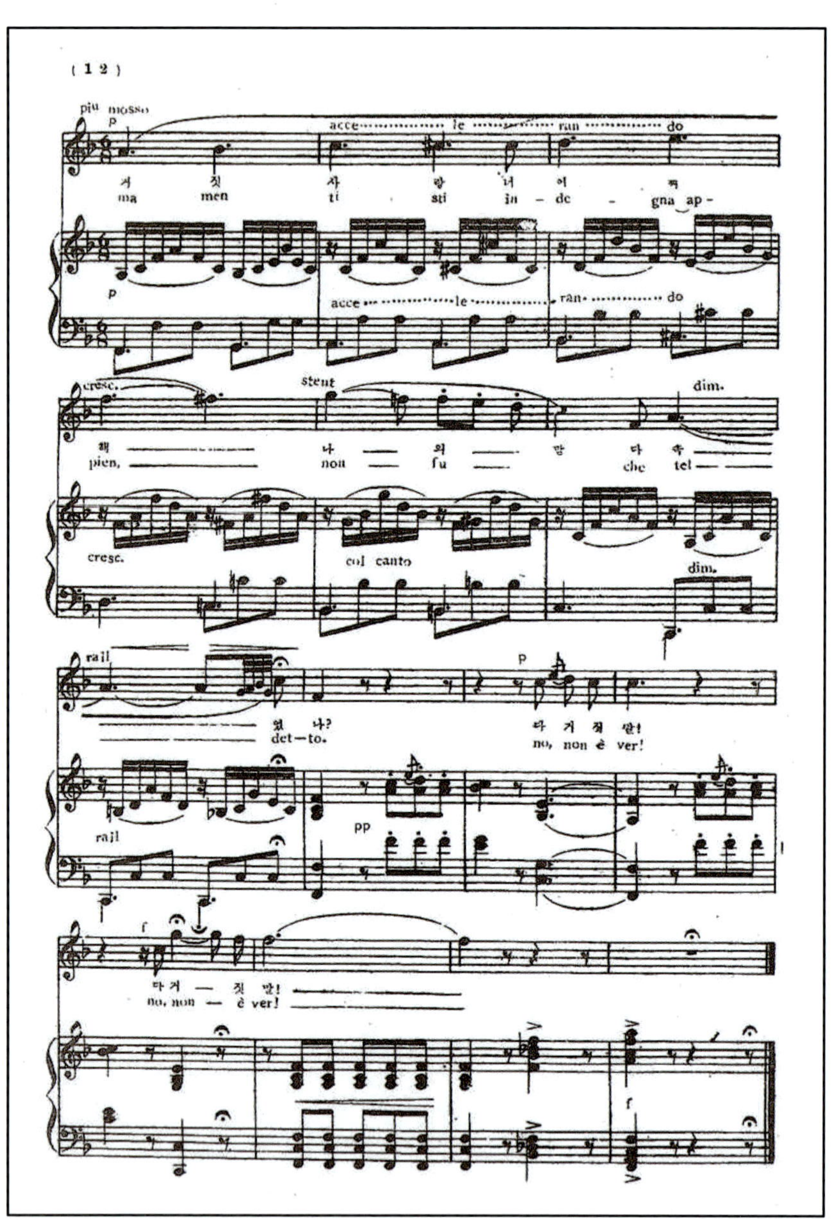
piu mosso
acce le ran do
서 짓 사 랑 너 에 끼
ma men ti sti in de gna ap
cresc. stent dim.
책 나 의 맘 다 슉
pien, non fu che tel
cresc. col canto dim.
rail P
였 나? 다 거 짓 말!
det to. no, non è ver!
rail pp
f
다 거 짓 말!
no, non è ver!
f

거 짓 말
Non e ver

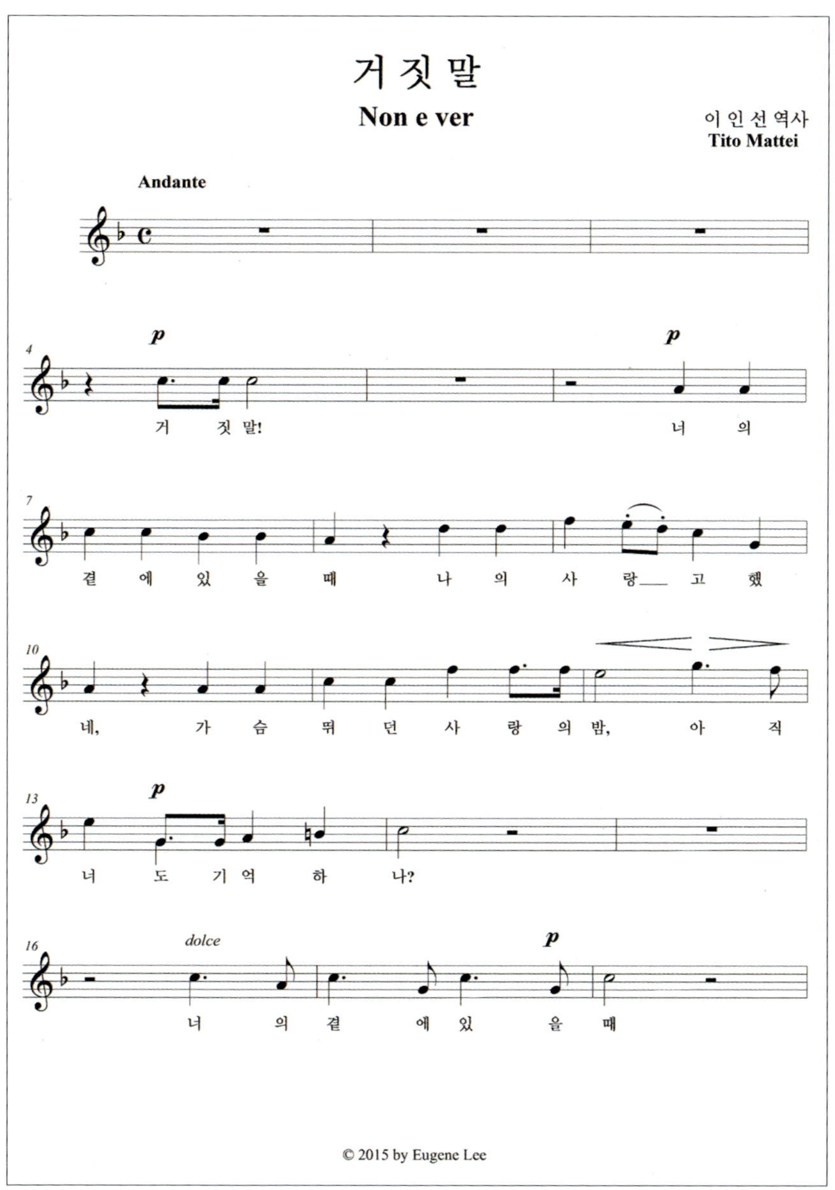

이 인 선 역사
Tito Mattei
Andante
p
p
거 짓 말!
너 의
p
곁 에 있 을 때
나 의 사 랑___ 고 했
네, 가 슴 뛰 던 사 랑 의 밤, 아 직
p
너 도 기 억 하 나?
dolce
p
너 의 곁 에 있 을 때
© 2015 by Eugene Lee

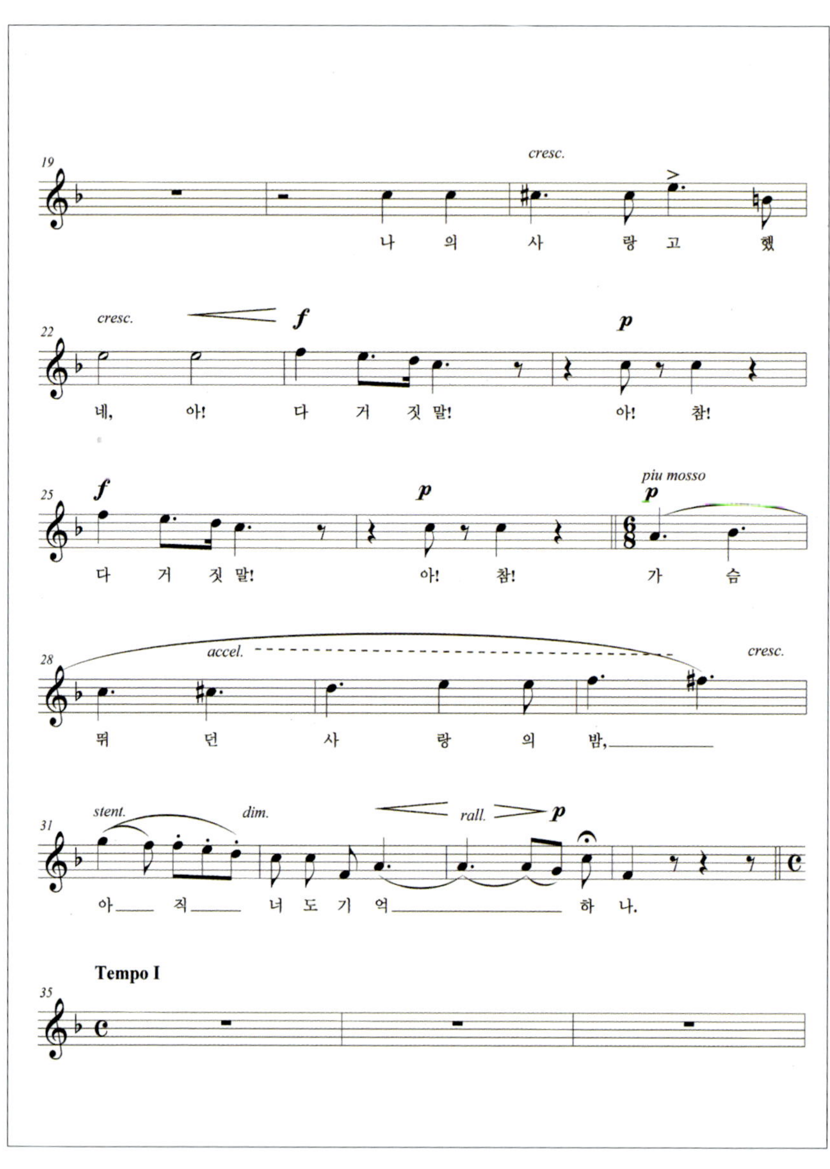

cresc.
나 의 사 랑 고 했
cresc. f p
네, 아! 다 거 짓 말! 아! 참!
f p piu mosso p
다 거 짓 말! 아! 참! 가 슴
accel. cresc.
뛰 던 사 랑 의 밤,
stent. dim. rall. p
아 직 너 도 기 억 하 나.
Tempo I

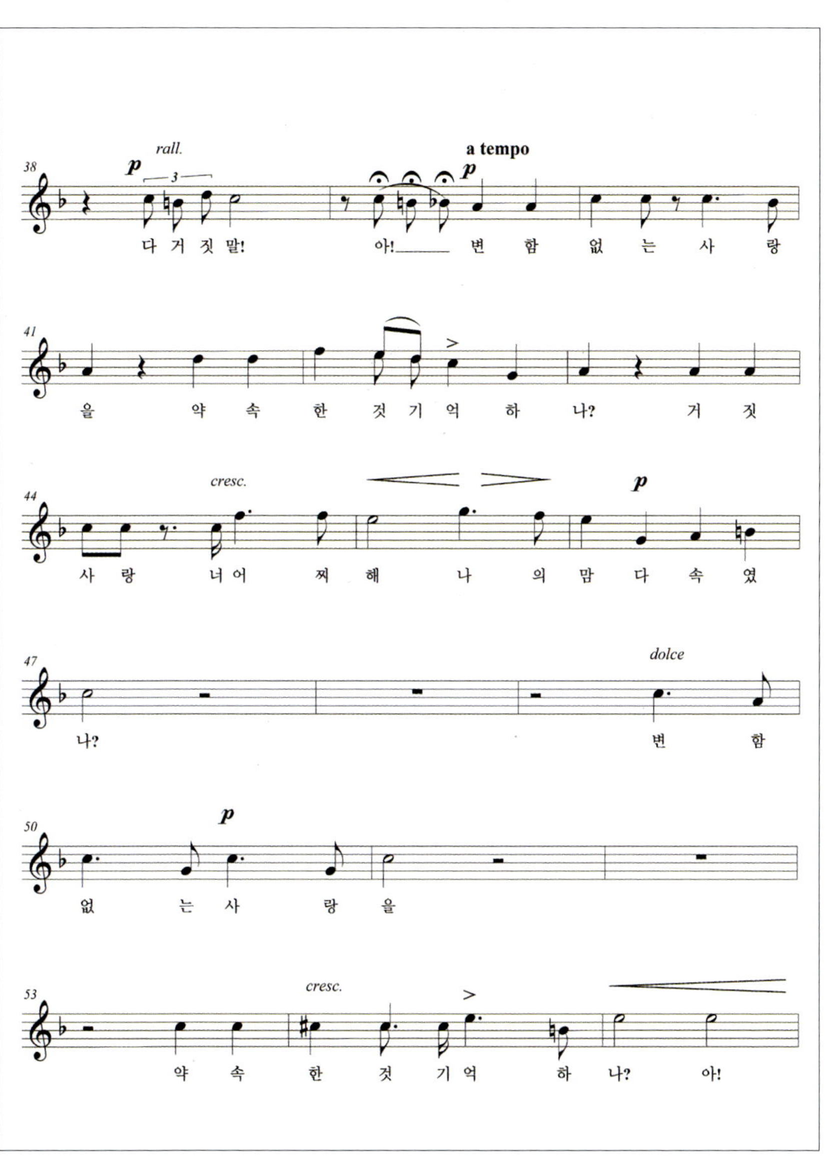

다 거 짓 말!
아!___ 변 함 없 는 사 랑
을 약 속 한 것 기 억 하 나? 거 짓
사 랑 너 어 찌 해 나 의 맘 다 속 였
나? 변 함
없 는 사 랑 을
약 속 한 것 기 억 하 나? 아!

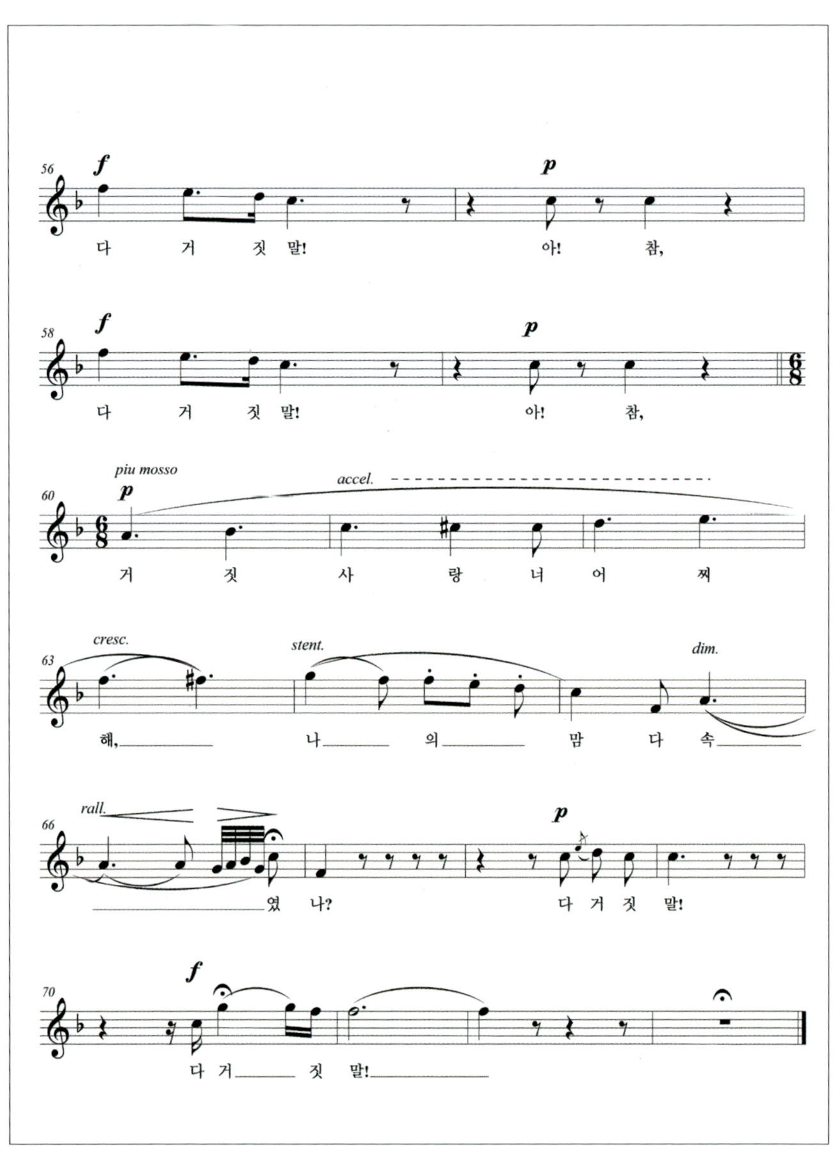

다 거 짓 말! 아! 참,
다 거 짓 말! 아! 참,
거 짓 사 랑 너 어 찌
해, 나 의 맘 다 속
였 나? 다 거 짓 말!
다 거 짓 말!

百 合 花

Liliomszal

李貞善 譯詞
DIENZL OSZKÁR 曲

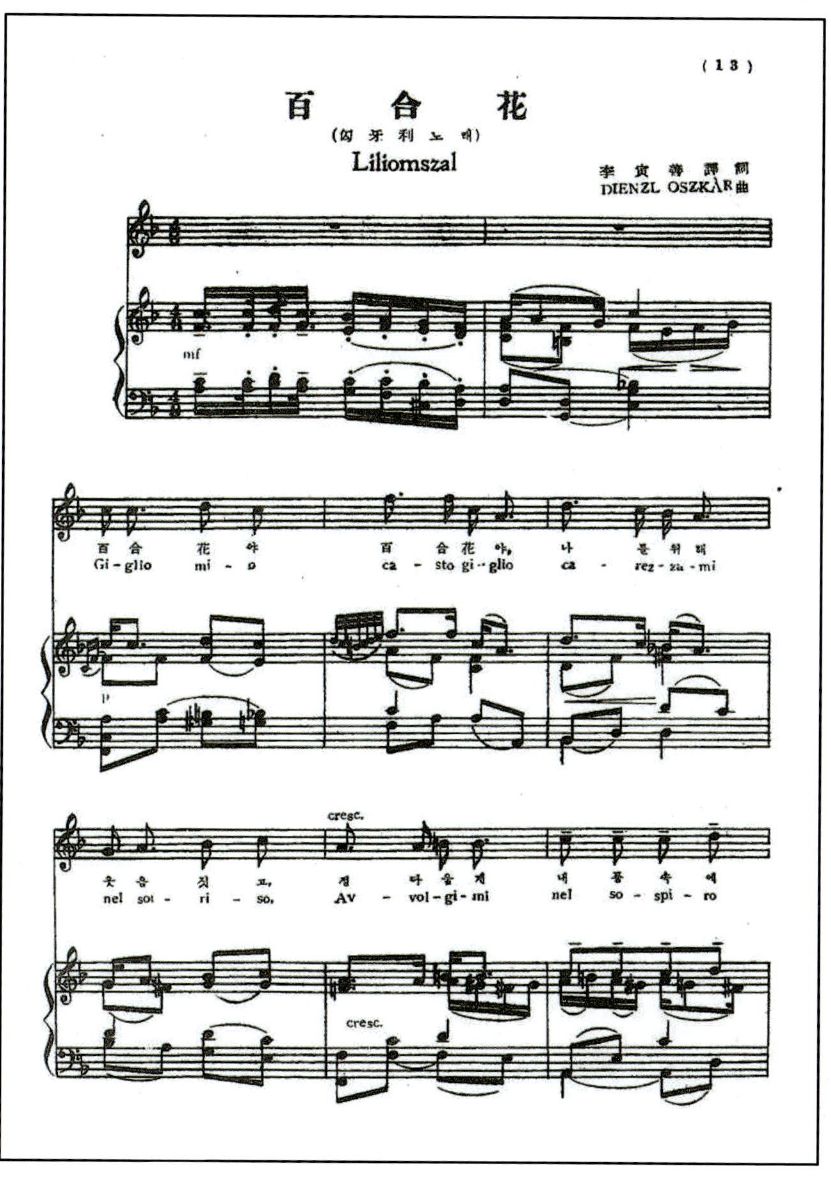

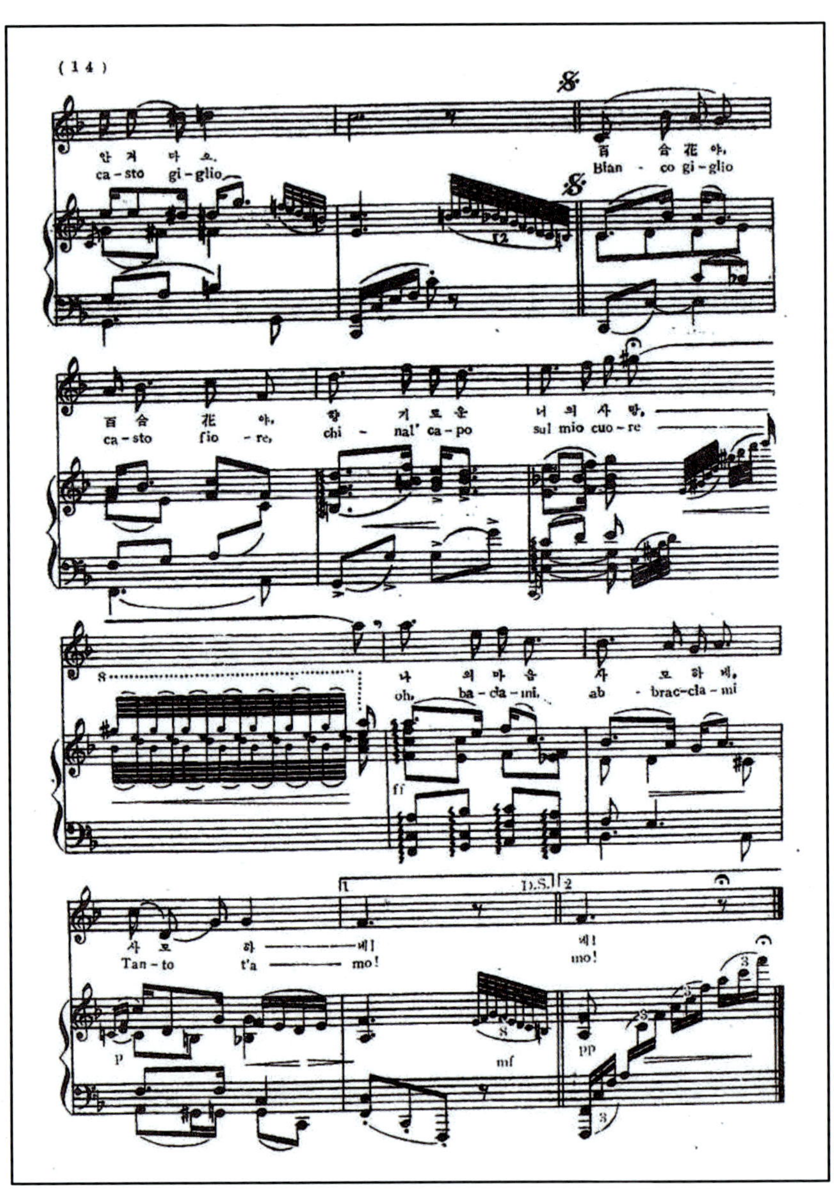
안 거 마 요.
ca - sto gi - glio
百 合 花 야,
Bian - co gi-glio
百 合 花 야, 향 기 로 운 너 의 사 랑,
ca - sto fio - re, chi - nal' ca - po sul mio cuo - re
나 의 마 음 사 모 하 네,
oh, ba-cia-mi, ab - brac-cia - mi
사 모 하 ——— 베, 네!
Tan - to t'a ——— mo! mo!
ff
D.S.
p
mf
pp

백 합 화
Liliomszal

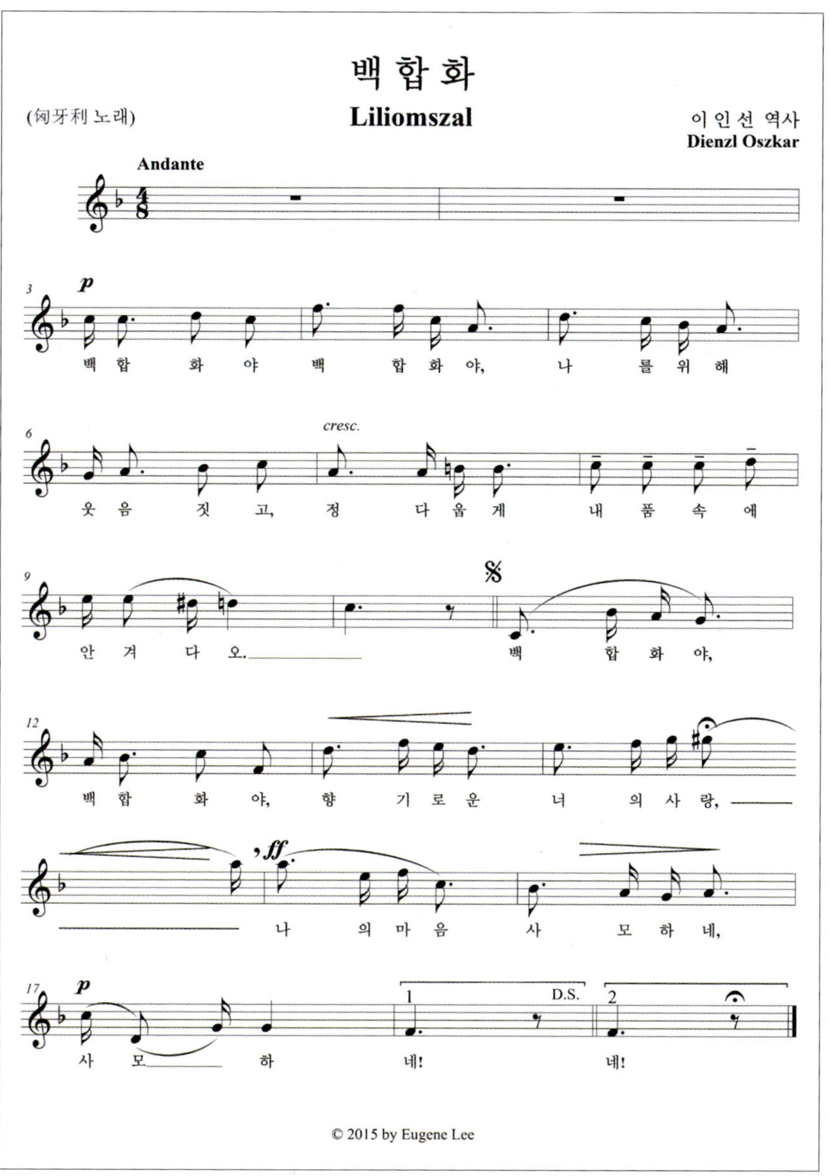

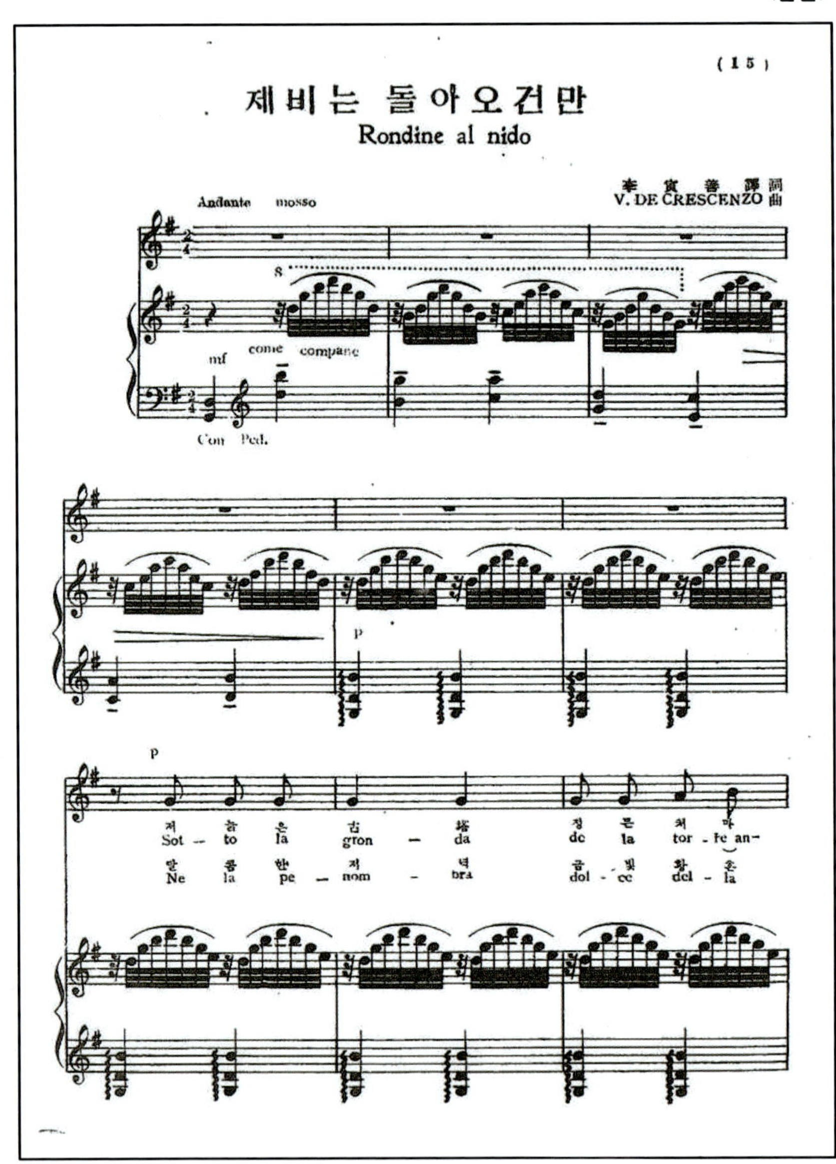
(15)
제비는 돌아오건만
Rondine al nido
李寅善 譯詞
V. DE CRESCENZO 曲
Andante mosso
8
mf
come compane
Con Ped.
p
p
저 흘 은 古 塔 정 든 처 마
Sot - to la gron - da de la tor an-
달 콤 한 지 녁 금 빛 황 혼
Ne la pe nom - bra dol - ce del - la

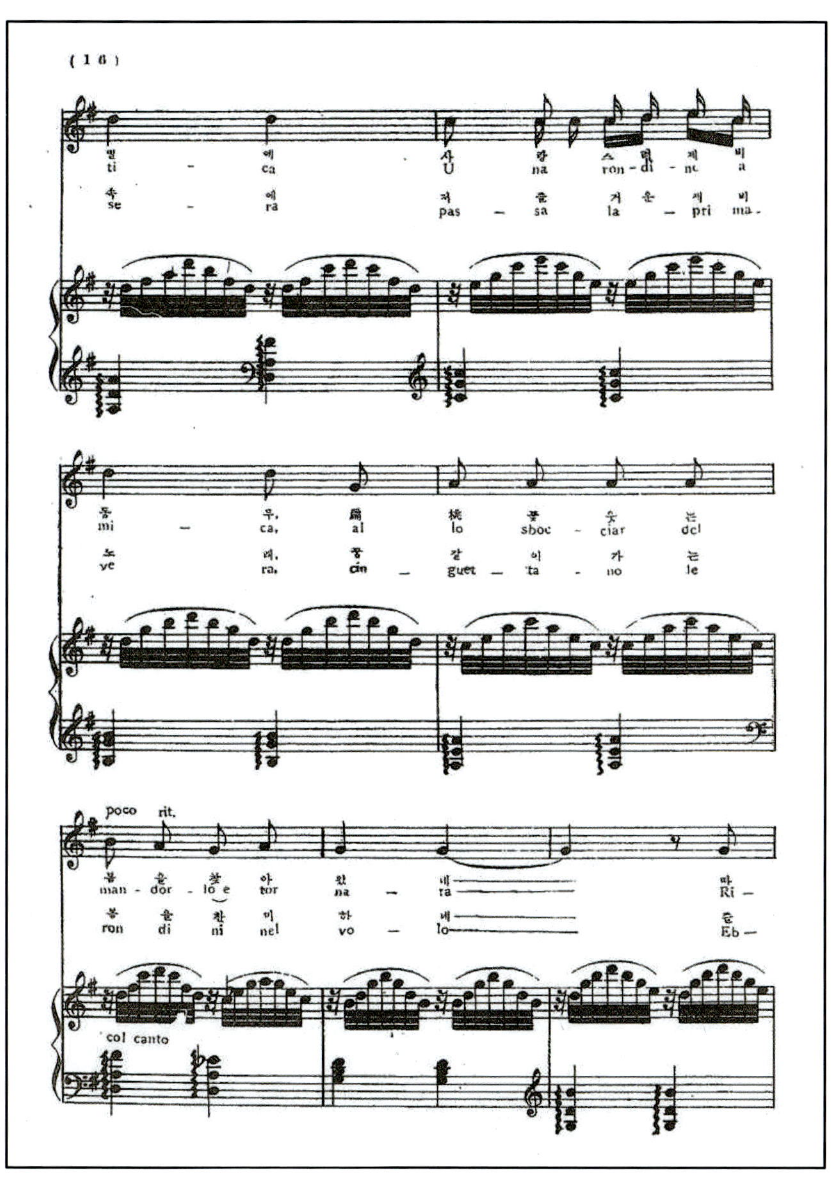
(1 6)
ti - ca
se - ra,
U na ron-di - ne a
pas - sa la - pri ma.
mi - ca, al lo sboc - ciar del
ve ra, cin - guet - ta - no le
man - dor - lo e tor na - ra
ron di ni nel vo - lo
poco rit.
col canto
Ri -
Eb -
빈 에 사 랑 스 런 제비
솟 에 라 저 을 거 운 세비
동 무 편 桃 붉 숫 는
노 때, 꿈 갈 이 가 는
봄 을 찾 아 왔 네 따
봄 을 찾 이 하 네 순

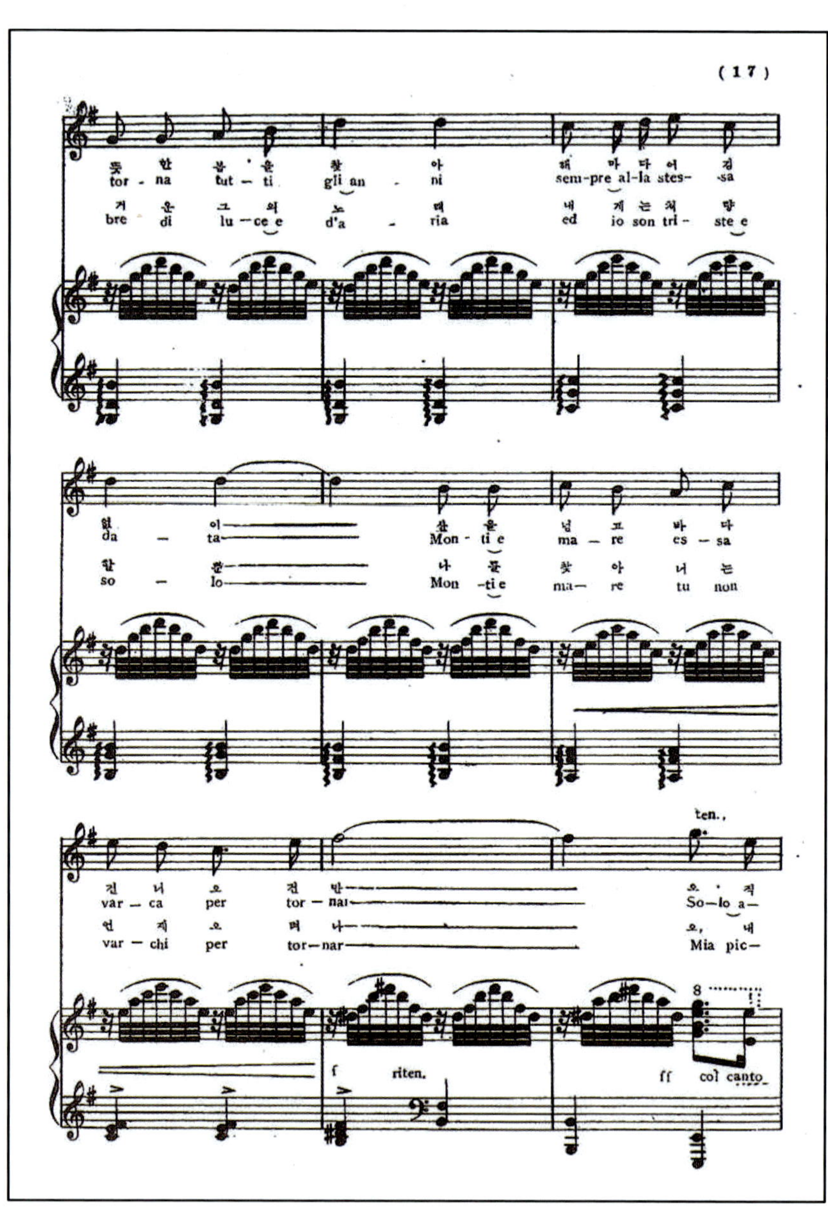
뜻 한 봄 을 찾 아
tor - na tut - ti gli an ni
거 운 그 의 노 래
bre di lu - ce e d'a - ria
해 마 다 어 김
sem - pre al-la stes - sa
내 게 는 처 량
ed io son tri - ste e
없 이 나 타
da - ta
찬 한
so - lo
삼 을 넘 고 바 다
Mon - ti e ma - re es - sa
나 를 찾 아 너 는
Mon -ti e ma - re tu non
건 너 오 전 반
var — ca per tor - nai
언 지 오 며 나
var - chi per tor - nar
오 직
So-lo a
오, 내
Mia pic-
ten.,
f riten.
ff col canto
8

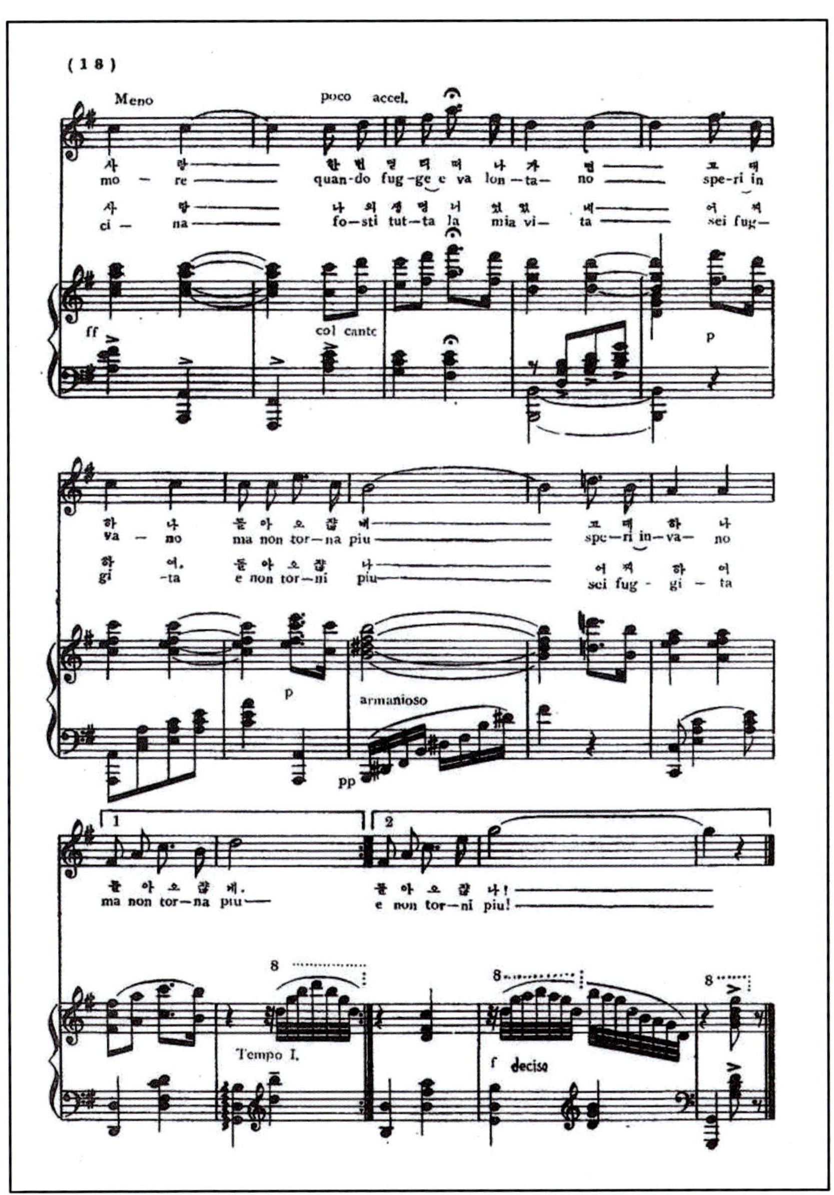
(18)
Meno
poco accel.
사 랑
mo - re
한번멀디떠나가면
quan-do fug-ge e va lon-ta - no
고 대
spe-ri in
사 당
ci - na
나의생명너 었었네
fo-sti tut-ta la mia vi - ta
어 찌
sei fug-
ff
col cante
p
하 나
va - no
둘아오갚세
ma non tor-na piu
고 대 하 나
spe-ri in-va - no
하 어
gi - ta
둘아오갚 나
e non tor-ni piu
어 찌 하 어
sei fug - gi - ta
p
armanioso
pp
1
둘아오갚세.
ma non tor-na piu
2
둘아오갚 나!
e non tor-ni piu!
Tempo I.
f deciso

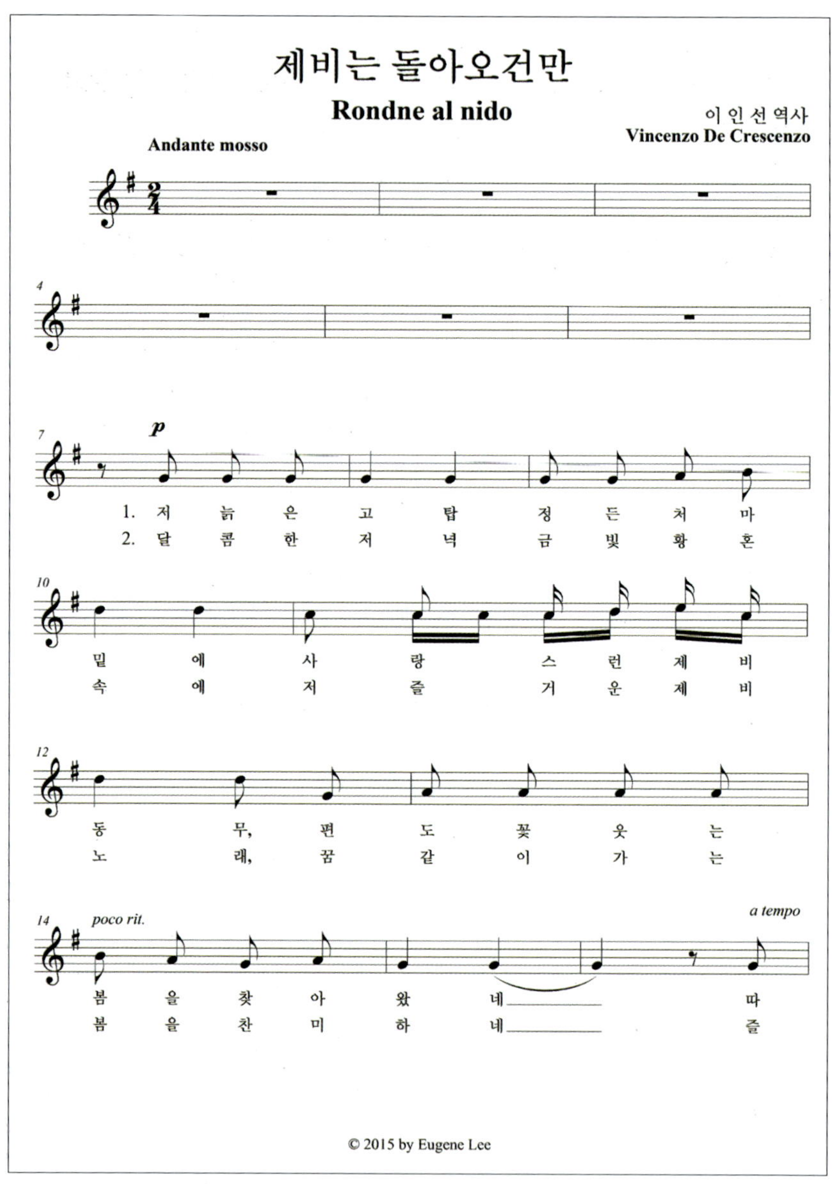

제비는 돌아오건만
Rondne al nido
이 인 선 역사
Vincenzo De Crescenzo
Andante mosso
p
1. 저 늙 은 고 탑 정 든 처 마
2. 달 콤 한 저 녁 금 빛 황 혼
밑 에 사 랑 스 런 제 비
속 에 저 즐 거 운 제 비
동 무, 편 도 꽃 웃 는
노 래, 꿈 같 이 가 는
poco rit.
a tempo
봄 을 찾 아 왔 네______ 따
봄 을 찬 미 하 네______ 즐
© 2015 by Eugene Lee

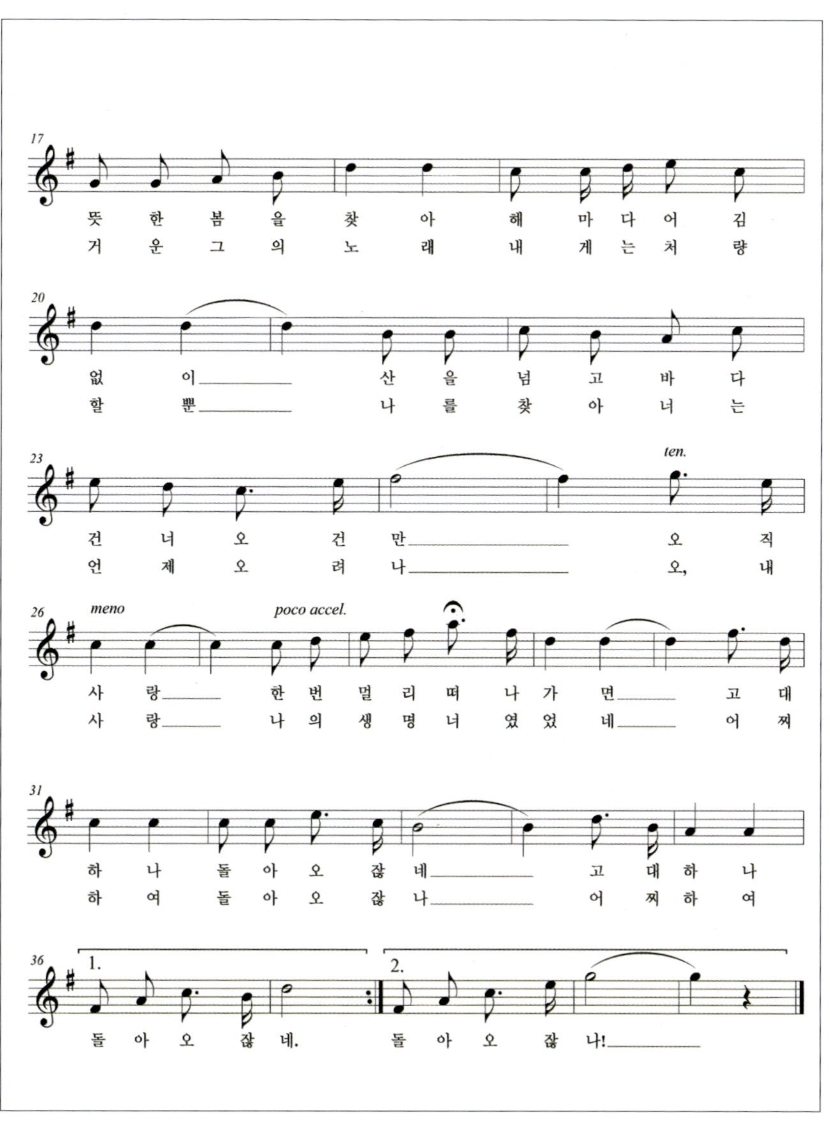
뜻 한 봄 을 찾 아 해 마 다 어 김
거 운 그 의 노 래 내 게 는 처 량
없 이 산 을 넘 고 바 다
할 뿐 나 를 찾 아 너 는
건 너 오 건 만 오 직
언 제 오 려 나 오, 내
사 랑 한 번 멀 리 떠 나 가 면 고 대
사 랑 나 의 생 명 너 였 었 네 어 찌
하 나 돌 아 오 잖 네 고 대 하 나
하 여 돌 아 오 잖 나 어 찌 하 여
1.
돌 아 오 잖 네.
2.
돌 아 오 잖 나!

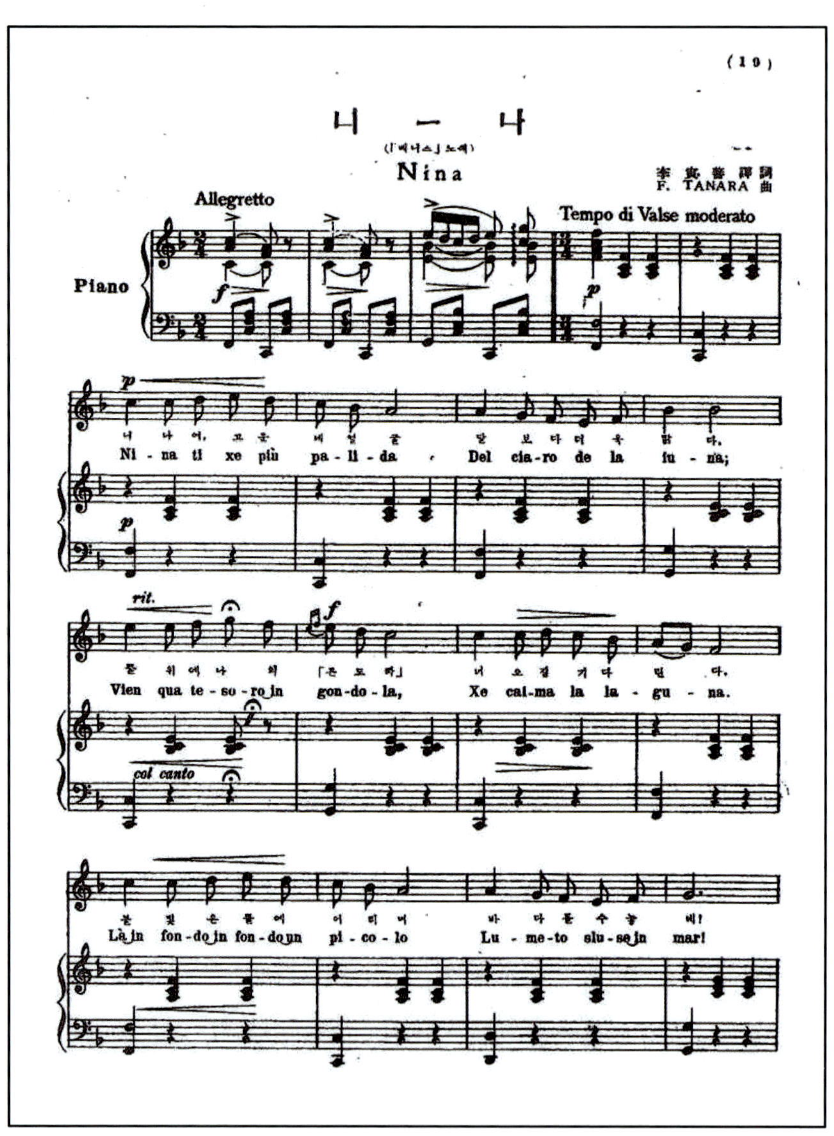
(19)
니 ― 나
「베너스」 노래
Nina
李 眞 善 譯詞
F. TANARA 曲
Allegretto
Tempo di Valse moderato
Piano
니 나야, 고운 네얼굴 달보다더욱 맑다.
Ni - na ti xe più pa - li - da Del cia-ro de la lu - na;
줄위에나의 「곤도라」 너오길기다 린다.
Vien qua te - so - ro in gon-do - la, Xe cal-ma la la - gu - na.
col canto
눈 빛 은 물 에 어 리 어 바 다 돋 우 는 배!
Là in fon-do in fon-do un pi-co-lo Lu-me-to slu-se in mar!

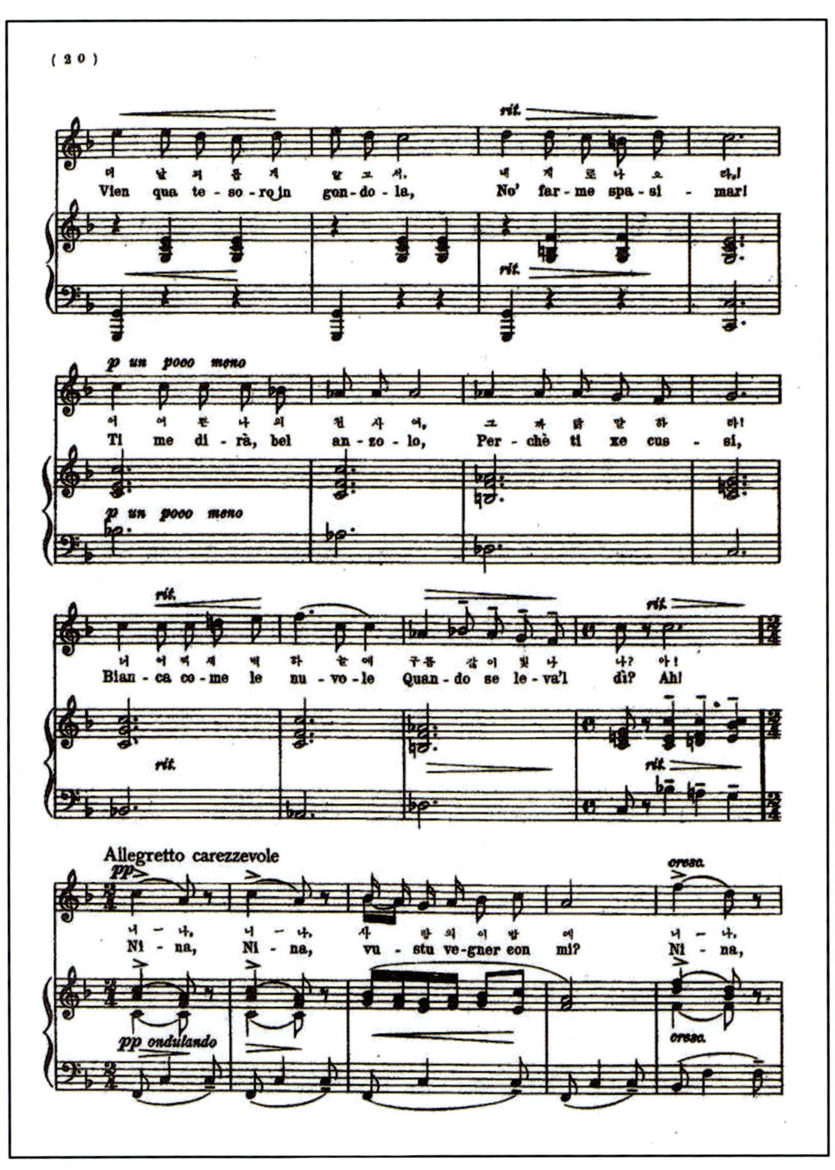
rit.
Vien qua te-so-ro in gon-do-la, No' far-me spa-si - mar!
p un poco meno
Ti me di-rà, bel an-zo-lo, Per-chè ti xe cus - si,
rit.
Bian-ca co-me le nu-vo-le Quan-do se le-va'l dì? Ah!
Allegretto carezzevole
pp cresc.
Ni - na, Ni - na, vu - stu ve-gner eon mi? Ni - na,
pp ondulando
cresc.

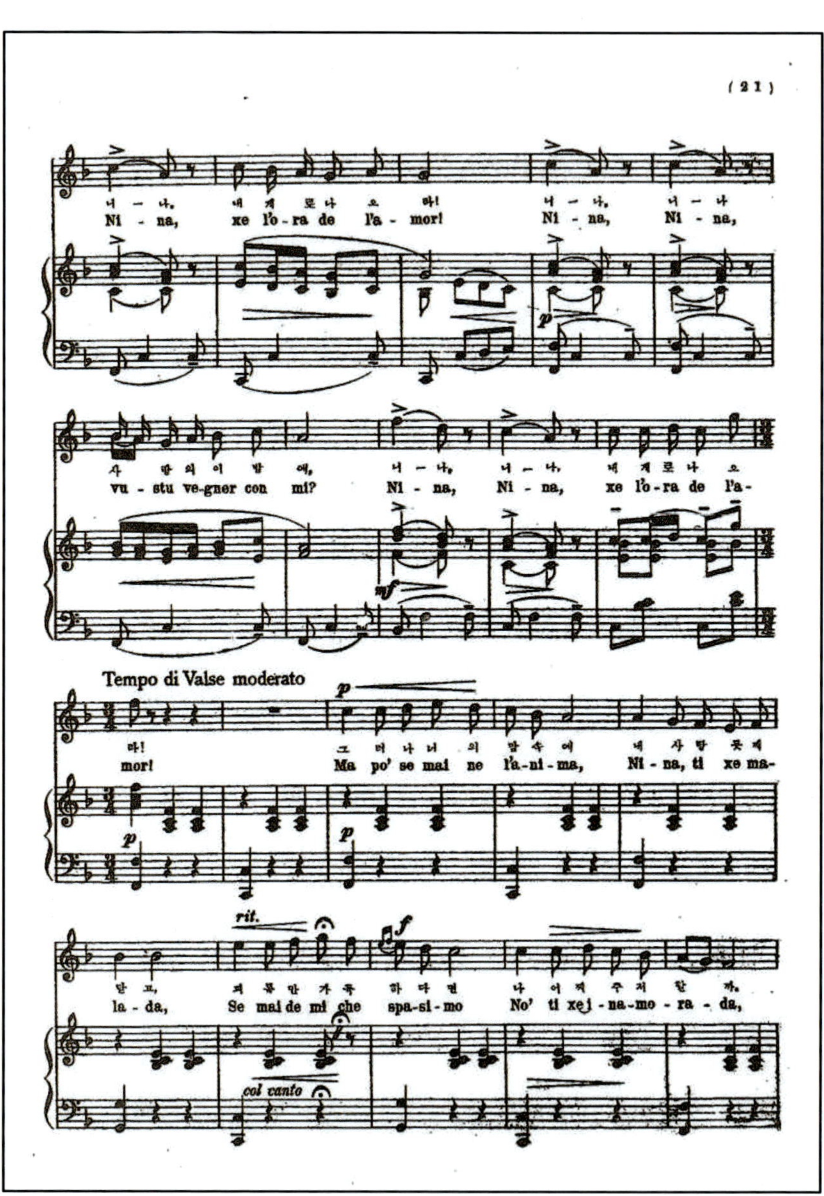

1164　절대음악 혼자 간다

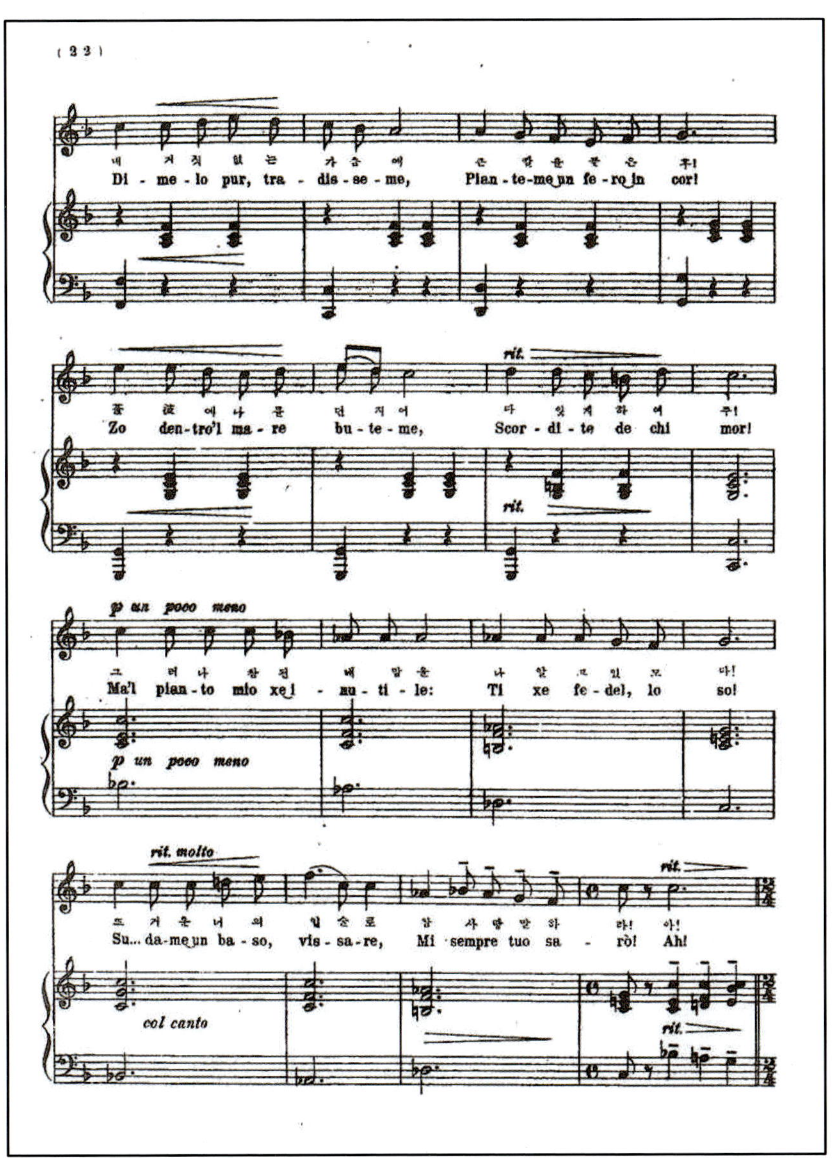
Di - me - lo pur, tra - dis - se - me, Pian - te - me un fe - ro in cor!
Zo den - tro'l ma - re bu - te - me, Scor - di - te de chi mor!
Ma'l pian - to mio xe l - nu - ti - le: Ti xe fe - del, lo so!
Su... da - me un ba - so, vis - sa - re, Mi sempre tuo sa - rò! Ah!
p un poco meno
p un poco meno
rit.
rit.
rit. molto
col canto
rit.

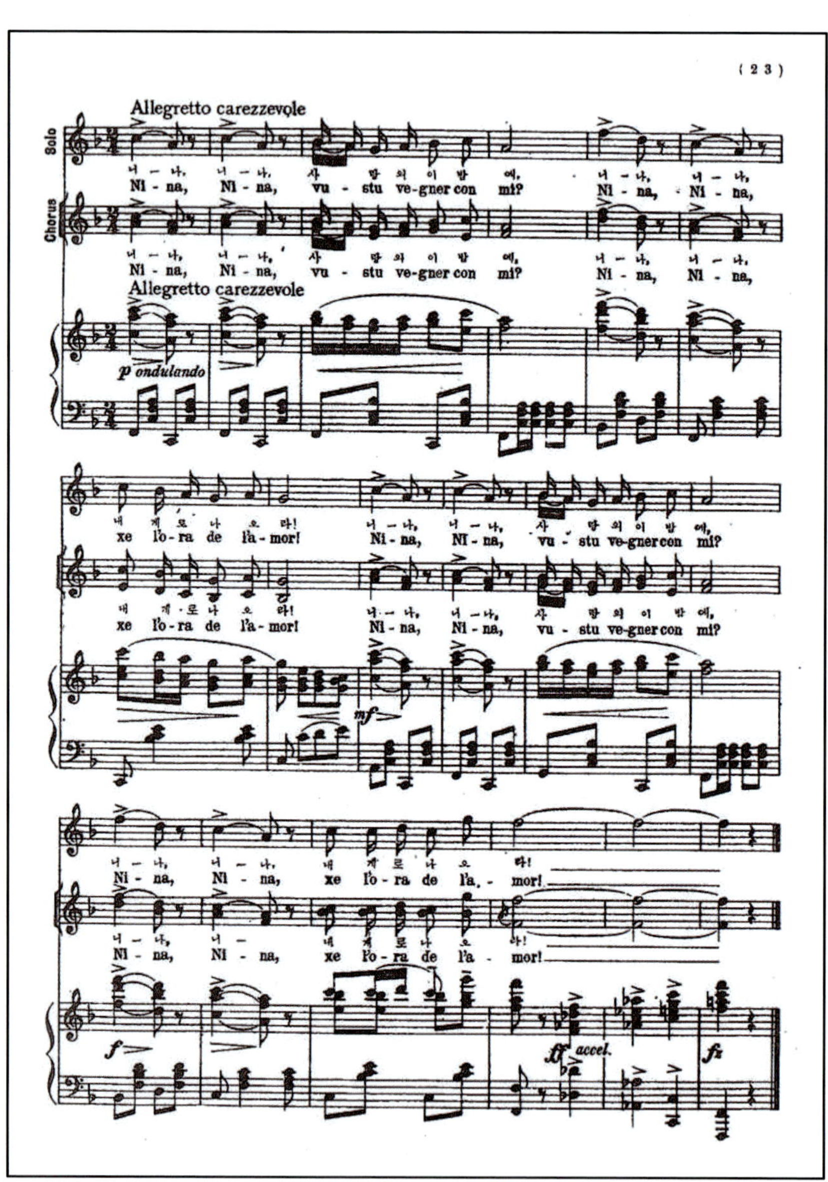

Allegretto carezzevole
Solo
너 ─ 나, 너 ─ 나, 사 랑 의 이 밤 에, 너 ─ 나, 너 ─ 나,
Ni - na, Ni - na, vu - stu ve-gner con mi? Ni - na, Ni - na,
Chorus
너 ─ 나, 너 ─ 나, 사 랑 의 이 밤 에, 너 ─ 나, 너 ─ 나,
Ni - na, Ni - na, vu - stu ve-gner con mi? Ni - na, Ni - na,
Allegretto carezzevole
p ondulando
내 게 오 나 오 라! 너 ─ 나, 너 ─ 나, 사 랑 의 이 밤 에,
xe l'o-ra de l'a-mor! Ni - na, Ni - na, vu - stu ve-gner con mi?
내 게 로 나 오 라! 너 ─ 나, 너 ─ 나, 사 랑 의 이 밤 에,
xe l'o-ra de l'a-mor! Ni - na, Ni - na, vu - stu ve-gner con mi?
mf
너 ─ 나, 너 ─ 나, 내 게 로 나 오 라!
Ni - na, Ni - na, xe l'o-ra de l'a - mor!
너 ─ 나, 너 ─ 나, 내 게 로 나 오 라!
Ni - na, Ni - na, xe l'o-ra de l'a - mor!
f
ff accel.
fz

니 - 나

Nina

('베니스' 노래)

이 인 선 역사
Fernando Tanara

Allegretto

Tempo di Valse moderato

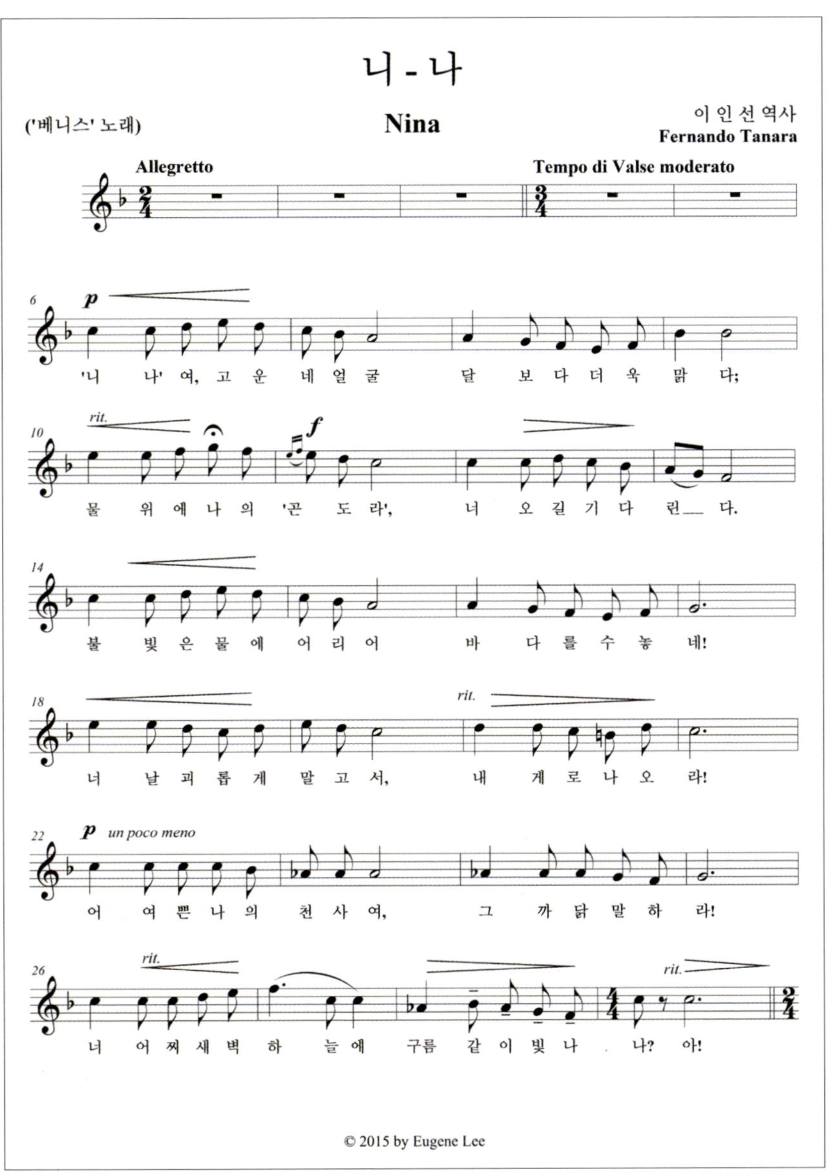

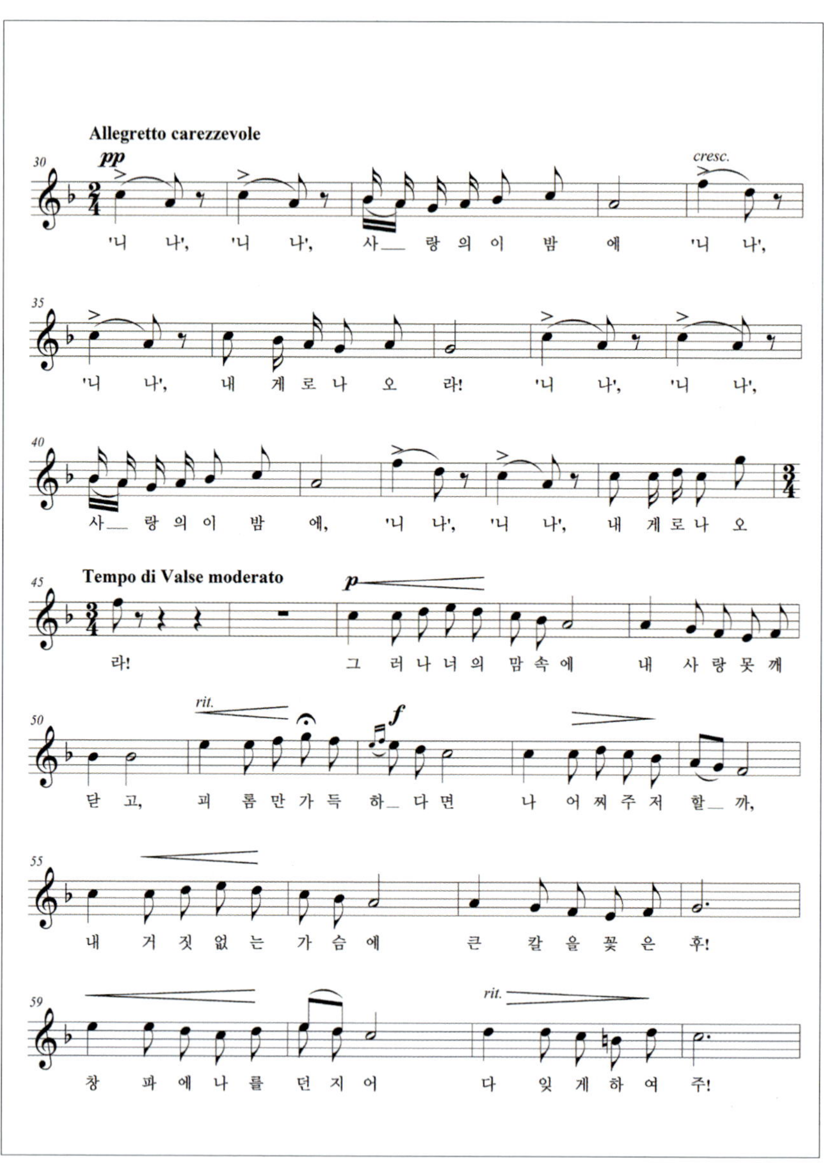

Allegretto carezzevole
pp
cresc.
'니 나', '니 나', 사__랑의이 밤 에 '니 나',
'니 나', 내 게 로 나 오 라! '니 나', '니 나',
사__랑의이 밤 에, '니 나', '니 나', 내 게 로 나 오
Tempo di Valse moderato
p
라! 그 러 나너의 맘 속 에 내 사 랑 못 깨
rit.
f
달 고, 괴 롬 만가 득 하_ 다 면 나 어 찌 주 저 할_ 까,
내 거 짓 없 는 가 슴 에 큰 칼 을 꽂 은 후!
rit.
창 파 에 나 를 던 지 어 다 잊 게 하 여 주!

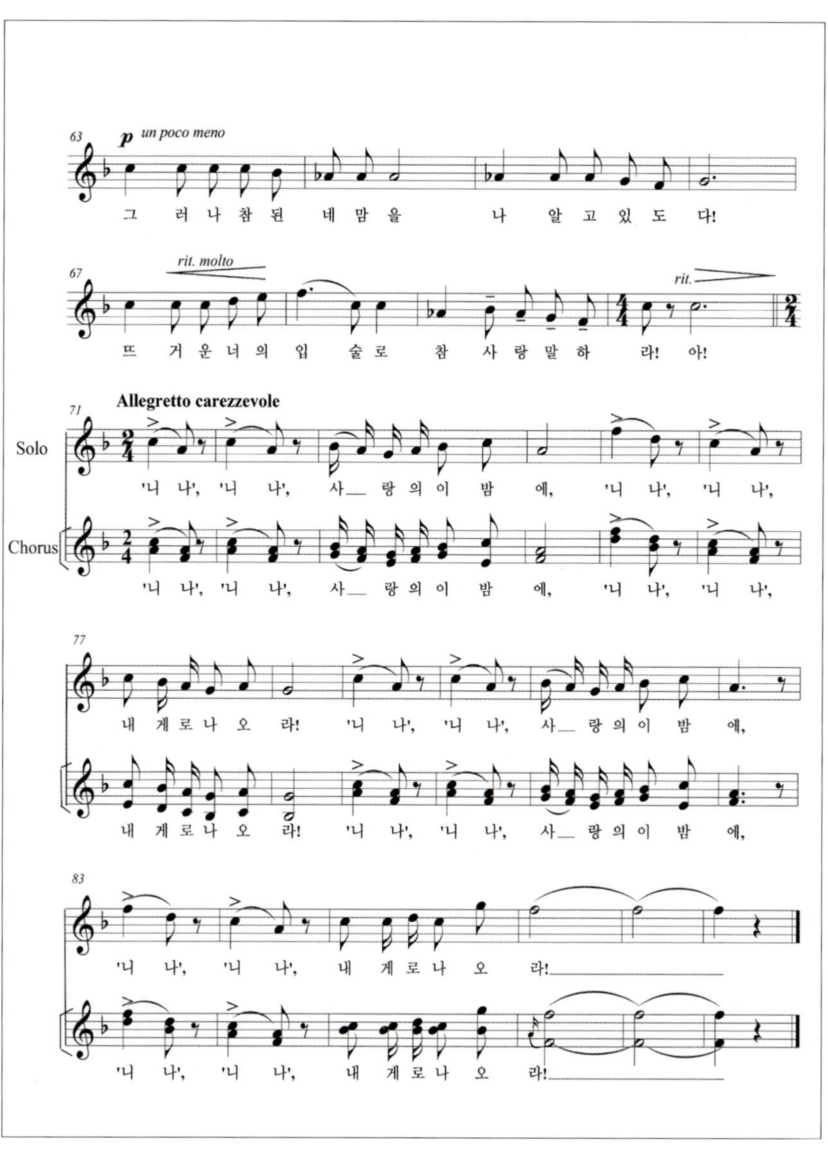

그 러 나 참 된 네 맘 을 나 알 고 있 도 다!
뜨 거 운 너 의 입 술 로 참 사 랑 말 하 라! 아!
Solo
'니 나', '니 나', 사__랑 의 이 밤 에, '니 나', '니 나',
Chorus
'니 나', '니 나', 사__랑 의 이 밤 에, '니 나', '니 나',
내 게 로 나 오 라! '니 나', '니 나', 사__랑 의 이 밤 에,
내 게 로 나 오 라! '니 나', '니 나', 사__랑 의 이 밤 에,
'니 나', '니 나', 내 게 로 나 오 라!
'니 나', '니 나', 내 게 로 나 오 라!

(24)

날 잊지말아라
Non ti scordar di me

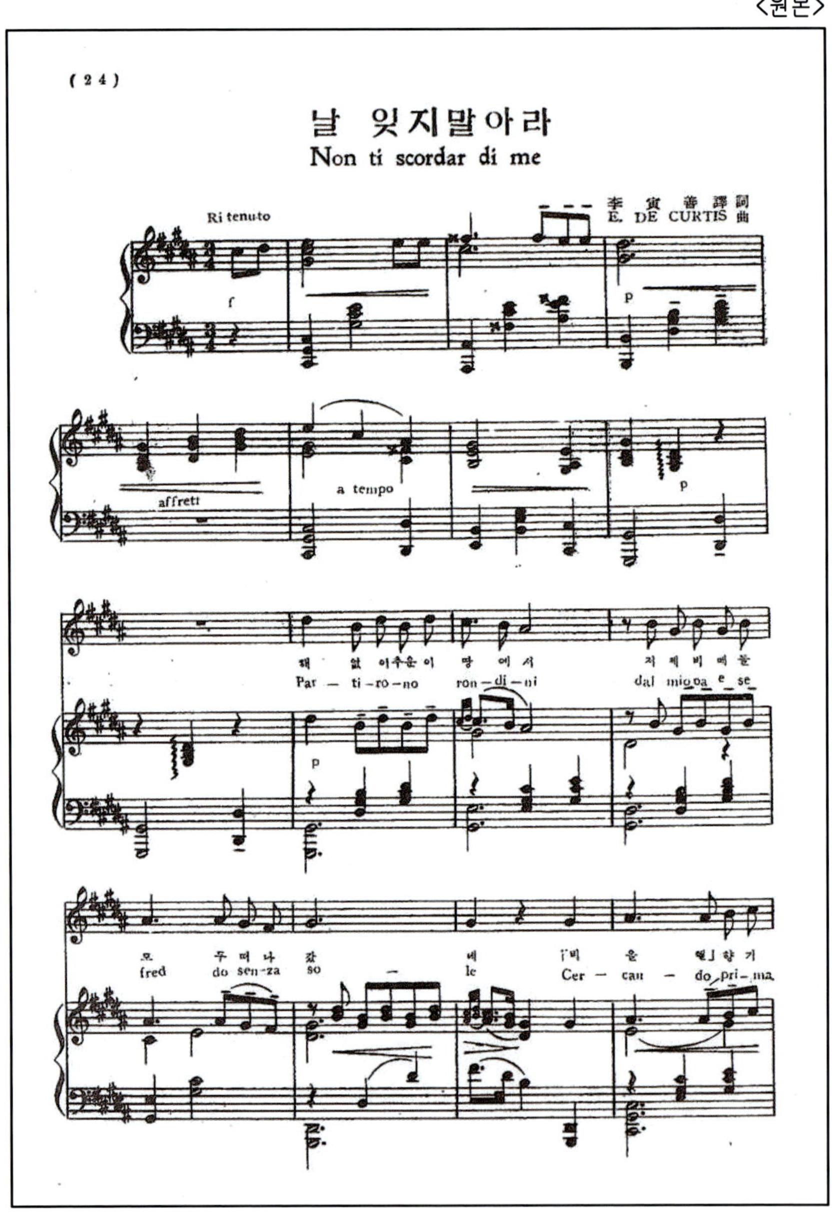

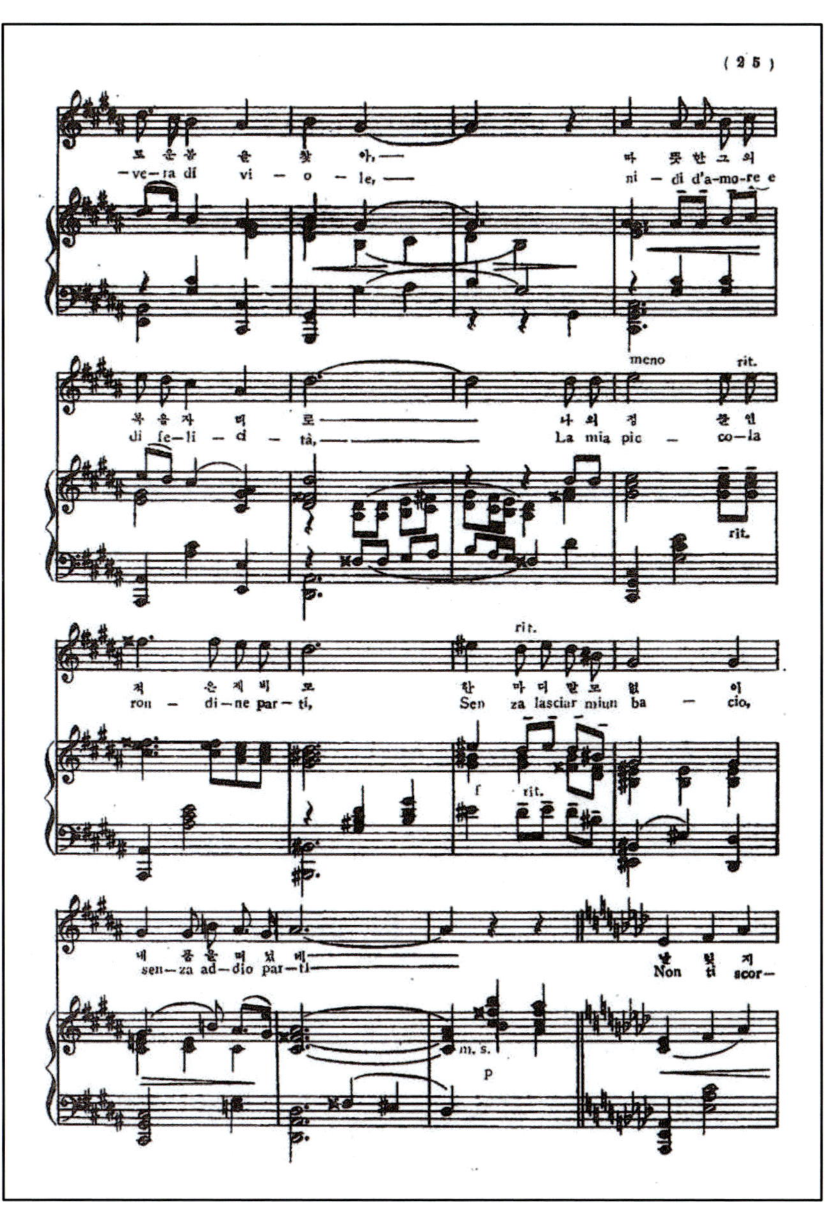
모 운 꿈을 찾 아,—
-ve-ra di vi - o - le,—
마 뜻한그의
ni - di d'a-mo-re e
meno
rit.
복 음 자 더 로—
di fe-li - d - tà,—
나 의 정 짠 인
La mia pic - co-la
rit.
rit.
처 은 제 비 모
ron - di-ne par - ti,
한 마 디 말 모 없 이
Sen za lasciar miun ba - cio,
f
rit.
내 꿈을 머 났 비
sen-za ad-dio par-ti—
달 빛 지
Non ti scor-
m. s.
p

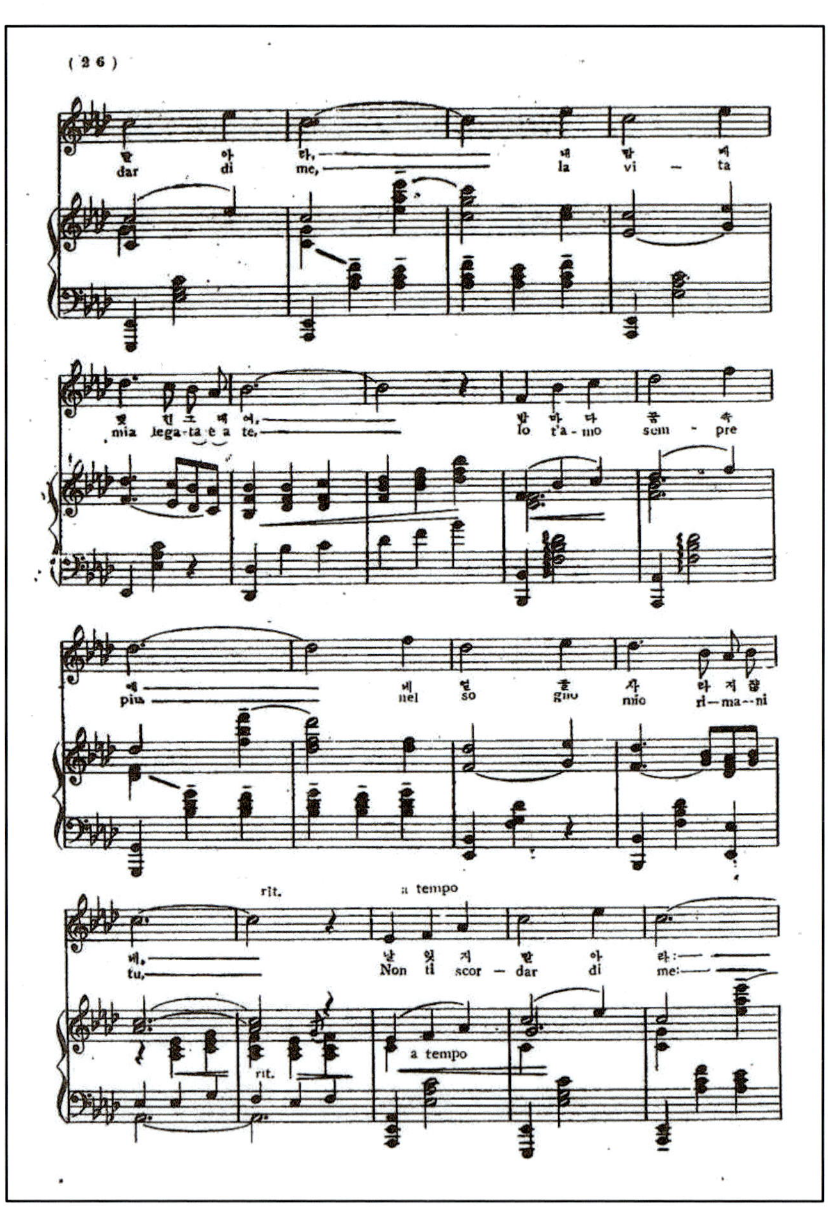
dar   di   me,   la vi - ta
mia lega-ta e a te,   Io t'a - mo sem - pre
piu   nel so gno ri - ma--ni
tu,   Non ti scor — dar di me:
rit.   a tempo
rit.   a tempo

말 아 라,   네 맘 에
못 잊그 댜 에,   밤 마 다 꿈 속
에   네 얼 꿀 자 라 지않
예,   날 잊지말 아   라:

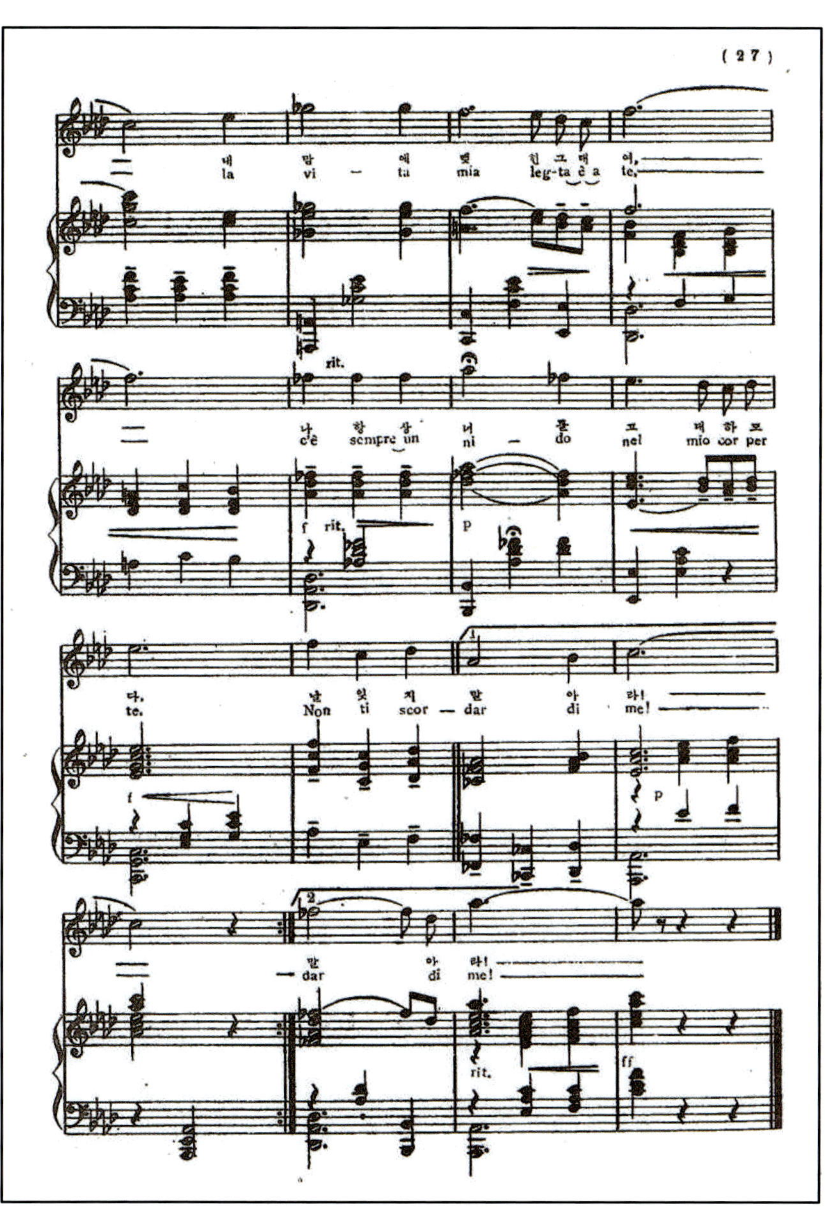
내 맘 에 뭇 친 그 대 여,
la vi - tu mia leg-ta è a te,
나 항 상 너 풀 고 제 하 모
c'è sempre un ni - do nel mio cor per
다, 날 잊 지 말 아 라!
te. Non ti scor - dar di me!
rit.
f rit.
p
f
p
만 아 라!
dar di me!
rit.
ff

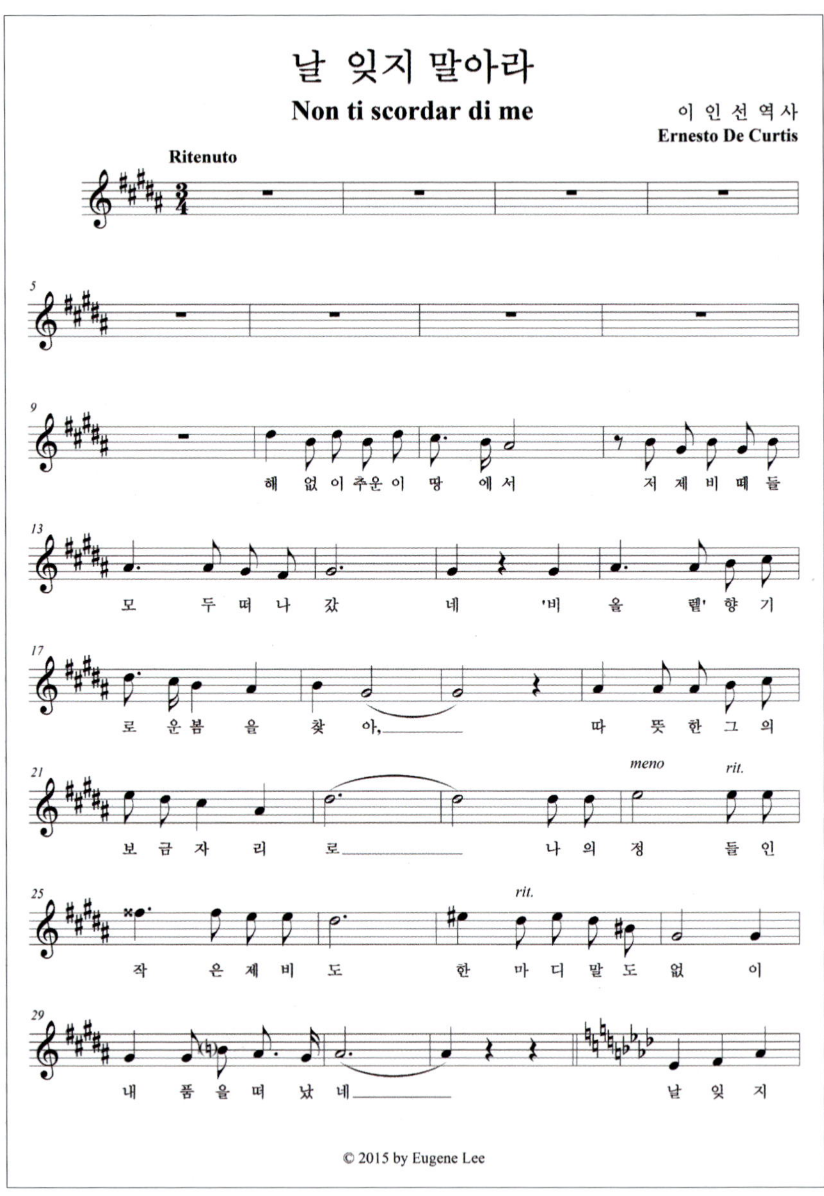

날 잊지 말아라
Non ti scordar di me
이 인 선 역사
Ernesto De Curtis
Ritenuto
meno   rit.
rit.
해 없 이 추운 이 땅 에 서   저 제 비 떼 들
모 두 떠 나 갔 네 '비 올 렐' 향 기
로 운 봄 을 찾 아,____   따 뜻 한 그 의
보 금 자 리 로____   나 의 정 들 인
작   은 제 비 도   한 마 디 말 도 없 이
내 품 을 떠 났 네____   날 잊 지
© 2015 by Eugene Lee

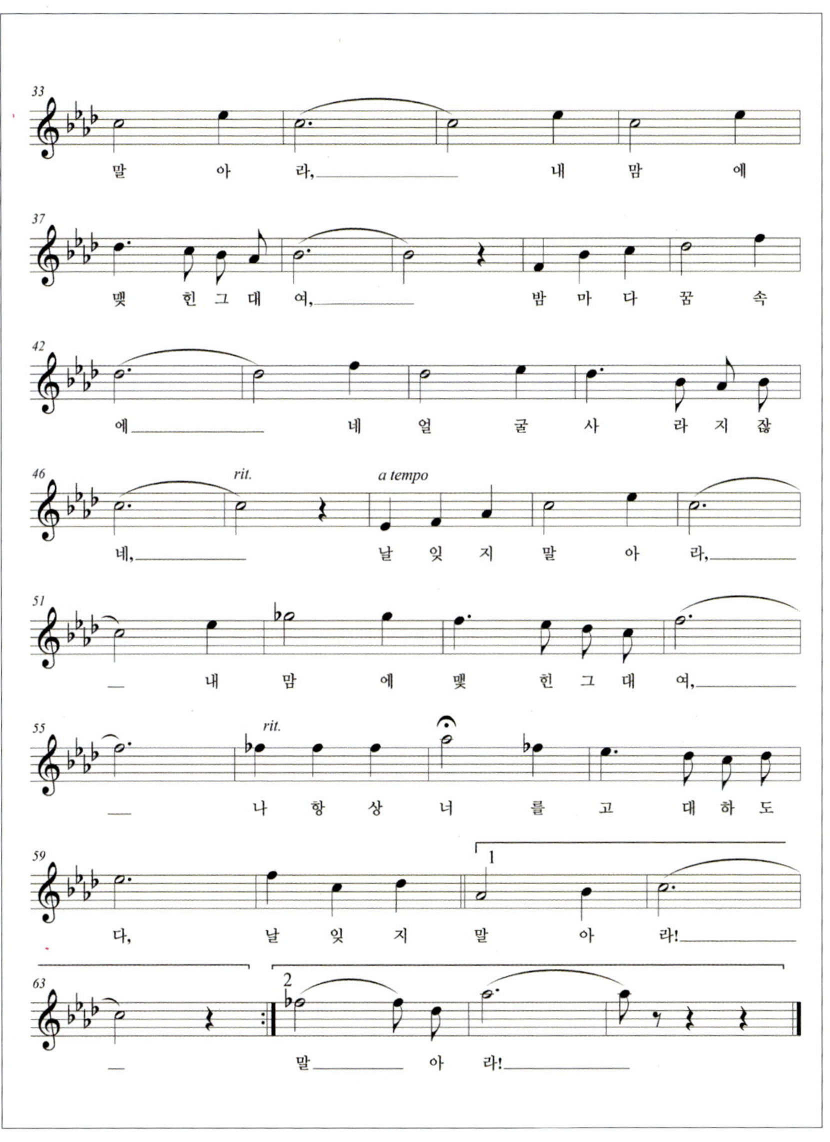
말 아 라, 내 맘 에
맺 힌 그 대 여, 밤 마 다 꿈 속
에 네 얼 굴 사 라 지 잖
네, 날 잊 지 말 아 라,
내 맘 에 맺 힌 그 대 여,
나 항 상 너 를 고 대 하 도
다, 날 잊 지 말 아 라!
말 아 라!
rit.
a tempo
rit.

(28)

돌아오라 내 딸아
Trona, piccina

李貞善 詞詞
C. A. BIXIO 曲

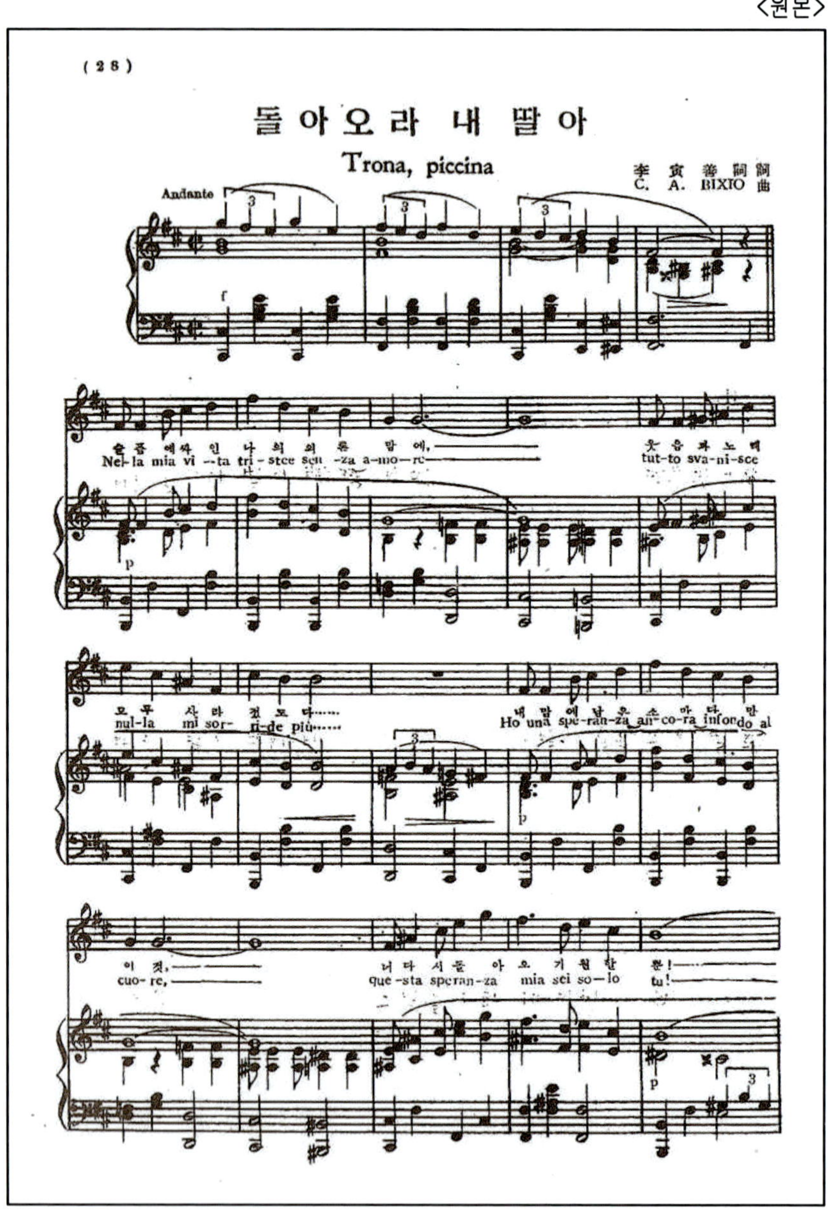

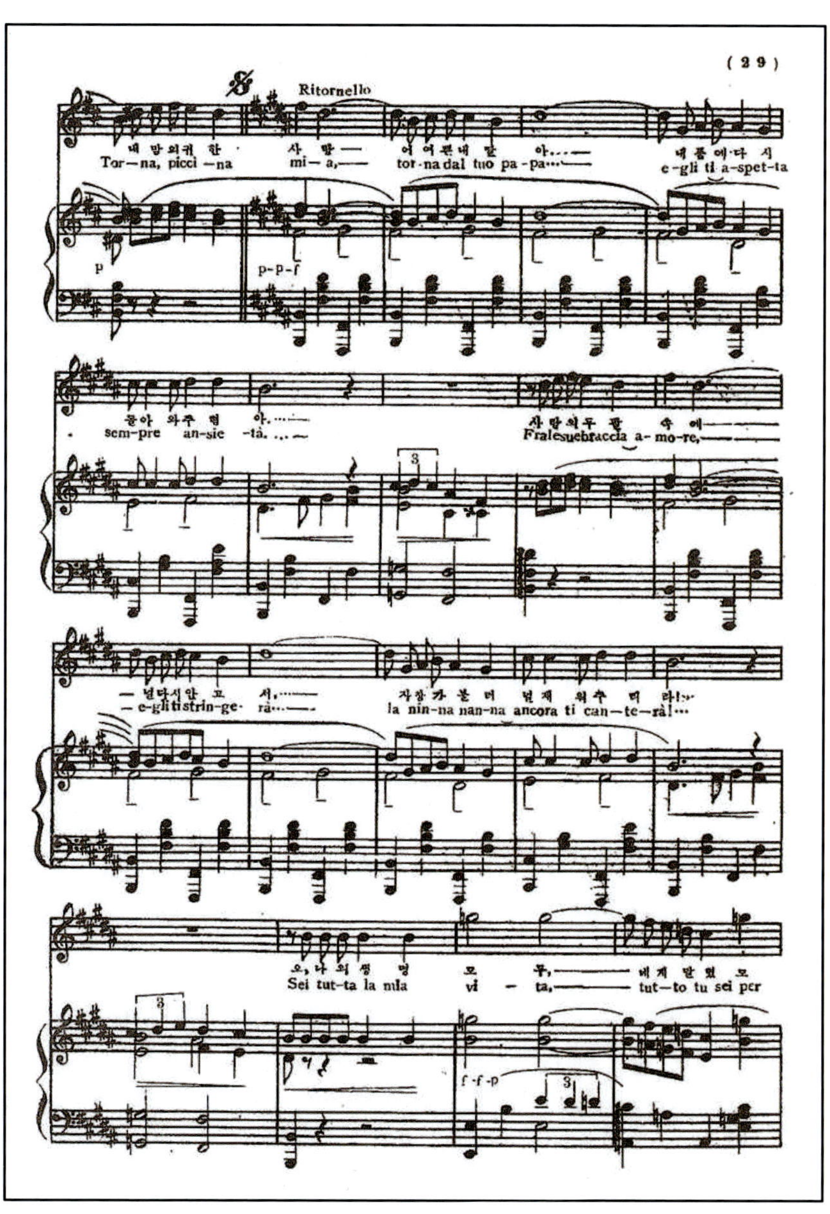
Ritornello
내 맘외귀한   사 랑— 어여뿐내 딸 아....   내품에다 시
Tor—na, picci—na   mi— a,—   tor-na dal tuo pa-pa....   e-gli ti a-spet-ta
돌아 와주렴 아....   사 랑의두 팔 속에
sem-pre an-sie -tà....   Fralesuebraccia a-mo-re,—
넌달시안 고   서,....   자장가불러 넌재 워주 리 라!...
e-gli tistrin-ge-   rà....   la nin-na nan-na ancora ti can-te-ràl...
오, 나의생 명   모   무,——   네게 달렸모
Sei tut-ta la mia   vi — ta,——   tut—to tu sei per

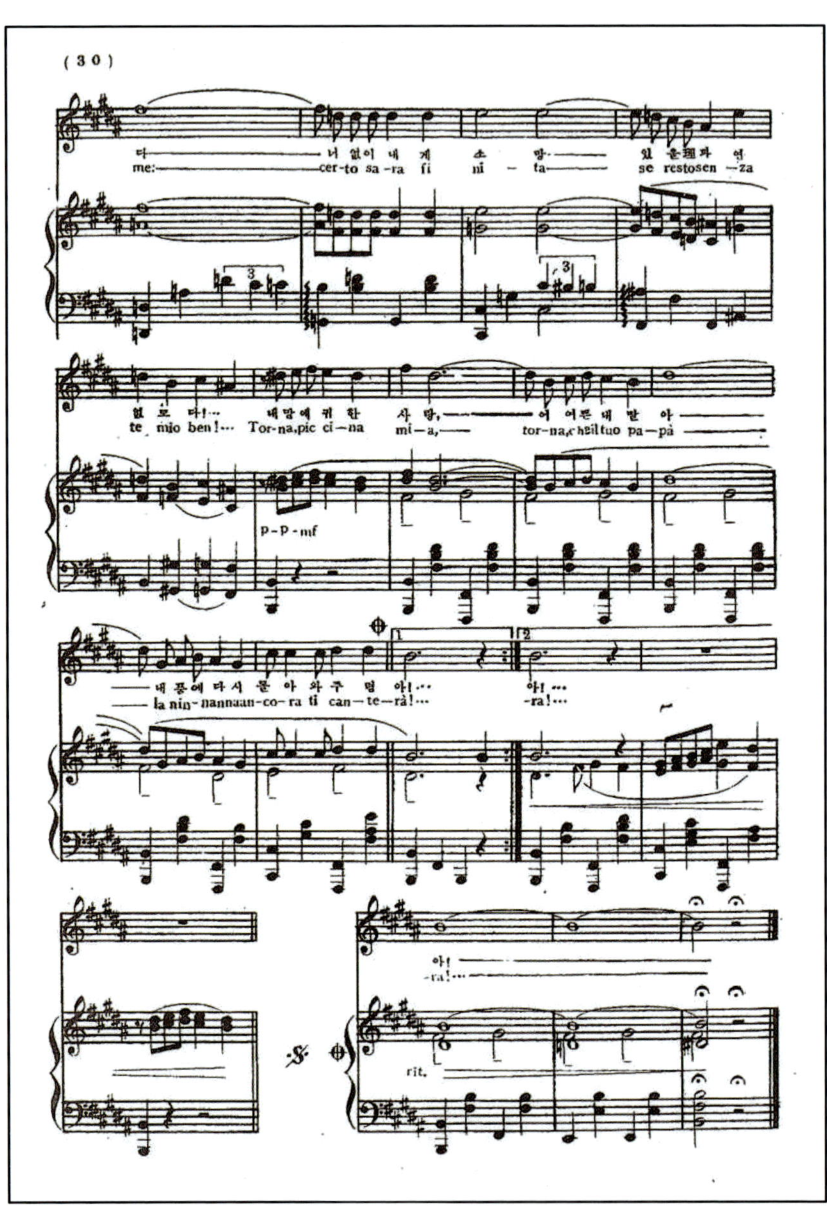

(30)
다 너 없이 내게 소 망 있 훈뢰과 연
me: cer-to sa-ra fi ni - ta se restosen -za
없 로 다!… 내맘에 귀 한 사 랑, 어 어론 내 받 아
te mio ben!… Tor-na,pic ci -na mi -a, tor-na,chal tuo pa - pà
내꿈에 다시 묻 아 와 주 멈 아!… 아!…
la nin-nannaan-co-ra ti can-te-rà!… -ra!…
아!
-ra!…
p-p-mf
rit.

돌아오라 내 딸아
Trona, piccina

이 인 선 역사
C. A. Bixto

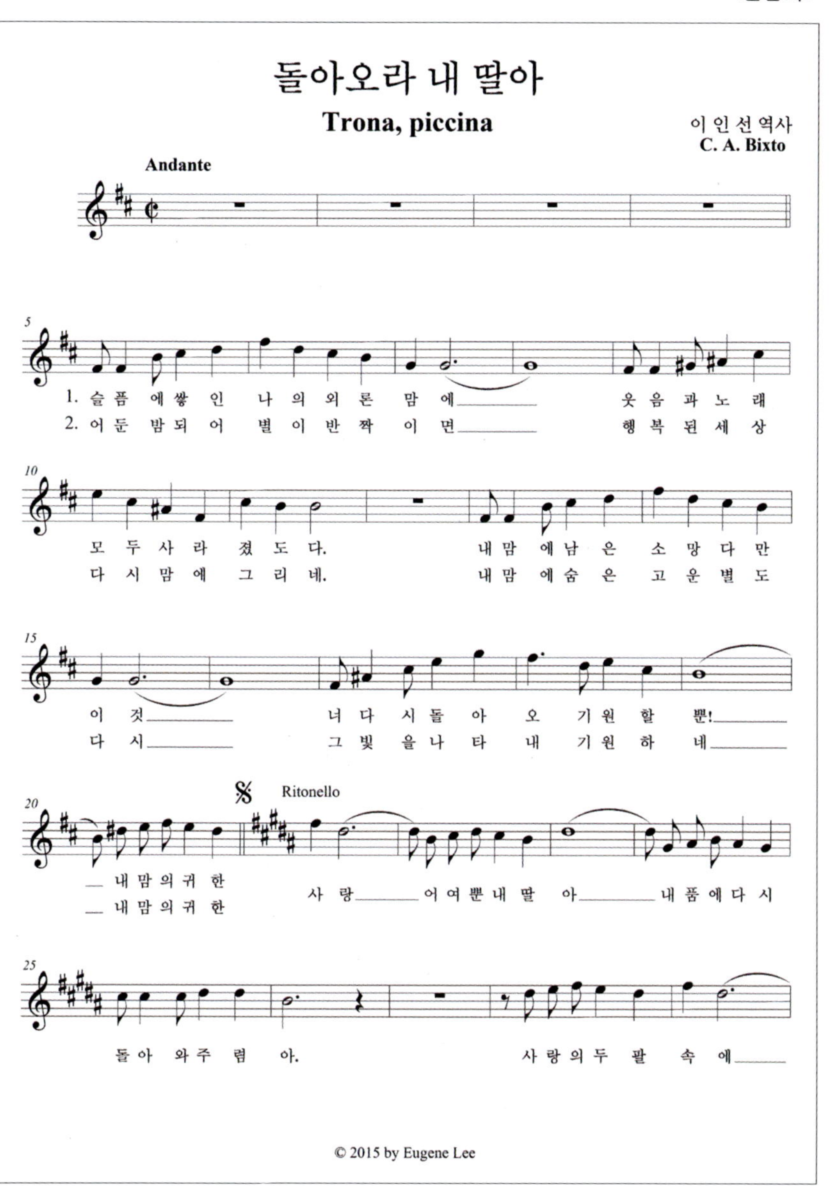

© 2015 by Eugene Lee

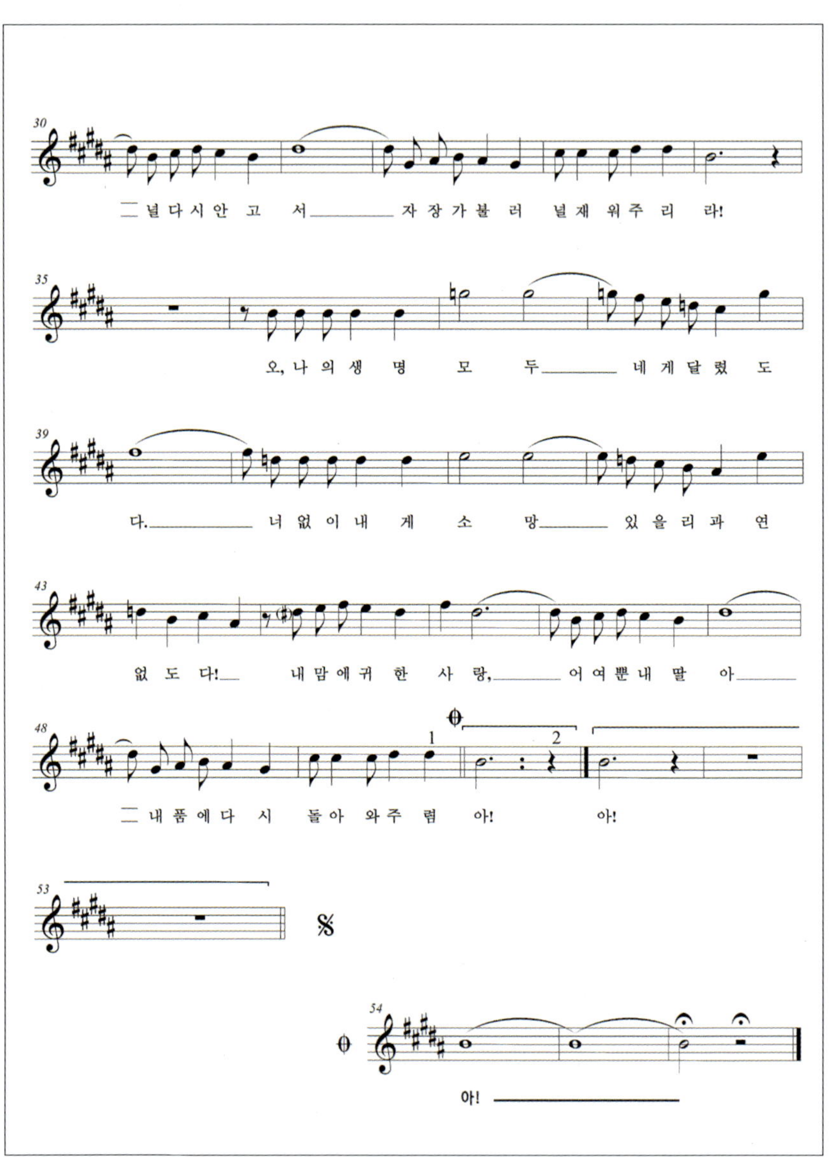

널 다시 안 고 서 자 장 가 불 러 널 재 워 주 리 라!
오, 나 의 생 명 모 두 네 게 달 렸 도
다. 너 없 이 내 게 소 망 있 을 리 과 연
없 도 다! 내 맘 에 귀 한 사 랑, 어 여 뿐 내 딸 아
1 2
내 품 에 다 시 돌 아 와 주 렴 아! 아!
아!

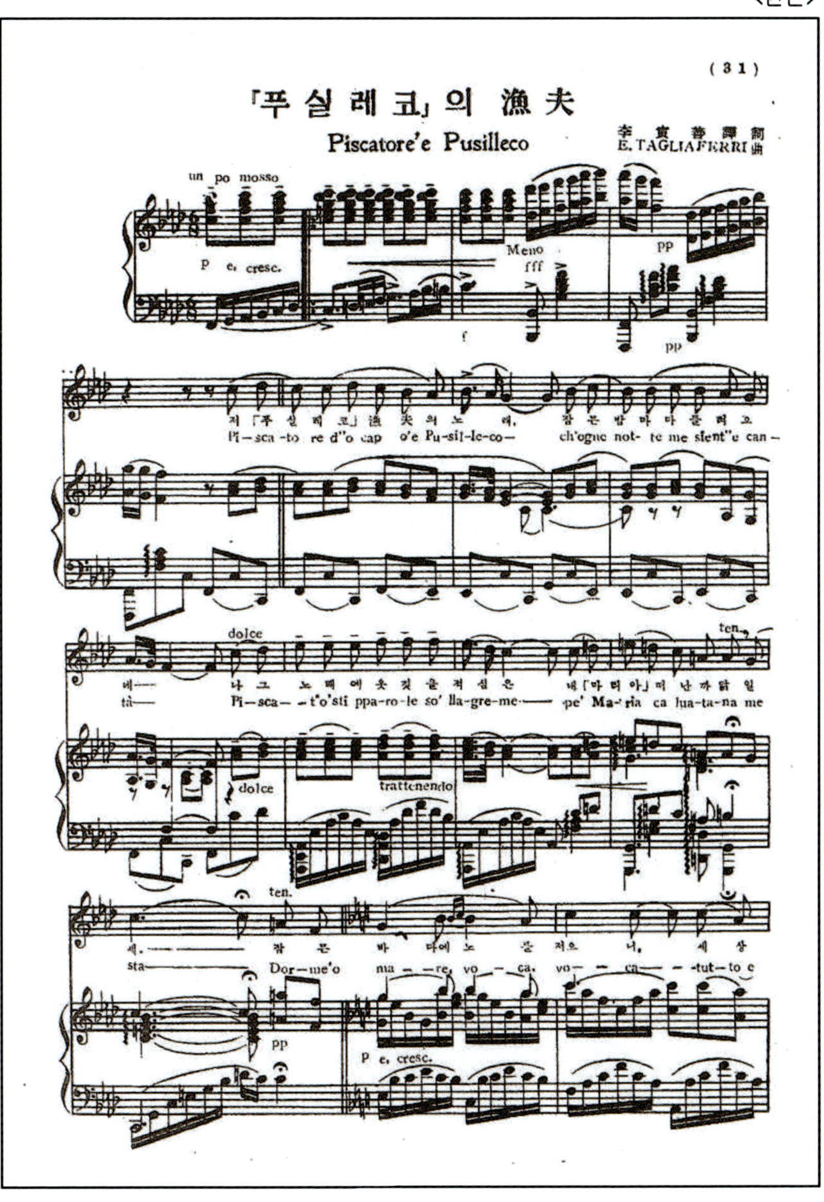
(31)
「푸실레코」의 漁夫
Piscatore'e Pusilleco
李寅華譯詞
E. TAGLIAFERRI 曲
un po mosso
p e. cresc.
Meno
fff
pp
f
pp
저「푸실레코」漁夫의노래, 잠든밤마다흘려요
Pi—sca—to re d''o cap o'e Pu-sil-le-co— ch'ogne not- te me sient''e can-
dolce
ten.
메— 나그 노래에옷깃을적심은 내「마리아」떠난까닭일
ti— Pi-sca—t'o'sti ppa-ro-le so' lla-gre-me— pe' Ma-ria ca lua-ta-na me
dolce
trattenendo
ten.
세. 잠 든 바 다에노 믈 저으 니, 세 상
sta— Dor-me'o na-re, vo-ca, vo— ca— -tut-to e
pp
p e. cresc.

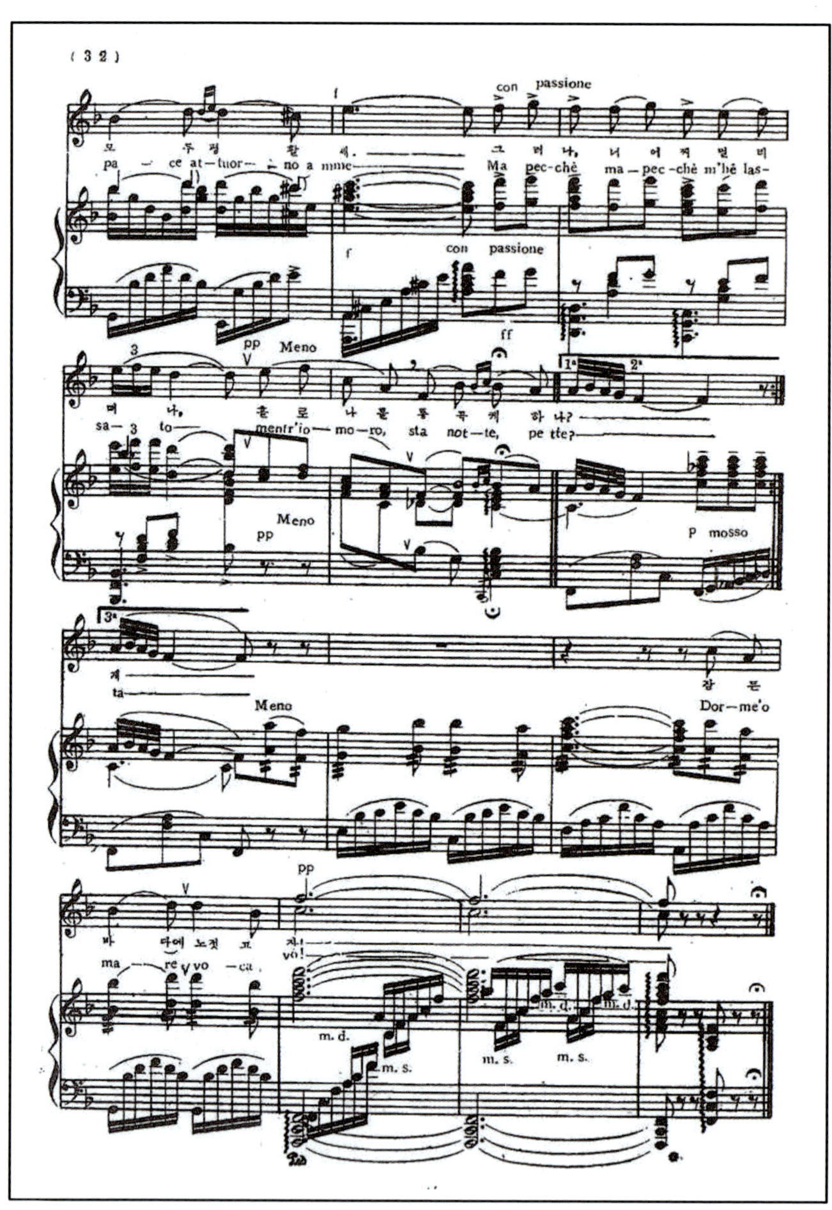

1182   절대음악 혼자 간다

'푸실레코'의 어부
Piscatore'e Pusilleco

이 인 선 역사
Ernesto Tagliaferri

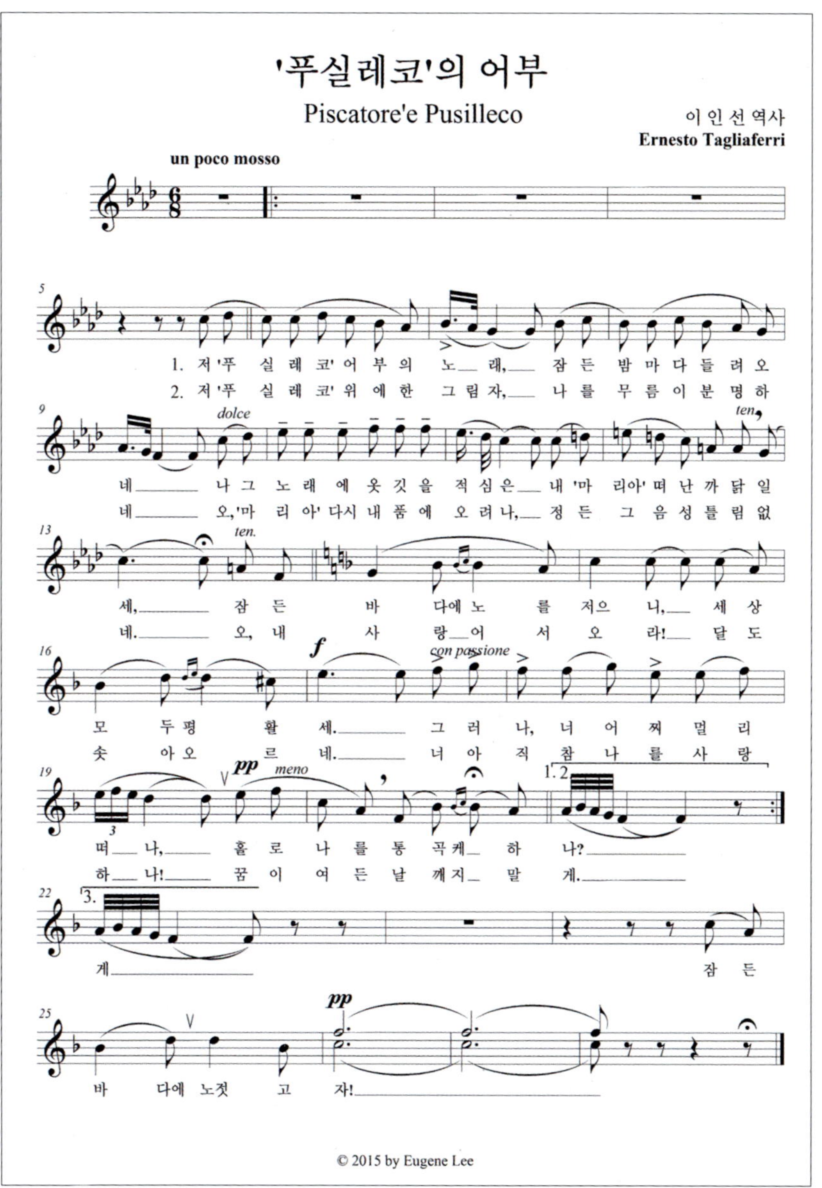

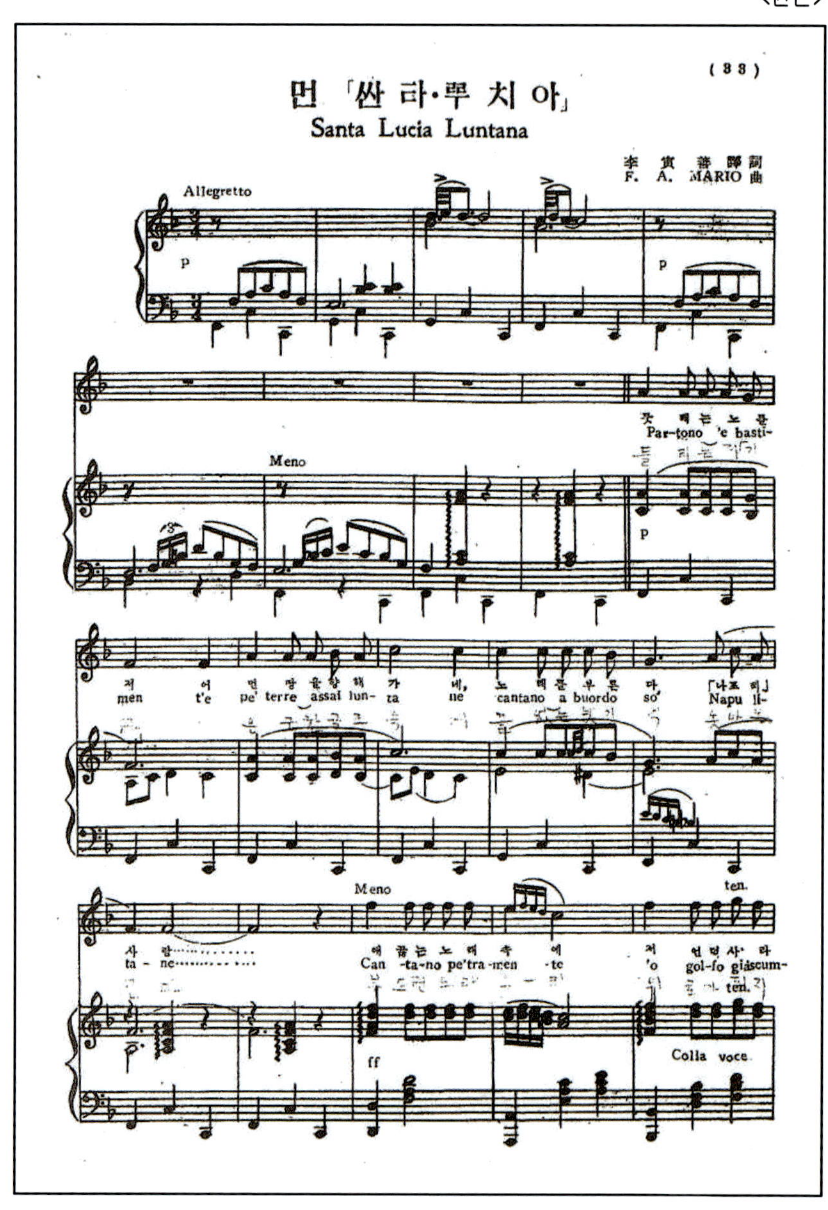
(33)
면 「싼 타·뿌 치 아」
Santa Lucia Luntana
李 寅 善 譯詞
F. A. MARIO 曲
Allegretto
p
p
Meno
Par-tono 'e basti-
p
men t'e pe' terre assai lun- ta ne, cantano a buordo so' Napu li-
Meno
ten.
ta ne Can -ta-no pe'tra-men te 'o gol-fo giscum-
ff
Colla voce.

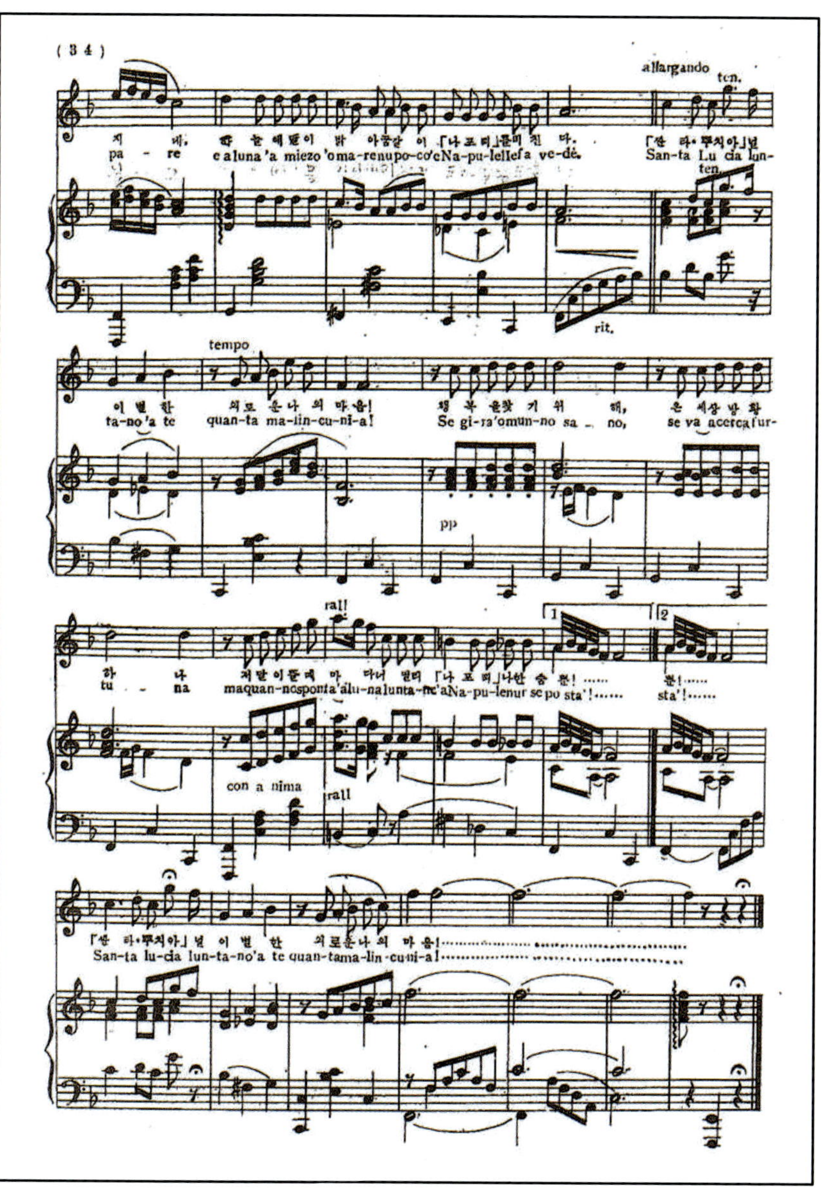

(34)
allargando
ten.
지 네, 꿈 눈해뜨이 밤 아둥갈 이 「나포리」둔미 친 다.
pa - re   e a luna 'a miezo 'o ma-re nu po-co 'c Na-pu-lel le fa ve-dé.
「싼 라·뿌치아」넌
San-ta Lu ci a lun ten.
rit.
tempo
이 별 한   쇠로운나의마음!   행 복 은찾 기 위 해,   은 세상 방 황
ta-no'a te   quan-ta ma-lin-cu-ni-a!   Se gi-ra'o mun-no sa _ no,   se va acerca fur-
pp
rall!
1   2
하   나   저달이뜰때 마 다너 벌터 「나포리」나난 숨 룬!……   룬!……
tu _ na   ma quan-no sponta 'a lu-na lun ta-ne'a Na-pu-le nur se po sta'!……   sta'!……
con a nima   rall
「싼 라·뿌치아」넌 이 별 한   쇠로운나의 마 음!……
San-ta lu-cia lun-ta-no'a te quan-tama-lin-cu-ni-a!……

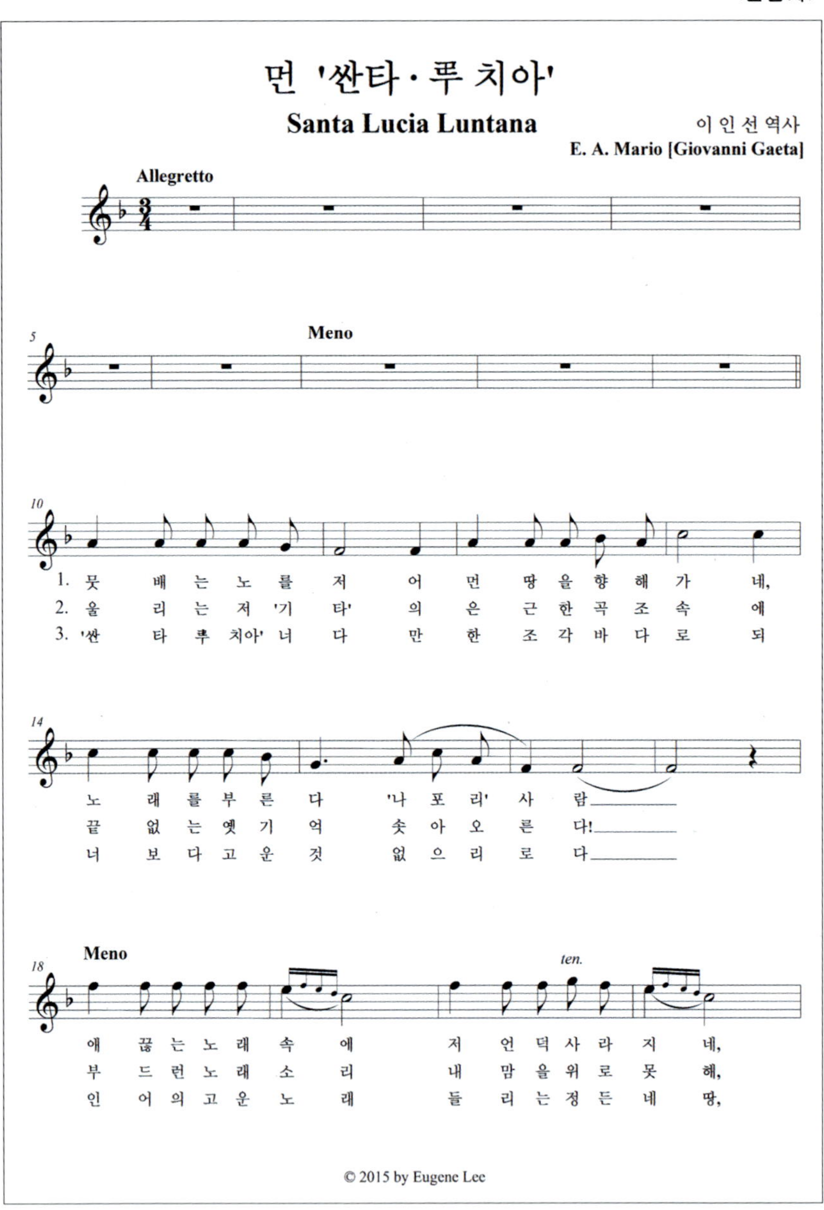
먼 '싼타·푸치아'
Santa Lucia Luntana
이 인 선 역사
E. A. Mario [Giovanni Gaeta]
Allegretto
Meno
1. 뭇 배는 노를 저 어 먼 땅을 향해 가 네,
2. 울 리는 저 '기 타' 의 은 근 한 곡 조 속 에
3. '싼 타 루 치아' 너 다 만 한 조 각 바 다 로 되
노 래를 부른 다 '나 포 리' 사 람
끝 없 는 옛 기 억 솟 아 오 른 다!
너 보 다 고 운 것 없 으 리 로 다
Meno
ten.
애 끊 는 노래 속 에 저 언 덕 사 라 지 네,
부 드 런 노래 소 리 내 맘 을 위 로 못 해,
인 어 의 고 운 노 래 들 리 는 정 든 네 땅,
© 2015 by Eugene Lee

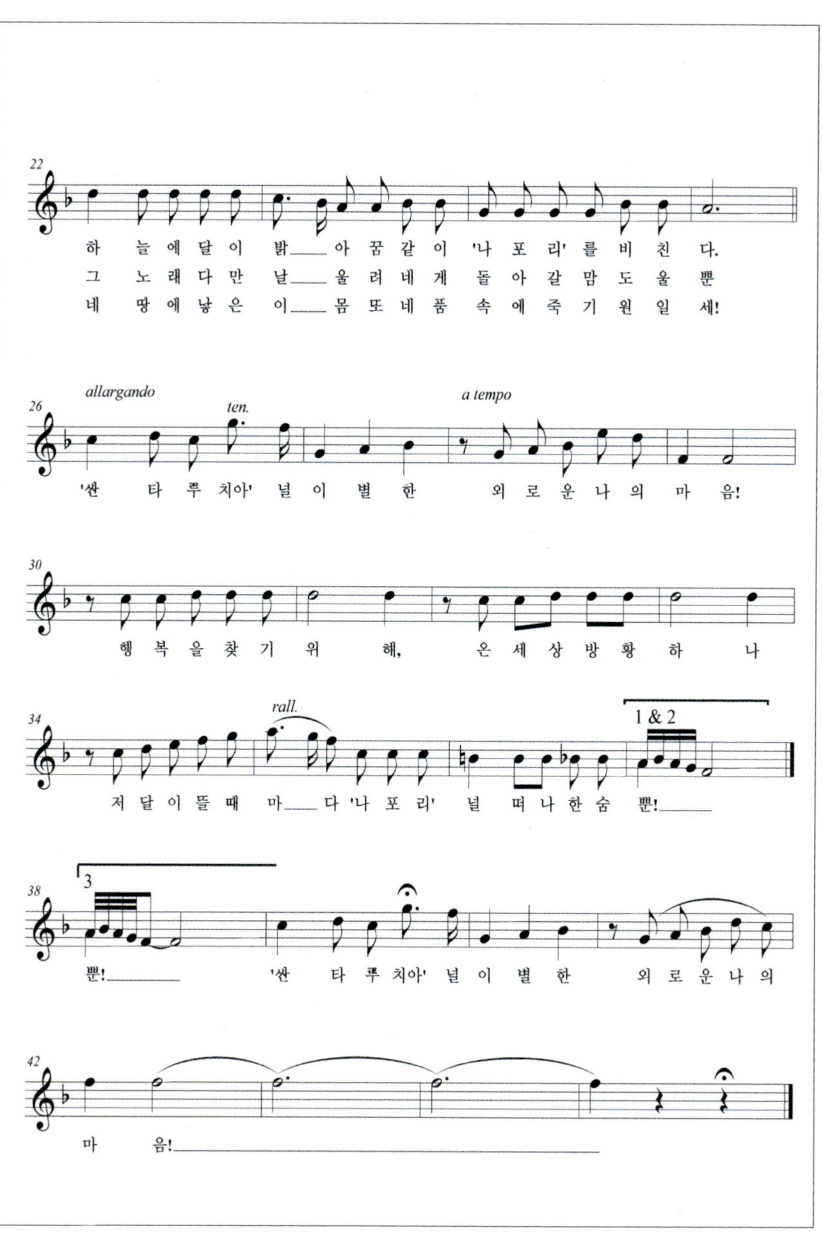

하늘에달이밝__아꿈같이'나포리'를비친다.
그노래다만날__울려네게돌아갈맘도울뿐
네땅에낳은이__몸또네품속에죽기원일세!
'싼타루치아'널이별한외로운나의마음!
행복을찾기위해,온세상방황하나
저달이뜰때마__다'나포리'널떠나한숨뿐!__
뿐!__'싼타루치아'널이별한외로운나의
마음!__

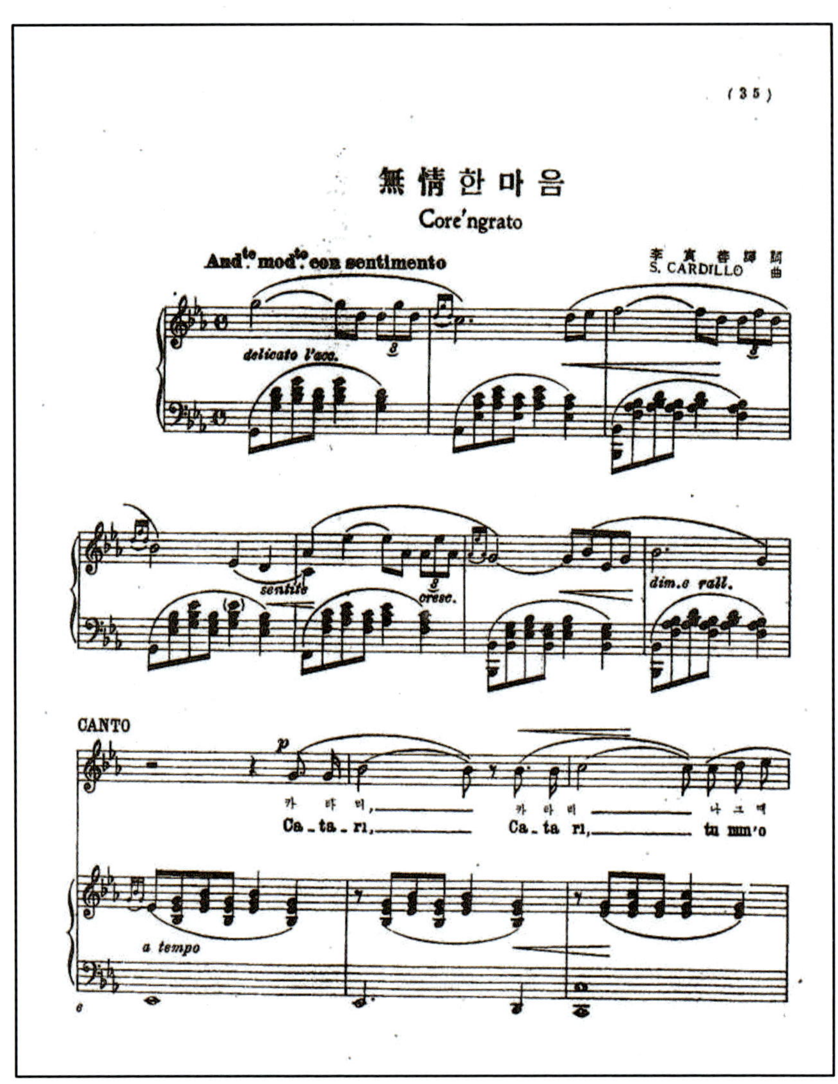

(35)
無情한마음
Core'ngrato
And.te mod.te con sentimento
李 寅 善 譯 詞
S. CARDILLO 曲
delicato l'acc.
sentito
cresc.
dim.e rall.
CANTO
p
카 타 리,
Ca_ta_ri,
카 타 리
Ca_ta_ri,
나 그 때
tu mm'o
a tempo

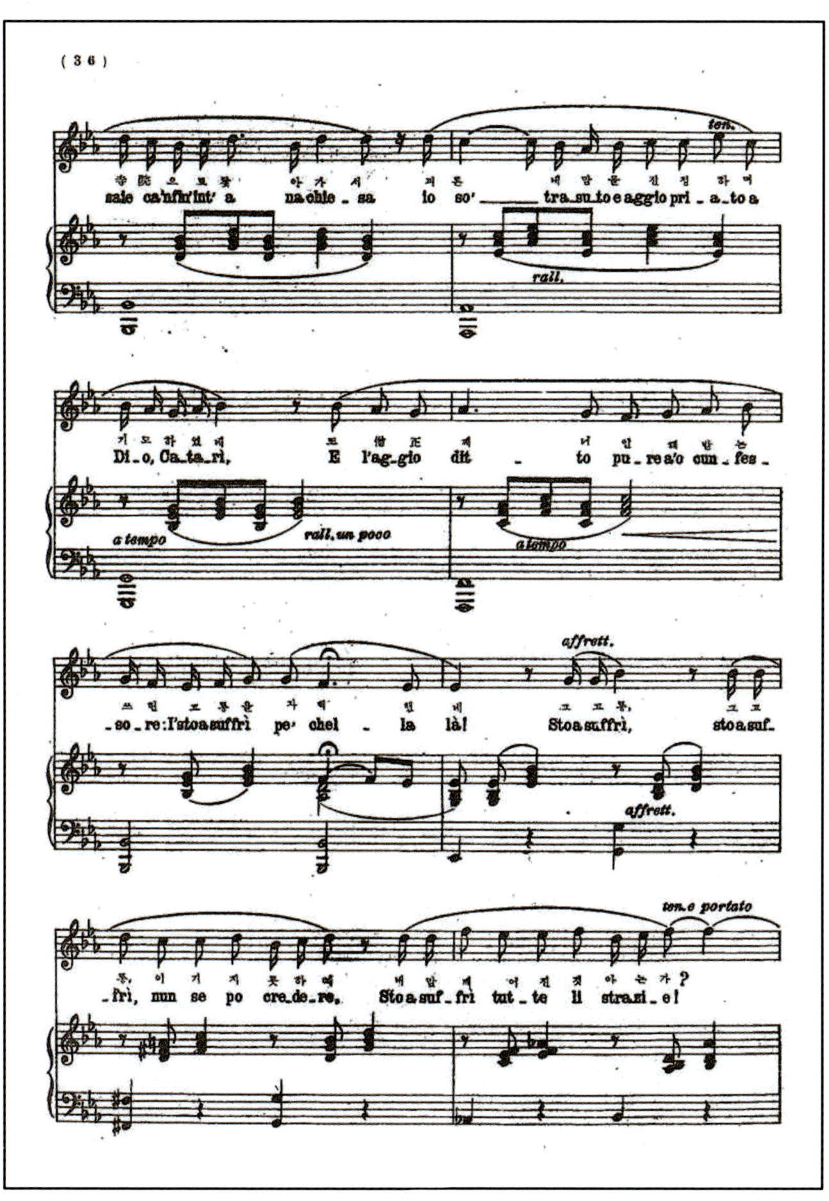
ton.
寺院으로뮷 아가서 저는 네맘은진정하며
saie ca'nfin'int' a na chie _ sa io so'_____ tra _ su _ to e aggio pri _ a _ to a
rall.
기 요 하 썼 네 로 借 氏 져 너 만 때 만 는
Di _ o, Ca _ ta _ ri, E l'ag _ gio dit _ to pu _ re a'o cun _ fes _
a tempo   rall. un poco   a tempo
affrett.
쓰 린 그 통을 자 때 밑 네 그 그 통, 그 그
_ so _ re: I'sto a suffrì pe' chel _ la là! Sto a suffrì, sto a suf _
affrett.
ten. e portato
통, 이 기 지 못 하 여 네 맘 게 어 진 것 아 는 가?
_ frì, nun se po cre _ de _ re. Sto a suf _ frì tut _ te li strazi _ e !

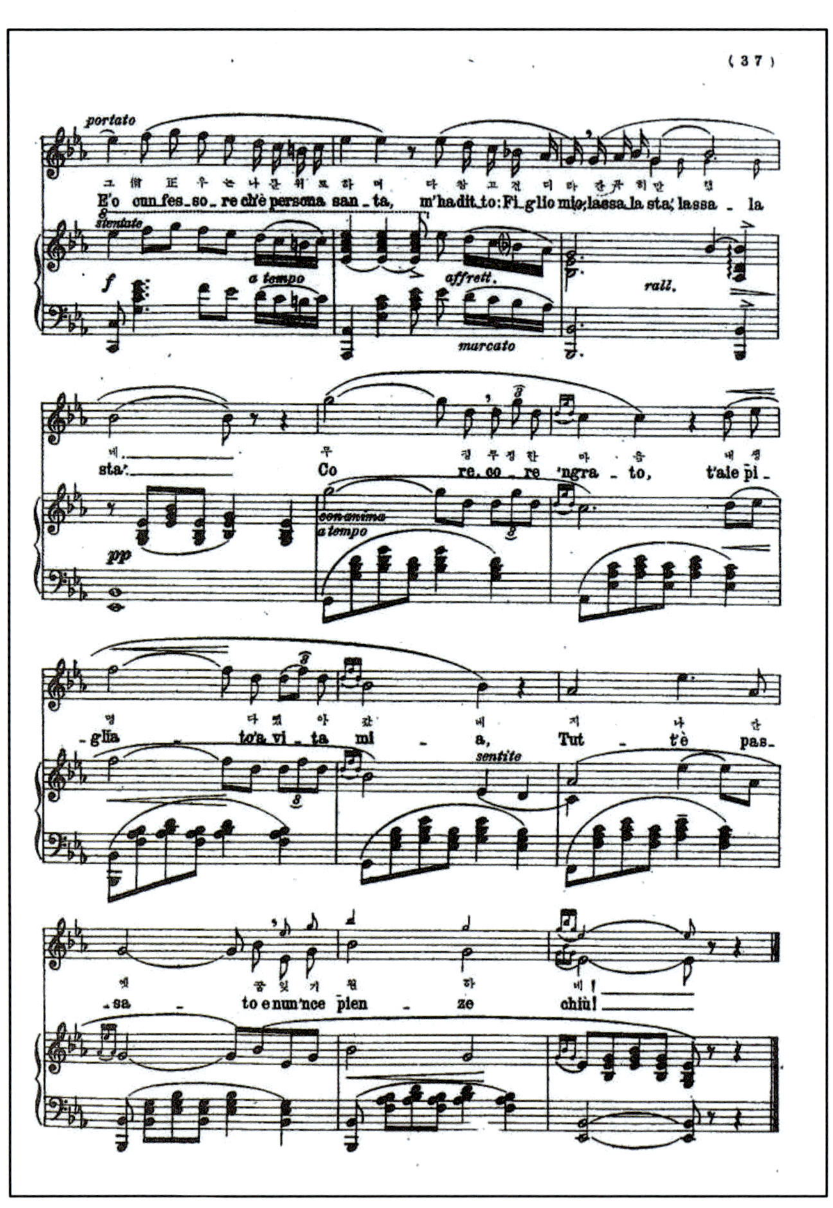
portato
그 僧 正 우 는 나 같 위 뇨 하 며
E'o con_fes_so_re ch'è persona san_ta,
다 참 고 전 디 다 간 규 희 만 헐
m'ha dit_to: Fi_glio mio; lassa la sta; lassa _ la
stentate
a tempo
affrett.
rall.
f
murcato
네. 무
sta:
Co
경 무 정 한 마 음 내 성
re. co _ re 'ngra _ to, t'ale pi _
con anima
a tempo
pp
명
다 뙤 아 꽈 배 지 나 간
_ glia to'a vi _ ta mi a, Tut _ t'è pas_
sentite
엣 꿈 잇 기 원 하 배
_ sa _ to e nun'nce pien _ ze chiù!

무정한 마음
Core 'ngrato

이 인 선 역사
Salvatore Cardillo

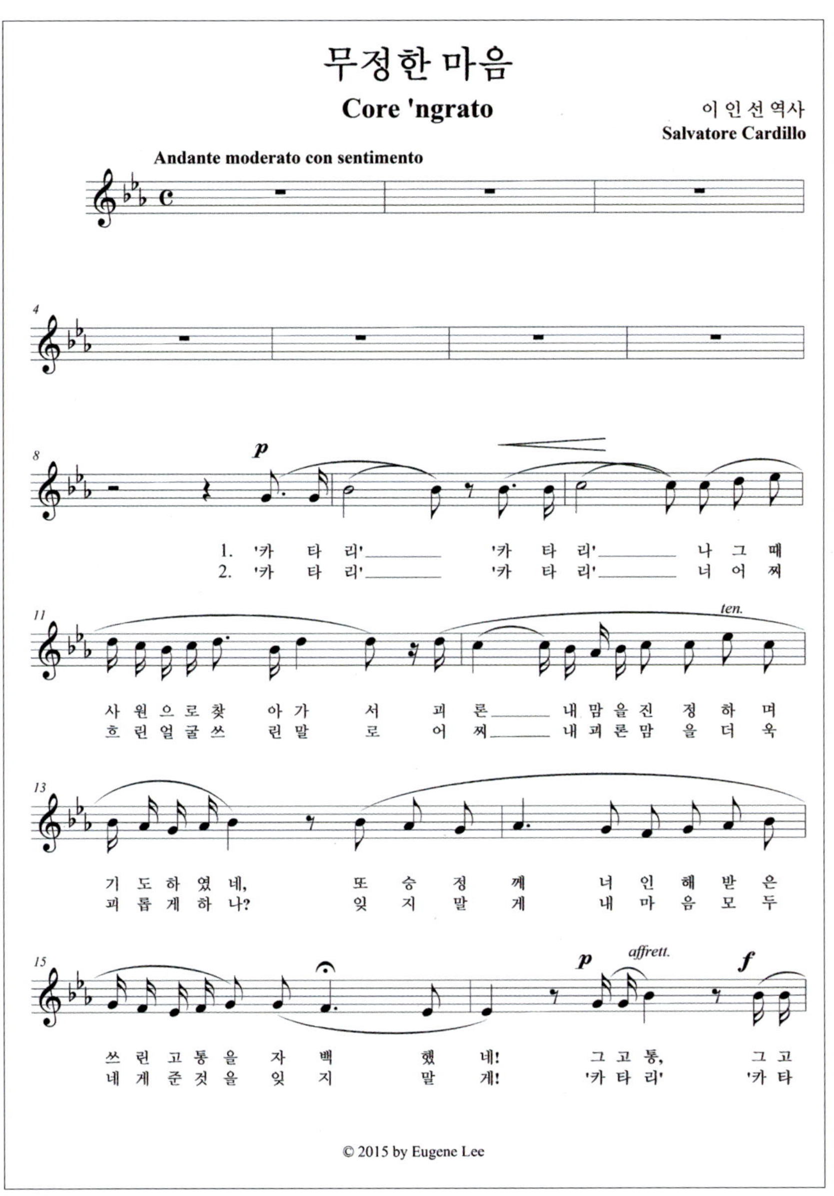

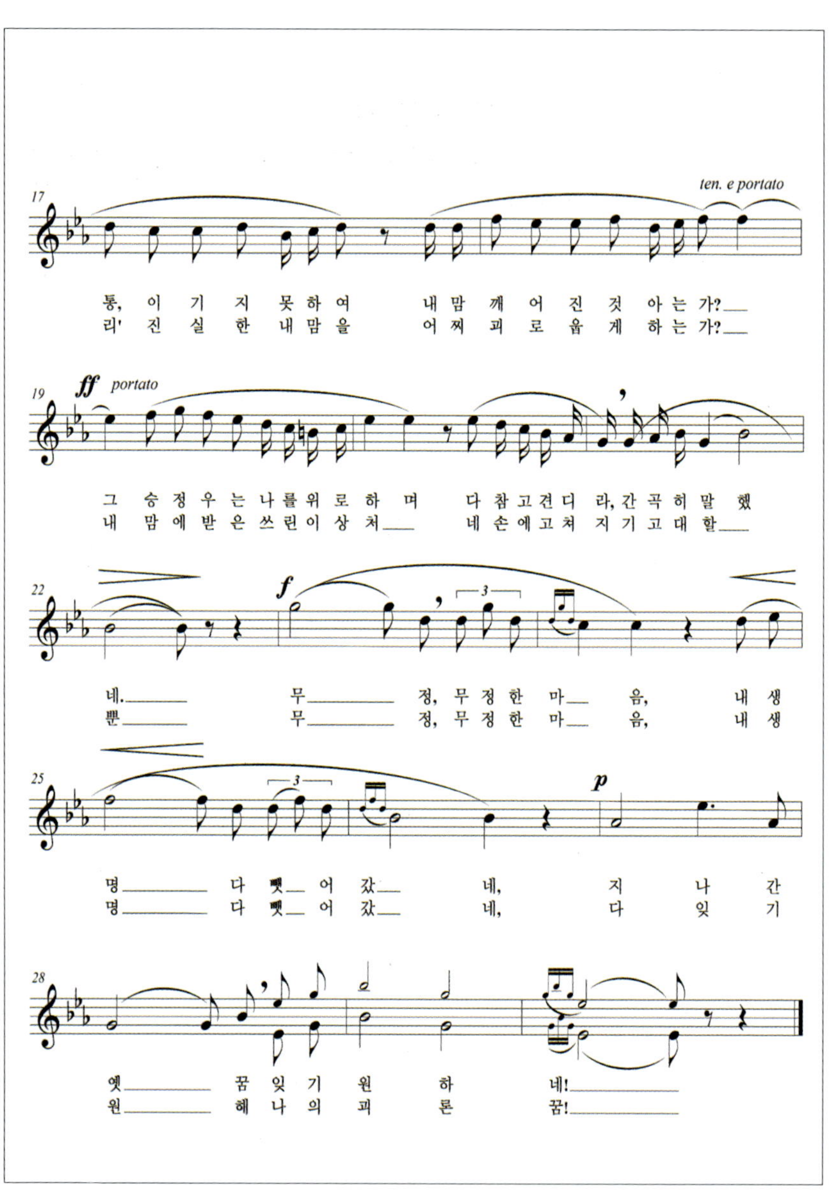

ten. e portato
통, 이 기 지 못 하 여   내 맘 깨 어 진 것 아 는 가?__
리' 진 실 한 내 맘 을   어 찌 괴 로 웁 게 하 는 가?__
ff portato
그 승 정 우 는 나 를 위 로 하 며   다 참 고 견 디 라, 간 곡 히 말 했
내 맘 에 받 은 쓰 린 이 상 처__   네 손 에 고 쳐 지 기 고 대 할__
f
네.______   무______ 정, 무 정 한 마__ 음,   내 생
뿐______   무______ 정, 무 정 한 마__ 음,   내 생
p
명______ 다 뺏__ 어 갔__   네,   지 나 간
명______ 다 뺏__ 어 갔__   네,   다 잊 기
옛______ 꿈 잊 기 원 하   네!______
원______ 해 나 의 괴 론   꿈!______

쎄 레 나 ― 타

2. 뜨겁게하는 나의꿈은 킨줄.   내맘은넘위해되 끌른밀젓갈에.
   Pas—sa e ti di—ce che bru—car le ve—ne,   che san-gui-na-re il cor   per-te mi-sen-to,

   나너굘도 한사랑 한다함은,   내맘에귀 하위 로 되 어 짐 일 세.
   Pas—sa e ti di—ce che ti vo—glio be—ne,   che sei la mia dol—cez—za e il mio tor—men—to.

   네꿈 게 빛나는황금빛어 리――큰 거 운꿈에 쉬 한 너 의 웃 음
   Bian—ca traun nim—bo di ca—pel—li bion—di――lie—ta sor—ri—di ai so—gni tuoi gio—con—di

   아. 너희단 감 놓라게 되말게, 나 내 꿈 속 에 입 맞 추 러 가 다.
   Ah, non de—star—ti, o fior del pa—ra—di—so, ch'io ven-goin so—gno per ba—cia.—ti in vi so.

百　合　花

(匈)　Li - li - om - szal, li-li-om-szal !   Ha egy ki- csit mo-so-lyog-nàl,

Len-ge-dez-nèl, haj-la-doz-nàl De szep vol-nàl!

Li-li-om szàl, li-li-om-szàl ! Ha egy ki-csit ràm bo-rul-nàl,

Meg-ö-lel-nèl, meg-csó-kol nàl De jó vol - nàl !   nàl !

돌 아 오 라 내 딸 아

2. 어 둔밤되 어 벌 이 반 짝 이 면,   행 복 질 세 상   다 시 맘에 그 때 내
   Quan-do fa not—te e bril—la—no le stel - le,   pen—so a chi so—gna un mon-do di fe—li—ci—tà

   내맘에숨은고운별또다시   그빛은 나 라 네게빕하네.――
   ma la mia stella, bel—la fra le belle   chi sa se un gior-no anco-ra brille—ra.――

「푸 실 레 코」의 漁 夫

2. 저「푸 실 레 코」위에 한그법자 나뭉우 들이 분 명 하 세――
   zitto, oi co—re, ca'nter ra Pu-sil-le-co, ve-co n'om-bra ca se—gno me fa —

   요.「마 리아」다시 내꿈 에 오 러 나,   칭 든 그 음성끌림 없 데.
   'Na ma-nel-la e na vo-ce me chiammano: fra'sti bbraccla Maria vó tur-na.

   오. 내 사 랑 어 섯 오 라!   알 도 夫 아 오 ㅗ 데.
   Dor—me'o ma—re,oi bel—la, vie—ne!   Nele-lo 'a lu—na sa—glic va

   너 아직참 나 오 사 랑 하 나!   꿈 이 어 든 남 대 지 말 게――
   Vi—ta mia vi—ta mia, me vuo he -ne!   ca si è ssuon—no, Nun far—me scc—tà――

먼「싼 타·루 치 아」

2. 울 더 는지「기 타 ―」의 은 곤 써   논 밸 거 억   츠 아 오 른 나!
   E sonano ma 'e nmane tre(o)   irorde ahimmè quanta ri-cor-de !

   무 드 런 노 더 소 더 희 ㅅ   눈 뿔 자 아 내 어
   E 'o core nun 'o sa-ne nem   sce e suo-ne, se

   네 게 물 아 갈 맘 보 울
   mette a chiagne-re ca yo tur-

쎄 레 나 - 타

[2]

뜨 겁 게 타 는 나 의 붉 은 핏 줄,
Pas-sa e ti di-ce che bru-car le ve-ne,

　　　　내 맘 은 널 위 해 피 를 흘 릴 것 같 애.
　　　che san-gui-na-re il cor per-te mie sen-to

나 너 를 또 한 사 랑 한 다 함 은,
Pas-sa e il di-ce che li vo-gilo be-ne,

　　　　내 맘 에 귀 한 위 로 되 어 짐 일 세.
　　　che sei la mia dol-cez-za‿e il mio tor-men-to.

네 곱 게 빛 나 는 황 금 빛 머 리 ―
Bian-ca traun nim-bo di ca-pel-li bion-di ―

　　　　즐 거 운 꿈 에 취 한 너 의 웃 음
　　　Se-ta sor-ri-di ai so-gni tuoi gio-con-di

아, 너 의 단 잠   놀 라 깨 지 말 게,
Ah, non de-star-ti, o flor del pa-ra-di-so,

　　　　나 네 꿈 속 에 입 맞 추 러 가 리.
　　　chio ven-guin so-gno per ba-cia-ti in vl so.

百　合　花

[匂(개)]

Li-li-om-szal, li-li-om-szal !　　Ila egy ki-esit mo-so-lyog-nal

I en-ge-dez-nel, haj-la-doz-nal   De szep vol-nal!

Li-li-om-szal, li-li-om-szal,   lla egy ki-esit am bo-rui-nal
Meg-o-lei-nel, meg-cso-kol nal   De ju vol-nal ! nal!

돌 아 오 라 내 딸 아

[2]

어 둔 밤 되 어 별 이 반 짝 이면,
Quan-do fa not-te e bril-la-no le stel—le,

행 복 된 세 상 다 시 맘 에 그 리 네
pen-so a chi so-gna un mon-do di fe-li-ci-ta

내 맘 에 숨 은 고 운 별 도 다 시
ma la mia stella, bel-la fra le belle

그 빛 을   나 타 내 기 원 하 네--
chi sa se⌣un gior-no⌣anco-ra brille-ra.--

「 푸 실 레 코 」 의 漁 夫

[2]

저 「푸 실 레 코」 위 에 한 그 림 자
zitto,⌣oi co-re, ca'nter ra Pu-sil-le-co,

나 를 부 름 이 분 명 하 네--
ve-co n'om-bra ca se-gno me fa--

오 「마 리 아」 다 시 내 품 에 오 려 나,
Na ma-nel-ia e na vo-ce me chiammano:

정 든 그 음 성 틀 림 없 네.
fra'sti bbracda Maria vo tur-na.

오, 내 사 랑 어 서 오 라!
Dor-me'‿o ma-re,‿oi bel-la, vie-ne!

달 도 솟 아 오 르 네.
Neie-la a lu-na sa-glie va.

너 아 직 참 나 를 사 랑 하 나 !
Vi-ta mia vi-ta mia, me vuo be-ne!

꿈 이 여 든 깨 지 말 게 --
ca si‿e ssuen-no, Nun far-me sec-ta --

먼 「싼 타 루 치 아」

[2]

울 리 는 저 「기 타」 의 은 근 한 곡 조 속 에
E sonano Ma‿'e mmane tremmano ncopp'e ccor-de

끝 없 는 옛 기 억 솟 아 오 른 다!
Quanta ri-cor-de‿ahimme, Quanta ri-cor-de!

부 드 런 노 래 소 리 내 맘 을 위 로 못 해,
E 'o core nun'o sa-ne, nemmeno cu'e ccan-zo-ne:

그 노 래 다 만 날 울 려
Santenno Voce‿e suo-ne,

네 게 돌 아 갈 맘 도 울 뿐.
se mette‿a chiagne-re ca vo tur-na,

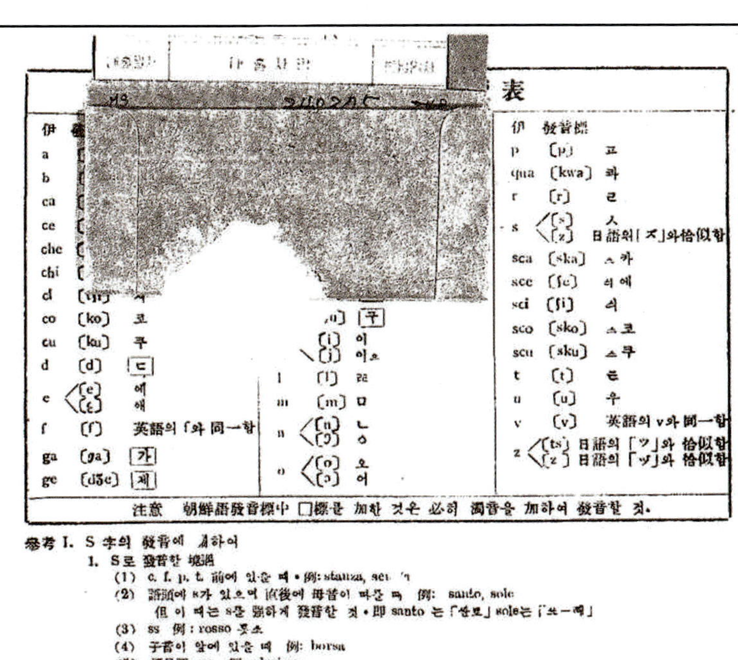

伊太利語發音標準表

Left column:

伊	發音標	
a	[illegible]	
b	[illegible]	
ca	[illegible]	
ce	[illegible]	
che	[illegible]	
chi	[illegible]	
cl	[illegible]	서
co	[ko]	코
cu	[ku]	쿠
d	[d]	ㄷ
e	[e] / [ɛ]	에 / 애
f	[f]	英語의「f」와 同一함
ga	[ga]	가
ge	[dʒe]	제

Middle column:

伊	發音標	
[illegible]	[...]	구
i	[i]	이
i	[j]	이요
l	[l]	ㄹ
m	[m]	ㅁ
n	[n] / [ŋ]	ㄴ / ㅇ
o	[o] / [ɔ]	오 / 어

Right column:

伊	發音標	
p	[p]	ㅍ
qua	[kwa]	콰
r	[r]	ㄹ
s	[s] / [z]	ㅅ / 日語의「ㅈ」와恰似함
sca	[ska]	ㅅ카
sce	[ʃe]	쉬에
sci	[ʃi]	쉬
sco	[sko]	ㅅ코
scu	[sku]	ㅅ쿠
t	[t]	ㅌ
u	[u]	우
v	[v]	英語의 v와 同一함
z	[ts] / [z]	日語의「ツ」와 恰似함 / 日語의「ツ」와 恰似함

注意　朝鮮語發音標中 □標를 加한 것은 必히 濁音을 加하여 發音할 것.

參考 I. S字의 發音에 對하여
　1. S로 發音할 境遇
　　(1) c, f, p, t 前에 있을 때. 例: stanza, ser...
　　(2) 語頭에 s가 있으며 直後에 母音이 따를 때 例: santo, sole
　　　但 이 때는 s를 强하게 發音할 것. 即 santo 는「싼또」sole는「쏘―레」
　　(3) ss 例: rosso 롯쏘
　　(4) 子音이 앞에 있을 때 例: borsa
　　(5) 接尾語 oso 例: glorioso
　2. Z로 發音할 境遇
　　(1) s字 直前에 b, d, g, l, m, n, v 가 있을 때. 例: sbaglio, smar...
　　(2) 兩母音間에 있을 때. 例: rosa

II. R字의 發音에 關하여
　1. R을 여러번 굴리는 舌顫音으로 發音할 境遇
　　(1) 語頭나 語尾에 있을 때. 例: rapido, amor
　　(2) 單語中間에 있으되 二介母音間에 있지 않을 때. 例: ritorno
　　(3) 二介母音間에 있되 R이 二箇連發하여 있을 때. 例: terra
　2. R을 한번만 굴리는 舌顫音으로 發音할 境遇
　　二介母音間에 있을 때 例: Amore「아모―레」…… 이 單語의「아」을 除한「모―레」의 發音은 우리말의 明後日이란「모레」의 發音과 全然 同一하다. 다른 例: mare「마―레」

III. L字의 發音에 關하여
　L의 發音은 英語의 그것과 다름 없으므로 記錄할 必要없겠으나 多年 日本式發音의 惡影響으로 우리가 能히할 수 있는 L의 發音을 하지않고 r과 다름없이 發音함을 많이 듣게되므로 附記한다.
　L의 發音은 우리말에「살랑살랑」,「반들반들」 等의 形容語를 發音할 때 생기는「ㄹ」이 아닌「ㄹ上 即 舌尖이 上前齒根에 붙었다가 떨어지면서 發하는 發音에 恰似하다. (ㄹ을「ㄹ」로 表示한 것은「ㄹ」即 r 二個가 合하여 [이 된 故로 無理한 表示인줄 아나 便宜上 이렇게 使用함뿐이다.)
　例: (1) la「라」……이것을「라」로 發音하면 la가 아니고 ra 다.
　　(2) male「마레」(惡婦)……이것은「마레」로 發音하면 mare (海)로 듣게 된다. 또「말레」로 發音하면 malle 가 되는데 이것은 아무 意味도 없는 말이다.
　　(3) sole「쏘―레」(太陽)……「쏘레」sore 도 아니고「쏠레」Solle 도 아니다.

<table>
<tr><td colspan="9" align="center">伊太利語 發音一覽標</td></tr>
<tr><td>伊</td><td colspan="2">發音標</td><td>伊</td><td colspan="2">發音標</td><td>伊</td><td colspan="2">發音標</td></tr>
<tr><td>a</td><td>[a]</td><td>아</td><td></td><td>[ge]</td><td>(게)</td><td>p</td><td>[p]</td><td>고</td></tr>
<tr><td>b</td><td>[b]</td><td>(ㅂ)</td><td></td><td>[gi]</td><td>(기)</td><td>qua</td><td>[kwa]</td><td>콰</td></tr>
<tr><td>ca</td><td>[ka]</td><td>카</td><td>?</td><td>?</td><td>(지)</td><td>r</td><td>[r]</td><td>ㄹ</td></tr>
<tr><td>ce</td><td>[tʃe]</td><td>체</td><td>?</td><td>?</td><td>을리</td><td rowspan="2">s</td><td>[s]</td><td>ㅅ</td></tr>
<tr><td>che</td><td>[ke]</td><td>케</td><td>?</td><td>?</td><td>글리</td><td>[z]</td><td>日語의 [ズ]와 恰似함</td></tr>
<tr><td>chi</td><td>[ki]</td><td>키</td><td>?</td><td>?</td><td>니ㅇ 例: gna 냐</td><td>sca</td><td>[ska]</td><td>스카</td></tr>
<tr><td>ci</td><td>[tʃi]</td><td>치</td><td>?</td><td>?</td><td>(고)</td><td>sce</td><td>[ʃe]</td><td>싀에</td></tr>
<tr><td>co</td><td>[ko]</td><td>코</td><td>?</td><td>[gu]</td><td>(구)</td><td>sci</td><td>[ʃi]</td><td>싀</td></tr>
<tr><td>cu</td><td>[ku]</td><td>쿠</td><td rowspan="2">?</td><td>[i]</td><td>이</td><td>sco</td><td>[sko]</td><td>스코</td></tr>
<tr><td>d</td><td>[d]</td><td>(ㄷ)</td><td>[j]</td><td>이ㅇ</td><td>scu</td><td>[sku]</td><td>스쿠</td></tr>
<tr><td rowspan="2">e</td><td>[e]</td><td>에</td><td>l</td><td>[l]</td><td>ㄹㄹ</td><td>t</td><td>[t]</td><td>ㅌ</td></tr>
<tr><td>[ɛ]</td><td>애</td><td rowspan="2">m</td><td>[m]</td><td>ㅁ</td><td>u</td><td>[u]</td><td>우</td></tr>
<tr><td>f</td><td>[f]</td><td>英語의 f 와 同一함</td><td>[n]</td><td>ㄴ</td><td>v</td><td>[v]</td><td>英語의 v와 同一함</td></tr>
<tr><td>ga</td><td>[ga]</td><td>(가)</td><td rowspan="2">n</td><td>[ŋ]</td><td>ㅇ</td><td rowspan="2">z</td><td>[ts]</td><td>日語의 [シ]와 恰似함</td></tr>
<tr><td>ge</td><td>[dʒe]</td><td>(제)</td><td>[o]</td><td>오</td><td>[z]</td><td>日語의 [ヅ]와 恰似함</td></tr>
<tr><td></td><td></td><td></td><td>o</td><td>[ɔ]</td><td>어</td><td></td><td></td><td></td></tr>
<tr><td colspan="9" align="center">注意:　朝鮮語 發音標中　( )標를 加한 것은 必히 濁音을 加하여 發音할 것.</td></tr>
</table>

* ? 표시는 회손되서 알아볼 수 없는 부분임. (편집자)

* 한글 발음 표기에서 작은체는 약한 발음을 의미한다. (편집자)

參考(참고)

   I. S字(자)의 發音(발음)에 關(관)하여

      1. S字(자)로 發音(발음)할 境遇(경우)

        ⑴ c, f, p, t 前(전)에 있을 때　•例(예): stanza〈스탠자〉, scuola 〈학교〉

        ⑵ 語頭(어두)에 s가 있으며 直後(직후)에 母音(모음)이 따를 때

1198　절대음악 혼자 간다

•例(예): santo<신성한>, sole<태양>

但(단) 이때에는 s를 强(강)하게 발음할 것 •卽(즉) santo는 「싼토」 sole는「쏘-레」

⑶ ss •例(예): rosso<적색> 롯소

⑷ 子音(자음)이 앞에 있을 때 •例(예): borsa<가방>

⑸ 接尾語 (접미어) oso •例(예): glorioso<영광스런>

2. Z로 發音(발음)할 境遇(경우)

⑴ s字(자) 直前[직전은 오타로 直後(직후)]에 b, a, g, l, m, n, v 가 있을 때 •例(예): sbaglio<잘못>, smania<불안>

⑵ 兩母音間(양모음간)에 있을 때 •例(예): rosa<장미>

II. R字(자)의 發音(발음)에 關(관)하여

1. R을 여러번 굴리는 舌頭音(설두음)으로 發音(발음)할 境遇(경우)

⑴ 語頭(어두)나 語尾(어미)에 있을 때 •例(예): rapido<빠른>, amor<사랑>

⑵ 單語中間(단어중간)에 있되 二介母音間(2개 모음간)에 있지 않을 때 •例(예): ritorno<돌아오다>

⑶ 二介母音間(2개 모음간)에 있되 R이 二節連續(2절 연속)해 있을 때 •例(예): terra<지구, 땅>

2. R을 한 번만 굴리는 舌頭音(설두음)으로 發音(발음)한 境遇(경우)

二介母音間(2개 모음간)에 있을 때 •例(예): Amore<사랑> 「아모-레」 …이 單語(단어)의 「아」를 除(제)한 「모-레」의 發音(발음)은 우리말의 明後日(명후일)이란「모레」의 發音(발음)과 全然(전연)

同一(동일)하다. •다른 例(예): mare<바다> 「마-레」

III. L字(자)의 發音(발음)에 關(관)하여

L의 發音(발음)은 英語(영어)의 그것과 다름없으므로 記錄(기록)할 必要(필요) 없겠으나 多年(다년) 日本式(일본식) 發音(발음)의 惡影響(악영향)으로 우리가 能(능)히 할 수 있는 L의 發音(발음)을 하지 않고 R과 다름없이 發音(발음)함을 많이 듣게 되므로 附記(부기)한다.

L의 發音(발음)은 우리말의「살랑살랑」,「빨랑빨랑 등의 形容語(형용어)를 發音(발음)할 때 생기는「랑」이 아닌「꽝」, 卽(즉) 舌尖(설첨)이 上前齒根(상전치근)에 붙었다가 떨어지면서 發(발)하는 發音(발음)에 恰似(흡사)하다. (L을 「ㄹㄹ」로 表示(표시)한 것은 「ㄹ」, 卽(즉) R 二介(2개)가 合(합)하여 L이 될 순 없겠으므로 無理(무리)한 表示(표시)인줄 아나 便宜上(편의상) 이렇게 使用(사용)할 뿐이다.

예: (1) la (꽈) 이것을 「라」로 發音(발음)하면 la가 아니고 ra 다.
　　(2) male 「마쩨」 (苦痛(고통))… 이것을 「마레」로 發音(발음)하면 mare(海)(<바다> 해)로 듣게 된다.
　　　　또「말레」로 發音(발음)하면 malle가 되는데 이것은 아무 意味(의미)도 없는 말이다.
　　(3) sole「쏘-쩨 (太陽(태양))…「쏘-레」sore도 아니고,「쏠레」Solle도 아니다.

第 二 輯 豫 告·乞 期 待

아름다운 얼굴 (伊太利)
1. Vaghissima semblanza … … … … … … … S. Donaudy

잘가라 고운 꿈이어 (伊太利)
2. Addio bel Sogno … … … … … … … E. de Curtis

어부는 노래하네 (伊太利)
3. 'l pescatore canta … … … … … … : … F. P. Tosti

우리 아가 자장 (伊太利 이스트리아)
4. Fa la nana bambin … … … … … G. Sadero

五月의 새레나―타 (伊太利)
5. Serenata di Maggio … … … … … … V. Ricciardi

아이 아이 아이 (西班牙)
6. Ay―Ay―Ay … … … … … … … O. P. Freire

쯔린세시타 (西班牙)
7. Princesita … … … … … … … T. Padilla

달 밝은 窓 (伊太利 나포리)
8. Fenesta che lucivi … … … … … … Bellini ?

너는 울지않고 (伊太利 나포리)
9. Tu, ca nun chiagne! … … … … … … E. de Curtis

「나포리」의 노래 (伊太利 나포리)
10. A canzone e Napule … … … … … … E. de Curtis

1948 年 2 月 1 日　印 刷
1948 年 2 月 10 日　發 行　(臨時定價　圓)
　　　　　　　　　　　　　貫五貫

| 不 | 複 |
| 許 | 製 |

서울市蓮建洞一二三의一番地
編輯人　李　寅　善

서울市橋南洞三〇番地
發行人　史　相　弼

서울市靑坡洞一街九一番地
發行所 五　　　線　　　社

總發賣所

第二輯 豫告 乞期待 (제2집 예고 걸기대)

아름다운 얼굴 (伊太利)
1. Vaghissima sembianza --- S. Donaudy

잘가라 고운 꿈이여 (伊太利)
2. Addio bel Sogno --- E. de Curtis

어부는 노래하네 (伊太利)
3. Il pescatore canta ------------------------------------- F. P. Tosti

우리 아가 자장 (伊太利)
4. Fa la nana bambin --------------------------------------- G. Sadero

오월의 쎄레나-타 (伊太利)
5. Serenata di Maggio -------------------------------------- V. Ricciardi

아이 아이 아이 (西班牙)
6. Ay-Ay-Ay --- O. P. Freire

프린세시타 (西班牙)
7. Princesita -- T. Padilla

불 밝던 창 (伊太利 나포리)
8. Fenesta che lucivi -------------------------------------- Bellini ?

너는 울지 않고 (伊太利 나포리)
9. Tu, ca nun chiagne! ------------------------------------- E. de Curtis

'나포리'의노래 (伊太利 나포리)
10. A canzone e Napule ------------------------------------- E. de Curtis

1948년 2월1일 인쇄
1948년 2월 10일 발행

서울市 연건동 123의 1번지
편집인 李寅善(이인선)
서울市 교남동 30번지
발행인 史相弼(사상필)

서울시 청파동 1가 91번지
발행소 五線社(오선사)
總發齊所

12. 한국 민요 편곡 및 영역

"아리랑"
"ARIRANG" MOUNTAIN PASS

Korean Folk Song

이인선(李寅善, INSUN LEE)

편곡 및 영역(英譯)

출판사: 미국 칼 피셔(Carl Fisher Inc.)

출판일: 1959년

V 2310

"ARIRANG" MOUNTAIN PASS

Korean Folk Song

Arranged by

INSUN LEE

High Voice

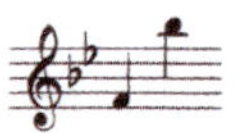

.60

CARL FISCHER
INC.
62 Cooper Square, New York 3
BOSTON · CHICAGO · DALLAS · LOS ANGELES

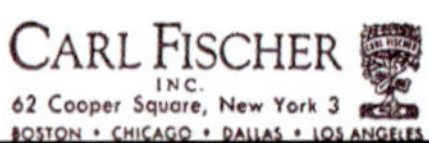

1204 절대음악 혼자 간다

"Arirang" Mountain Pass

Korean Folk Song
Arranged by Insun Lee

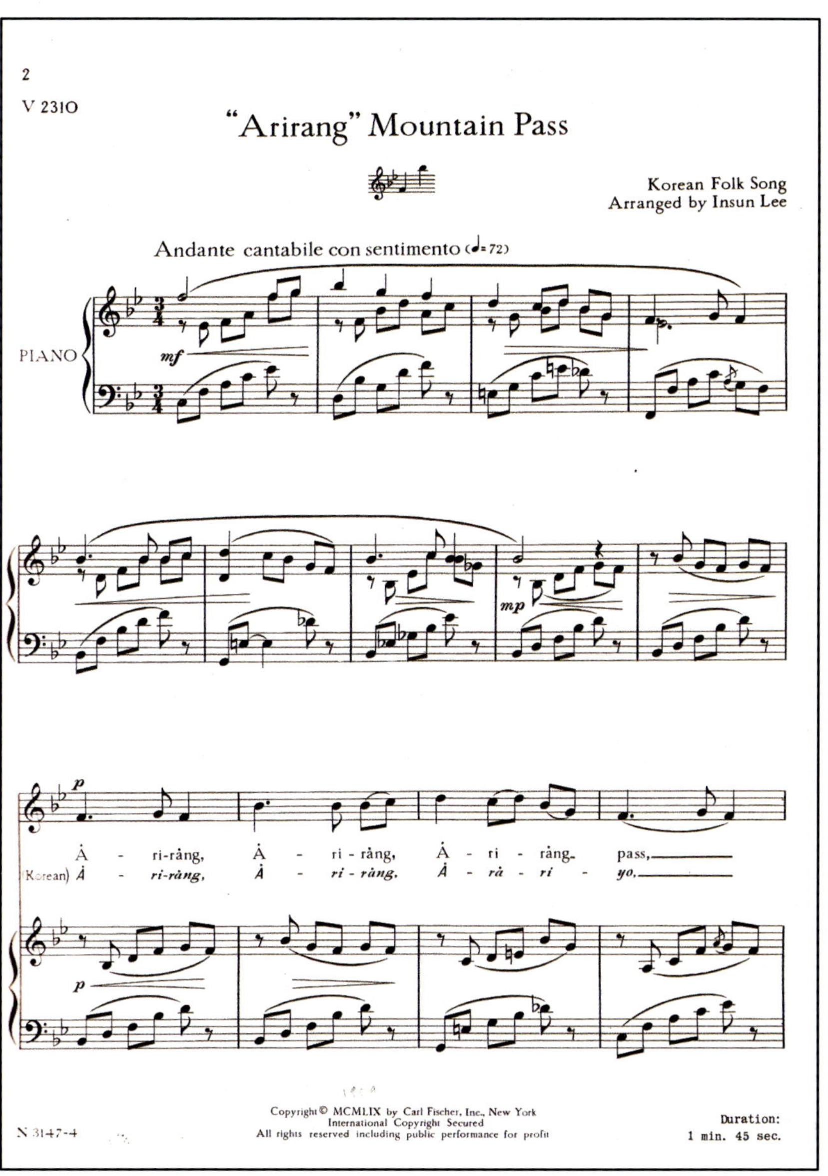

N 3147-4

Duration:
1 min. 45 sec.

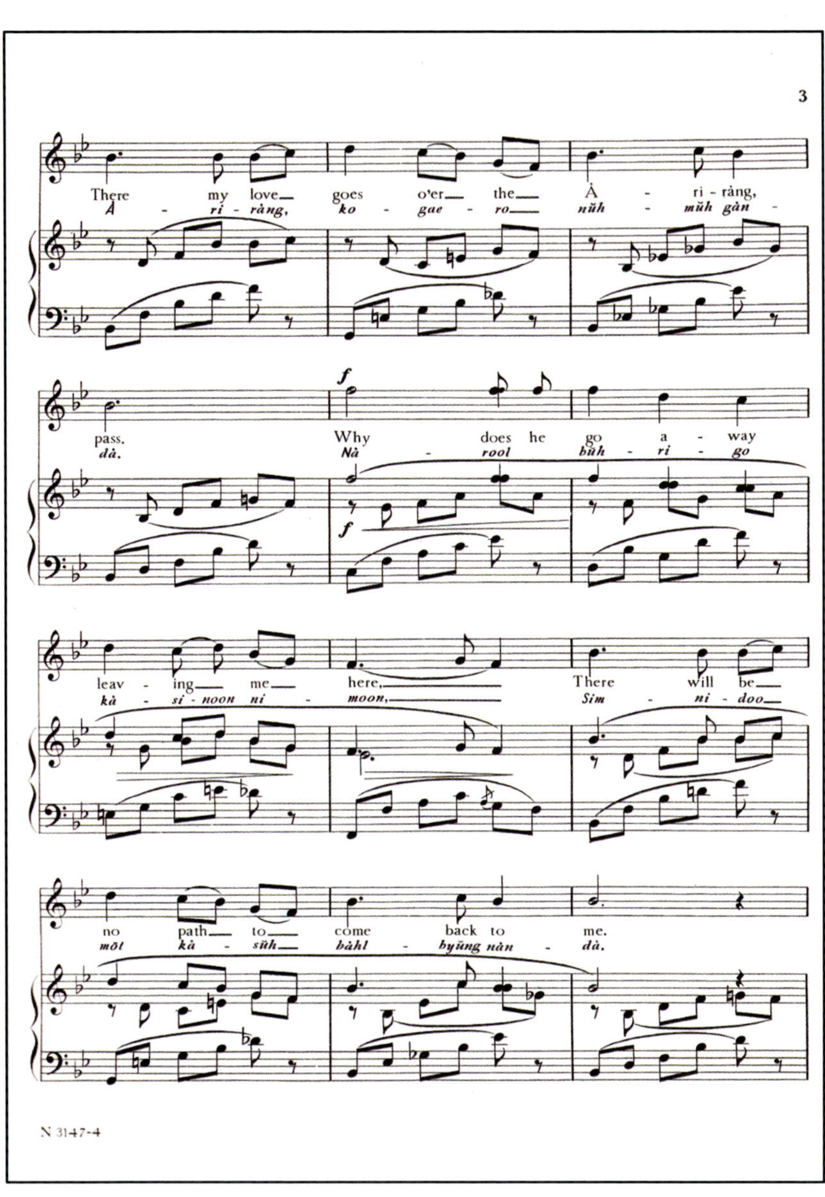

1206 절대음악 혼자 간다

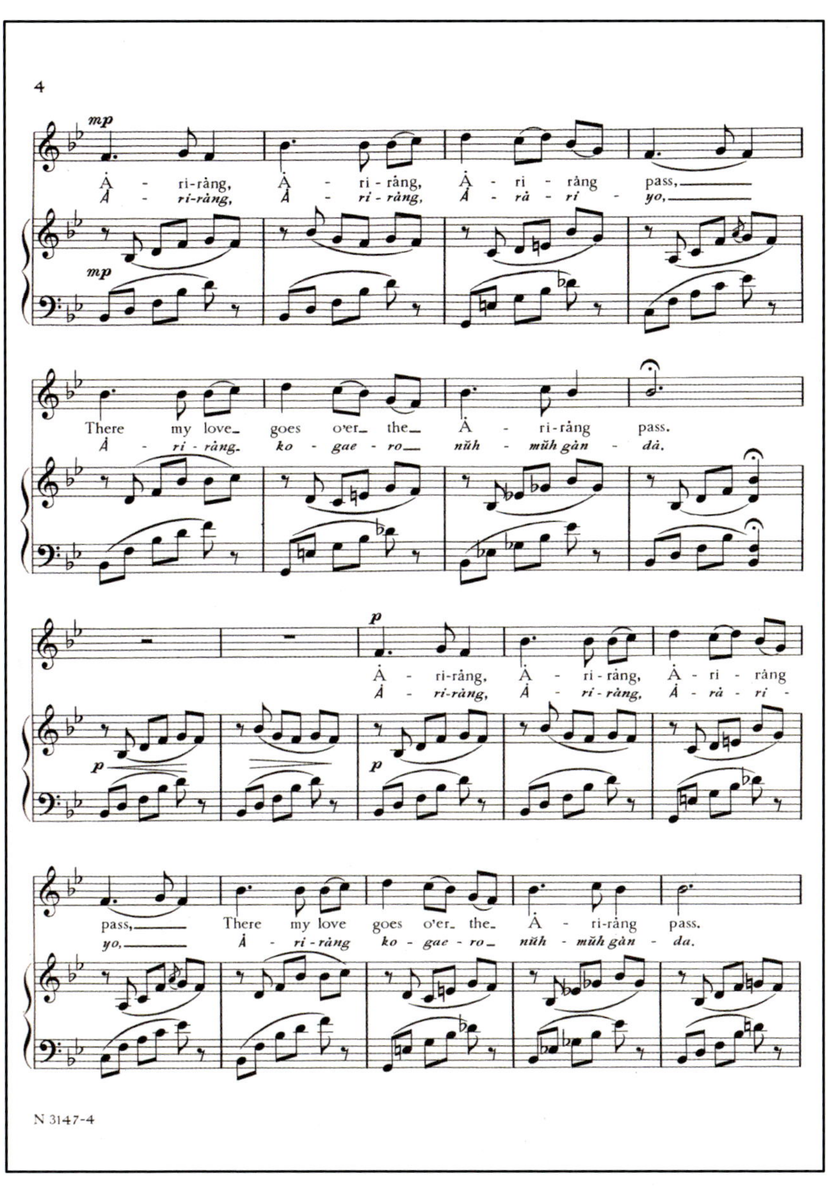

4
mp
A - ri-ràng, A - ri-ràng, A - ri-ràng pass,
A - ri-ràng, A - ri-ràng, A - rà - ri - yo,
mp
There my love goes o'er the A - ri-ràng pass.
A - ri-ràng. ko - gae - ro nŭh - mŭh gàn - dà.
p
A - ri-ràng, A - ri-ràng, A - ri - ràng
A - ri-ràng, A - ri-ràng, A - rà - ri -
p
pass, There my love goes o'er the A - ri-ràng pass.
yo, A - ri-ràng ko - gae - ro nŭh - mŭh gàn - da.
N 3147-4

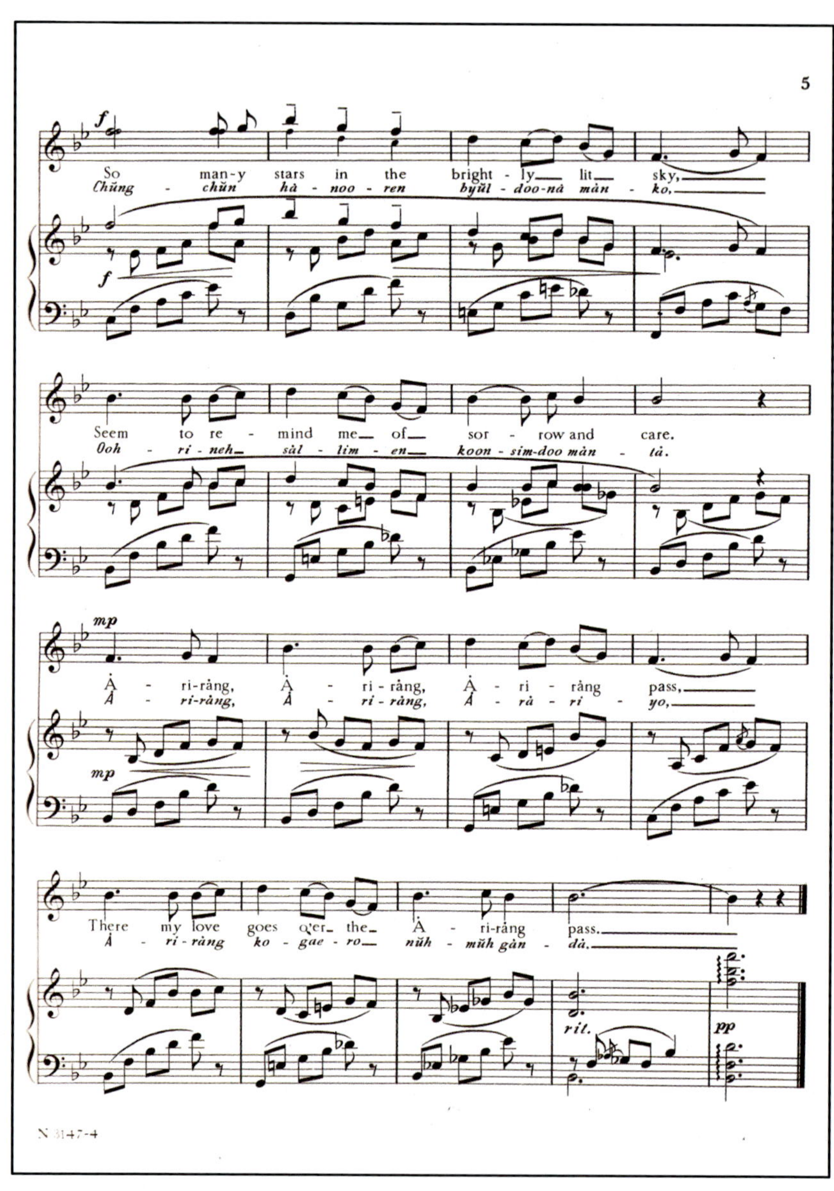

N 3147-4

1208 절대음악 혼자 간다

"천안삼거리"
"CHUN-AN" SQUARE

Korean Folk Song

이인선(李寅善, INSUN LEE)

편곡 및 영역(英譯)

출판사: 미국 칼 피셔(Carl Fisher Inc.)

출판일: 1959년

V 2311

"CHUN-AN" SQUARE

Korean Folk Song

Arranged by

INSUN LEE

High Voice

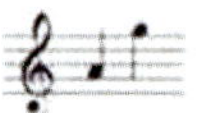

.60

CARL FISCHER
INC.
62 Cooper Square, New York 3
BOSTON • CHICAGO • DALLAS • LOS ANGELES

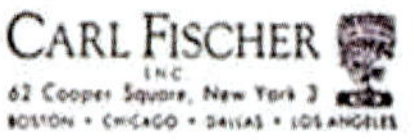

1210 절대음악 혼자 간다

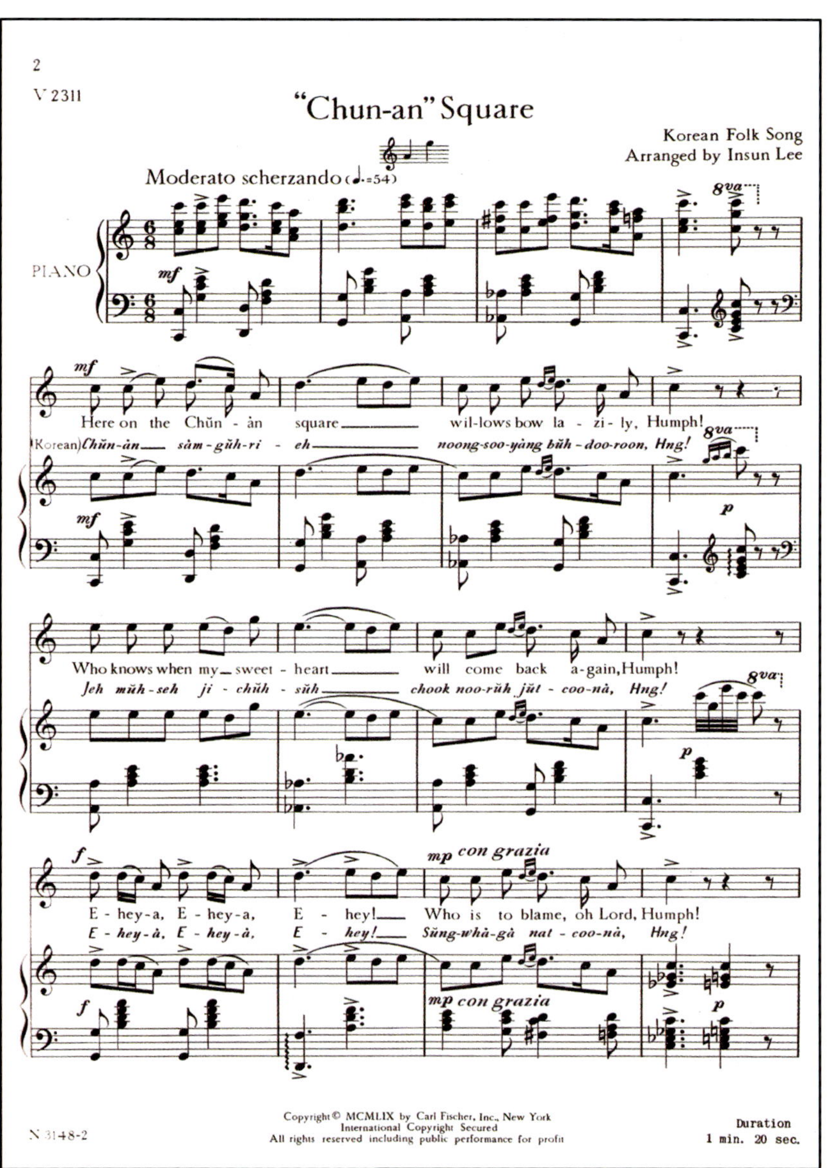

N 3148-2

Duration
1 min. 20 sec.

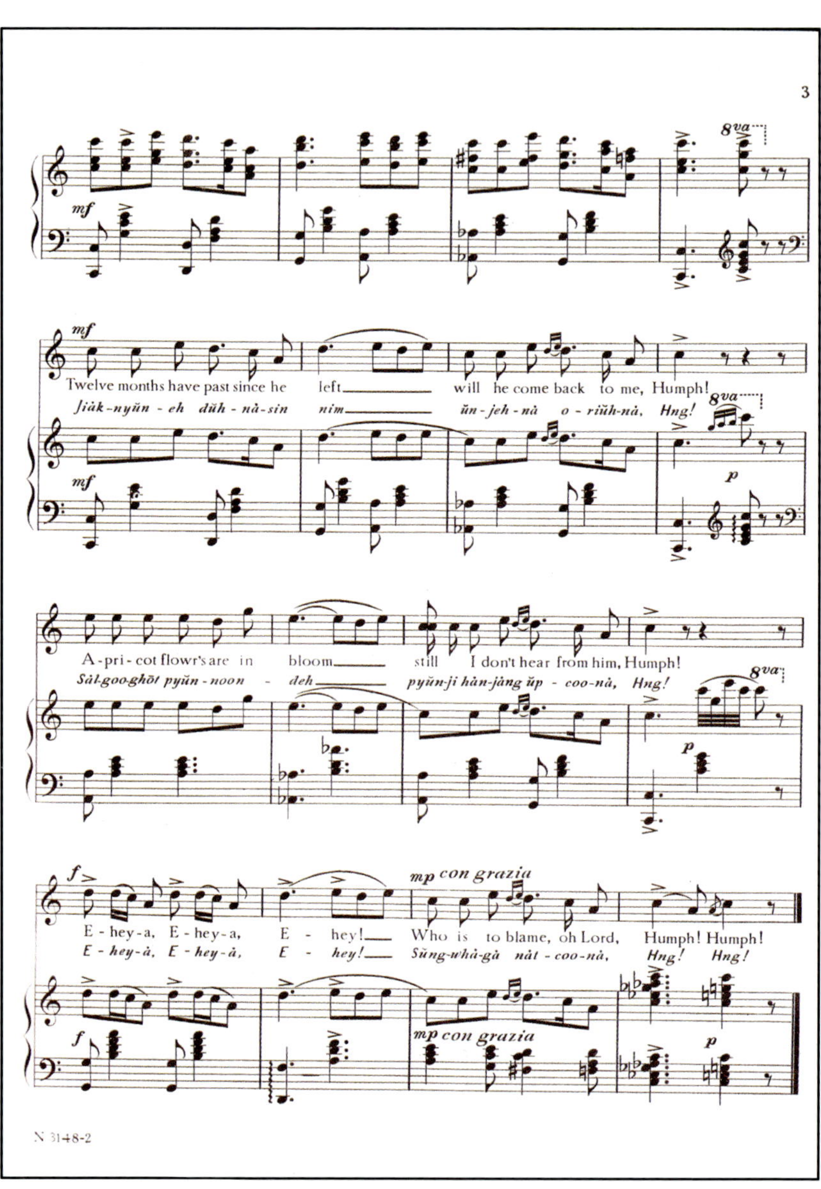

1212 절대음악 혼자 간다

13. "대한민국 국가"
이인선(李寅善) 작곡 및 가사교정

　이인선(李寅善) 선생은 1960년 3월 19일 미국에서 타계하셨다. 그가 타계하기 불과 일주일 전 마지막 순간까지 나라를 생각하고 그가 할 수 있는 모든 최선을 다 하였다는 사실은 당시 대통령에게 보낸 한 통의 서한만으로도 충분히 입증된다. 즉, 애국가의 국가(國歌)로서의 단점을 음악적, 그리고 문법적, 문학적으로 규명하고 그가 새롭게 작곡한 우리나라 국가(國歌)를 당시 대통령이었던 이승만 박사에게 건의했던 것이다. 이 진정서가 제출되고 한 달 후 4·19혁명으로 인해 이 대통령은 결국 하야(下野)하게 되었고 이인선 선생 역시 이 같은 사실을 모른 채 세상을 떠났다.

　새로운 국가(國歌)의 필요성을 제기한 1960년 당시는 이 세상 모든 소식이 실시간으로 전해지는 오늘날로서는 상상하기 힘든 외국에서 한국 소식을 신속하게 접한다는 것은 그곳에 체류 중인 일반인들에게는 거의 불가능한 상황이었다. 정치와 관련된 뉴스라 할지라도 우리나라 대통령에 누가 당선되었다는 정도였지 국내에서 벌어지는 비리나 부정과 같은 소식이 미국 일간지에 실리는 경우는 그것이 4·19혁명과 같이 역사를 바꿀 만큼 큰 사건이 아닌 한 쉽게 접할 수 없었던 시기였다. 따라서 이인선 선생이 그의 진정서에서 이승만 대통령에게 서두에 올린 대통령 당선 축하의 말씀은 어디까지나 국내 사정을 전혀 모르는 상황에서 단지 이승만 박사께서 재선되었다는 소식만으로 예의상 올린 내용이라고 사료(思料)된다. 왜냐하면 그는 그의 일생을 통해 그가 할 수 있는 최선의 애국을 했을 뿐이기 때문이다.

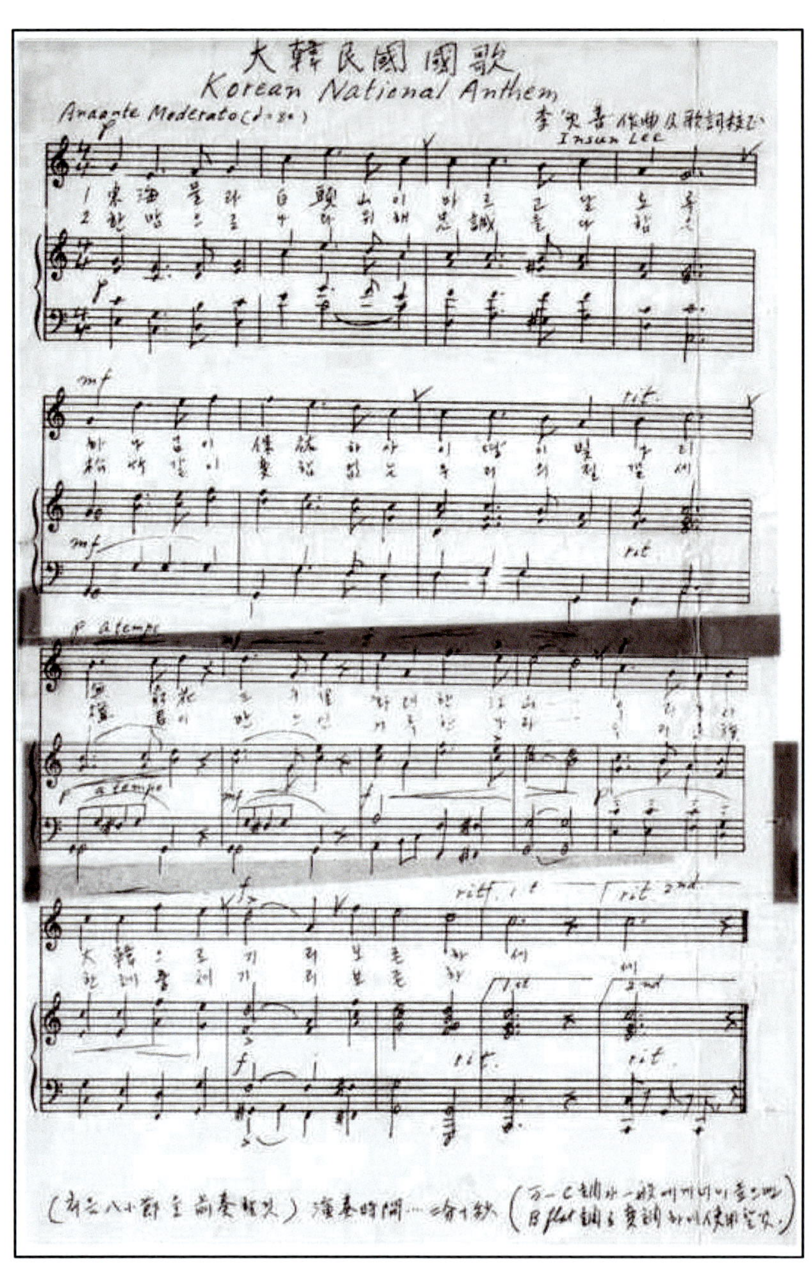
大韓民國國歌
Korean National Anthem
Andante Moderato (♩=80)
李仁善 作曲及歌詞植立
Insun Lee
mf
mf
rit
P a tempo
a tempo
ritf. 1st
rit 2nd
1st
2nd
rit.
rit.

大韓民國 國歌[대한민국 국가]*
Korean National Anthem

李寅善 作曲[이인선 작곡] 及[급, 즉 및] **歌詞校正**[가사교정]

Insun Lee

1.

동해[東海] 물과 白頭山[백두산]이 마르고 달토록
하나님이 保佑[보우]하사 이 땅이 빛나리
無窮花[무궁화] 三千里[삼천리] 화려한 江山[강산]
우리나라 大韓[대한]으로 기리 보존하세.

2.

한 맘으로 나라위해 忠誠[충성]을 다 함은
松竹[송죽]같이 變[변]함 없는 우리의 절갤세
檀君[단군]이 만드신 거룩한 나라
우리 民族[민족] 한테 뭉쳐 기리 보존하세.

(처음 八小節[8소절]을 前奏[전주]할 것)

演奏時間[연주시간]: 二分十秒[2분10초]

(萬一[만일] C調[조]가 一般[일반]에게 너무 높으면 B flat調[조]로 變調[변조]하여 使用[사용]할 것.)

* [ ]는 편집자(李如辰)가 첨가.

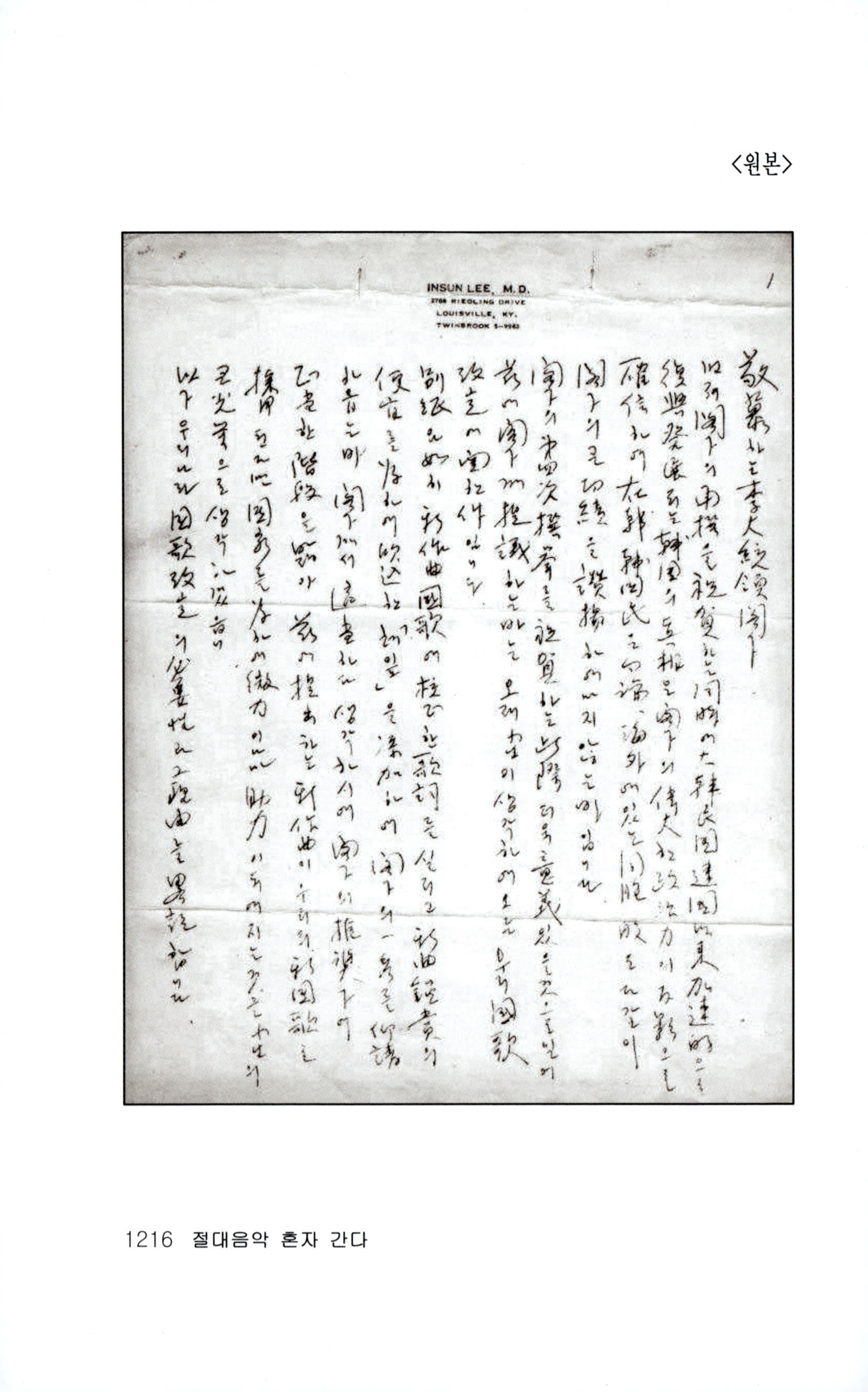

1

敬愛하는 李大統領閣下

一.

歌曲에 關하여

國歌를 一國家의 象徵인 主大한 歌曲이라는 曲自体에 優雅
가 있어야 하는것이써 同時에 國家의 威信을 表現 할는 犯嚴하
가 있어야 하는것임니다.

지나간 昔日은 그러하였고 Scotch folksong 의 Auld lang Syne
曲에 우리의 歌詞를 早期 愛國歌를 부르든 過去에 비추어 우리
韓國人 音樂家 安익泰 氏의 作曲으로 우리의 國歌가 誕生
된事實이므로 音樂的으로 表失되였고 우리의 國歌의 威信이
밝어 恢復되였고 볼수이었으니
그 作曲이 前記 兩愛國歌를 包含치 못하고 行進曲에
不適하다는 永久히 우리의 國歌를 繼續 使用되기에 不適하고
現用國歌를 遺憾히여

二.

歌詞에 關하여

現用 歌詞에는 主句(文法的으로 不完全 하것이있으며 그래서 不適當
를 明白하게 捕捉할수없고 句節이있으며 그래서 不適當
表現하지 있는것이 發見이므로 歌詞가 根本的 改善까지는

INSUN LEE, M.D.
2708 RIEDLING DRIVE
LOUISVILLE, KY.
TWINBROOK 5-9363

要치 않으나 校正이 必要하니라.

例컨대

(一) 理解 聞歌 第一節에
東海물과 白頭山이 마르고 닳도록
하느님이 保祐하사 우리나라 萬歲
우리나라 萬歲
를 이렇게 빛나니 또 校正 하니 ﹁우리나라가 萬歲의 이르는 무엇을 意味한 것을 理解치 하나 文法句가 나니 文語句로 實로 한 文句가 나니﹂라고

(二) 無窮花 三千里 華麗江山
﹁大韓사람 大韓으로﹂를 國語로는 完全
韓國人이 위에 느끼는 感을 줄 것이 華麗있었다
그러고 한려江山을 한려한江山으로 校正 하였다

(三) 大韓사람 大韓으로 길이 보전하세 이 大韓은
그 國歌를 부르게 하려는 이 句節이 無意로
國民이 많은 것은 大韓사람이 大韓으로 길이
欽如히 變으로 그것을 깨닫기 困難한가에서
그러므로 이 句節을 우리나라 大韓으로 하리라
校正이 必要하니라.

(四)

現行國歌 第二節에 「南山으로의 始作은 東海물과 白頭山으로 始作한 第一節에 比하여 狹少한 感을 주며, 우리의 氣象을 弱調하였으며, 文淸明으로 비참이슬에 不變한다는 表示를 했어 自由가 없는것은 … 없으니까 …습니다.

또 三節을 濃縮시켜 한節로 만들 수 있고, 國歌를 三節까지 부를 必要 없으므로 … 第二節을 빼는것 좋습니다.

松竹같이 變함 없는 우리의 길 갈세
한마음으로 나라 위해 忠誠을 다함은
檀君이 만드신 거룩한 나라
우리 民族 … 기리 보전하세.

三.

新作曲에 對하여.

新作曲의 特徵:
素朴하고 優雅한 「멜로디」로 始作하여 그 優雅함은
維持하면서 次次 嚴肅을 漸加하여 雄大한 「클라이맥스」로 曲이

풀나는데 있음니다. 嚴肅한 式場에서의 合唱之 合唱 行進奇唱에는
適合하며 獨唱, 二重, 三重, 四重唱으로 優雅하게 愛唱할수 있음니다. 軍隊
伴奏로는 風琴이 되나오나으로 오케스트라나 軍樂
으로 伴奏할時는 그 効果가 絶大하리라 하겠음니다.

新作曲에 있어는 作曲者 一個人의 意思보다 여러 者의 意見이 合會을
親히에서 나오는것으로 新作曲을 各地 音樂家 歌民에게 提示
하고 今에 批判을 請하옵니다. 多者의 音樂的으로 嚴密
審査하고 色含한 遠務作이라면 나에게 激勵를 주는것으로
校正記 歌詞를 加하여 더욱 信念가지고 新에 提出하는바이오
新聞歌로이 採用한것은 最后로 局像查局이 考查하여
決定 될것으로 믿음니다. 今后의 局下의 推薦으로서
當局이 檢討를 거쳐 新聞歌를 採用하게 될것으로
生각하겠음니다.

美洲에서
　　李寅善 拜上

李大統領 閣下

〈편집자〉

敬慕[경모]*하는 李大統領閣下[이대통령각하]

먼져[먼저] 閣下[각하]의 再選[재선]을 祝賀[축하]하는 同時[동시]에 大韓民國[대한민국] 建國以來[건국 이래] 加速的[가속적]으로 復興[부흥] 發展[발전]되는 韓國[한국]의 眞相[진상]은 閣下[각하]의 偉大[위대]한 政治力[정치력]의 反影[반영]으로 確信[확신]하여 在韓[재한] 韓國民[한국민]은 勿論[물론] 海外[해외]에 있는 同胞[동포] 다 같이 閣下[각하]의 큰 功績[공적]을 讚揚[찬양]하여 마지않는 바입니다.

閣下[각하]의 第四次[제4차] 選擧[선거]를 祝賀[[축하]하는 此際[차제] 더욱 意味[의미] 있을 것으로 믿어 前[전, 즉 먼저]에 閣下[각하]께 提議[제의]하는 바는 오래 小生[소생]이 생각하여 오는 우리 國歌[국가] 改定[개정]에 關[관]한 件[건]입니다.

別紙[별지]와 如히[여히, 즉 같이] 新作曲國歌[신작곡 국가]에 校定[교정]한 歌詞[가사]를 실리고 新曲鑑賞[신곡 감상]의 便宜[편의]를 爲[위]하여 吹込[취입]한 "테잎"[tape]을 添加[첨가]하여 閣下[각하]의 一考[일고, 즉 한번 생각해 봄]를 仰請[앙청, 즉 우러러 청함] 하옵는바 閣下[각하]께서 適當[적당]하다 생각하시어 閣下[각하]의 推奬[추장, 즉 추천하여 장려함] 下[하]에 正當[정당]한 階段[계단]을 밟아 前[전, 즉 앞]에 提出[제출]하는 新作曲[신작곡]이 우리의 新國歌[신국가]로 採用[채용]된다면 國家[국가]

를 爲[위]하여 微力[미력, 즉 적은 힘]이나마 助力[조력, 즉 힘을 써 도와줌]이 되여[어]지는 것을 小生[소생]의 큰 榮光[영광]으로 생각하겠습니다.

以下[이하, 즉 아래] 우리나라 國歌改定[국가 개정]의 必要性[필요성]과 그 理由[이유]를 單記[단기, 즉 낱낱이 기록함]합니다.

一[1]. 歌曲[가곡]에 關[관]하여

國歌[국가]는 一國家[일국가, 즉 한 국가]의 象徵[상징]인 重大[중대]한 歌曲[가곡]이므로 曲[곡] 自體[자체]에 優雅味[우아미, 즉 우아한 맛]가 있어야할 것이며 同時[동시]에 國家[국가]의 威信[위신]을 表現[표현]하는 莊嚴味[장엄미]가 있어야 할 것입니다. 지나간 昔日[석일, 즉 옛날]을 노래하는 Scotch folksong[스코틀랜드 민요]인 *Auld Lang Syme*["올드 랭 사인"] 曲[곡]에 우리의 歌詞[가사]를 부쳐[붙여] 愛國歌[애국가]로 부르던 過去[과거]에 比[비]하여 우리 韓國人[한국인] 音樂家[음악가] 安[안]익태氏[씨]의 作曲[작곡]으로 우리의 國歌[국가]가 誕生[탄생]된 事實[사실]만으로도 音樂的[음악적]으로 喪失[상실]되었던 우리의 威信[위신]이 많이 恢復[회복]되었다고 볼 수 있으나 現用[현용, 즉 현재 쓰이는]國歌[국가]는 遺憾[유감]하게도 그 作曲[작곡] 自體[자체]가 前記[전기, 즉 앞에 적힌 기록]曲[곡] 要素[요소]를 包含[포함]치 못하고 行進曲[행진곡]에 不過[불과]하므로 永久[영구]히 우리의 國歌[국가]로 繼續[계속] 使用[사용]하기에 不適(부적)합니다.

二[2]. 歌詞[가사]에 關[관]하여

現用[현용, 즉 현재 쓰이는] 歌詞[가사]에는 군데군데 文法的[문법적]으로 不完全[불완전]한 곳이 있어 意味[의미]를 明白[명백]하게 捕捉[포착]할 수 없는 句節[구절]이 있으매(며) 그 위에 不適當[부적당]한 表現[표현]까지 있는 것이 發見[발견]되므로 歌詞[가사]의 根本的[근본적] 改正[개정]까지는 要[요, 즉 필요]치 않으나 校定[교정]이 必要[필요]합니다.

例[예]하면[즉, 예를 들면]

(一[1]) 現用國歌[현용 국가] 第 一節[제 일절]에
　　　東海[동해]물과 白頭[백두]산이 마르고 달도록
　　　하나님이 保佑[보우]하사 우리나라 萬歲[만세] 의
「우리나라 萬歲[만세]」로서 우리는 우리나라가 萬歲[만세]에 이르도록 啓蒙[?**계몽]하리라는 意味[의미]란 것을 理解[이해]는 하나 文法的[문법적]으로 完了[완료]된 文句[문구]가 아니므로
「우리나라 萬歲[만세]」를 「이 땅이 빛나리」로 校正[교정]함이 나을 것으로 생각합니다.

(二[2]) 無窮花[무궁화] 三千里[삼천리] 화려 江山[강산]의 「화려 江山[강산]은 中國語[중국어]로는 完全[완전]한 文句[문구]나 韓國人[한국인]의 귀에는 서트른[서투른] 感[감]을 주는 것이 事實[사실]입니다. 그러므로 「화려 江山[강산]」을 「화려한 江山[강산]」으로 校正[교정]하였습니다.

(三[3]) 大韓[대한] 사람 大韓[대한]으로 기리 보존하세 의 「大韓[대한] 사람 大韓[대한]으로」는 國歌[국가]를 부르면서도 이 句節[구절]의 眞意[진

의]를 모르면서 부르는 國民[국민]이 많은 것은「大韓[대한] 사람의 大韓[대한]으로」라는「의 한 字[자]가 缺如[결여]되었으므로 그 意味[의미]를 直時[즉시] 깨닷[닫]기 困難[곤란]한 까닭입니다. 그러므로 이 句節[구절]을 「우리나라 大韓[대한]으로 기리 보존하세」로 校正[교정]하였습니다.

(四[4]) 現用國歌[현용 국가] 第二節[제2절]에
　　　南山[남산] 위에 저 소나무 철갑을 두른 듯[듯]
　　　바람이슬 不變[불변]함은 우리 氣象[기상]일세 의
「南山[남산]」으로의 始作[시작]은 東海[동해]물과 白頭[백두]산으로 始作[시작]한 第一節[제일절]에 比[비]하여 너머[너무] 狹小[협소]한 感[감]을 줄 뿐 아니라「바람이슬」은 「서리와 눈」이면 모르되 우리의 기상을 弱調[약조, 즉 여리게 음조] 하였으며 文法的[문법적]으로도 바람이슬에도 不變[불변]한다는 表示[표시]를 明白[명백]히 못한 것은「에」 又[우, 즉 또는] 「에도」라는 로가 없는 까닭입니다.

또 二, 三節[2, 3절]을 濃縮[농축]시켜 한 節[절]로 만들 수 있고 國歌[국가]를 三節[3절]까지 부를 必要[필요] 없으므로 차라리 크게 改定[개정]하여 左[좌]와 如(여, 즉 같이)히 第二節[제2절]을 만드렀읍니다[만들었습니다].
　　　한맘으로 나라위해 忠誠[충성]을 다함은
　　　松竹[송죽]같이 變[변]함 없는 우리의 절갤세
　　　檀君[단군]이 만드신 거룩한 나라
　　　우리 民族[민족] 한데 뭉쳐 기리 보존하세

三[3]. 新作曲[신 작곡]에 관하여

新作曲[신 작곡]의 特徵[특징]은 單紙[단지] 優雅[우아]한「멜로디」로 始作[시작]하여 그 優雅味[우아미]를 維持[유지]하면서 莊嚴味[장엄미]를 添加[첨가]하여 雄壯[웅장]한「클라이맥쓰」[climax]로 曲[곡]이 끝나는데 있읍[습]니다. 嚴肅[엄숙]한 式場[식장]에서의 齊唱[제창]은 勿論[물론] 行進[행진] 齊唱[제창]에도 適合[적합]하며 獨唱[독창], 二重[2중], 三重[3중], 四重唱[4중창]으로도 優雅[우아]하게 愛唱[애창]할 수 있읍[습]니다. 伴奏[반주]로는 風琴[풍금]이나「피아노」만으로도 可[가, 즉 가능]하며 特[특]히「오케스트라」나 軍樂[군악]으로 伴奏[반주]할 時[시, 즉 때]는 그 效果[효과]가 絶大的[절대적]이라 하겠읍[습]니다.

新作曲[신 작곡]에 관하여는 作曲者[작곡자] 一個人[일개인]의 意思[의사]보다 第三者[제3자]의 意見[의견]이 尊重視[존중시]되어야 될 것이므로 新作曲[신 작곡]을 當地[당지] 美國人[미국인] 音樂家[음악가] 數氏[수씨, 즉 여러분]에게 提示[제시]하고 公正[공정]한 批評[비평]을 請[청]했읍[습]니다. 多幸[다행]히 音樂的[음악적]으로 前記[전기, 즉 앞에 적힌 기록] 諸[제, 즉 모든] 要素[요소]를 包含[포함]한 適合[적합]한 優秀作[우수작]이라 評[평]하며 激勵[격려]를 주므로[줌으로] 校正[교정]한 歌詞[가사]를 加[가, 즉 더해]하여 더욱 自信[자신]을 가지고 前[전, 즉 앞]에 提出[제출] 하는 바이오나 新國歌[신 국가]로의 採用可否[채용가부]는 最後[?최후]로 關係當局[관계당국]의 考査[고사, 즉 자세히 생각하고 조사함]下[하]에 決定[결정]될 것으로 믿읍[습]니다. 多幸[다행]히 閣下[각하]의 推薦[추천]을 얻어 當局[당국]의 檢討[검토]를 거쳐 新國歌[신 국가]로 採用[채

용]되면 小生[소생]의 큰 榮光[영광]으로 생각 하겠읍[습]니다.

一九六十年 三月 [1960년 3월]
美洲[미주]에서

李 寅 善 拜上 [이인선 배상]

** [?]는 알아보기 어려운 글자.

14. 故 이인선(李寅善) 선생
추모음악회

　이인선(李寅善) 선생이 1960년 3월 19일 미국에서 타계한 후 그의 제자들을 중심으로 1961년부터 2000년까지 총 11회 추모음악회가 개최되었다. 2000년 제40주기 추모음악회를 끝으로 대략 5년 주기로 개최되었던 추모음악회는 더 이상 계속되지 못했다. 이를 계속해 나가기에는 어느새 연로(年老) 해버린 제자들은 이인선 추모음악회를 국가 차원에서 지속해 주기를 청원하였으나 그 뜻을 이루지 못한 채 세상을 하직하셨다.

故 이인선(李寅善) 선생 추모음악회

[1] 1주기

일시: 1961. 12.21.

장소: Y.M.C.A. 강당

주최: 이인선 선생 추모회

후원: 한국음악협회, 음악문화사, 동양신문사

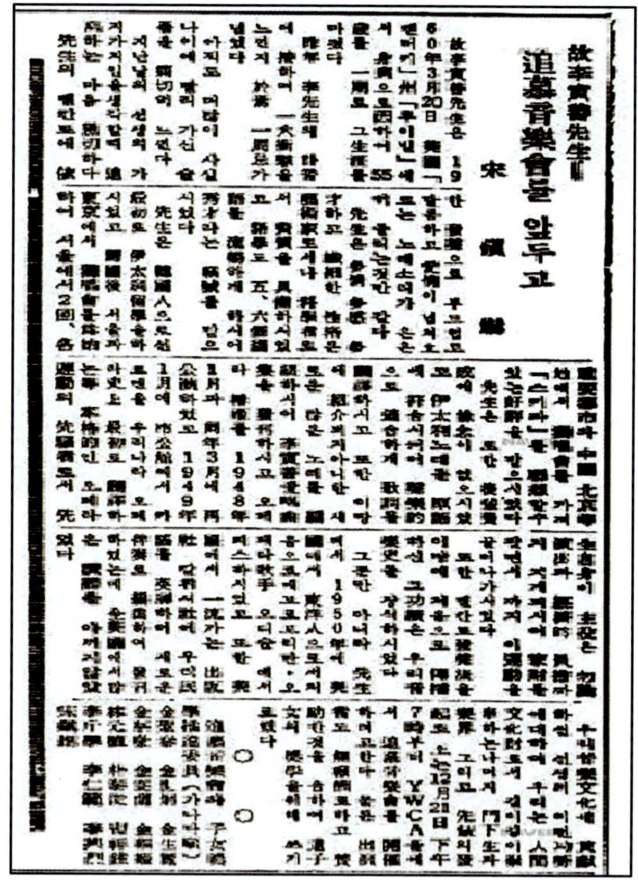

사진: 경향신문 (1961. 12.18.)

李　寅　善　先生
追　慕　音　樂　會

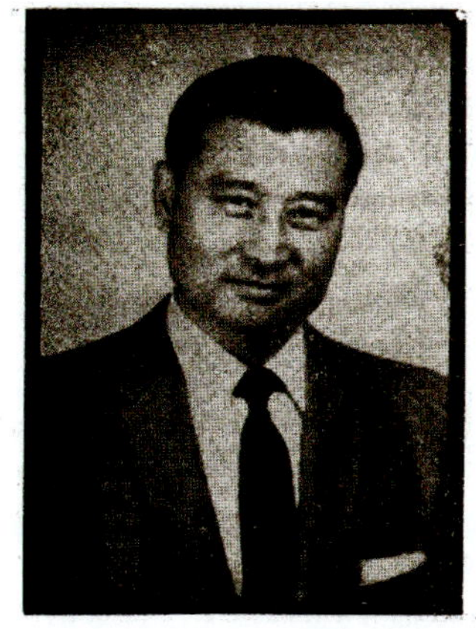

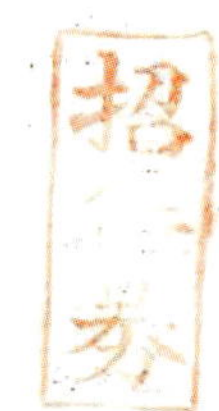

61年 12月 21日 (木) 下午 7時　明洞 Y.W.C.A. 講堂

主催　李　寅　善　先生　追　慕　會
後援　韓　國　音　樂　協　會
　　　音　樂　文　化　社
　　　京　鄉　新　聞　社

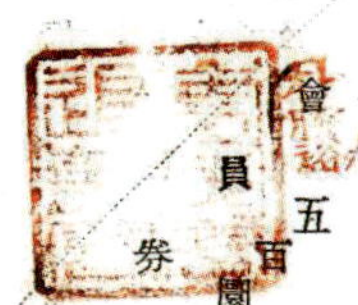

李　寅　善　譯詞

順　序

1. 테 너 — 獨 唱......................韓　景　鎭
   Preghiera　(기 도)..............토 스 티
   Segreto　(비밀)..............　　 〃

2. 二　重　唱......................金玉子・宋鎭爀
   오페라 '카르멘' 中에서
   　　　便紙의　二重唱..........비 제 —

3. 테 너 — 獨 唱......................金　湖　性
   오페라 '사랑의 묘약' 中에서
   Una furtiva Lagrima (감추어진 눈물)....도니갯띠
   Passione (정　열) ....타 리 아 페 리

4. 메조 쏘푸라노獨唱 ....尹　乙　炳
   Habanera............................비　제
   Seguidilla............................　〃

5. 四　重　唱......................金材照・金寶榮
   　　　　　　　　　　　　　　　　韓景鎭・金魯鉉
   오페라 '리고렛또' 中에서..................베르되

6. 테 너 — 獨 唱......................張　　　影
   오페라 '토스카' 中에서
   Recondi t'armonia (오묘한 조화)........풋치니
   E'llucevan le stelle (별은 반짝이고)....　〃

7. 二　重　唱......................金玉子・朴勝裕
   오페라 '椿 姬' 中에서
   　　'한 큰 幸福의 光明한 날'...............베르되

8. 바 리 톤 獨 唱......................金　魯　鉉
   오페라 '椿 姬' 中에서
   　　'저 푸로벤짜네 고향'...................베르되

[이인선 선생이 역사(譯詞)한 곡들로만 이루어진 음악회]

9 테 너 ― 獨唱 ....宋　鎭　燮
　　Fenesta che lucivi (불밝든 창) ....벨리니
　　Non ti scordar di me (날 잊지마러라) ....쿠르티스

10.　二　重　唱..金福姬·吳鉉明
　　오페라 椿　姬' 第二幕中에서 ....베르듸

11.　쏘푸라노 獨唱 ....李　今　鳳
　　파　　　초................................김 순 에
　　오페라 '카발레리아 루스티카나' 中에서
　　어먼님도 아시다 싶이 ....마스카니

피 아 노; 鄭　鎭　宇
　　　　　朴　政　胤
　　　　　趙　信　愛福
　　　　　權　榮　福

―※―

인사의 말씀

　昨年 三月 二十日 異域數萬里 美洲에서 急逝하신 우리 韓國의 至寶的 存在인 音樂家요 醫學徒인 李寅善先生의 追悼式을 昨年 三月二十六日에 嚴肅히 擧行했음은 이미 諒知하셨을 줄 思料하옵니다. 韓國 聲樂界 特히 오페라運動의 先驅開拓者로서의 先生의 크신 功績을 現下 音樂前線에서 活躍하고 있는 門下生 四十餘名은 追慕의 情으로 先生님의 追慕音樂會를 開催하고자 하였으나 社會的 變化에 따라 오늘까지 延期되어 왔읍니다.

　經濟的 窮乏을 打開하여 나가며 冷冷한 社會態度에 失望하지 않고 오늘날의 오페라로 長成시킨 그 偉業은 偶然之事가 아니었고 오직 先生의 百折不屈의 精神이 造成한 것이라 아니할 수 없읍니다. 그의 功績을 말로만 稱頌함 보다 行動으로 그의 功의 萬分之一이라도 報答함이 우리가 取해야만 할 義務로 思料하는 바입니다. 蓄金이 되는날엔 歸國하여 오페라 運動을 積極 展開하시겠다는 이야기가 끊임 없었다는 先生의 뜻은 이제 이루지 못하시게 되었으나 一線에서 責任을 맡고 일하는 門下生 一同은 더욱 奮發하여 남기신 遺業을 받으러 나가기로 이에 盟誓하오며 此際 開催되는 追慕

音樂會의 趣旨에 따러 先生님의 子女 獎學推進運動을 展開하고저 하오니 諸賢들의 아낌 없으신 誠意를 일찍 가신분의 情과 功을 生覺하시와 너그러히 베푸러 주시기를 懇望하는 바입니다.

李 寅 善 先生
追慕音樂會及子女獎學推進委員會 (無順)

金 聖 泰　朴 泰 俊　金 惠 蘭　李 康 濂　金 世 炯
李 升 學　金 福 姫　李 興 烈　金 生 麗　李 湖 愛
金 慈 暻　李 仁 範　林 元 植　宋 鎭 爀　曹 祥 鉉

故李寅善先生略歷

一九〇六年十二月二十六日·······平壤에서 出生
一九二三年四月·······平壤光成高校에서 優等生으로 卒業
一九二七年三月·······延專文科를 修了하고 세브란스醫專에서
　　　　　醫學을 專攻하는 한편 떠거女史와 뿌스女史에게 師事
一九三一年三月·······黃海道黃州에서 開業하시다가 伊太利留學
一九三八年五月·······서울 府民舘에서 歸國獨唱會를 가짐
一九三八年九月 東京 日比谷公會堂에서 獨唱會를 가짐
一九三九年十一月·······北京에서 獨唱會를 가짐
一九四七年十月·······培材講堂에서 獨唱會를 가짐
一九四八年一月·······오페라 "椿姬" 主役 (先生飜譯)
一九四八年三月·······"椿姬" 再上演
一九四九年一月·······오페라 "칼멘" 主役 (先生飜譯)
一九五〇年·······渡美 途中 東京 日比谷公會堂에서 獨唱會를
　　　　　가짐
　　　　　渡美後 外科와 麻辭學을 研究하여 外科病院에서 勤務
一九五二年·······뉴욕 메트로 폴리탄歌劇團에서 東洋人으로는
　　　　　처음으로 오디슌에 合格하였으나 費用關係로 出演을
　　　　　못하였음
　　　　　우리 民謠數曲을 英譯하여 새로운 伴奏로 編曲하여
　　　　　美國 一流出版社 칼·휘셔社의 손을 거처 全 美洲에
　　　　　널리 紹介 하였음
一九六〇年三月十九日·······켄터키州. 루이빌市에서 開業 準備
　　　　　完了後 得病 別世하였음

[2] 2주기

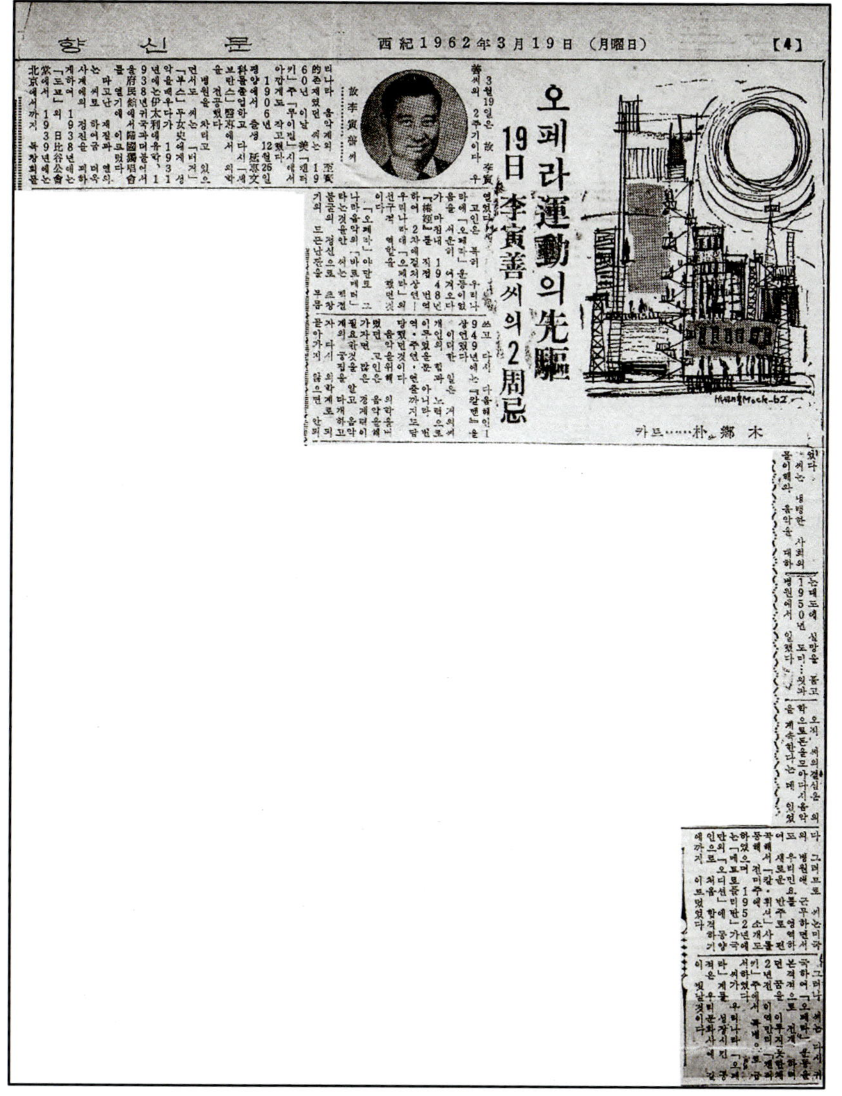

사진: 경향신문 (1962. 3.19.)

오페라 運動(운동)의 先驅(선구)
19日(일) 李寅善(이인선)씨의 2週忌(주기)

　　3월 19일은 故(고) 李寅善(이인선)씨의 2주기이다. 우리나라 음악계의 至寶的(지보적) 존재였던 씨는 1960년 이날 美(미)「켄터키주」「루이빌」 시에서 아깝게도 작고했다.

　　1906년 12월 26일 평양에서 출생 延專(연전) 文科(문과)를 졸업하고 다시「세부란스」醫專(의전)에서 의학을 전공했다.

　　병원을 차리고 있으면서도 씨는「버거」[와]「부스」두 女史(여사)에게 성악을 배우다가 1931년[1934년]에는 伊太利(이태리)[이탈리아]에 유학, 1938년[1937년] 귀국과 더불어 서울 府民館(부민관)에서 歸國獨唱會(귀국독창회)를 열기에 이르렀다.

　　타고난 재질과 열의는 씨로 하여금 더욱 사계에의 정진을 꾀하게 하여 1938년[1937년]에는「도꾜」[도쿄]의 日比谷公會堂(일비곡 공회당, [일본 히비야 공회당])에서 1939년에는 北京(북경)에서까지 독창회를 열었다.

　　고인은 특히 우리나라「오페라」운동이 없음을 서운히 여겨오다가 마침내 1948년「春姬(춘희)」를 직접 번역하여 2차에 걸쳐 상연 - 우리나라에「오페라」의 선구적 역할을 했던 것이다.

　　「오페라」야말로 그 나라 음악의「바로메터」라는 것을 안 씨는 백절불굴의 정신으로 초창기의 모든 난관을 무릅쓰고 다시 다음 해인 1949년[1950년 1월]에는「칼멘」[카르멘]을 상연하였다.

　　이러한 일은 거의 씨 개인의 힘과 노력으로 이루었을 뿐 아니라 번역· 주연· 연출까지도 담당했던 것이다.

1234　절대음악 혼자 간다

　음악을 위해 의학을 버렸던 고인은 음악을 해가자면 많은 경제력이 필요
한 것을 알고 음악계의 궁핍을 타개하고자 다시 의학계로 되돌아가지 않으
면 않되었다. 씨는 냉랭한 사회의 몰이해(沒理解)와 음악을 대하는 태도에
실망을 품고 1950년 도미… 윗과[외과]병원에서 일했다.

　오직 씨의 결심은 의학으로 돈을 모아 다시 음악을 계속한다는데 있었
다. 그러므로 씨는 미국의 병원에 근무하면서도 우리 민요를 영역하여 새로
운 반주로 편곡해서「칼·휘셔」사를 통해 전(全)미주에 소개도 하였으며
1952년에는「메트로폴리탄 가극단[오페라단]의「오디션」에 동양인으로 처
음 합격하기에까지 이르렀었다.

　그러나 씨는 다시 귀국하여「오페라」운동을 본격적으로 전개하려던 꿈
을 이루지 못한채 2년전 이역만리「캔터키」주에서 득병으로 급서하였다.

　씨가 우리나라「오페라」계를 성장시킨 공적은 우리 문화사에 길이 빛날
것이다.

* ( )는 편집자(李如辰)가 첨가한 것이고, [ ]은 수정한 것임.

[3] 5주기

일시: 1965. 3.26.
장소: 서울 중앙공보관
주최: 한국벨칸토회

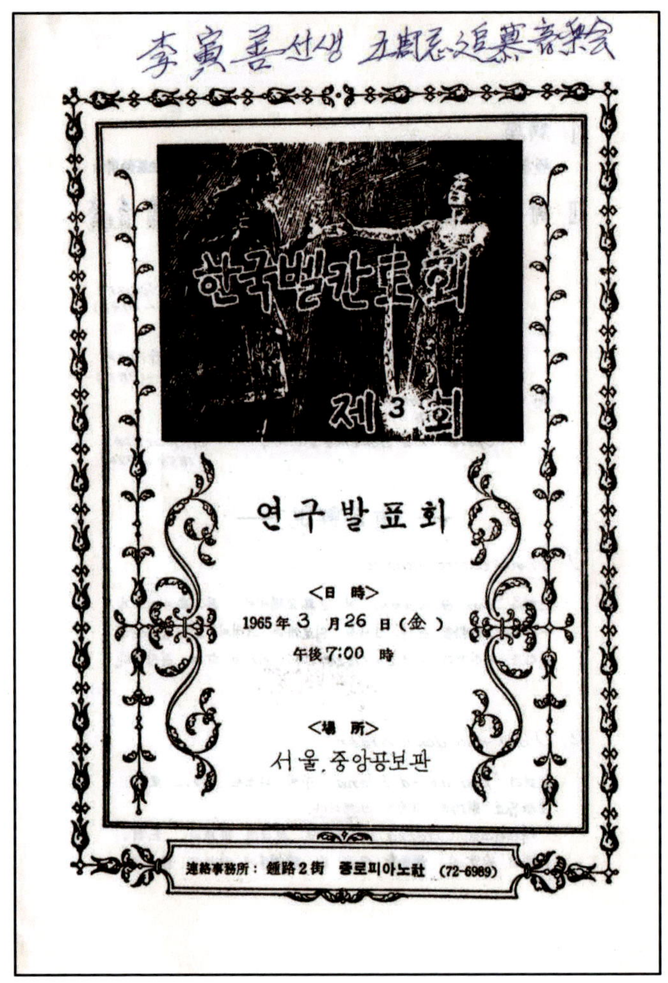

Ⅰ. 講座

　發聲醫學講座（第 3 回）　　　　　　　　　金燉鈴博士

Ⅱ. 테놀獨唱　　　　　　　　　　　　李 基 泳
　　　　　　　　　　　　피아노伴奏 提正成

　　1. Il mio tesoro intanto
　　　나의 愛人을 위하여
　　　　　opera "Don Giovanni" 中에서──────W.A. Mozart
　　　　　　　　　　　　　　　　　　　　　　(1756～1791)

　　2. O del mio dolce ardor
　　　오 아름다운 그대여　　　　　　　　　C.W. Gluck
　　　　　　　　　　　　　　　　　　　　　　(1714～1787)

　　3. Che gelida manina
　　　그대의 찬 손을
　　　　　Opera "La Bohéme" 中에서 ……　G. Puccini
　　　　　　　　　　　　　　　　　　　　　　(1858～1924)

── 曲目解說 ──

　1. Il mio tesoro intanto

　오페라 "Don Giovanni" 의 2幕2場에서　돈. 옷다비오가
사랑하는 約婚者 돈나. 안나를 위로하며 그대의 원수를 갚을
터라고 다짐하며 부르는 Mozart 의 Aria 中의 걸작이다.

　2. O del mio dolce ardor

　오페라 "Paride ed Elena" 中에 나오는 Aria 로서
甘味롭고 哀切한 사랑의 노래이다.
　대체적으로 Mezza voce 로 부르려 하였다. E音.
F音의 安定과 最高音 Gis 를 順調롭게 하려고 힘 썼다.

3. *Che gelida manina*

오페라 "*La Bohéme*„ 1幕中에서 詩人 로돌프가 미미의 찬손을 잡고 황홀한 심정으로 자기의 신분을 밝히고 미미의 신상이야기를 듣고저하는 서정적인 *Aria* 이다.

最高音 C는 물론 B. As 등 高音을 無難히 불러보려고 힘썼다.

李寅善先生 5周忌를 맞으며

지난 3月20日은 지금으로부터 5年前에 우리의 先輩 音樂家요 医學徒이신 李寅善先生께서 異域 멀리 美國에서 逝去하신 날입니다. 일찍이 伊太利留學에서 돌아 오시어 이땅에 *Bel canto* 의 새싹을 가져다 가꾸어 주셨으며 韓國聲樂界 特히 오페라界에서 先驅開拓者로서 貴한 功績을 남겨 주신 李寅善先生, 지금은 가시고 아니 게시는 先生을 새삼 追慕하는 마음 그지없읍니다. 여기 당신의 뒤를 이어서 *Bel canto* 를 工夫하며 가꾸어 消化해 보려고 젊은 聲樂徒들이 모였으며 精誠어린 그들의 研究發表會를 마련하면서 다시 한번 당신을 追慕해 봅니다.

◀ 廣 告 ▶

★ 테놀 李春成 獨唱會

3月 30日 午後 7.00時
國立劇場

★ 테놀 朴勝祐 獨唱會

4月 27日 午後 7.00時
國立劇場

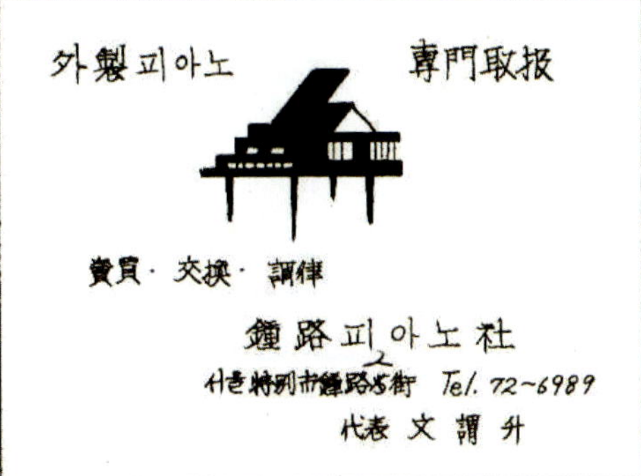

[4] 10주기

일시: 1970. 3.16.
장소: 명동국립극장
주최: 한국오페라동인회
후원: 한국음악협회, 문화공보부

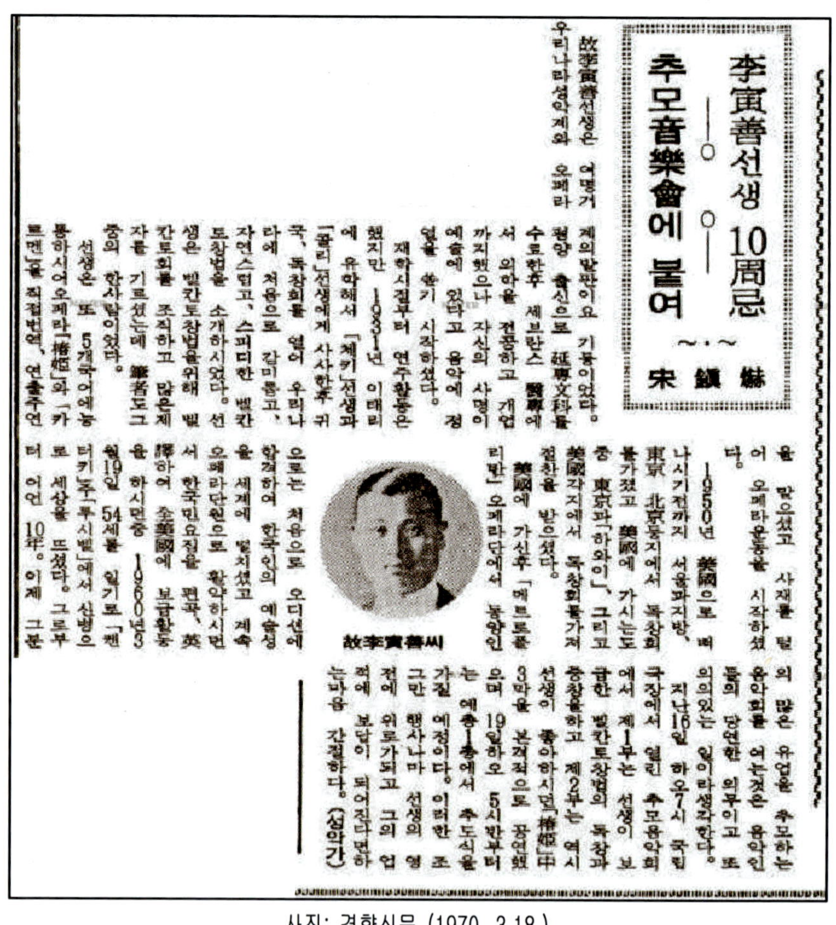

李寅善선생 10周忌
추모音樂會에 붙여

宋 鎭 懀

故李寅善씨

사진: 경향신문 (1970. 3.18.)

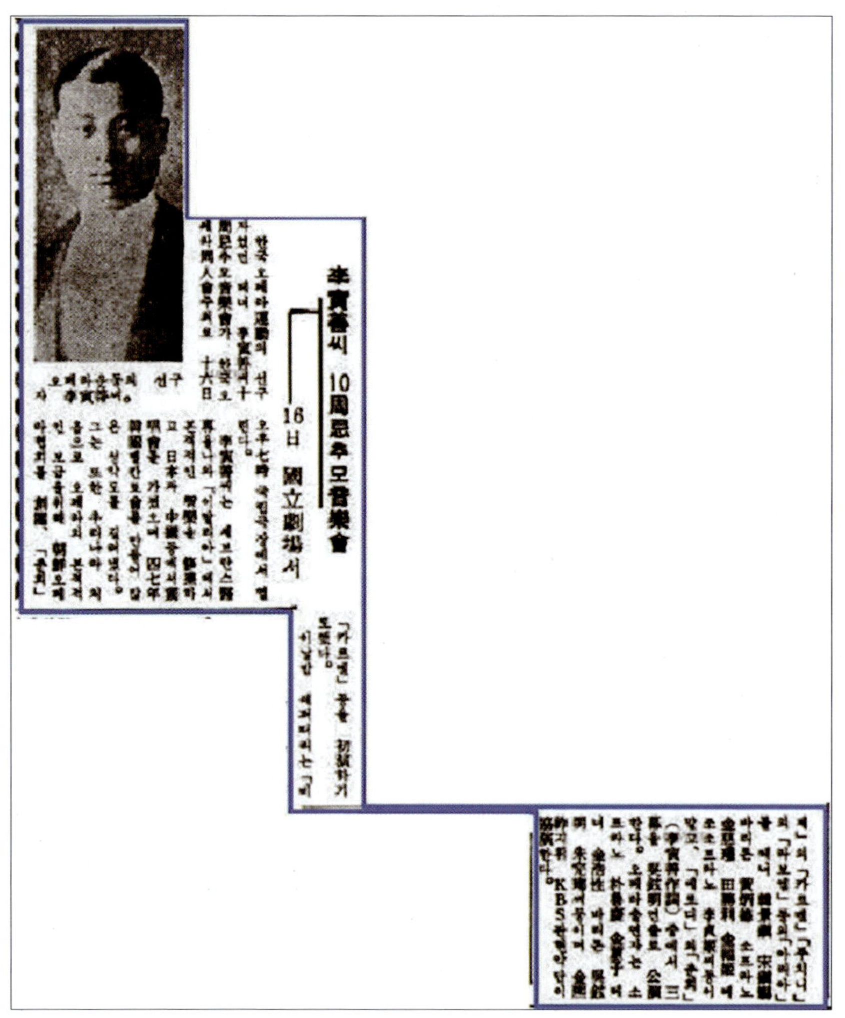

李寅善氏 10周忌追慕音樂會

16日 國立劇場서

사진: 동아일보 (1970. 3.11.)

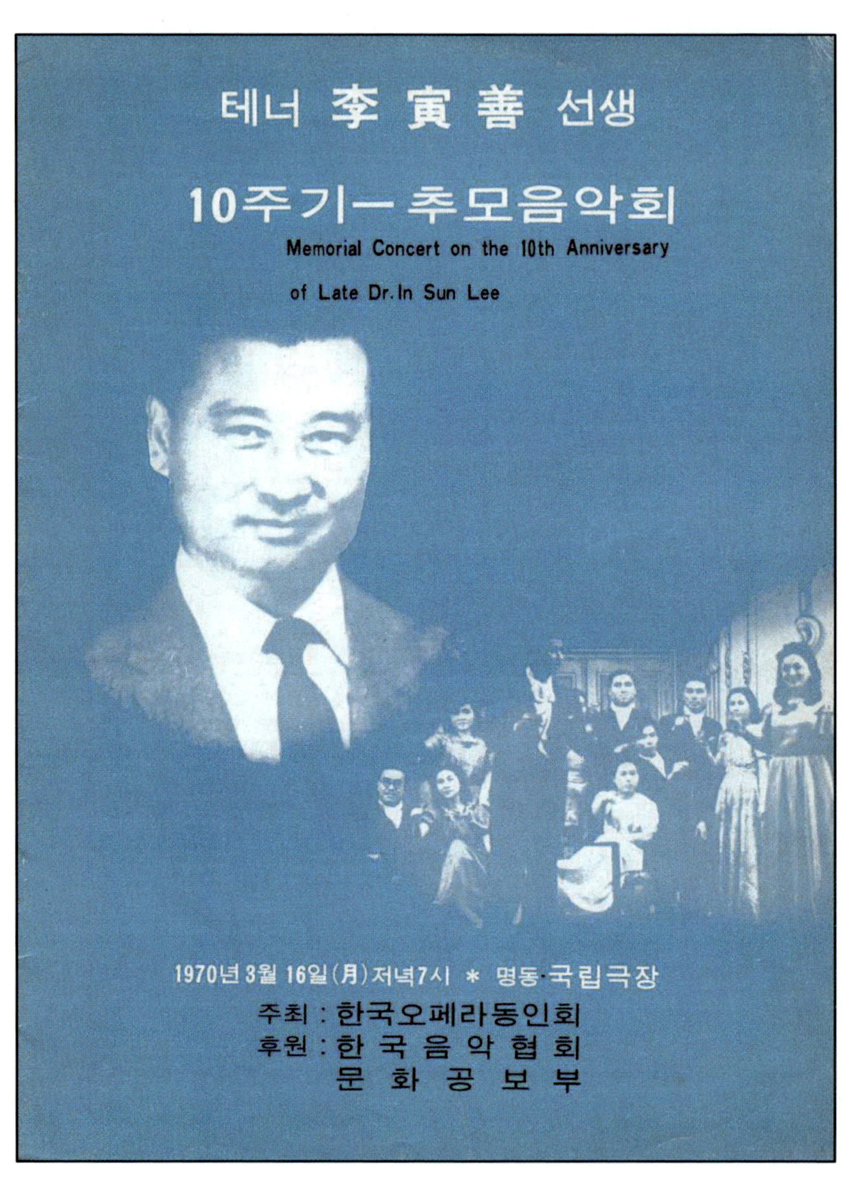

1242 절대음악 혼자 간다

Tenor 李　寅　善　先生　略歷

1906. 12 (26일)平壤에서 出生
1923. 4　　　平壤光成高等普通學校를 卒業

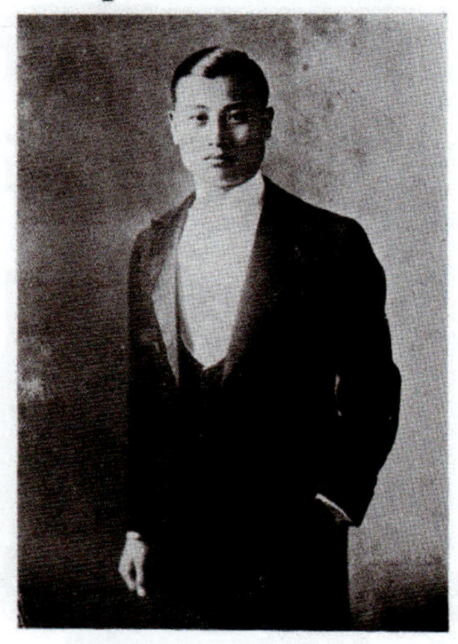

1927. 3　延禧專門學校 文科를 卒業하시고 이어서 세브란스 醫學專門學校에 서 醫學을 專攻하셨으며 메거女史와 뿌스女史에게 師事하여 聲樂을 공부하심
1931. 3　세브란스 醫學專門學校를 卒業하시고 黃海道 黃州에서 病院을 開業하시다가 聲樂研修次 伊太利로 留學
1938. 5　伊太利에서 돌아오시어 서울 府民舘에서 歸國獨唱會를 가지심
1938. 9　日本東京의 日比谷公會堂에서 獨唱會를 가지심
1939. 11　中國北京에서 獨唱會를 가지심
1947. 10　서울 培材講堂에서 獨唱會를 가지심
1947. 10　韓國벨깐또會를 만드시고 많은 聲樂徒를 길러내심
1948. 1　우리나라에서 처음으로 西洋 오페라의 本格的인 公演과 普及을 꾀하고져 韓國最初의 오페라團인 朝鮮오페라協會를 創團하셨으며 本邦初演으로 G. Verdi 作曲인 3幕오페라 「椿姬」를 先生의 飜譯으로 서울의 市公舘에서 公演하시고 主役을 맡으심
1948. 4　國際오페라社 主催 朝鮮오페라協會 後援으로 「椿姬」를 再演
1950. 1　G. Bizet 作曲인 4幕오페라 「Carmen」을 先生의 飜譯으로 서울의 市公舘에서 公演하시고 主役을 맡으심
1950. 2　醫學研究를 爲하여 渡美하셨으며 途中 日本東京과 美國 하와이에서 各各 獨唱會를 가지심
1952. 4　美國 New York Metropolitan Opera 團에서 東洋人으로는 처음으로 Audition 에 合格하셨으며 한편 美國 一流樂譜出版社인 Carl Eischer 社를 通하여 우리民謠 數曲을 編曲英譯하여 出版하시여 全美洲에 우리 歌曲을 널리 紹介普及하심
1960. 3 (19일)美國 Kentucky 州 Louisville 市에서 病院開業準備中 依病 別世하심

PROGRAM

第 I 部

1. *Duet* ···················· Sop. 金 材 熙　Ten. 韓 景 鎭
   Parle-moi de ma mere(CARMEN) ········ 나의 어머님 소식 ······　G. Bizet
2. *Mezzo Soprano Solo* ······························· 田 勝 利
   a. *En vain pour Eviter*(CARMEN) ······ 카―드의 노래 ········　G. Bizet
   b. *Chanson de Boheme*(CARMEN) ········ 짚씨의 노래 ········　G. Bizet
3. *Tenor Solo* ····································· 宋 鎭 爀
   a. *Torna Piccina* ················· 돌아오라 내 딸아 ······　C. A. Bixio
   b. *Senza nisciuno* ·················· 孤　　獨 ······ E. de Curtis
4. *Soprano Solo* ···································· 金 慈 璟
   a. *Nina* ······················ 니 ― 나 ······ F. Tanara
   b. *Addio*(LA BOHEME) ················ 잘 있오! ······　G. Puccini
5. *Baritone Solo* ·································· 黃 炳 德
   a. *Aprile* ······················ 四　　月 ······ P. Tosti
   b. *Aria de Toreador*(CARMEN) ········· 鬪牛師의 노래 ······　G. Bizet
6. *Duet* ············· Sop. 金 福 姬　Mezzo Sop. 李 貞 姬
   Recordare(REQUIEM) ··············· 記憶하라! ······　G. Verdi

피아노 : 鄭 鎭 宇·林 憲 媛·이 경 숙·黃 聖 燁

第 II 部

G. Verdi 作曲
李 寅 善 譯詞 　3幕 오페라 「椿姬」中에서 第 3 幕

演出 : 吳 鉉 明　指揮 : 金 熙 祚

Violetta Valery ································ Sop. 朴 魯 慶
Annina ······································· Sop. 金 蕙 子
Alfredo Germont ································ Ten. 金 浩 性
Giorgio Germont ································ Bar. 吳 鉉 明
Doctor Grenvil ································· Bar. 朱 完 珣

K B S 管絃樂團

照明 : 이 우 용　　粉粧 : 전 예 출　　裝置 : 최 연 호

— 3 —

[이인선 선생이 역사(譯詞)한 곡들로만 이루어진 음악회]

1244　절대음악 혼자 간다

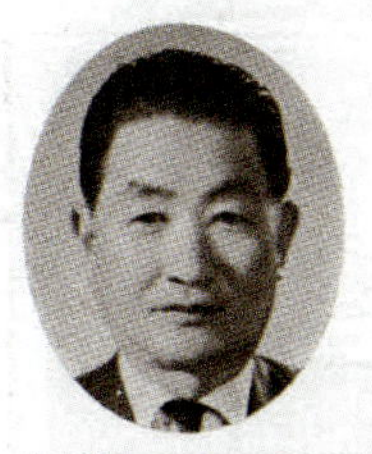

한국 오페라의 개척자

이인선 선생을 추모하며

한국음악협회 이사장 박   태   준

해방전까지만 해도 우리는 오페라나 심포니 운동이 오늘날과 같이 크게 펼쳐지리라고는 생각치 못하였다. 그러나 우리나라의 음악계는 이제는 개척기를 지나 1970년대에 들어 선 오늘에는 큰 열매를 맺게 되었으며 이러한 의미에서 우리는 우리 오페라계의 개척자이셨든 이인선씨를 잘 알지 못했고 등한시 해온듯한 것을 못내 :부끄럽게 여긴다.

이제 그분의 10주기를 당하여 오페라 동인들이 지난날에 우리들이 그분에게 다하지 못한 대접을 뒤늦게나마 되새겨서 추모하게 된것을 참으로 다행으로 여기며 음악인들이 다 같이 그의 업적을 다시 한번 생각하고 찬양하게 된것을 기뻐해마지 안는다. 우리들은 이나라 심포니 운동의 개척자에게나 기타 서양음악에 끼친 선구자들의 공로를 잊어서는 안될줄 생각한다.

이제 오페라운동 20여년을 거친 발전기를 맞이한 오늘 우리들은 시작의 노고를 겪은 선구자이신 이인선씨의 공을 새삼 크게 느끼는 동시에 그분의 뜻을 따라 그의 제자들이나 후배들이 그의 길을 꾸준히 이어 나가고 있음을 볼때 지하에 계신 그분의 영혼도 크게 기뻐하실 것으로 믿는다. 여기 우리나라 오페라의 개척자요 성악교사로서 큰일을 하고 가신 이인선선생의 10주기를 당하여 다시한번 그의 공적을 되살펴 보며 오늘의 추모음악회가 앞으로의 우리 나라 오페라운동에 보다 큰 발전의 계기가 되어지기를 바라마지 안는다.

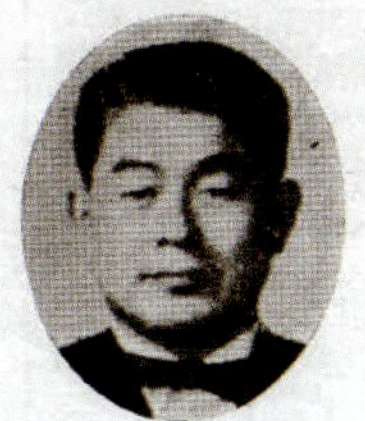

선생가시고 뜻과 노래는 기리남아

—추모의 뜻 모아 오페라운동의 체계 정리를—

음악평론가 유   한   철

예술가에게 있어서 오늘의 백사람에게 갈채를 받기보다 십년후에 한사람에게 기억된다는 사실이 얼마나 소중한지 모른다. 이인선 선생이 이렇게 기억되는 존재이기에 우리는 그분을 추모할 의무가 있다. 추모라는 것이 단순히 세습적인 관례행사가 아닌 곳에 이번 추모는 더욱 뜻이 있는 것이다. 오페라 불모시대에 씨를 뿌려 열매를 걷우어 예술적인 무성을 이룩하기 위해 그분은 사재를 털어야 했고 우리힘만으로의 가능성이라는것에 거의 의면했던 사이비 음악예술인 때문에 많은 저지를 받았다. 고집통이라는 별명을 들을 정도로 음악 행동의 신념을 굽히지 않고 대중에의 값싼 영합을 과감히 배재하셨다.

오늘 한국의 오페라는 분명히 성숙기의 넓은 나래를 펴가고 있으며 이 영역의 주도적인 창연자들은 거의가 이인선 선생의 문하에서 자란 사람들이다. 예술문화가 발전될 수록 정리에의 노력이 뒷받침 돼야하는 것으로 이정표가 이루어졌다해서 안심하고 믿고 나가면 된다는 것처럼 위험한 과정은 없다.

오페라 자체가 서구 예술이기에 우리는 이인성 선생이 주장하신것처럼 우리의 피와 살을 결부시켜 공감의 맥박을 이루지 못하는한 오페라의 존립은 어려운 것이며 창작 오페라에 있어서도 세계적인 공진으로 처리되지 못하면 아무러한 가치도 없는 것이다. 오페라의 선구자를 추모하는 뜻은 우리 오페라 운동을 체계있게 정리하면서 보다 범세계적인 전진에의 가치를 바로 잡자는데 있는 것이다.

先輩同門이오 스승이신

李寅善 선생님을 그리며

延大醫大教授·醫學博士
韓國오페라團 代表理事　　金 基 鈴

十年이면 江山도 변한다고 말들 합니다만 이제 선생께서 가신지 어언 십주기를 맞게 되니 새삼 그옛날에 음악적으로 높은 경지에 계셨던 선생의 모습을 다시한번 되새겨 보게 됩니다. 선생께서는 일찌기 醫學을 공부하신 저의 先輩이시며 저에게는 또한 聲樂을 가르쳐 주신 스승이시었읍니다. 20여년전에 제가 처음으로 선생을 찾아 뵈었을때 선생께서는 제게 이렇게 말씀해 주셨지요. 金君은 醫學徒니까 發聲器의 구조와 작용을 잘 알고 있을게고 그러니 노래도 남들보다는 더 쉽게 배울수 있겠지…… 그러나 金君은 결코 유명한 醫師가 돼야지 醫學徒가 너무 노래공부에만 열을 올린다면 안가르쳐 주겠어… 라고 말입니다. 저는 선생의 嚴格하신 뒷면에서 한편으로는 후배와 제자들을 아끼고 사랑하시는 仁慈하심과 多情하심을 皮膚로 느껴도보았으며 결코 선생의 말씀대로 두토끼를 쫓는 愚를 범치 않는 자가 되겠다고 맹서도 했었지요.

다달이 모였든 벨깐또의 發表會와 오페라 공연준비에 여념없으셨든 선생의 뒤를 쫓아다녔던 일이며 그 많은 樂譜를 부러워하고 조심조심 한곡 두곡 배껴기도 했고 때로는 능숙한 괴아노 반주로 물려주셨던 선생의 노래에 그저 恍惚하기만 했으며 우리 모든 弟子들은 언제나 선생을 거울과 자랑삼아 마냥 노래하는 거름마를 익히기에 흐뭇했었지요.

선생께서는 1948년 1월에 우리나라에서 처음으로 오페라團을 만들어서 本格인 西歐오페라를 公演하셨으며 오늘날 우리들이 여러개의 오페라단을 만들어서 數많은 오페라의 公演을 갖기에 이르렀으매 우리 모든 音樂人과 聲樂徒들은 새삼 선생의 바른 가르치심과 크신 貢獻을 되새기게 되오며 이런때 일수록 선생께서 좀더 오래 살아계시고 좀더 가르쳐 주셨으면 하는 아쉬움과 그리움에서 더욱 선생을 追慕하는 情이 그쳐지지 않습니다.

오늘 저희들은 한 자리에 모여서 그 옛날 선생과 함께 배우고 함께 불렀던 노래로서 선생을 그리고 있읍니다. 번거로운 世事에 묻혀서 때로 人間은 지나간 일들을 곧잘 잊어버립니다만 오늘도 저희들 가슴 속에서 선생의 모습이 줄곧 그대로 살아 계심은 오직 선생의 가르치심이 크셨든 까닭으로 더욱 그리워 집니다.

선생을 아끼고 사귀든 모든 벗들과 많은 사랑과 가르침을 입은 여러 弟子들과 그리고 선생을 그려서 오늘의 모임을 마련하느라 힘써 주시고 밀어주신 여러분들과 함께 지금은 비록 저희를 떠난 먼 곳에서 계시나 우리들 마음속에 기리 함께 통하고 계시는 선생의 명복을 두손모아 비옵니다.

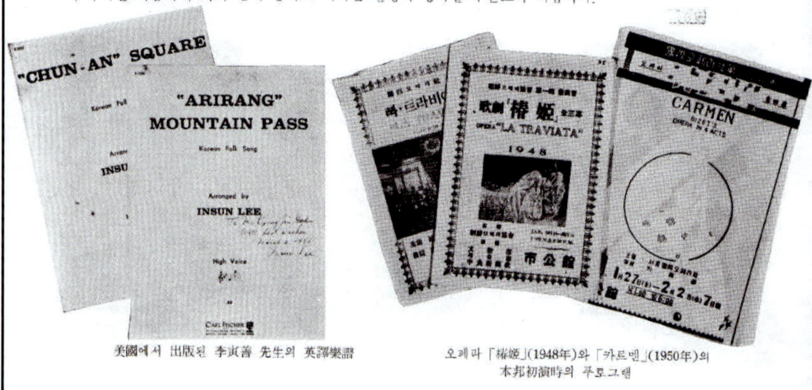

美國에서 出版된 李寅善 先生의 英譯樂譜　　　　오페라 「椿姬」(1948年)와 「카르멘」(1950年)의
　　　　　　　　　　　　　　　　　　　　　　　本邦初演時의 푸로그램

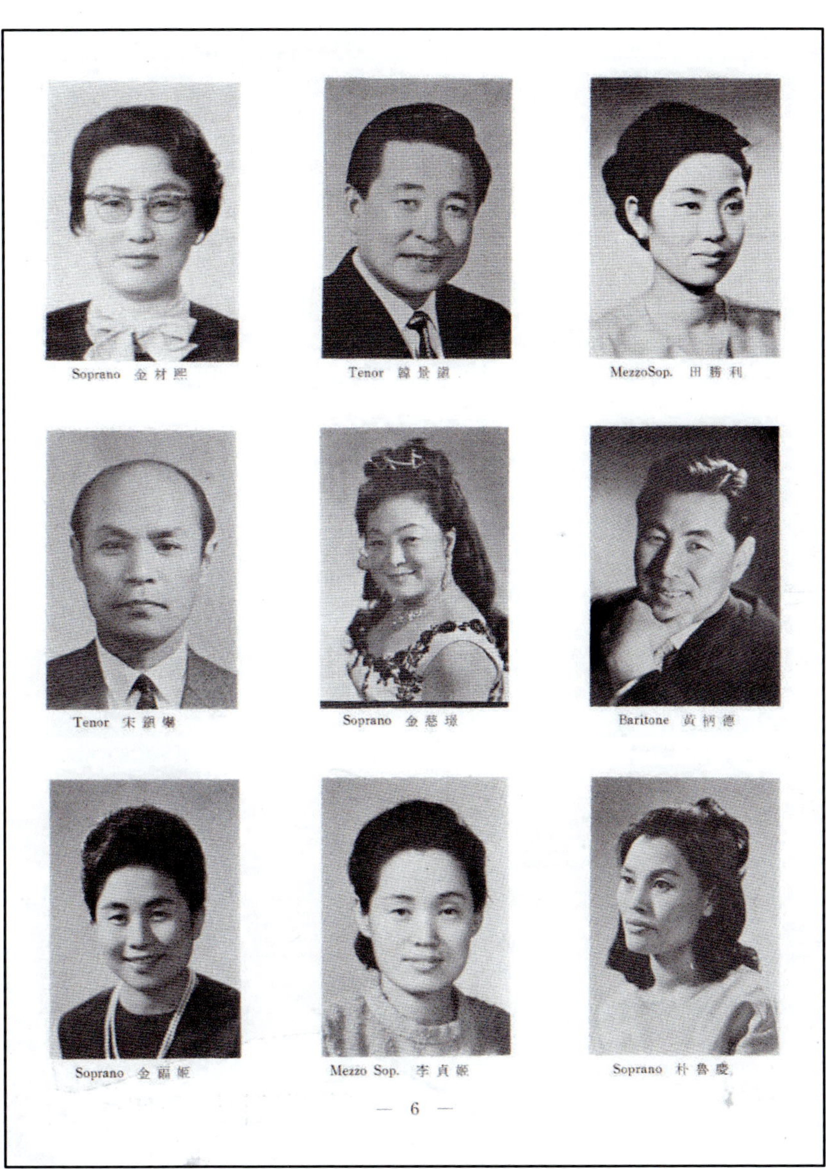

[B] 이인선: 14. 故 이인선 선생 추모음악회   1247

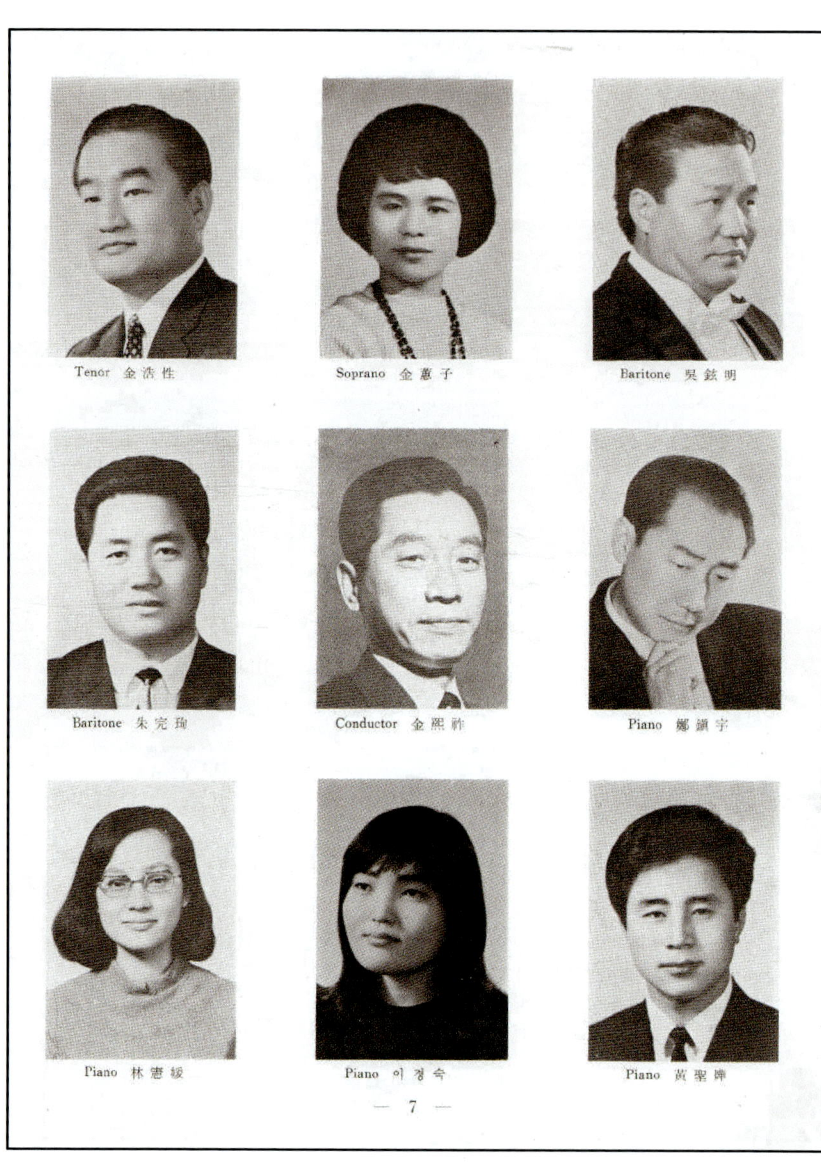

1248 절대음악 혼자 간다

李寅善 先生出演 오페라 中에서

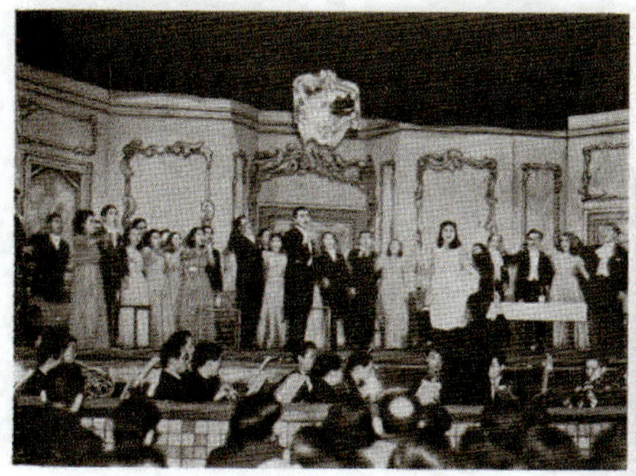

배르디 作曲 『椿姬』 제 1 막

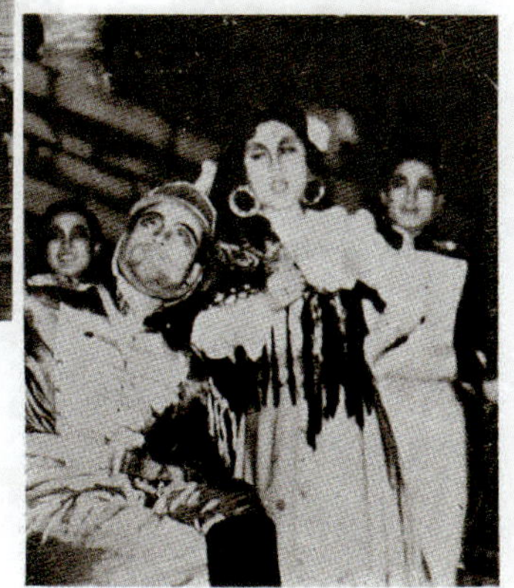

비제 作曲 『칼멘』 제 1 막

테너 李寅善선생 10주기 추모음악회 준비위원

金基鈴　　金福姬　　金玉子　　金慈璟
朴泰俊　　宋鎭慼　　李宥善　　林元植
吳鉉明　　劉漢徹　　黃柄德　　韓景鎭

[5] 15주기

일시: 1975. 5.6.
장소: 명동예술극장
주최: 한국벨칸토회
후원: 한국음악협회

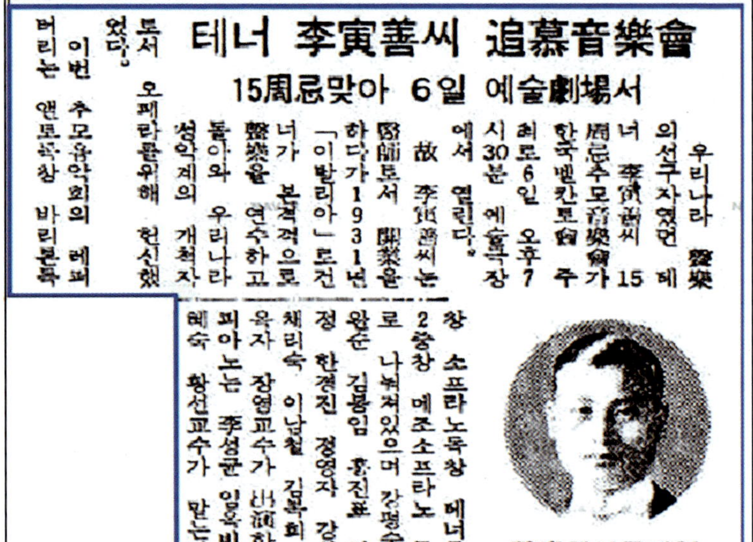

테너 李寅善씨 追慕音樂會

15周忌맞아 6일 예술劇場서

우리나라 聲樂의 선구자였던 테너 李寅善씨의 15周忌 追慕音樂會가 한국벨칸토회 주최로 6일 오후 7시 30분 예술극장에서 열린다.

故李寅善씨는 醫師로서 開業을 하다가 1931년 「이탈리아」로 건너가 본격적으로 聲樂을 연수하고 돌아와 우리나라 성악계의 개척자로서 오페라運動을 위해 헌신했었다.

이번 추모음악회의 레퍼토리는 앵콜독창 바리톤곡·창·소프라노독창·메조소프라노독창·테너독창·2중창 등으로 나뉘어져있으며 강평숙 주왕순 김봉임 홍진표 김희정 한경진 정영자 강상복 채리숙 이남철 김복희 김육자 장영 교수가 出演한다. 피아노는 李성균 일옥빈 박혜숙 황선 교수가 맡는다.

사진: 동아일보 (1975. 5.5.)

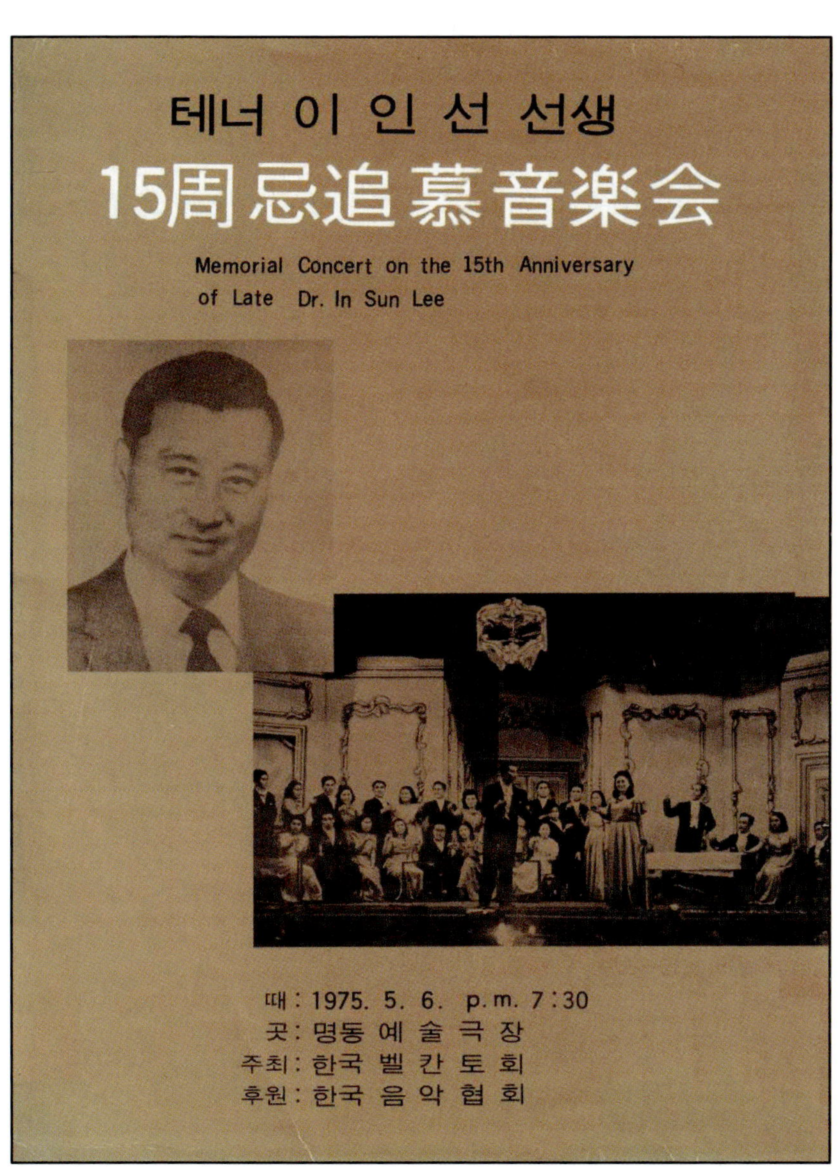

테너 이 인 선 선생
15周忌追慕音楽会
Memorial Concert on the 15th Anniversary
of Late Dr. In Sun Lee
때 : 1975. 5. 6. p.m. 7 : 30
곳 : 명 동 예 술 극 장
주최 : 한 국 벨 칸 토 회
후원 : 한 국 음 악 협 회

<h2 align="center">《Tenor 李 寅 善 先生 略歷》</h2>

1906. 12 (26일) 平壤에서 出生
1923. 4   平壤光成高等普通学校를 卒業

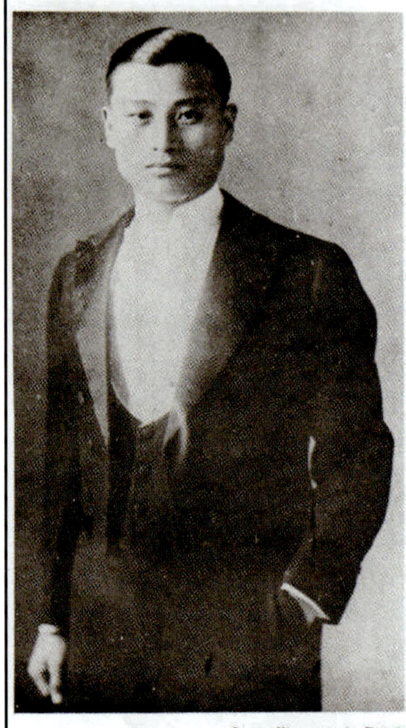

1927. 3   延禧專門学校 文科를 卒業하시고 이어서 세브란스 医学專門学校에서 医学을 專攻하셨으며 베이커 女史와 부스女史에게 師事하여 声楽을 공부하심.

1931. 3   세브란스 医学專門学校를 卒業하시고 黃海道 黃州에서 病院을 開業하시다가 声楽研修次 伊太利로 留学

1938. 5   伊太利에서 돌아오시어 서울 府民舘에서 歸國獨唱会를 가지심

1938. 9   日本東京의 日比谷公会堂에서 独唱会를 가지심

1939. 11   中国北京에서 独唱会를 가지심

1947. 10   서울 培材講堂에서 独唱会를 가지심

1947. 10   韓国벨칸토会를 만드시고 많은 声楽徒를 길러내심

1948. 1   우리나라에서 처음으로 西洋 오페라의 本格的인 公演과 普及을 꾀하고자 韓国 最初의 오페라団인 朝鮮오페라 協会를 創団하셨으며 本邦初演으로 G. Verdi 作曲인 3幕오페라 「椿姫」를 先生의 飜訳으로 서울의 市公舘에서 公演하시고 主役을 맡으심

1948. 4   国際오페라社 主催 朝鮮오페라協会 後援으로 「椿姫」를 再演

1950. 1   G. Bizet 作曲인 4幕오페라 「Carmen」을 先生의 飜訳으로 서울의 市公舘에서 公演하시고 主役을 맡으심

1950. 2   医学研究를 為하여 渡美하셨으며 途中, 日本東京과 美国 하와이에서 各各 独唱会를 가지심

1952. 4   美国 New York Metropolitan Opera団에서 東洋人으로는 처음으로 Audition에 合格하셨으며 한편 美国 一流楽譜出版社인 Carl Fischer社를 通하여 우리民謠 数曲을 編曲 英訳하여 出版하시어 全美洲에 우리 歌曲을 널리 紹介普及하심

1960. 3 (19일) 美国 Kentucky州 Louisville市에서 病院開業準備中 依病 別世하심.

우리나라 오페라계의 선구자

한국 음악협회 회장 조 상 현

예술가에 있어서 가장 중요한 것은 그의 예술이 사후에 얼마나 오래도록 추모되고, 이 사회의 빛이 되느냐가 중요할줄 압니다. 일찌기 이선생님께서는 큰 뜻을 품고 성악의 본고장이라고 할 수 있는 이태리에 가서 본격적인 성악공부를 하시고 돌아오셔서 우리나라 성악계의 개척자로서, 특히 우리나라 오페라를 위하여 헌신, 노력하시었으며, 처음으로 우리 나라에서 오페라를 상연하셨읍니다. 이 예술극장에서 『춘희』를 가지고 상연하였을 때, 그 감격과, 그 고초는 이루 말할 수 없었읍니다. 그분의 사재와 피아노까지 팔아가며 1년 반동안의 연습끝에 성공하셨던 것입니다. 이제 우리는 우리의 혼과 맥박이 섞인 우리의 오페라가 나와야 되리라고 믿습니다. 우리 만을 고집하지 않는 우리와 세계의 인간이 다 같이 웃고 울 수 있는 진정한 예술이 우리 땅에도 탄생되어야 되리라고 믿습니다.

이제 그분을 추모하며 그분의 공적을 높이 찬양하는 의미 깊은 15주기 기념 음악회를 맞이하여 그분의 높으신 뜻을 받들어 우리 음악계가 좀 더 힘써 나아가 현재에 낙심 말고 앞을 향하여 전진하여 나아갈 때, 우리에게도 무엇인가 생기리라고 믿습니다. 음악회가 거듭 될수록 우리 음악계의 보다 큰 발전의 계기가 되어지기를 바라 마지 않습니다.

한국 벨칸토회는 선생님의 뜻을
기리받들어 나갈 것입니다

한국 벨칸토회 회장 김 노 현

돌이켜 보건대, 25년 전에 우리 성악계의 선구자이신 이 인선 선생님께서 한국 벨칸토회를 창설하셨고 그후 제자들과 그분과 뜻을 같이 하는 여러 성악인들이 모인, 명실공히 한국 성악인들의 연구단체입니다. 주로 음대 교수들과, 우리 성악계의 중진들이 모여 새로운 경지를 개척하려고 노력을 아끼지 않고 있읍니다. 금년은 선생님이 돌아가신지 15주기가 되는 해로써 예술은 길고 인생은 짧다는 옛말은 오늘 날 우리 가슴에 살아 남아 있는 선생님을 두고 하신 말이 아닌가 생각됩니다. 선생님은 가셨어도 우리들은 그를 추모하고 그리워하는 것은 선생님의 위대한 예술성이요, 그의 인간적인 사랑의 힘이라고 생각됩니다. 이 나라, 오페라계의 황무지에서 오페라 운동의 새싹을 낳게 하였고 이태리 칸쏘네의 보급과 우리나라 성악계의 발전에 크게 이바지한 것입니다.

이제 오페라 운동의 발전기를 맞이한 이 마당에서 선생님의 공을 새삼 느끼는 동시에 제자나, 후배들이 함께 모여서 그분의 길을 꾸준히 이어 나가려 하고 있으며 가신지 15주기를 맞이하여 다시 한번 그분의 위대한 공을 되살려 보려고 이 잔치를 베푼 것입니다.

〰〰〰〰〰〰〰〰〰〰〰〰 프 로 그 램 〰〰〰〰〰〰〰〰〰〰〰〰

〈제 1 부〉

1. 앨토독창 　　　　　　　　　　　　　　　　　　　　　　　　강 평 숙

　1) Alma Mia〈내 영혼〉 ―――――――――――――――― G. F. Händel
　2) Deh！ Placate Vi Con Me！〈불쌍히 여기소서！〉―――――― C. Gluck
　　―오페라 "Orfeo"중에서―

2. 바리톤 독창 　　　　　　　　　　　　　　　　　　　　　　주 완 순

　1)『기다리는 마음』――――――――――――――――――장 일 남
　2) Aprite Unpo' Quegl'occhi〈세상의 남자들아 눈을 뜨라〉――――― Mozart
　　―오페라 "피가로의 결혼" 중에서―

3. 소프라노 독창 　　　　　　　　　　　　　　　　　　　　김 봉 임

　1)『목 련 화』――――――――――――――――――― 김 동 진
　2) Vissi d'arte Vissi d'amore〈노래에 살고 사랑에 살고〉―――――― G. Puccini
　　―오페라 "Tosca"중에서 제 2 막―

4. 테너 독창 　　　　　　　　　　　　　　　　　　　　　　홍 진 표

　1)『뱃 노 래』―――――――――――――――――――― 조 두 남
　2) Agnus Dei〈어린 양〉―――――――――――――――― G. Bizet

5. 2 중 창 　　　　　　　　　　　　　　　　　　　　　Sop. 김 희 정
　　　　　　　　　　　　　　　　　　　　　　　　　　　 Ten. 한 경 진

　1) Un di Felice〈한 큰 행복〉――――――――――――――― Verdi
　　―오페라 "椿姬"중에서 제 1 막―
　2) Parigi O Cora〈파리를 떠나서〉――――――――――――― Verdi
　　―오페라 "椿姬"중에서 제 3 막―

《제 2 부》

6. 메조·소프라노　　　　　　　　　　　　　　　　　　　정　영　자

  1)『비　가』··· 김　연　준

  2) O! Don Fatal〈오! 운명의 신이여!〉······················· Verdi
　　—오페라 "돈·카를로" 중에서—

7. 테너 독창　　　　　　　　　　　　　　　　　　　　　강　상　복

  1) Core'ngrato〈무정한　마음〉···························· Cardillo

  2) Che Gelida Manina〈그대 찬손〉······················· G. Puccini
　　—오페라 "라·보엠" 중에서—

8. 소프라노 독창　　　　　　　　　　　　　　　　　　　채　리　숙

  1)『풀　따　기』··· 김　노　현

  2) Sola Perduta Abbandonata〈홀로 버려지고〉··········· G. Puccini
　　—오페라 "마농·레스코" 중에서—

9. 테너 독창　　　　　　　　　　　　　　　　　　　　　이　남　철

  1) Il Fior Chea Ve Via Me tudato〈너 내게 던져준 이 꽃은〉········· G. Bizet
　　　—오페라 "Carmen" 중에서—

  2) Chella mi creda libero e non tano〈돌아올 자유의 날〉······ G. Puccini
　　　—오페라 "서부의 아가씨"중에서—

10. 소프라노 독창　　　　　　　　　　　　　　　　　　김　복　희

  1) Nina〈니　나〉··· F. Tanara

  2) Pleurez! Pleurez, Mes Yuex〈넘쳐 흐르는 눈물〉··········· J. Massenet
　　—오페라 " Le Cid "중에서 제 1 막—

11. 2 중창　　　　　　　　　　　　　　　　　　　Sop. 김　옥　자
　　　　　　　　　　　　　　　　　　　　　　　　　Ten. 장　　　영

  1) Non La Sospri〈사랑의 2중창〉························· G. Puccini
　　—오페라 "Tosca" 중에서 제 1 막—

李寅善 門下生 〈가나다 順〉

김복희 김영순 김학상 백석두 송진혁 이우근 정진택 최걸호
김기령 김신환 김자경 노형숙 사상필 이남철 장정영 차진순 홍표
김교진 김순임 김을용 노경환 박우종 이금봉 장순창 지철영 한경진
권원한 김순용 김유선 김호성 박승우 안형일 임진우 조준호 최창호
강상복 김석순 김영춘 김혜로 박세영 신혁익 이해경 조경 최무룡

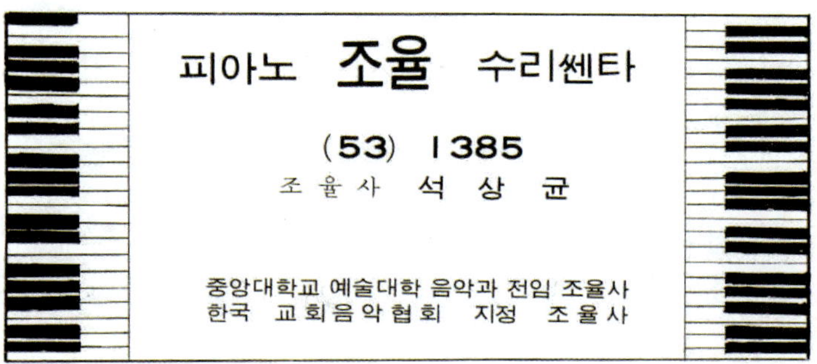

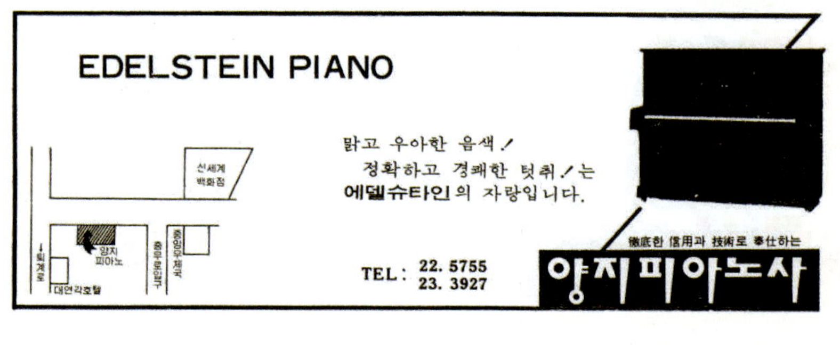

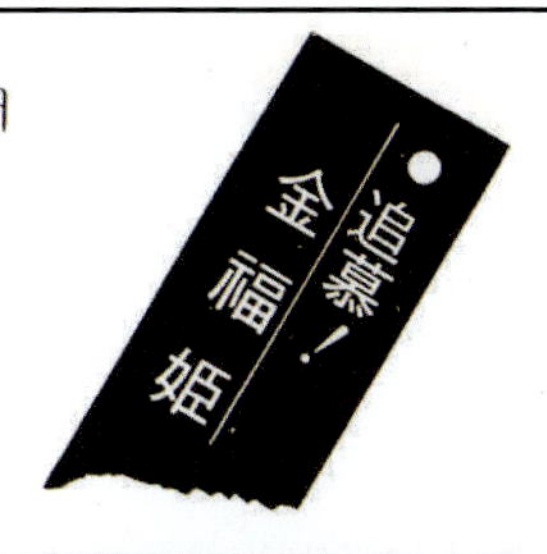

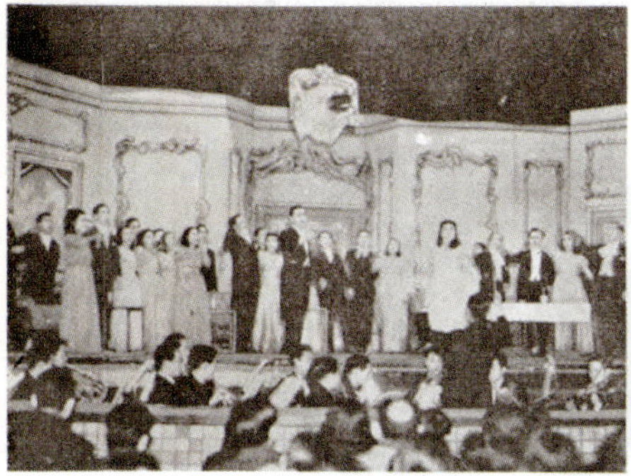

베르디 作曲 「椿姬」 제 1 막

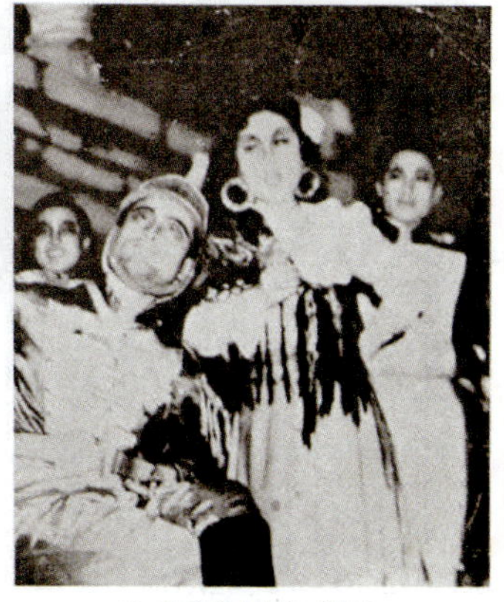

비 제 作曲 「칼멘」 제 1 막

한국 벨칸토회 회원명단

김 노 현	한국성가순례단 단장 〈회장〉		문 위 승	종로음악사 대표
강 상 복	대한오페라단 단장		박 승 유	강원대학 교수
한 경 진	이화여대 강사 〈총무〉		신 현 익	대방여자중학교 교장
유 영 명	서울교대음악교수 〈서기〉		손 명 규	동남아섬유공업사 대표
장 영	중앙대예술대교수(음악) 〈감사〉		송 진 혁	전 숙대음대 강사
강 평 숙	청주대학음대 교수		이 성 만	음악예술사 사장
김 기 령	연세대의대이비인후과장		이 춘 성	전 청주사대 강사
김 명 회	베두루신경정신의원 대한여학사협회 이사		이 기 영	예림사 대표
김 봉 임	경희대음대 교수		이 남 철	악원사 대표
김 재 희	전 청주사대강사		이 성 로	파라네음악원 원장 파라네유치원 원장
김 호 성	한양대음대 성악과장		윤 호 문	양정고등학교 교사
김 금 환	영남대음대 교수		주 완 순	춘천교대교수, 중앙대음대강사
김 대 성	포항제철 판매부장		호 진 옥	
김 옥 자	경희대음대 교수		오 인 환	본회 부산지부 대표

[6] 20주기

일시: 1980. 9.19.
장소: 중앙국립극장
주최: 한국성악회
후원: 한국음악협회

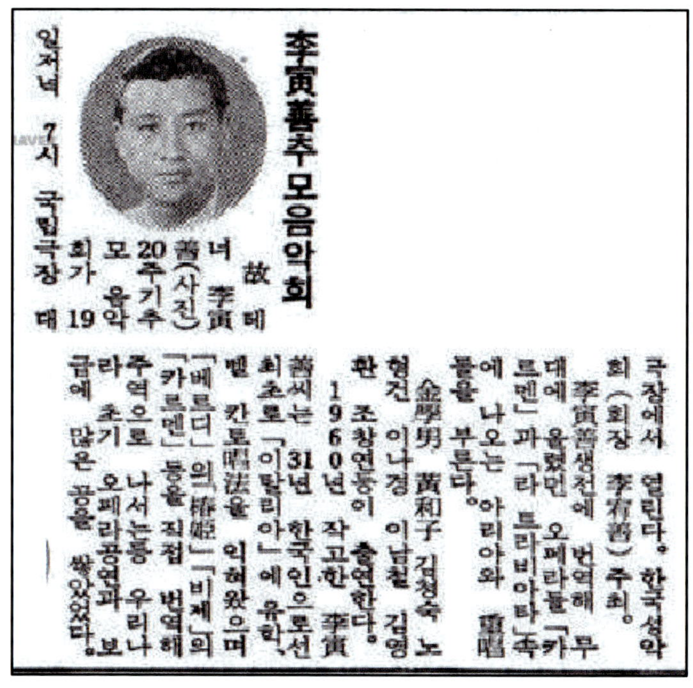

故 李寅善 추모음악회

20주기 음악회
일저녁 7시 국립극장 대극장

너(사진)李寅善씨 추모 20주기 음악회가 19

극장에서 열린다. 한국성악회(회장 李裕善) 주최.

李寅善생전에 번역해 대에 울렸던 오페라들 「카르멘」과 「라트라비아타」속에 나오는 아리아와 重唱曲을 부른다.

金學男 黃和子 김정숙 노현건 이나경 이남철 김영환 조창연등이 출연한다.

1960년 작고한 李寅善씨는 31년 한국인으로선 최초로 「이탈리아」에 유학, 벨칸토唱法을 익혀왔으며 「베르디」의 椿姬」「비제의 「카르멘」등을 직접 번역해 나서는등 우리나라 주역으로 오페라공연과 보급에 많은 공을 쌓았었다.

사진: 동아일보 (1980. 9.18.)

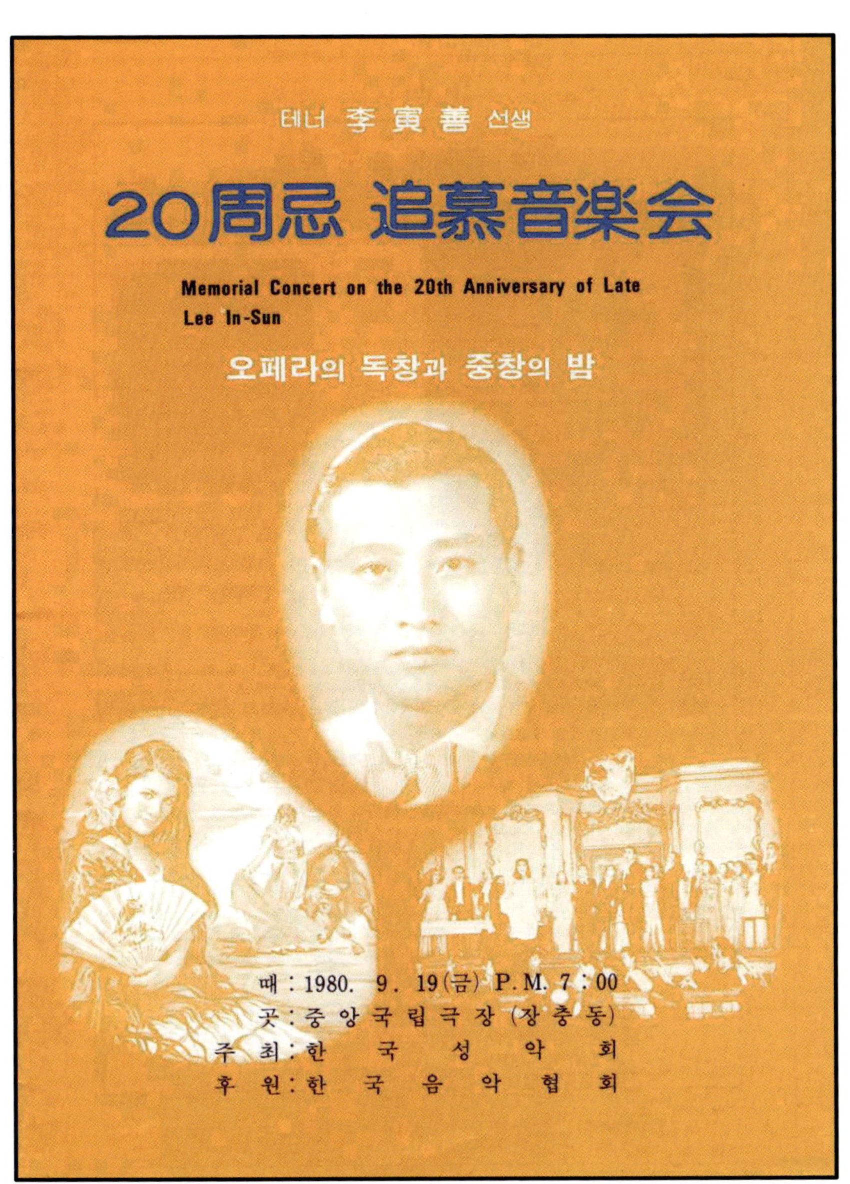

테너 李寅善 선생
20周忌 追慕音楽会
Memorial Concert on the 20th Anniversary of Late
Lee In-Sun
오페라의 독창과 중창의 밤
때 : 1980. 9. 19 (금) P.M. 7 : 00
곳 : 중앙국립극장 (장충동)
주 최 : 한 국 성 악 회
후 원 : 한 국 음 악 협 회

Tenor 李寅善 先生 略歷

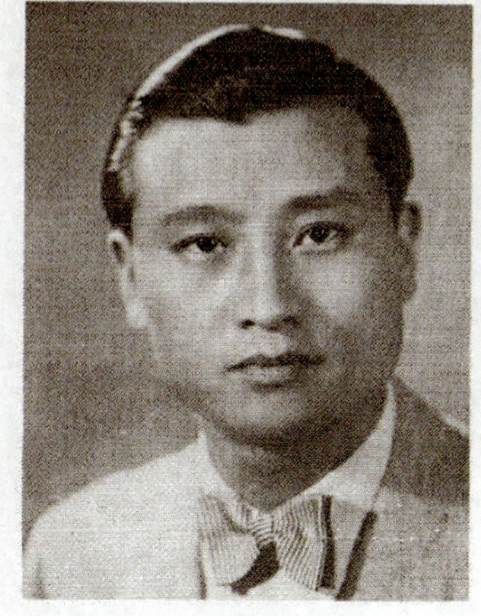

1906.	12. 26	平壤에서 出生
1923.	4.	平壤光成高等普通學校를 卒業
1927.	3.	延禧專門學校 文科를 거쳐 세브란스醫學專門學校에서 醫學을 專攻하셨으며 뻬이커 女史와 부스女史에게 師事하며 聲樂을 공부하심.
1931.	6.	聲樂研修次 韓國人으로서는 처음으로 伊太利로 留學함.
1938.	5.	서울 府民舘에서 歸國 獨唱會를 가지심.

1938.	9.	日本 東京의 日比谷公會堂에서 獨唱會를 가지심.
1939.	11.	中國 北京에서 獨唱會를 가지심.
1947.	10.	서울 培材學堂에서 獨唱會를 가지심.
1947.	10.	韓國벨칸토會를 만드시고 많은 聲樂徒를 길러내심.
1948.	1.	우리나라에서 처음으로 西洋오페라의 本格的인 公演과 普及을 펴하고자 韓國最初의 오페라團인 朝鮮오페라協會를 創團하셨으며 本邦初演으로 G. Verdi 오페라 「椿姬」를 先生의 飜譯으로 서울 市公舘에서 公演하며 主役을 맡으심.
1948.	4.	國際오페라社 主催 朝鮮오페라協會 後援으로 「椿姬」를 再演.
1950.	1.	G. Bizet 作曲인 4幕 오페라 「Carmen」을 先生의 飜譯으로 서울 市公舘에서 公演하며 主役을 맡으심.
1950.	2.	渡美途中 日本 東京과 美國 하와이에서 獨唱會를 가졌음.
1952.	4.	美國 New York Metropplitan Opera團에서 東洋人으로는 처음으로 Audition에 合格하셨으며 한편 美國一流樂譜出版社인 Carl Fisher社를 通하여 우리 民謠 數曲을 編曲 英譯하여 出版하시어 全美洲에 우리 歌曲을 널리 紹介 普及하심.
1960.	3. 19	美國 Kentucky洲 Louisville市에서 依病 別世하심.
※		遺族中 李如辰君(Ph. D.)는 現在 뉴욕시 Columbia 大學 作曲科에서 教鞭을 잡고 있음.

人事의 말씀

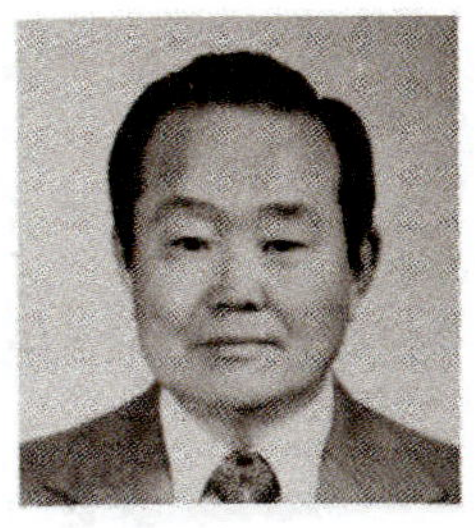

韓國聲樂會 會長 李宥善

歷史의 바퀴는 뒷걸음 칠줄 모르며 앞으로 달리기만 합니다. 옛 것은 초라하게 생각될 지 모르나 그 나름대로의 價値가 있지 않나 생각도 됩니다. 해방 후 韓國 성악계와 오페라계의 發展初期樣相을 돌이켜볼때 故 李寅善(醫師이며 Tenor) 선생의 功이 결코 적지 않았다고 보아져 그를 中心으로 같이 硏究하던 Bel Canto(現 韓國聲樂會)의 會員들이 선생의 20周忌를 맞이하여 追慕의 뜻으로 이 모임을 마련한 것입니다.

33年前 無에서 有를 낳게한 犧牲이 적지 않았던 만큼 확실히 成長의 밑거름이었다는 功蹟을 기리지 않을수 없읍니다. 不運하여 일찍 他界하신 까닭에 特히 오페라界의 발전을 꾀하는 꿈을 키우다가 좌절된 것이 몹시도 애석하지만 오늘을 보게된 일을 생각하면 수고의 보람이 아닌가 多幸하게 생각하면서 이제 故人이 조직한 이 聲樂會가 진지한 硏究로서 가신 분의 뜻을 따르기에 不足함이 없도록 留意하겠거니와 여러분의 각별하신 관심과 뜨거운 후원을 衷心으로 바라마지 않습니다.

opera CARMEN (Georges Bizet) 곡

이인선 역

(제 1 막)

Ⅰ. 獨　唱··Me-Sop. 김 학 남

　　하바네라　　맘의 사랑은 들새와 같아
　　Habañera　　L'a mour est un oiseau

Ⅱ. 二重唱··Sop. 김 청 숙
　　　　　　　　　　　　　　　　　　　　　　　　　　　Ten. 박 광 렬
　　나의 어머님 소식을 전해다오
　　Parle-moi de ma mère

Ⅲ. 獨　唱··Me-Sop. 황 화 자

　　세빌리아 성벽 가까이
　　Près des remparts de séville

(제 2 막)

Ⅳ. 詠　唱··Bar. 조 창 연

　　투우사의 노래　　토레아도르 주의하라
　　Air de toréador　　Toreador eh garde!

Ⅴ. 詠　唱··Ten. 이 남 철

　　꽃노래　　내게 던져준 이 꽃은
　　Air de fleur　　La fleur que vous m'avezjetée

(제 3 막)

Ⅵ. 詠　唱··Sop. 김 영 환

　　미카엘라의 詠唱　　나 두려움을 저버리고
　　Air de micaëla　　Je dis que rien ne m'è pouvante

Piano 반주 윤 금 회

[이인선 선생이 역사(譯詞)한 곡들로만 이루어진 음악회였다.]

PROGRAM

opera LA TRAVIATA (Giuseppe Verdi) 곡

이인선 역

(제 1 막)

Ⅰ. 二重唱 ··· Sop. 이 나 경

　축배의 노래　　마시자 마시자 즐거운　　　　　Ten. 최 성 기
　Brindisi　　　Libiamo ne' lieti calici

Ⅱ. 二重唱 ··· Sop. 장 혜 경

　한 큰 행복의 광명 한 날　　　　　　　　　　Ten. 김 선 일
　un di felice eterea

Ⅲ. 叙唱과 詠唱 ······································· Sop. 이 영 숙

　아 그이런가
　Ah fors'è lui

(제 2 막)

Ⅳ. 叙唱과 詠唱 ······································· Ten. 박 승 유

　그를 떠나선 즐거움 내게 없네
　Lunge da lei per me non, v'ha diletto

Ⅴ. 二重唱 ··· Sop. 김 복 희

　이 말을 전해주오　　　　　　　　　　　　　Bar. 변 성 엽
　Di teal la giovine

Ⅵ. 詠 唱 ·· Bar. 노 형 건

　저 푸로벤자 네 고향 밝은 해와 바다를
　Di provenza il mar

(제 3 막)

Ⅶ. 二重唱 ··· Sop. 김 영 숙

　사랑아 파리를 나와 함께 떠나　　　　　　　　Ten. 이 유 선
　Parigi o cara, noi la sceremo

Piano 반주 박 은 성

카 르 멘 (전4막)

작곡 : 비 제
역 : 이인선

등 장 인 물

돈 호세, 기병대 하사	Ten.
미카엘라, 호세의 시골 약혼녀	Sop.
모랄레스, 기병대 장교	Bar.
주 니 가, 위병대장	Bar.
카 르 멘, 집씨여인	Me-Sop.
메르세데스, 프라스키타·카르멘의 친구	Me-Sop.
에스카밀료, 투우사	Bar.
밀수업자들, 담배공장 여공들, 시민남녀.	

때 : 1820년경
곳 : 세빌리아와 그 근방
초 연 : 1875년, 빠리
한국초연 : 1950년 5월, 서울

제1막 세빌리아 거리의 광장

세빌리아 거리의 광장. 담배공장과 군인초소가 무대. 초소에 미카엘라가 찾아와 돈 호세를 찾았으나 없어 그저 돌아간다. 초소 교체병들이 나타나 교체한다. 담배공장의 휴식종이 울리자 뛰어 나온 여직공들은 제각기 남자친구들과 만나 사랑을 속삭인다. 여기 육체파 카르멘도 나타나 칼을 닦고 있는 돈 호세에게 관심을 보이며 거들떠 보지 않는 그에게 유혹의 노래 「하바네라」를 부른다. 그리고는 꽃 한송이를 던지고 도망쳐 공장으로 사라진다. 호세가 그 꽃을 막 집으려는 찰라에 미카엘라가 찾아오자 황급히 꽃을 품안에 접어 넣는다. 모친으로부터의 편지를 주며 「어머님소식」의 아름다운 아리아와 2중창이 흐른다. 갑자기 여직공들의 패싸움이 길밖에 나와 벌어진다. 싸움의 장본인인 카르멘이 영창에 보내질 때 풀어달라는 청에 호세가 풀어준다. 야유하며 자리를 뜨면서 성벽 근처 파스띠아 술집에서 소일할 터이니 놀러오라하며 「세기 딜리아」의 노래를 부르고 뜬다.

제2막 파스띠아 주점

카르멘과 친구들이 집씨의 노래를 부르는데 투우사의 일행이 들어온다. 지껄이다가 에스카밀료투우사는 씩씩하게 「투우사의 노래(Toreador eh garde)」를 부르고 떠난다. 영창에서 풀려난 호세가 찾아든다. 카르멘은 그를 위해 노래와 춤을 추어준다. 나팔소리를 듣자 귀대해야 한다기에 자기를 사랑하는 열의를 의심하는 카르멘에게 시든 꽃을 품에서 꺼내보이며 꽃노래 「내게 던져준 이 꽃은(La fleur que vous m'avezjetee)」을 부른다. 주니가 상사가 들어와 귀대하지 않았다하며 언쟁이 결투로 변한다. 영창이 확정적일 줄 안 호세는 밀수단에 가담한다.

제3막 산속의 밀수단

호세는 어머니와 고향이 그립다고 카르멘에게 고하자 가라고 호통친다. 경비초소에 서 있는 그때 미카엘라가 올라오며 신에게 용기와 가호를 비는 「나 두려움을 저버리고(Je dis que rien en m'epouvante)」를 부른다. 총소리가 난다. 에스카밀료를 발견한 호세의 발포였다. 사랑하는 카르멘을 방문하는 것을 알고 질투가 싹튼다. 미카엘라 처녀는 급기야 어머니의 위독을 빙자하여 下山을 결심케 한다. 투우사와 호세의 결투에서 칼이 부러진 투우사는 산을 내려가면서 투우장에서 만나자 다짐한다. 투우사의 노래가 들려지면 그 뒤에 카르멘이 뛰어간다. 호세의 질투는 더 커만간다.

제4막 투우장

투우장 밖에서 만난 투우사와 카르멘은 「사랑의 2중창」을 부르고 헤어진다. 초라한 복장의 호세는 카르멘에게 사랑을 호소한다. 끝내 거절하며 냉대한다. 투우장 안에서 터져나오는 에스카밀료의 승리의 함성소리. 참지 못한 호세는 단검으로 카르멘을 찔러 넘어뜨리다. "내가 죽였노라 사랑하는 카르멘을!"하며 몸위에 엎드려 흐느낀다.

출 연 자

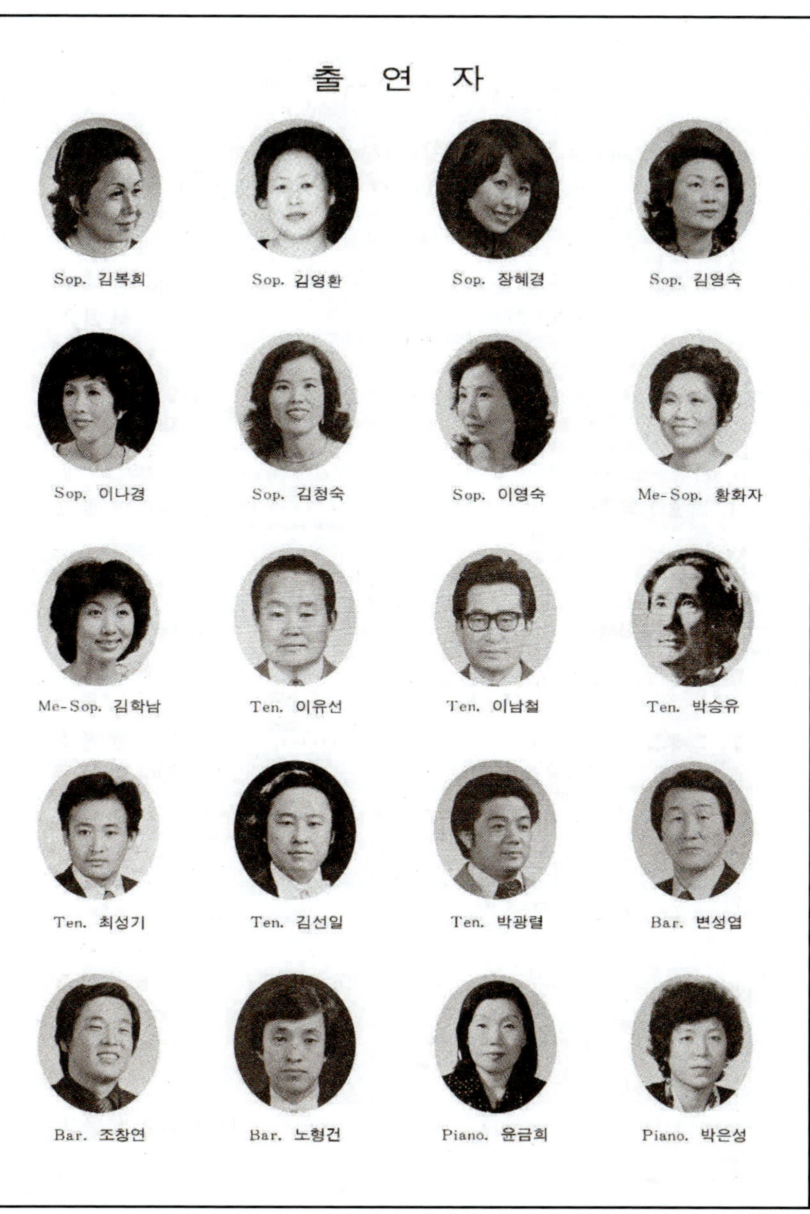

Sop. 김복희
Sop. 김영환
Sop. 장혜경
Sop. 김영숙
Sop. 이나경
Sop. 김청숙
Sop. 이영숙
Me-Sop. 황화자
Me-Sop. 김학남
Ten. 이유선
Ten. 이남철
Ten. 박승유
Ten. 최성기
Ten. 김선일
Ten. 박광렬
Bar. 변성엽
Bar. 조창연
Bar. 노형건
Piano. 윤금희
Piano. 박은성

라 트라비아타(제 3 막)

작곡 : 베르디

역 : 이인선

등 장 인 물

비올렛타(춘희).　　　　Sop.
알프레도, 그의 연인　　Ten.
제르몽,　그의 부친　　Bar.
플로라, 춘회의 친구　　Me-Sop.
가스통 자작, 듀폴 남작, 도비니 후작,
그렌빌 의사, 그외 남녀신사, 친구들, 투우사, 집씨들

때　　：1700년경
곳　　：빠리
초　연：1853년 베니스
한국초연：1948년 1월, 서울

제 1 막

　빠리의 밤. 고급 창녀 춘회의 집에 친구들이 모여 파티가 열렸다. 가스통 자작이 명문 부호의 아들 알프레도를 춘회에게 소개하자 알프레도의 노래를 듣겠다는 청에 「축배의 노래」를 부른다. 춤추러 옆방으로 가는 도중 비올렛타가 현기증을 일으키며 비틀거린다. 알프레도는 부축하며 그의 복잡한 생활을 청산할 것을 권유하며 자기가 오래 전부터 사모했다하며 「그리던 그날부터」라는 노래를 부르자 진실한 사랑에 감동된 비올렛타와 「한 큰 행복의 광명의 날(Un di felice)」라는 2중창을 부르게 된다. 다시 찾아오겠다는 알프레도에게 동백꽃 한송이를 주며 시들 때 다시 찾아달라 하며 작별한다. 진정한 사랑의 말에 마음이 움직인 비올렛타는 이상하게도 내 사랑에 눈이 뜬다는 노래와 「아. 그이런가－Ah forse lui」를 부른다. 그러나 한사람을 사랑한다는 것은 자유없는 삶이라 생각하며 「이꽃에서 저꽃으로(sempre libera)」를 노래할 때 막이 내린다.

제 2 막

　그들은 빠리 교외에 살림을 차리고 재미있게 산다. 사냥복을 입고 나타난 알프레도는 「그를 떠나선 즐거움 내게 없네－Lunge da lei per me…」를 부른다. 그동안 비올렛타가 보물을 팔아 생활을 유지했음을 알게 된다. 알프레도가 빠리로 나간 사이 그의 아버지가 찾아와 비올렛타에게 아들과 헤어져 줄 것을 강요한다. 하는 수 없이 억지로 응락하며 「이 말을 딸들에게 전해주오」를 2중창으로 부르고 친구 풀로라 집의 파티로 달려가며 알프레도에게 절연의 글을 전달시킨다. 아버지도 떠난 빈방에 돌아온 알프레도는 배달되는 절연장을 읽고 낙망의 울음속에 신음할 때 아버지가 나타나 위로하며 아리아 「저 푸로벤자 네 고향 밝은 해와 바다를」 노래를 한다. 풀로라의 집에 간줄 알게 된 알프레도는 그집에서 벌어진 노름판에서 딴돈을 비올렛타에게 빚 갚는다면서 던져준다. 친구, 손님 일동과 찾아온 아버지까지 합세하여 알프레도의 무례를 책망한다. 자기의 진심을 몰라주는 알프레도를 야속하게 생각하며 애절한 아리아를 부른다.

제 3 막

　폐병이 악화된 비올렛타는 병상에 누워 알프레도의 아버지의 용서한다는 편지를 읽으며 늦었다고 탄식한다. 사육제의 날이다. 찾아온 알프레도와 반가히 만나 새기운이 소생되는 듯, 「사랑아 파리를 나와 함께 떠나(Parigi o cara…)」의 2중창을 부른다. 비올렛타의 병은 드디어 그를 앗아간다. 의사의 진단… 운명했다는 말에 알프레도는 그녀의 이름을 부르며 애처롭게 흐느낀다.

한 국 성 악 회

한국성악회 회원명단 (가나다 순)

직위	성명	회원	회원(유학)
명예회장 및 고문	이상춘	김성애	이순회
고문	김동진	김연옥	이성로
	김자경	김영숙	이인숙
	송진혁	김영자	이영숙
	이승학	김영춘	이정용
회장	이유선	김옥순	이제자
부회장	박승유	김종수	이정희
	이남철	김학남	이필우
이사	김옥자	김혜선	장미혜
	노성주	김호성	장영
	박성태	김청숙	장혜경
	이규순	남덕순	정정자
	윤호문	문위승	조창연
	정경순	박성원	조풍상
	주완순	박수길	황영금
	한경진	박영수T	황화자
회원	강상복	박영수M	호진옥
	강평숙	변성엽	김신환
	김금환	신영조	김암
	김기령	심삼용	김희정
	김노현	오인환	박영회
	김도언	안형일	이훈
	김명진	엄정행	정영자
	김명회	원영재	정은숙
	김문자	유영명	지철영
	김봉임	윤치호	진기화
	김복희	이규도	최삼열
	김성길	이상춘	최성숙

한국성악회 서울시 중구 을지로 1 가 25
TEL. 777 - 1634

한국성악회 연혁

1947. 10. 19	故 李寅善 先生이 한국벨칸토會를 創設하였음
1948. 4.	向上音樂會
1948. 8.	弟子發表會
1961. 8.	故 李寅善 先生 一周忌 추모음악회
1964. 12.	弟子 中心으로 本會를 正式으로 組織
1965. 1. 23	제 1 회 연구발표회
1965. 2. 26	제 2 회 〃
1965. 8.	故 李寅善 先生 五周忌 추모음악회 함과 同時에 會則과 任員會를 構成함
1965. 4. 23	제 3 회 연구발표회
1965. 5. 29	제 4 회 〃
1965. 7. 30	제 5 회 〃
1965. 8. 27	제 6 회 〃
1965. 9. 30	제 7 회 〃
1965. 10. 30	제 8 회 〃
1965. 12. 16	제 9 회 〃
1966. 4. 29	제10회 〃
1966. 4. 29	푸치니의 밤
1966. 7. 20	제11회 연구발표회
1967. 4. 12	제12회 〃
1967. 6.	베르디의 밤
1968. 3. 28	제13회 연구발표회
1968. 4. 25	제14회 〃
1969. 12.	送年音樂會
1970. 2.	韓國音樂家協會 산하로 入會함
1970. 6.	故 李寅善 先生 十周忌 추모음악회
1972. 5.	發聲에 對한 쎄미나
1974. 11.	發聲에 對한 연구발표회
1975. 5.	故 李寅善 先生 十五周忌 추모음악회
1976. 5.	한국성악회로 改名하고 문공부에 정식 등록함
1976. 6.	정기연주회
1976. 6.	한국벨칸토패 증정 (이상춘)
1976. 10.	한국적 벨칸토 발성법에 대한 쎄미나
1977. 7.	벤칸토 발성법에 대한 쎄미나
1977. 11.	창립30주년 대음악회
1977. 11.	벨칸토패 증정 (이승학)
1978.	제32회 연주회
1978. 12.	벤칸토패 증정 (김자경)
1980. 3. 26	한국벨칸토 공로패 증정 (송진혁, 김노현)
1980. 3. 26	제33회 연주회

李寅善 門下生 명단

강상복 권원한 김교진 김기령 김복희 김석순 김순용 김순임 김신환
김영순 김영춘 김유선 김을용 김자경 김학상 김혜로 지호성 노경환
노형숙 백석두 박세영 박승유 박우종 사상필 송진혁 신혁익 안형일
이금봉 이남천 이우근 이해경 임진우 장순창 장영 정진택 조경
조순호 지철영 차정순 최길호 최무룡 최창호 한경진 홍진표

20주기 추모음악회

門下生
송진혁 김기령 이남철 한경진
장 영 강상복 박승유 이규순

김자경오페라단 단장 **김자경**

예 고

한국성악회 35회 연주회

때 : 1980. 12. 8 (월) 7시
곳 : 세종문화회관 소강당

1268 절대음악 혼자 간다

[7] 22주기

일시: 1982. 10.28.
장소: 카네기 리사이틀홀(Canegie Recital Hall), 뉴욕

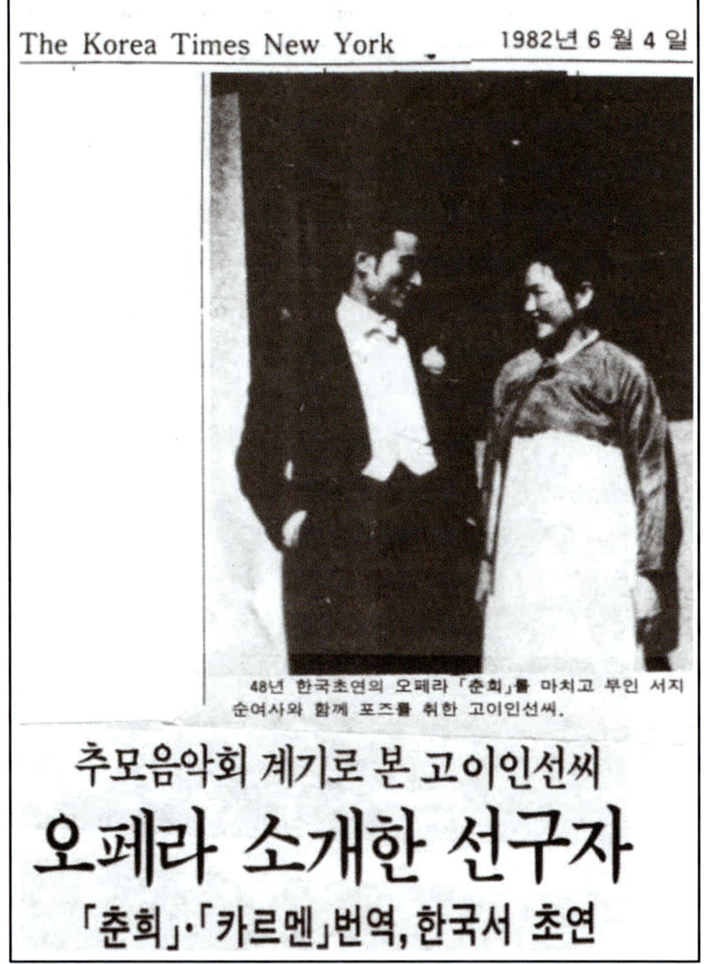

사진: The Korean Times New York (1982. 6.4.)

우리나라에 신문화가 들어오면서 한국의 음악계에 오페라를 처음 소개한 사람은 외지에서 작고한 이인선씨이다.

고 이인선씨의 선배 음악가 홍난파, 현제명씨등은 일제하의 우리민족의 서러움을 노래로 달래준 것과는 달리 이씨는 한국에서 처음으로 오페라를 공연하고 이태리 가곡등을 번역하여 한국에 소개한 선구자이다.

고 이인선씨는 1906년 평양에서 30여년간 목회활동을 한 고 이익목사의 4형제중 차남으로 태어나 연희전문학교 문과를 거쳐 세브란스 의과를 졸업한 의사이다.

어려서부터 교회 성가대등에서 활약한 이인선씨는 문과와 의학을 공부하면서도 음악에 대한 애착을 버리지 못하고 당시 선교사로 한국에 체류중이던 베이커여사와 부스여사에게 음악을 사사했으며 연전에는 선배인 김영환씨에게 피아노를 사사했다.

의사로도 활약하던 이인선씨는 음악에 대한 애착을 끝내 버리지 못해 가족을 남겨두고 이태리 밀라노로 한국인으로는 처음 음악 유학길에 올랐다.

이태리 밀라노에 유학당시 이인선씨는 세계의 성악계의 최고봉인 베녜스키퍼씨에게 성악을 사사했다.

이태리에서 38년에 귀국한 이인선씨는 독창회를 가진 것을 비롯, 국내에서 본격적인 음악활동을 시작했다.

이인선씨가 한국 음악계에 남긴 가장 큰 업적은 오페라 「춘희」와 「카르멘」을 번역하여 한국에서 처음 공연한 것.

문학과 성악을 공부한 이씨의 번역은 매우 아름답게 표현됐을 뿐만아니라 노래를 부르기 쉽게 단어 하나하나에 깊은 고려를 하여 현재까지도 이씨의 번역곡이 많이 불리운다.

이씨는 부인 서지순여사를 비롯, 2남3녀를 유족으로 두고 있다.

부인 서씨와 장녀 이여주씨, 장남 이여성씨 삼녀 이여란씨는 현재 미국내 거주하고 있으며 차녀 이여경씨와 차남 이여진씨는 한국에 살고 있다.

이씨의 자녀중 아버지의 대를 이은 사람은 차남이자 막내인 이여진씨로 컬럼비아 대학에서 음악 박사학위를 한 후 귀국하여 현재 한양대학교 음악대학 교수로 재직중이며 이인선씨의 바로 밑 여동생인 이유선씨도 음악가로 한국음악계에 이바지하고 있다.

한국 초연의 오페라 「춘희」와 「카르멘」에 이인선씨와 함께 주역진으로 출연한 사람중 생존자는 옥인찬씨, 김자경씨, 마금희씨와 김복희씨, 김석순씨, 오현명씨, 이정희씨 등이 있다.

이인선씨와 오페라 활동을 한 옥인찬씨에 의하면 이씨가 한국에 오페라단을 창설, 상당한 의욕을 한국 음악계에 불어 넣었으나 당시의 상황은 현재와는 비교도 안될 정도로 오페라하기에는 어려웠다고 한다.

옥씨는 무대 시설을 비롯, 모든 것이 미비했으며 겨울에는 극장에 난방시설이 안되어 있어 무대뒤에 숯불을 피워 몸을 녹여가며 무대에 나가 노래와 연기를 했다고 회상한다.

고 이인선씨의 미망인 서지순여사는 행방직후가 가장 어려운 시기였다며 당시 공산당들이 남편이 하는 모든 음악활동을 방해하고 심지어 남편을 모략하여 감옥에 투옥까지 시켰다고 당시를 회고했다.

서여사는 남편이 대기실에서 재판시간을 기다리는 중 모였던 사람들이 이인선씨를 알아보고 노래를 간청하여 재판받을 사람의 초조한 기분을 버리고 이들을 위해 노래를 불러 재판소가 온통 난리가 난 일도 있었다고 회고한다.

이인선씨는 한국동란전에 공산당의 중상모략으로 견디기 어려운 상황이되자 50년초 미국으로 유학, 존스 홉킨스에서 의학에 전념하면서도 음악을 포기하지 않고 메츠 오페라등의 오디션에 합격했으며 상당수의 우리 가곡등을 영역, 미국내에 보급했다고 부인 서여사는 말한다.

서여사는 이인선씨가 수술을 받지 말라는 의사의 권유를 뿌리치고 간경화중 수술을 받았으나 끝내 깨어나지 못하고 60년 3월 54세의 일기로 루이스빌에서 사망했다.

현재 롱아일랜드에 거주하는 3녀 이여란씨는 당시 9세로 아버지의 기억이 희미하나 아버지의 활동을 제자 친지들을 통해 잘알고 있다고 한다.

뉴욕지역 한인음악인협회는 오는9일저녁 8시 아브라함 굳댄 홀에서 한국일보 뉴욕지사의 후원으로 고이인선씨의 추모음악회를 개최하는데 이씨의 부인 서여사는 「아직도 남편의 업적을 이처럼 높이 평가해주는 여러 교포 음악인들에 진심으로 감사한다」고.

李寅善 선생 추모음악회

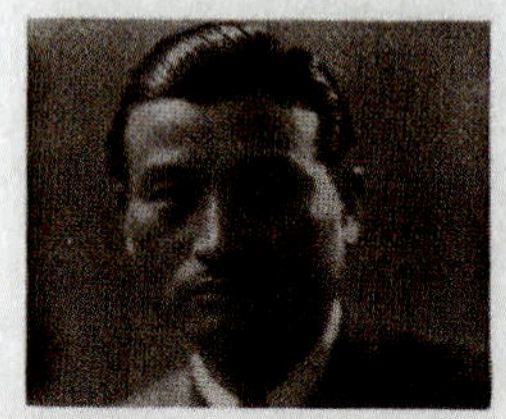

1906 평양출생
1927 연희전문학교 문과를 거처 세브란
      스의과대학 졸업
1931 한국인 최초로 이태리 Milano 유학
1938 서울, 동경에서 독창회
1939 중국 北京에서 독창회
1948 우리나라에서 처음으로 Verdi 오페
      라 「La Traviata」를 선생의 번역
      으로 主役 공연
1950 Bizet의 오페라 「Carmen」을 번역, 주역 공연
1950 渡美 도중 일본에서 독창회
1952 Metropolitan Audition에 동양인으로서는 처음 합격. 한편 Carl Fisher
      악보 출판사를 통해 우리나라 민요 수곡을 편곡 영역 출판 전미국에 보
      급하였음
1960 Kentucky Louisville에서 의병 별세

故 李寅善先生 追慕音楽会에 際하여

8·15解放後 韓国 最初의 西欧오페라를 서울에서 上演한지도 於焉 34年의 歳月이 흘렀다. 돌이켜 보건대 大韓民国政府도 아직 樹立되기 前인 그 時節, 国内政治, 経済, 社会의 不安定한 状態下에서 모든 逆境을 무릅쓰고 손수 有名한 西欧오페라를 우리말로 翻訳하여 自身이 主役으로 出演함과 同時에 演出과 運営面에 까지 欣然 全担하여 우리나라 오페라運動을 為하여 犠牲的으로 献身한 故 李寅善先生의 崇高한 精神을 높이 称頌하지 않을 수 없으며, 그이야 말로 우리나라 오페라芸術의 創始者로써 그의 偉大한 功績은 우리나라 音楽史上 永遠히 남을 것이다. 그러나 오늘날 우리나라 오페라界의 飛躍的 発展相을 보지 못하고 6·25事変 直前 渡美하여 自身의 専門分野였든 医術과 嗜好인 音楽의 더욱 깊고 넓은 研究와 考察을 為하여 精進中 不幸히 異国땅에서 逝去하여 韓国 오페라界를 為하여 더 큰 貢献을 할 機会를 얻지 못한 데 対하여 哀惜한 마음 禁할 길 없다.

한편 海外에서 生長한 나로써 解放을 맞이하여 그리던 祖国에 돌아 와 平素에 尊敬하든 故人을 모시고 「椿姫」와 「카르멘」에서 一役을 맡게 되었던 것은 실로 一生에 栄幸스러운 일이었다. 当時만 하여도 모든 与件이 좋지않어 劇場内 扮装室조차 변변치 못하였고, 겨울철에 暖房도 제대로 돼 있지않어 出演者들이 舞台뒤에서 숯불을 피워놓고 언 몸을 녹여가며 待機하는 等 숨은 에피소드도 많았든 것이다. 現在 우리나라의 世界的 水準의 富麗堂煌한 大規模 音楽殿堂들과 훌륭한 各種 施設에 比하면 그야말로 天壤之差였든 것이다.

이제 故 李寅善先生의 第22周忌에 際하여 그 분이 作故한 美国에서 故人에 対한 追慕音楽会를 갖게 된 것은 참으로 意義깊은 일이며, 不足한 本人이 故人의 生前知己와 音楽同志로써 일해온 인연으로 老軀를 이끌어 여러 在美音楽同好들과 같이 오래간만에 舞台에 서게 되니 実로 感慨無量한 바 있다.

이 音楽会를 通하여 故人의 不滅의 業績을 새삼 追慕하는 同時 이를 契機로 韓国 特히 在美 우리 音楽人들에게 좋은 激励剤가 될 수 있기를 바라 마지 않는 바이다.

1982年 6月   於 美国뉴욕市   玉 仁 讃

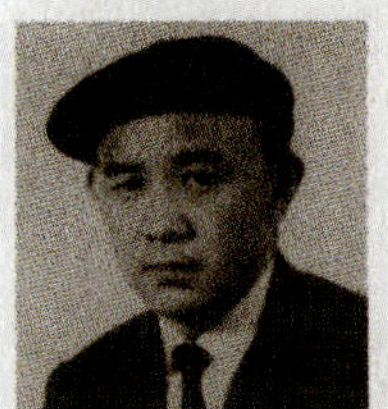

옥 인 찬 (바리톤)

- 중국 上海출생.
- 上海 **Aurora University** Law School 졸업.
- 프랑스 Lyon University 법과 졸업.
- 중국 국립음악학교 **V. Schushlin** 교수에 사사.
- Mme. DuPont에 사사.
- 서울, 홍콩, 리옹, 뱅콕 등지에서 공연.
- 태국 王前 연주.
- 고 이인선선생과 「La Traviata」「Carmen」등을 共演.
- **韓, 中, 日, 仏,** 태, **英語**에 능숙함.

김 학 근 (바리톤)

- 일본 고등음악학교 졸업.
- 서울음대, 경희음대 교수 역임.
- 고 李仁範씨와 한국오페라단을 창단,·많은 공연을 갖임.
- 콜로라도주립대학 Adams State College 석사학위 받음.
- University of Northern Colorado에서 음악박사 학위 받음.
- 현재 뉴욕 Staten Island Mission of Immaculate Virgin에서 Music Director로 있음.

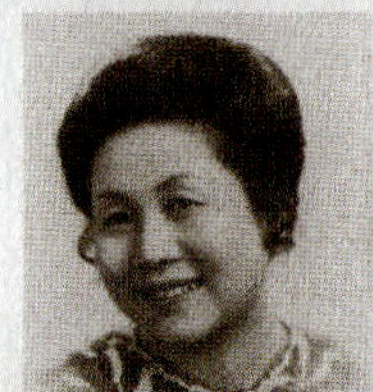

김 복 회 (소프라노)

- 이화여대 음대 성악과 졸업.
- 고 이인선교수, 김자경교수에게 사사.
- 줄리아드음대에서 프렛셀교수에게 사사.
- 한국, 미국에서 여러차례 독창회와 오페라에 출연.
- 한국 최초 「카르멘」에 출연.
- 현재 이화여대 음대 재직.

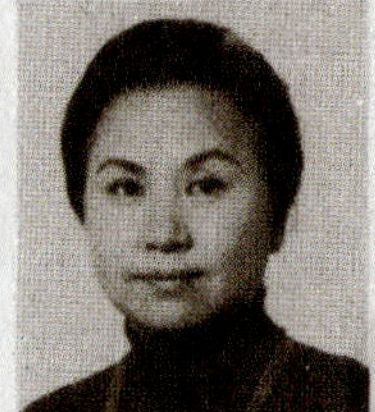

이 해 경 (소프라노)

- 이화여대 음대 피아노과 졸업.
- 고 이인선교수, 김자경교수에게 성악 사사.
- 텍사스주 메리하딘 베릴로대학 성악과 졸업.
- 빅토 슈탈트교수에게 사사.
- 1회 독창회 개최.

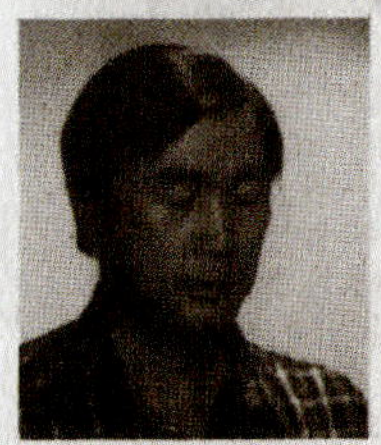

김 병 찬 (테너)

- 서울대 음대 졸업.
- 줄리아드음대에서 **Dolf Swing**에게 사사.
- 서울에서 많은 독창회 갖임.

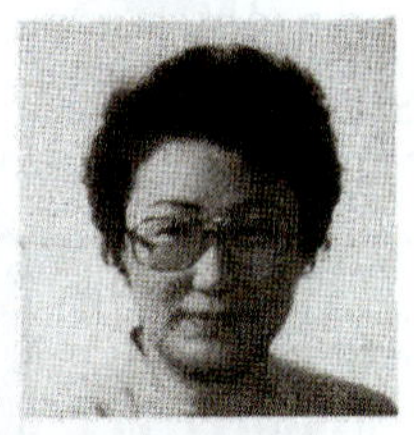

김 재 희 (소프라노)

- 서울대 음대 성악과 졸업.
- 고 이관옥교수에게 사사.
- 1회 독창회.
- 해군 정훈교향악단의 독창자로 동남아 각국 순회연주.
- 오페라 「카르멘」「마르타」「사랑의 묘약」「춘향전」에 주역
  으로 출연.
- 도미 전까지 청주여대 재직.

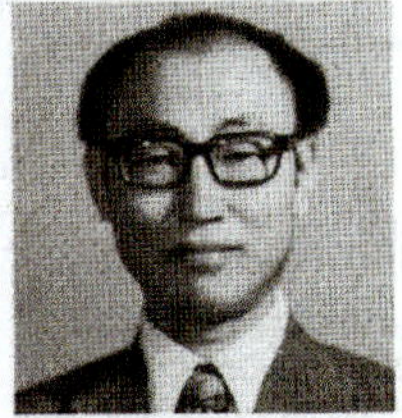

이 춘 성 (테너)

- 동경 帝国음악학교 졸업.
- Roma Santa Cecilia 국립음악원 졸업후 Milano에서 연
  주.
- 6회 독창회.
- 도미전 서라벌예대, 청주여자사대 재직.
  뉴욕 한인음악인협회 회장.

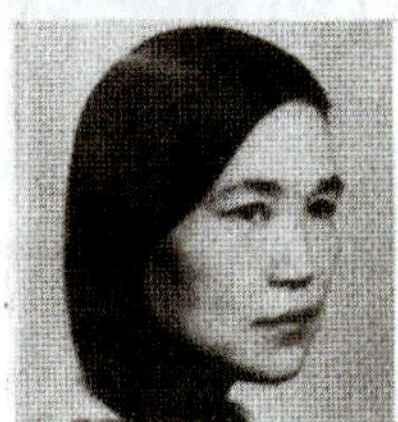

김 석 순 (소프라노)

- 이화여대 음대 성악과 졸업.
- 도미하여 브란젤교수에게 사사.
- 맨하탄음대에서 석사학위 받음.
- 카이로음악학교 교수로 2년간 재직.
- 서울, 뉴욕, 파리, 런던에서 연주회를 가진 바 있음.
- **한국초대 오페라 「칼멘」에 미카엘역에 출연**

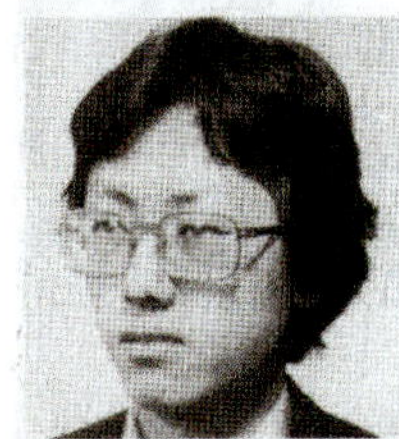

PAUL KIM (피아노 반주)

- 5세에 피아노를 시작.
- 줄리아드 프리 칼리지를 거쳐 맨하탄음대 재학중.
- 뉴욕, 로스앤젤레스 등지에서 여러차례 연주회를 갖임.

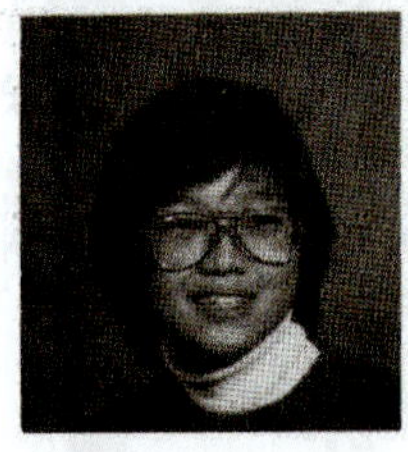

김 아이렌 (플룻)

- 브롱스 사이언스고교 졸업.
- 줄리아드 프리 칼리지 졸업.
- 매사추셋츠주 웰스리여자대학 입학.

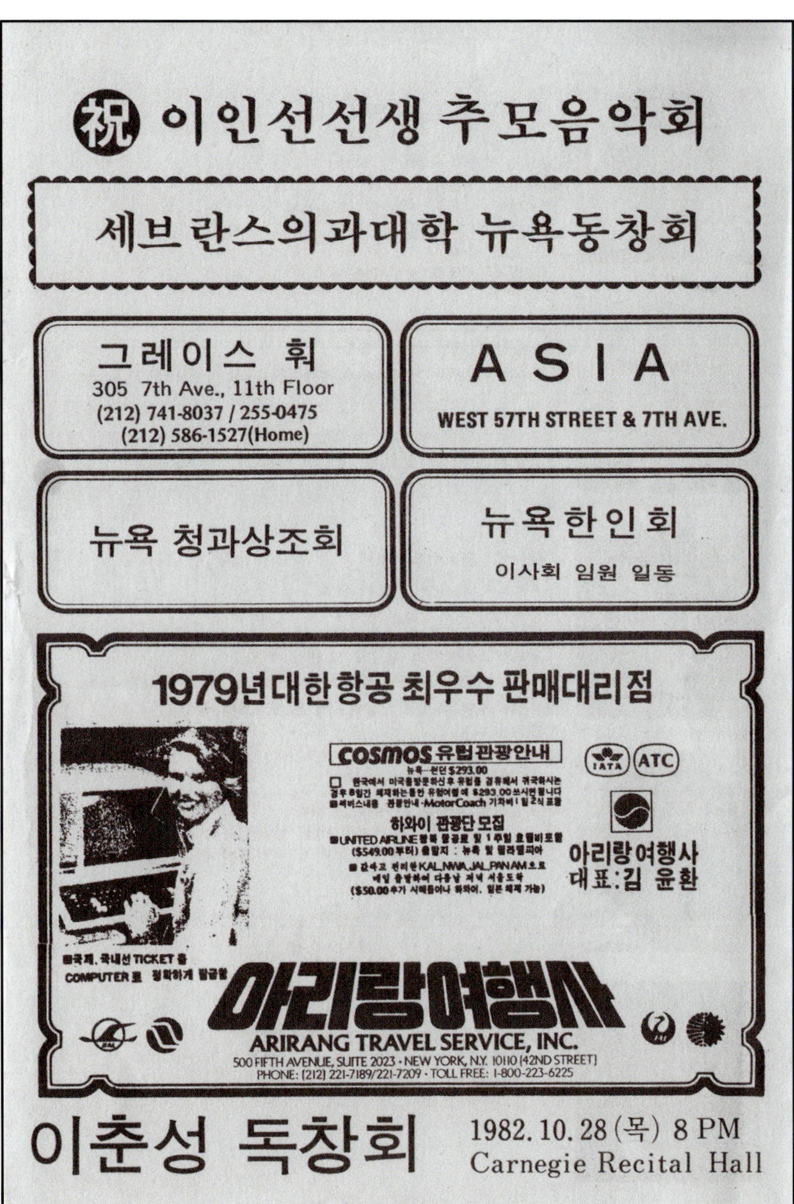

祝 이인선선생 추모음악회

세브란스의과대학 뉴욕동창회

그레이스 훠
305 7th Ave., 11th Floor
(212) 741-8037 / 255-0475
(212) 586-1527(Home)

ASIA
WEST 57TH STREET & 7TH AVE.

뉴욕 청과상조회

뉴욕한인회
이사회 임원 일동

1979년 대한항공 최우수 판매대리점

COSMOS 유럽관광안내
뉴욕--런던 $293.00
한국에서 미국을방문하신후 유럽을 경유해서 귀국하시는
경우 8일간 체재하는동안 유럽여행 에 $293.00 쓰시면 됩니다
서비스내용 관광안내·MotorCoach 기차비 1일 2식 포함
하와이 관광단 모집
UNITED AIRLINE 왕복 무공료 일 1주일 호텔비포함
($549.00 부터) 출발지 : 뉴욕 및 필라델피아
각사고 편리한 KAL,NWA,JAL,PAN AM 으로
매일 출발하여 다음날 저녁 서울도착
($50.00 추가 시애틀이나 휴와이, 일본 체제 가능)

IATA ATC

아리랑 여행사
대표:김 윤환

미국제, 국내선 TICKET 을
COMPUTER 로 정확하게 발급함

아리랑여행사
ARIRANG TRAVEL SERVICE, INC.
500 FIFTH AVENUE, SUITE 2023 · NEW YORK, N.Y. 10110 (42ND STREET)
PHONE: (212) 221-7189/221-7209 · TOLL FREE: 1-800-223-6225

이춘성 독창회

1982. 10. 28 (목) 8 PM
Carnegie Recital Hall

[8] 25주기

일시: 1985. 3.26.
장소: 중앙국립극장 대극장
주최: 한국성악회, 이인선 사업추진회
후원: 한국음악협회

성악가 李寅善 25주기 추모음악회

한국 오페라의 선구자인 테너 李寅善25주기(19일)를 맞아 제자·가족·친지등이 추모음악회를 마련한다. 26일하오 7시반 국립극장대극장. 성악가이며 외사인 그는 지난48년 1월 명동 서울시공관에서 우리나라 최초의 오페라「춘희」(베르디作)공연을 주도한 개척자. 오늘날 대다수 일반인에게「잊혀진 이름」이지만 이번 공연을 통해 그의 헌신적인 노력과 정열을 기리고 공로를 오늘에 되새긴다.

소프라노 金福姬(이대강사) 김영환(연대강사) 이해경 (在美), 테너金辛煥(서울시립오페라단장)김호성(한대교수)朴勝裕(강원대교수)씨등 제자들이 이번공연에 출연한다. 바리톤 黃柄德교수(연대)소프라노 李圭淳교수(이대)가 함께 무대에 서며 피아니스트 鄭鎭宇교수(서울대)가 우정출연한다. 故李寅善의유족으론 막내아들 李如辰교수 (한양대작곡과)등 2남3녀가있고李宥善씨(호서대음악과장)는 胄弟이다. 한편

국내오페라운동 개척한 공로기려

金連俊씨(한양대이사장)는「가버린시절」이란 추모가를 작곡하기도했다. 李寅善은 1906년 평양출생·세브란스醫專을 거쳐 한국인으로는 처음 이태리에서 성악을공부했다. 귀국후48년에는 회생적인노력으로「춘희」를무대에올려우리나라 오페라역사 36년의 서장을 기록했다. 52년 동양인으로는 처음으로 뉴욕 메트로폴리탄 오페라단 오디션에 합격했고, 칼피서社를 통해 우리민요를 英譯, 소개하기도했다. 이후 60년 한국오페라운동의 정착을 염원하며 미국에서 눈을감았다.

▼지난48년 李寅善의 주관으로 시공관에서 ｟公演됐던 오페라「춘희」｠(원내가 李寅善)

사진: 경향신문 (1985. 3.14.)

테너 李 寅 善 선생
25周忌追慕音樂會
Memorial Concert on the 25th Anniversary of Late
Lee In-Sun

오페라의 영창과 중창, 예술가곡의 밤

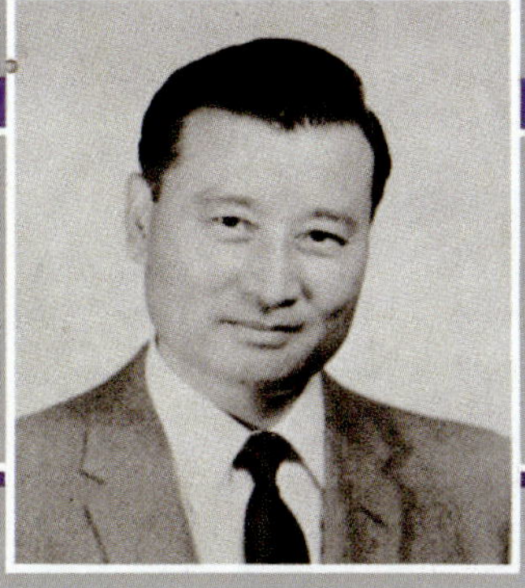

【연주자】
Sop.   김복희   김영환   김희정
        이규순   이해경   장혜경
Ten.   김신환   김호성   박승유
        이남철   임진우   장 영
Bar.   황병덕
Piano. 정진우   황성엽   이혜경
        박주원

● 때 : 1985. 3. 26(화) P. M. 7 : 30
● 곳 : 중 앙 국 립 극 장 대 극 장
●주최 : 한 국 성 악 회
        이 인 선 기 념 사 업 추 진 회
●후원 : 한 국 음 악 협 회

Tenor 李寅善 先生 略歷

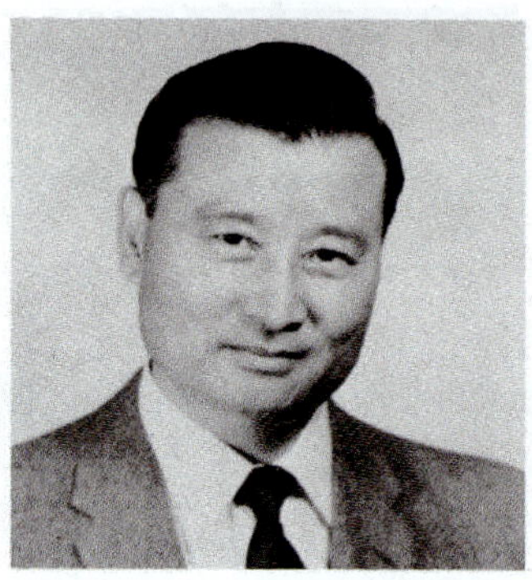

1906. 12. 26	平壤에서 出生
1923. 4.	平壤光成高等普通學校를 卒業
1927. 3.	延禧專門學校 文科를 거쳐 세브란스 醫學專門學校에서 醫學을 專攻하셨으며 뻬이커女史와 부스女史에게 師事하며 聲樂을 공부하심.
1931. 6.	聲樂研修次 韓國人으로서는 처음으로 伊太利로 留學함.
1938. 5.	서울 府民舘에서 歸國獨唱會를 가지심.
1938. 9.	日本 東京의 日比谷公會堂에서 獨唱會를 가지심.
1939. 11.	中國 北京에서 獨唱會를 가지심.
1947. 10.	서울 培材學堂에서 獨唱會를 가지심.
1947. 10.	韓國벨칸토會(現 韓國聲樂會)를 만드시고 많은 聲樂徒를 길러내심.
1948. 1.	우리나라에서 처음으로 西洋오페라의 本格的인 公演과 普及을 꾀하고자 韓國最初의 오페라團인 朝鮮오페라協會를 創團하셨으며 本邦初演으로 G. Verdi오페라 「椿姬」를 先生의 飜譯으로 서울市公舘에서 公演하며 主役을 맡으심.
1948. 4.	國際오페라社 主催 朝鮮오페라協會 後援으로 「椿姬」를 再演.
1950. 1.	G. Bizet作曲인 4幕 오페라 「Carmen」을 先生의 飜譯으로 서울市公舘에서 公演하며 主役을 맡으심.
1950. 2.	渡美途中 日本 東京과 美國 하와이에서 獨唱會를 가졌음.
1952. 4.	美國 New York Metropolitan Opera團에서 東洋人으로는 처음으로 Audition에 合格하셨으며 한편 美國一流樂譜出版社인 Carl Fisher 社를 通하여 우리 民謠 數曲을 編曲 英譯하여 出版하시어 全美洲에 우리 歌曲을 널리 紹介 普及하심.
1960. 3. 19	美國 Kentucky洲 Louisville市에서 依病 別世하심.

※ 遺族中 李如辰(漢陽大學音樂研究所長)은 現在 漢陽大學校 音大 作曲科 教授로 재직.

※ 追慕音樂會 7回 가졌음. 二十三주기추모음악회는 미주 뉴욕시에서

李寅善先生 25周忌 追慕辭

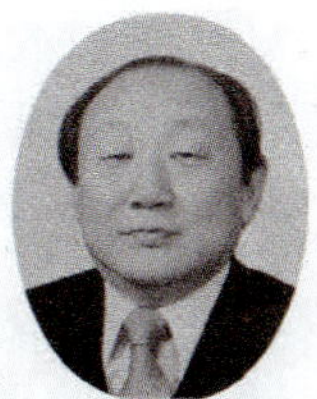

金 連 俊　博士

1948年 1月 韓國 最初의 「La Traviata」 公演!

이는 우리 韓國에 있어서의 西洋音樂史에 永遠히 지워질 수 없는 빛나는 한 章 입니다.

단지 聲樂이라는, 또는 Opera라는 限界와 어떤 特定된 藝術人들의 範圍를 초월하여 世紀를 뛰어넘어 全 韓國人들에게 西歐文化를 뿌리 내려심은 「韓國 Opera界의 先驅者, 李寅善先生」이란 稱號로서 先生의 그 歷史的 業績을 일축하기에는 너무나 不足함을 絶感합니다.

文學과 醫學을 바탕으로 韓國人으로서는 最初로 Italy에서 音樂을 修學한후 歸國하여 解放後 미처 정립되지 않은 그 어려움 속에서도 莫大한 個人的 희생을 무릅쓰고 굳은 信念과 情熱로 우리말의 藝術的 正確性, 그리고 解剖學的 考察과 치밀한 研究에 바탕한 音樂的 表現을 통하여 西歐文化를 우리 自信의 文化로 消化시킴으로서 우리 精神世界의 近代化를 追求하신 先生!

그 어려운 가시밭 길을 걷지 않았던들 좀더 긴 餘生을 살면서 이나라 音樂界에 더 많은 「奇蹟」같은 일들을 남기시지 않았을까 봅니다.

오늘 先生이 他界하신지 25周忌를 맞아 先生의 淸高한 人品과 숨은 業蹟들을 잠시나마 記憶하고, 또한 이를 통해 우리 自信들을 反省해 봅니다.

우리의 貴한 것들을 지킬 수 있을 때만이 우리는 더욱 豊饒해질 것입니다.

인사의 말씀

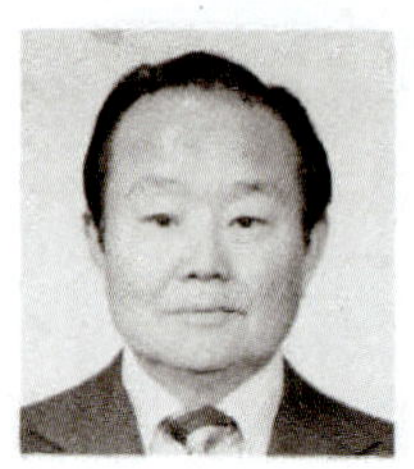

이 유 선

　의사이면서 탁월한 성악가(테너), 고 이인선씨는 현재까지 지속발전하고 있는 한국성악회(원명 Bel Canto회)의 창시자였으며 無였던 한국오페라운동의 개척자로서 가능의 씨앗을 뿌린 선구자였음은 주지의 사실인줄 압니다.

　의학에 대한 연구열에 도미체류 중에도 한국오페라의 장래발전을 꾀하며 "수년후 귀국하여 오페라운동에 같이 힘쓰자…"라는 유언이 되고만 글을 받았던 것입니다. 만약 그의 그 큰뜻대로 이룩되었다면 25주기 기념이니 하는 모임이 있을 리 없겠으며 귀국하여 오페라운동에 주력했다면 오늘의 한국 오페라의 방향과 발전도에도 크게 영향을 끼쳤으리라 믿으며 못내 아쉬워집니다.

　이번 음악회를 빛내기 위해 미국으로부터 내연하는 제자, 의사 김진우테너와 소프라노 이해경 양씨에게와 피아니스트 정진우선생의 각별한 협조에 뜨거운 감사의 뜻을 드리는 바입니다.

　제자들의 식을줄 모르는 스승에 대한 추모의 뜻과 정성, 그리고 실천하는 행동의 갸륵함에 감격하며 머리 숙입니다.

　공동주최인 한국성악회를 대신하여 이 모임을 위한, 음으로 양으로 협조해 주신 여러분께 진심의 사의를 표하는 바입니다.

한국 성악회 신임위원

회　장 : 이유선(류임)

부회장 : 김복회(신임), 이남철(신임)

이　사 : 김청숙, 김행자, 박승유, 박광렬, 이규순(류임), 장　영
　　　　주완순(류임)

감　사 : 강상복, 유영명　　　　　　　　　　　　　　　　(가나다 순)

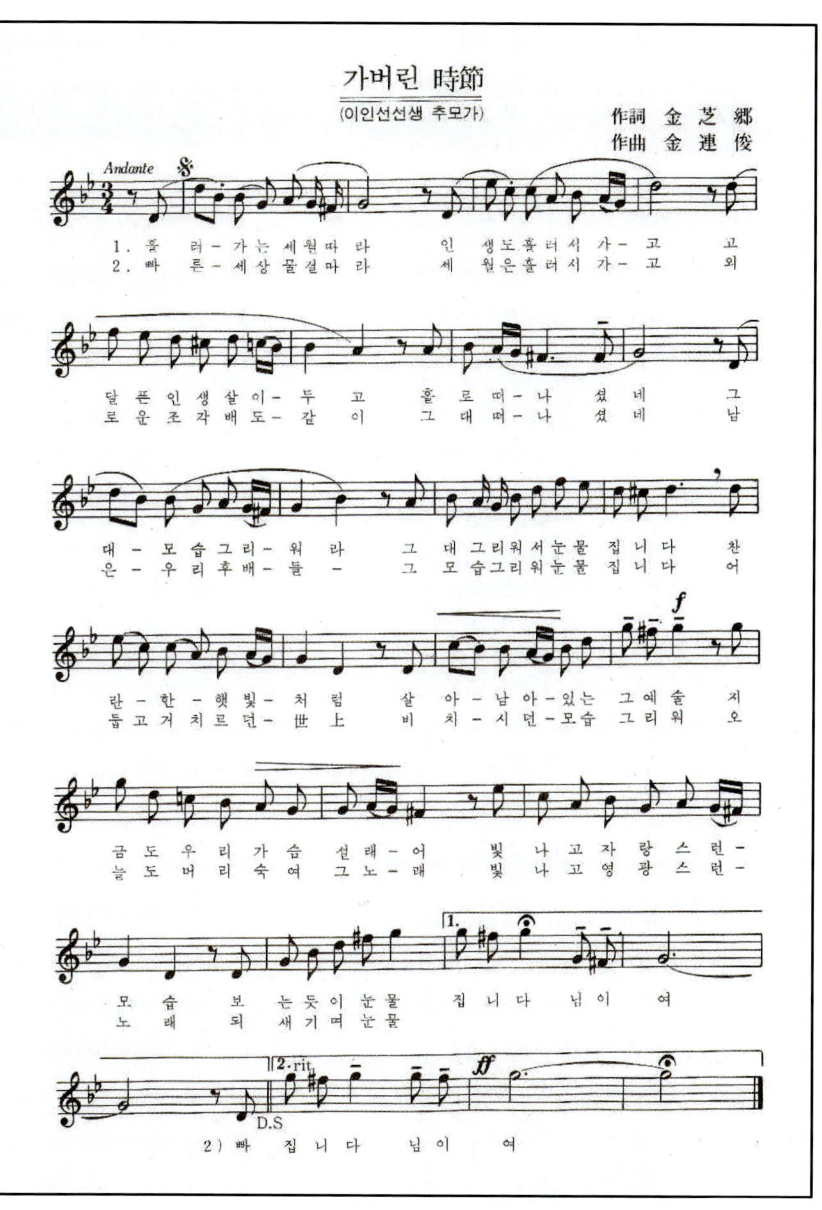

가버린 時節
(이인선선생 추모가)
作詞 金芝鄉
作曲 金連俊
Andante
1. 흘러가는 세월따라 인생도흘러서가고 고
2. 빠른세상물설마라 세월은흘러서가고 외
달픈인생살이두고 홀로떠나셨네 그
로운조각배도같이 그대떠나셨네 남
대모습그리워라 그대그리워서눈물집니다 찬
은우리후배들 그모습그리워눈물집니다 어
란한햇빛처럼 살아남아있는그예술 지
둡고거치르던世上 비치시던모습그리워 오
금도우리가슴설래어 빛나고자랑스런
늘도머리숙여그노래 빛나고영광스런
1.
모습보는듯이눈물 집니다 님이여
노래되새기며눈물
2.rit
D.S
2) 빠 집니다 님이여

• 가버린 時節 (故 이인선선생 추모의 노래) ——————— Sop. 이 규 순

1. 변 훈 ———————————————————— Sop. 김 복 희
  • 낙엽끼리 산다 (조병화 시)
 G. Verdi
  • 흘러간 거룩한 사랑이여 (Anch'io dischiuso un giorno)
   〈Opera "Nabucco" 중에서〉

2. G. Bizet ——————————————————— Ten. 박 승 유
  • "꽃노래" 너 내게 던져준 이 꽃은
   (Air de fleur La fleur que vous m'avezjetée)
   〈Opera "Carmen" 중에서〉

3. Rossini ———————————————————— Sop. 김 영 환
  • 나의 니체 안녕 (La partenza)
 Mascagni
  • 정말 나를 사랑하는지 아닌지? (M'ama non m'ama)

4. E. P. Capua ——————————————————— Ten. 장   영
  • 부드러운 네 뺨 (I'te vurria Vasa!)
 J. Massenet
  • 왜 나를 깨우느냐? (Ah! non mi ridestar)
   〈Opera "Werther" 중에서〉

5. G. Bizet ——————————————— (2중창) Sop. 김 희 정
  • 나의 어머님 소식을 전해다오 (Parle-moide ma mère)   Ten. 이 남 철
   〈Opera "Carmen" 중에서〉

— INTERMISSION —

1282 절대음악 혼자 간다

6. V. Denza .... Ten. 김 호 성
　　　• 선녀의 눈 (**Occhi di Fata**)
　F. P. Tosti
　　　• 마레키아레 (**Marechiare**)

7. C. W. Gluck .... Sop. 이 규 순
　　　• 나의 아름다운 그대 (**O del mio dolce ardor**)
　G. Verdi
　　　• 이기고 돌아오라 (**Ritorna vincitor**)
　　　〈Opera “Aida”중에서〉

8. U. Giordano .... Ten. 김 신 환
　　　• 넓고 푸른 하늘을 바라보며 (**Un di all'azzurro Spazio**)
　　　〈Opera “Andrea Chénier”중에서〉

9. G. Puccini .... Sop. 이 해 경
　　　• 이 부드러운 레이스 속에서 (**In quelle trine morbide**)
　　　〈Opera “Manon Lescaut”중에서〉
　　　• 나 홀로 버려지고 (**Sola perduta abbandonata**)
　　　〈Opera “Manon Lescaut”중에서〉

10. G. Verdi .... Bar. 황 병 덕
　　　• 저 푸로벤짜 고향으로 (**Di provenza il mar**)
　　　〈Opera “La Traviata”중에서〉

11. G. Verdi .... (**2중창**) Sop. 장 혜 경
　　　　　　　　　　　　　　　　　　　　　　　　　　　　　　　Ten. 임 진 우
　　　• 축배의 노래 (**Brindisi**)
　　　• 행복한 날 (**Un di felice**)
　　　〈Opera “La Traviata”중에서〉

감사의 말씀

이인선선생의 유가족으로 부인 서지순여사와 2남3녀 여러분이 다같이 다복하게 지나심을 감사하며 특히 한양대학교 음악연구소장으로 활동하는 막내 이여진박사가 뒤를 계승하여 음악의 길을 걷는일에 더욱 기쁘게 생각하는 바입니다.

이 음악회를 주최해 주신 한국성악회 이유선회장(이인선선생의 실제)님과 추모가를 작곡해 주신 김연준박사와 연주로 수고해 주신 여러분께 감사를 드립니다. 이번 연주에 미국에 거주하는 Ten. 임진우씨와 S-op. 이해경씨가 오랫만에 오셔서 같은 門下로 참가해 주심을 감사드립니다.

특히 이번 연주회를 위하여 정진우교수가 옛정을 잊지않고 출연하여 주신데 대해 감사의 말씀을 드립니다.

1985.　3.　26.

門　下　一　同

李寅善紀念事業會 趣旨文

우리나라 音樂의 黎明期에 弱冠의 몸으로 우리나라에선 처음으로 渡伊하셔서 聲樂을 修業하시고 歸國後 많은 門下生을 養成하셨으며 韓國最初로 Opera (라·트라비아타, 카르멘)을 直接 出演 發表 함으로써 劃期的인 音樂發展을 가져왔었을 뿐 아니라 우리나라 音樂의 開拓 先導者로써 그·功이 컸었다. 이 功勞와 그분을 追仰하는 뜻에서 여기 李寅善紀念事業會를 갖기로 한 것이다.

앞으로 本會에서는 훌륭한 聲樂人의 養成과 韓國聲樂發展에 寄與할 수 있는 事業의 一翼을 擔當할 것을 다짐하는 바이다.

1985. 3. 26 発起人一同

Sop.

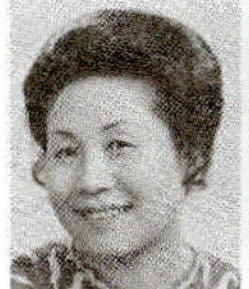 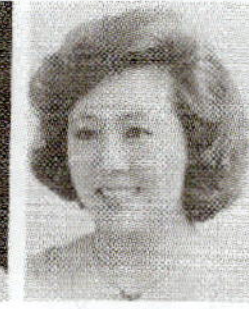 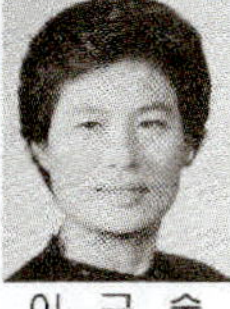 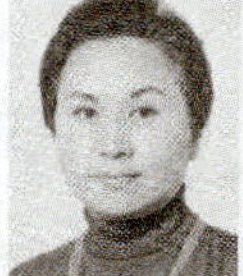 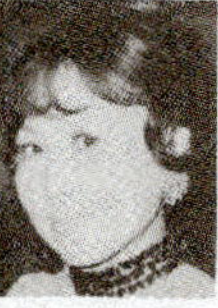 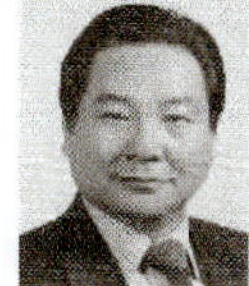

김복희 (이대음대강사) 김영환 (연세음대강사) 김희정 (경희음대강사) 이규순 (이대음대교수) 이해경 (미국콜럼비아대재직) 장혜경 (건국대음악교수)

Ten.

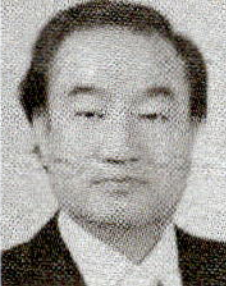 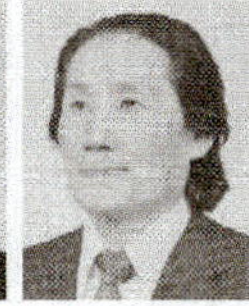 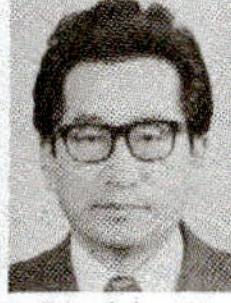 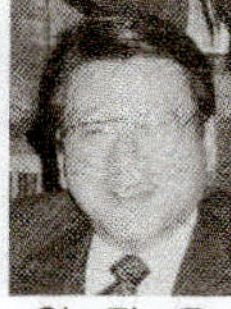 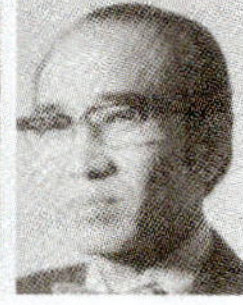

김신환 (영남음대교수) 김호성 (한양음대교수) 박승유 (강원대음악교수) 이남철 (한국성악회부회장) 임진우 (재미개업의사) 장 영 (중앙대음대교수)

Bar.

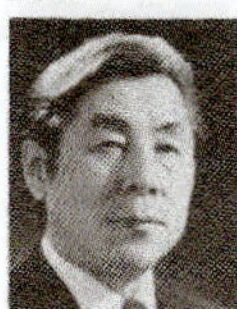

황병덕 (연세대음대교수)

Piano.

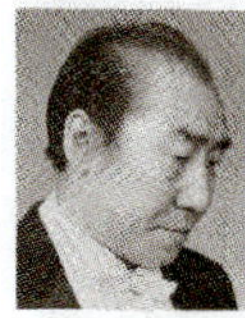 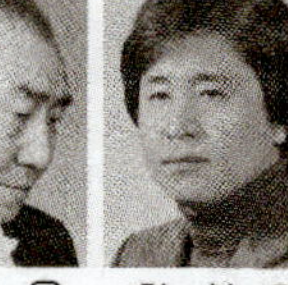 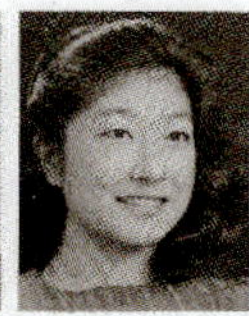 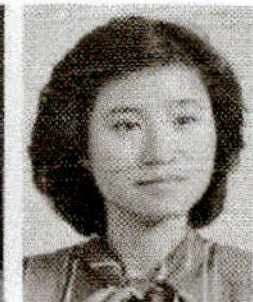

정진우 (서울음대교수) 황성엽 (서울음대강사) 이혜경 (중대음대전임강사) 박주원 (숙대음대대학원)

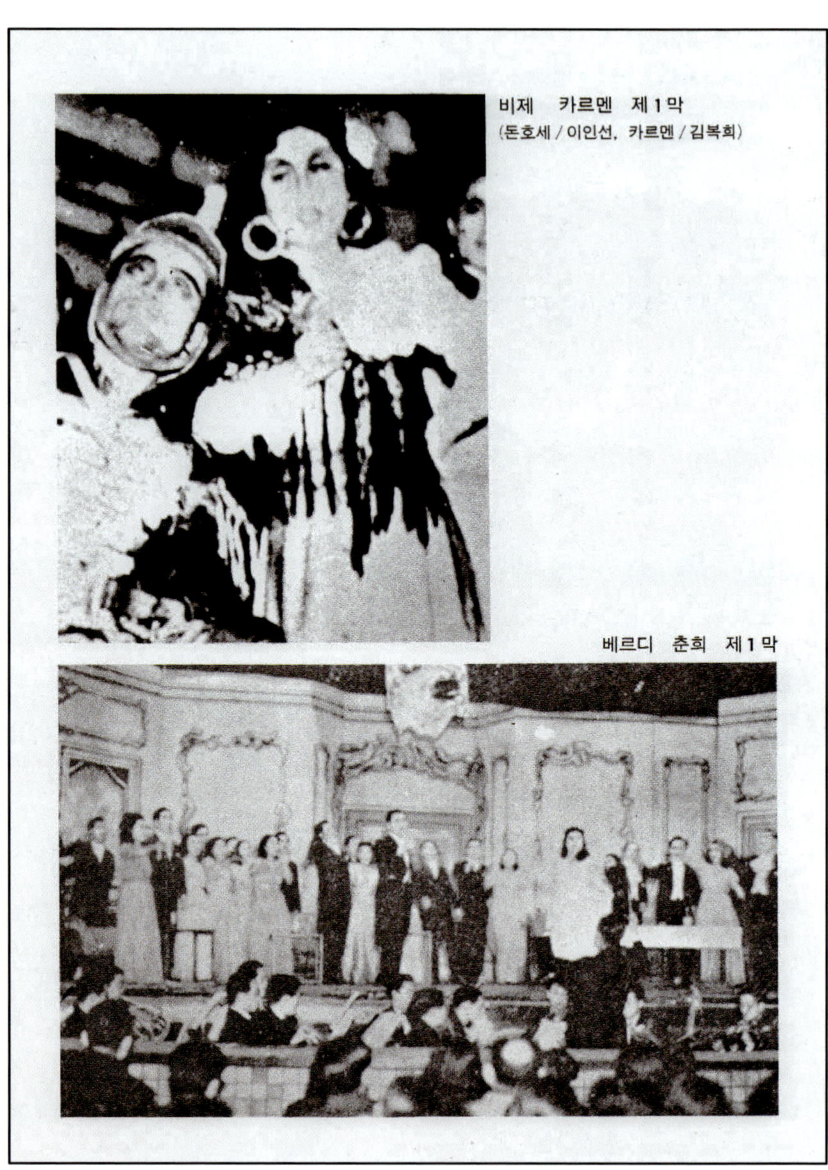

비제 카르멘 제 1 막
(돈호세 / 이인선, 카르멘 / 김복희)

베르디 춘희 제 1 막

[9] 30주기

일시: 1990. 10.11.
장소: 호암아트홀
주최: 이인선 사업추진회, 한국성악회
후원: 한국음악협회

故 李寅善 테너 추모음악회

○…우리나라 성악계의 선구자 故 李寅善선생(테너)의 30주기 추모음악회가 11일 하오 7시 호암아트홀에서 열린다.

李寅善선생은 1934년 한국인으로서는 처음으로 성악의 본고장 이탈리아에

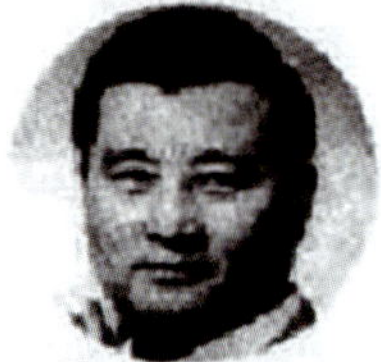

◇故. 李寅善선생

유학했으며 귀국후 48년에는 역시 처음으로 「조선오페라협회」와 「국제오페라단」을 창단, 한국 최초의 본격 오페라 「춘희」를 공연하는 등 우리나라 성악과 오페라의 개척자로 남다른 업적을 남겼다.

또한 「한국 벨칸토회」(현 한국성악회)를 창설. 수많은 성악가를 지도·배출했으며, 50년 渡美, 동경

과 하와이에서 독창회를 열고 동양인으로는 처음으로 「뉴욕 메트로폴리탄 오페라」 오디션에 합격했으며 미국에서 우리 민요와 가곡의 보급에도 힘쓰는 등 성악계의 곳곳에 그의 손길이 미치지 않은 곳이 없으나 54세되던 60년 미국에서 지병으로 별세했다.

이번에 그의 30주기를 맞아 李寅善기념사업회와 한국성악회가 공동으로 추모음악회를 마련한 것.

소프라노 김복희 이규순 김옥자씨 등과 메초소프라노 이복주. 테너 장영 김신환. 바리톤 황병덕 이재환씨 등이 출연, 추모의 노래 「가버린 시절」을 비롯, 오페라 아리아와 가곡 등을 부른다.

사진: 매일신문 (1990. 10.10.)

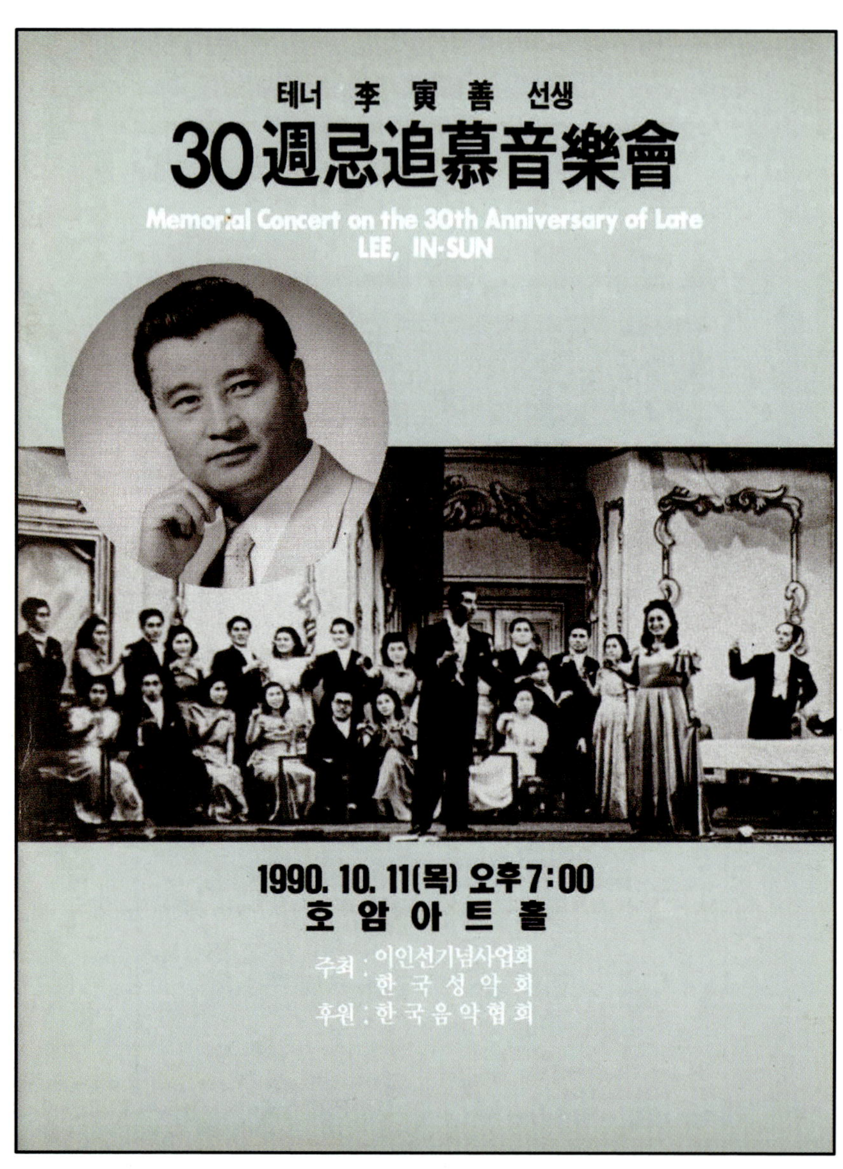

1288　절대음악 혼자 간다

<h1 style="text-align:center">프로그램</h1>

• **가버린 時節** (故 이인선 선생 추모의 노래 : 김연준 작곡) ······················· Sop. 이 규 순

1. G. Paisiello (1740-1816) ··· Sop. 김 복 희
   • Nel cor più non mi sento (공허한 마음)

   G. Puccini (1858-1924)
   • Tu che di gel sei cinta (차거운 마음도 청열에 녹고)
   (Opera "Turandot" 중에서)

2. 김 동 진 ··· Sop. 진 귀 옥
   • 내 마음

   G. Puccini (1858-1924)
   • Sola perduta abbandonata (홀로 버려지고)
   (Opera "Manon Lescaut" 중에서)

3. F. P. Tosti (1846-1916) ··· Bar. 이 재 환
   • Non t'amo piu (너를 더 사랑하지 않으리)

   G. Verdi (1813-1901)
   • Eri tu che macchiavi (내 영혼 더럽힌 자 너)
   (Opera "Un Ballo in Maschera" 중에서)

4. 김 동 진 ··· Sop. 이 규 순
   • 못 잊 어

   C. W. Gluck (1714-1787)
   • Divinités Styx (바다의 神 너스틱스)
   (Opera "Alceste" 중에서)

5. D'annibale ··· Ten. 장   영
   • Paese dö sole (태양의 나라)

   E. de. Curtis (1785-1937)
   • Autunno (가 을)

6. G. Puccini (1858-1924) ··· Ten. 신 동 호
   • Che gelida manina (그대의 찬손)
   (Opera "La Bohème" 중에서)
   • Mi chiamano Mimi (내 이름은 미미)   Sop. 김 윤 자
   (Opera "La Bohème" 중에서)

DUETTO ··· Sop. 김 윤 자
   • O soave fanciulla (귀여운 소녀)   Ten. 신 동 호
   (Opera "La Bohème" 중에서)

— INTERMISSION —

7. E. Chausson (1855-1899) ···Sop. 김 청 숙
　　• Les Papillons (나비들)

　　G. Verdi (1813-1901)
　　　• Ah! fors'è lui (아! 그이였던가)
　　　　(Opera "La Traviata" 중에서)

8. C. Gounod (1818-1893) ···Ten. 박 치 원
　　　• Ave Maria (아베 마리아)

　　G. Bizet (1838-1875)
　　　• Agnus Dei (신의 어린 양)

9. G. F. Händel (1685-1759) ··M. Sop. 이 복 주
　　　• Bel piacere (참 기쁨)

　　　• G. Donizetti (1797-1848)
　　　• Amore e Morte (사랑과 죽음)

　　W. A. Mozart (1756-1791)
　　　• Non so più, cosa son (어쩌하면 좋아 이 내마음)
　　　　(Opera "Le nozze di Figaro" 중에서)

10. G. B. Pergolesi (1710-1736) ···Sop. 김 옥 자
　　　• Stizzoso, mio stizzoso (화 잘내는 당신)
　　　　(Opera "La Serva Padrona" 중에서)

　　　• Se cerca, se dice (날 찾아 물으면)
　　　　(Opera "L'olimpiade" 중에서)

11. E. de. Curtis (1875-1937) ··Ten. 김 신 환
　　　• Non ti scordar di me (날 잊지 말아라)

　　G. Bizet (1838-1875)
　　　• Air de fleur (꽃 노래)
　　　　(Opera "Carmen" 중에서)

12. G. Bizet (1838-1875) ···Bar. 황 병 덕
　　　• Torèdor (투우사의 노래)
　　　　(Opera "Carmen" 중에서)

　　G. Verdi (1813-1901)
　　　• Di provenza il mar (저 프로벤짜 고향으로)
　　　　(Opera "La Traviata" 중에서)

DUETTO
13. G. Verdi (1813-1901) ···Sop. 진 귀 옥
　　　• Qual voce! ..... Come! ... Tu, Donna? (그때가 여기 웬일로?)　　Bar. 이 재 환
　　　　(Opera "Il Trovatore" 중에서)

1290 절대음악 혼자 간다

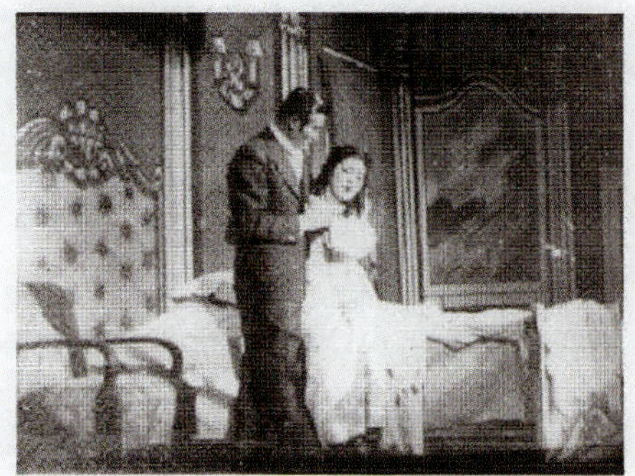

▲ 알프레도 이인선
비오렛따 김자경

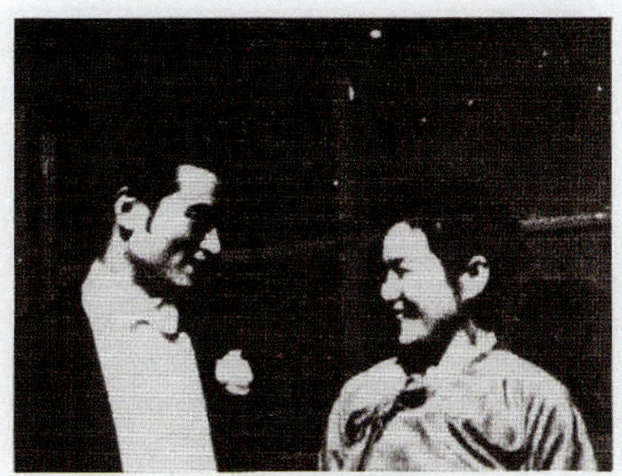

▲ 무대 뒤에서 이인선 선생님과 사모님 서지순 여사

▼ 이인선, 김자경

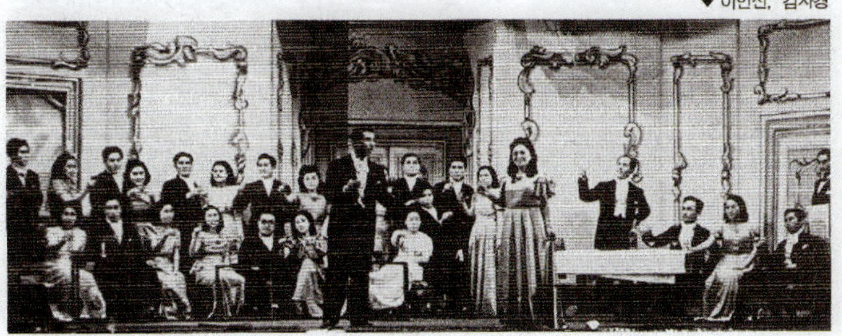

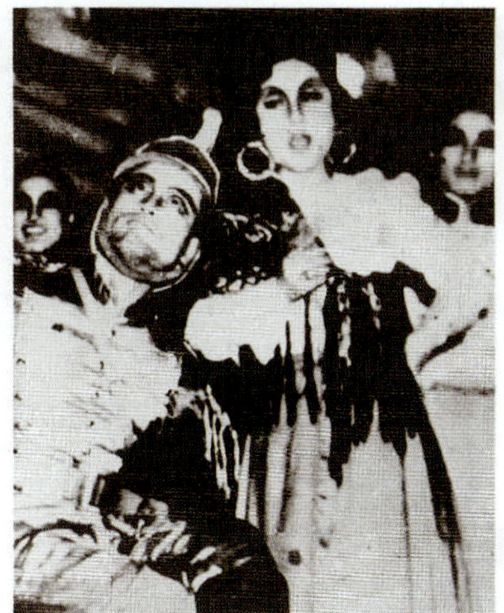

▲돈·호세 이인선
카 르 멘 김복희

▼둘째줄 왼쪽으로부터두번째 오현명
첫째줄 왼쪽으로부터
임원식, 이인선, 임병직, 김복희, 김석순

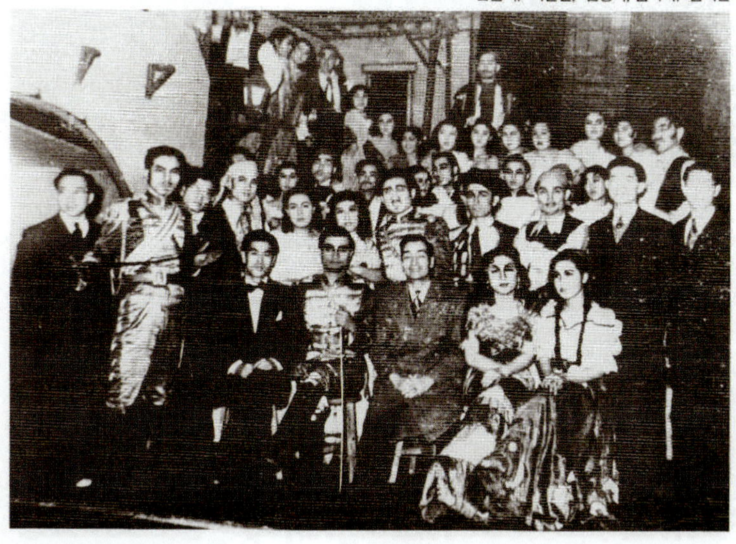

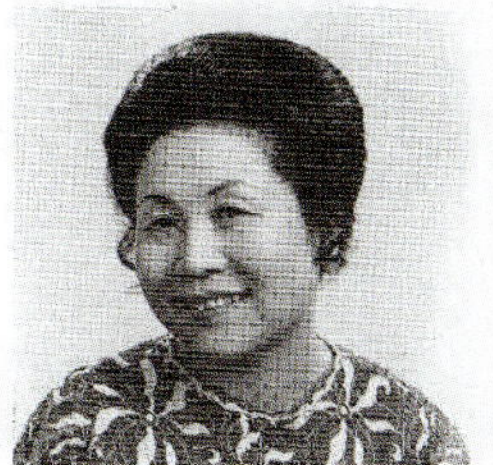

Soprano/김복희
- 전, 이대음대 강사
- 카르멘 한국초연시 카르멘역

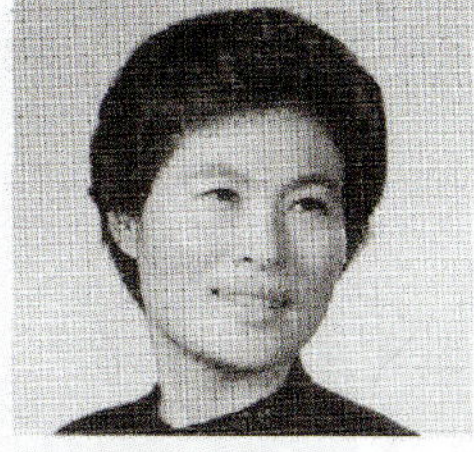

Soprano/이규순
- 이대음대 교수
- 스페인가곡회 회장

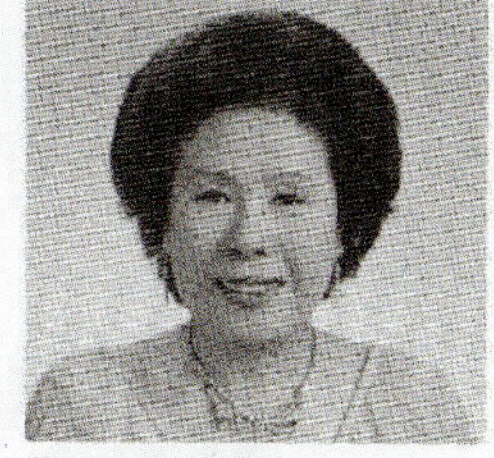

Soprano/김옥자
- 이태리 싼타체치리음악원 졸업
- 경희대음대 교수

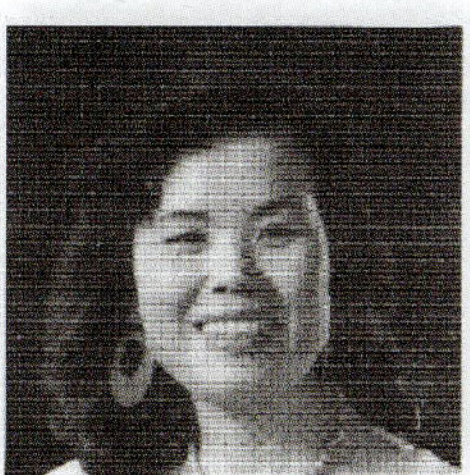

Soprano/김청숙
- 파리 에꿀노르말 음악원 졸업
- 계원대, 상명여대, 삼육대, 추계예대 출강

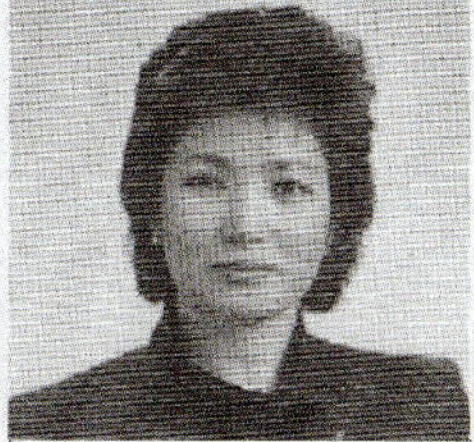

Soprano/김윤자
- 미라노 스칼라극장 성악학교 졸업
- 숙대음대 교수

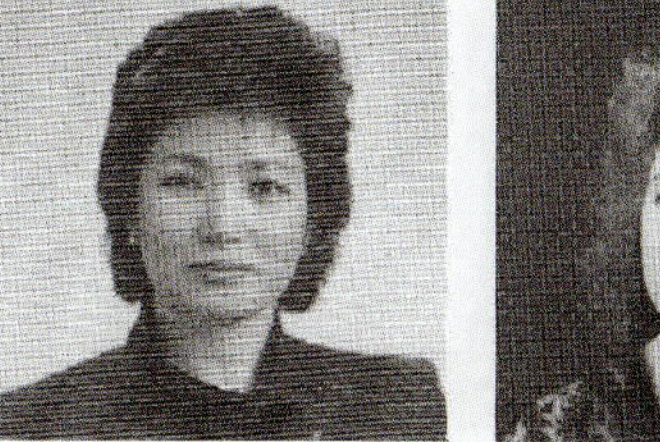

Soprano/진귀옥
- 이태리 오지모 아카데미아 졸업
- 경원대, 추계예대 출강

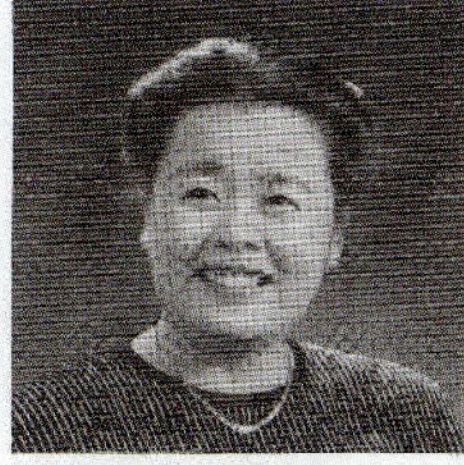

M.Soprano/이복주
- 비엔나 국립음대 졸업
- 이대음대 출강

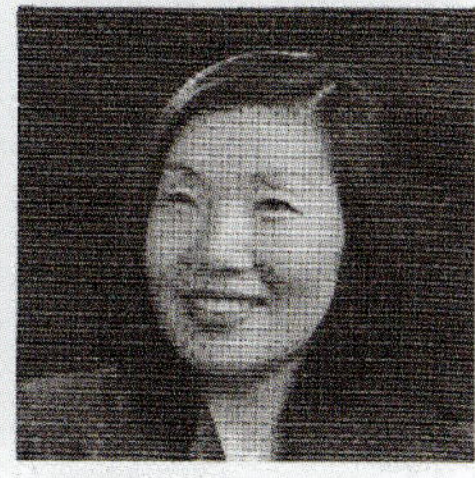

Piano/윤금희
- 이대음대 교수

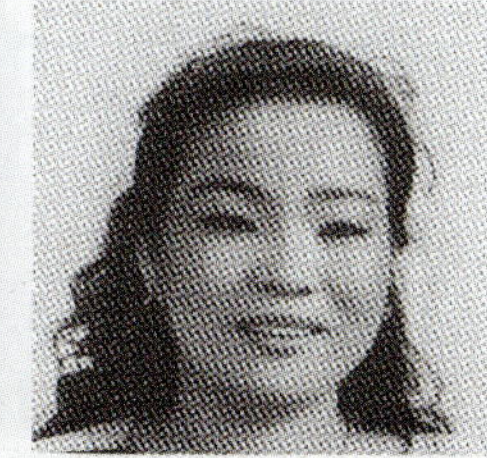

Piano/강경실
- 서울시립오페라단 음악코치

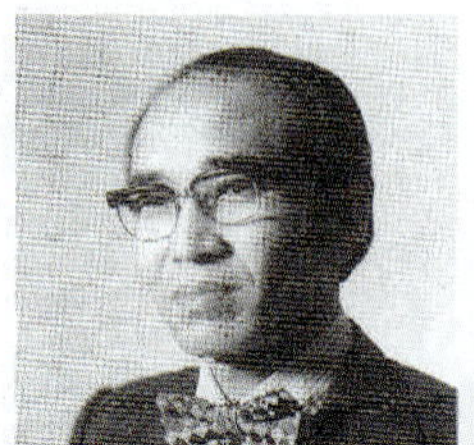

Tenor / 장 영
- 중대음대 객원교수
- 한국성악회 회장

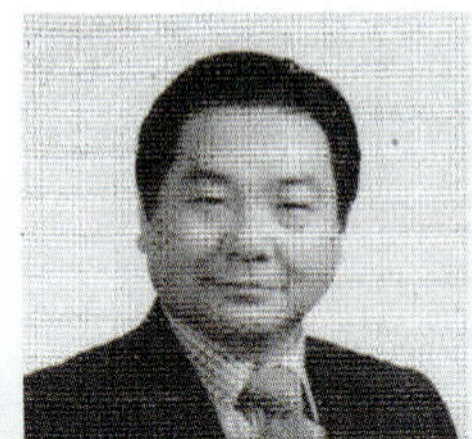

Tenor / 김신환
- 영남대음대 교수
- 서울시립오페라단 단장

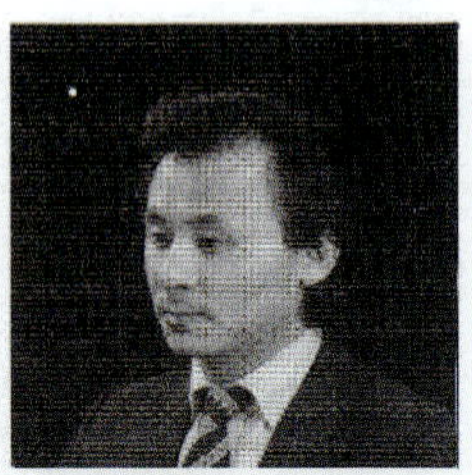

Tenor / 박치원
- 이태리 빼스까라 아카데미 졸업
- 서울시립오페라단 단원
- 중앙대, 추계예대 출강

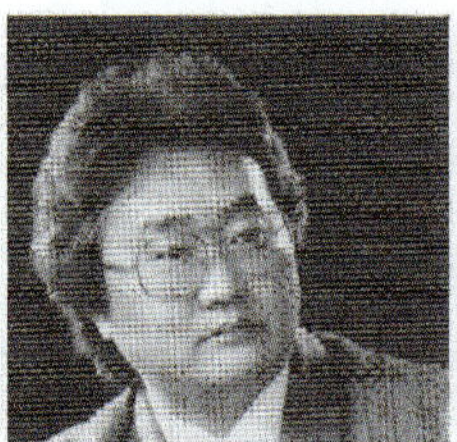

Tenor / 신동호
- 이태리 오지모 아카데미아 졸업
- 중대음대 교수

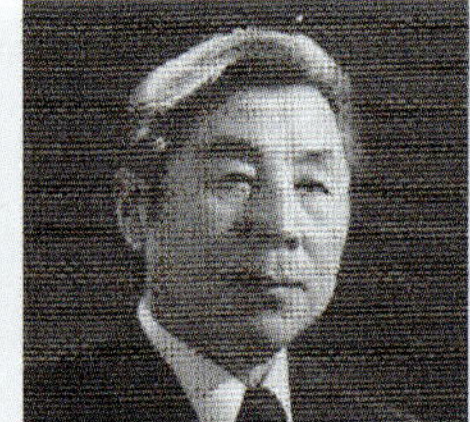

Bariton / 황병덕
- 연대음대 명예교수
- 청운 성악회 회장

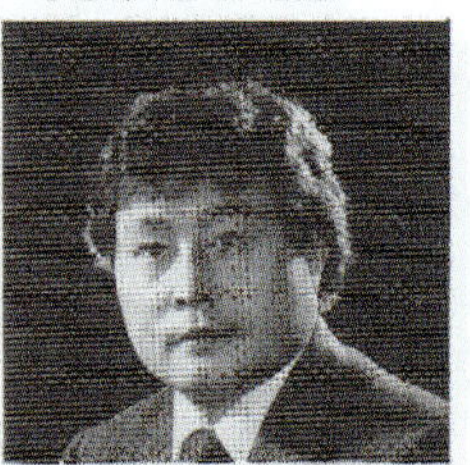

Bariton / 이재환
- 미라노 스칼라극장 성악학교 졸업
- 중앙대, 세종대, 전남대 출강

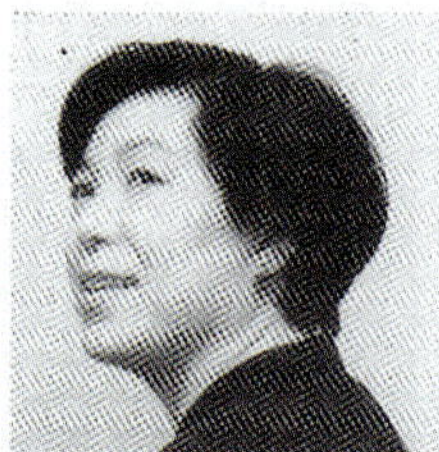

Piano / 박은성
- 남훌로리다 주립대 졸업
- 이대음대 출강

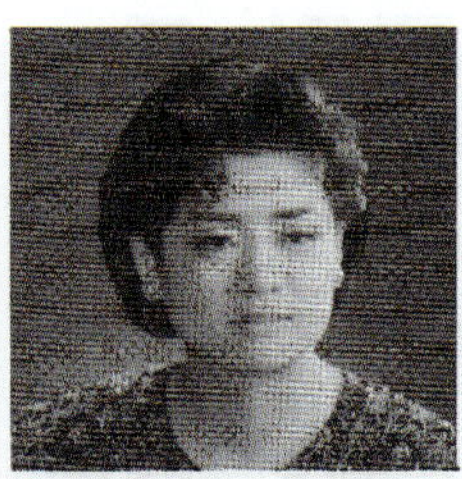

Piano / 송혜경
- 파리 애콜노르말 음악원 졸업
- 예원교, 서울신대, 총신대 출강

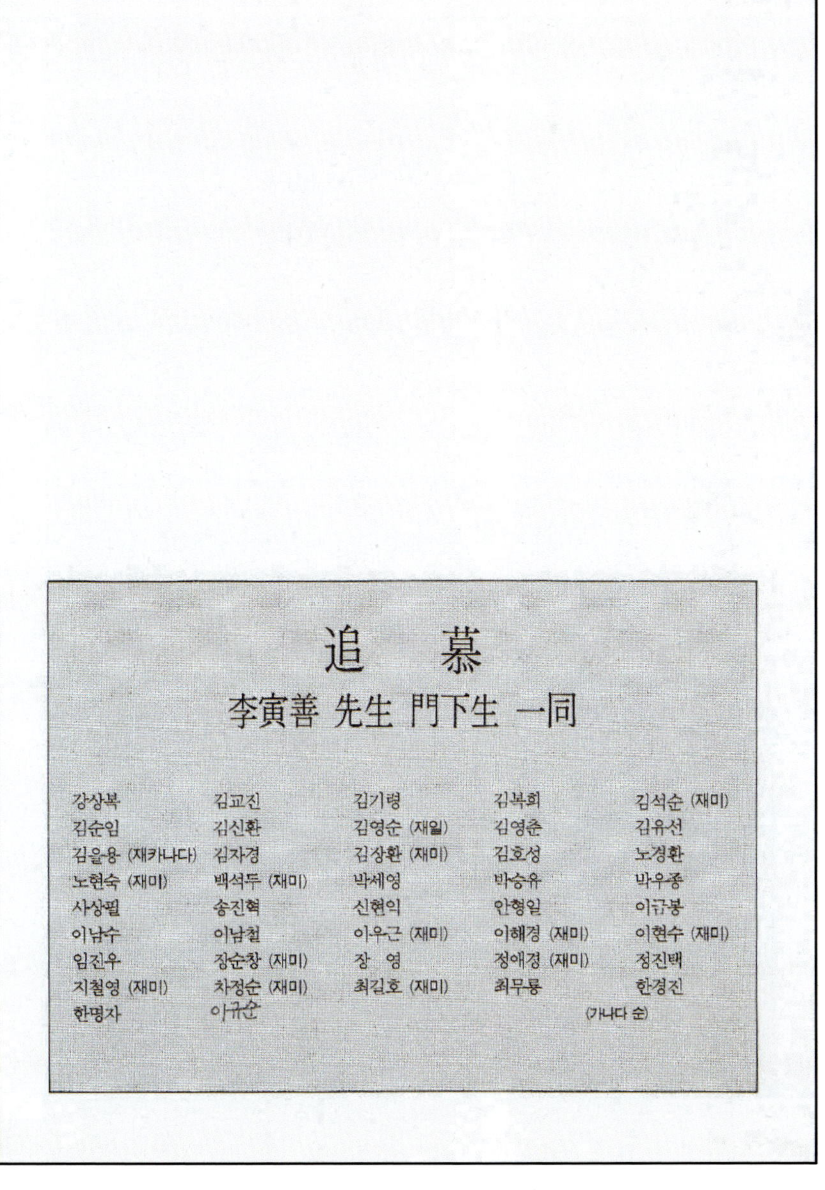

追　慕
李寅善 先生 門下生 一同

강상복　　　김교진　　　김기령　　　김복희　　　김석순 (재미)
김순임　　　김신환　　　김영순 (재일)　김영춘　　　김유선
김을용 (재카나다)　김자경　　　김상환 (재미)　김호성　　　노경환
노현숙 (재미)　백석두 (재미)　박세영　　　박승유　　　박우종
사상필　　　송진혁　　　신현익　　　안형일　　　이규봉
이남수　　　이남철　　　이우근 (재미)　이해경 (재미)　이현수 (재미)
임진우　　　장순창 (재미)　장 영　　　정애경 (재미)　정진택
지철영 (재미)　차정순 (재미)　최길호 (재미)　최무룡　　　한경진
한명자　　　이규순
　　　　　　　　　　　　　　　　　　　　(가나다 순)

追　慕

서울시립오페라단
단장 김 신 환

[10] 35주기

일시: 1995. 9.7.
장소: 호암아트홀
주최: 한국성악회, 이인선 사업추진회
후원: 한국음악협회

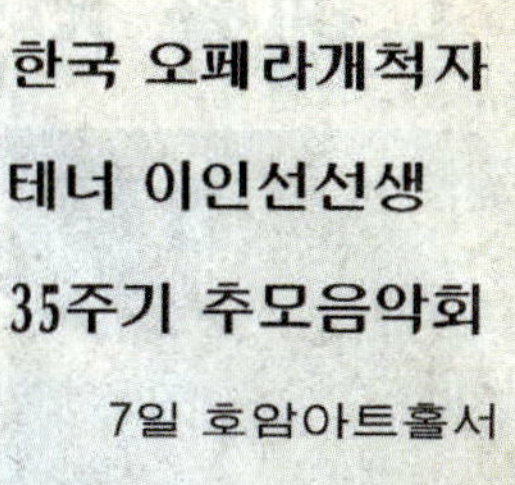

한국 오페라개척자
테너 이인선선생
35주기 추모음악회

7일 호암아트홀서

우리나라 오페라의 개척자 테너 이인선선생(1906~1960·사진)의 35주기 추모음악회가 7일 하오 7시30분 호암아트홀에서 열린다.

한국성악회와 이인선기념사업회가 마련한 음악회에는 소프라노 김자경 김복희, 바리톤 황병덕 오현명등 원로 성악가들이 참가한다. 이들은 이인선에 의해 우리나라에서 초연됐던 오페라 「카르멘」과 「춘희」에 출연했던 성악가들이다.

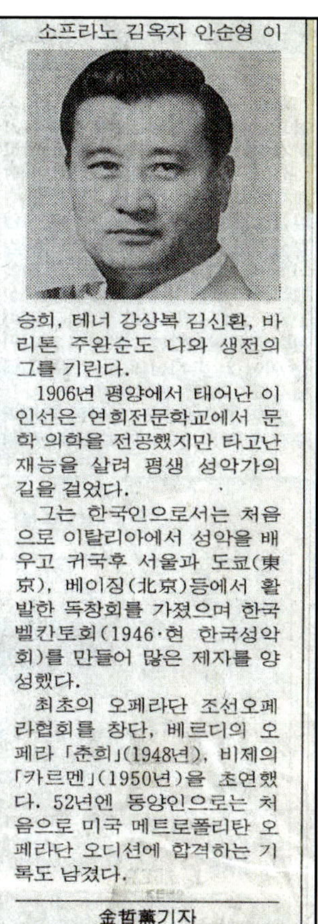

소프라노 김옥자 안순영 이

승희, 테너 강상복 김신환, 바리톤 주완순도 나와 생전의 그를 기린다.

1906년 평양에서 태어난 이인선은 연희전문학교에서 문학 의학을 전공했지만 타고난 재능을 살려 평생 성악가의 길을 걸었다.

그는 한국인으로서는 처음으로 이탈리아에서 성악을 배우고 귀국후 서울과 도쿄(東京), 베이징(北京)등에서 활발한 독창회를 가졌으며 한국 벨칸토회(1946·현 한국성악회)를 만들어 많은 제자를 양성했다.

최초의 오페라단 조선오페라협회를 창단, 베르디의 오페라 「춘희」(1948년), 비제의 「카르멘」(1950년)을 초연했다. 52년엔 동양인으로는 처음으로 미국 메트로폴리탄 오페라단 오디션에 합격하는 기록도 남겼다.

金哲薰기자

사진: 한국일보 (1995. 9.4.)

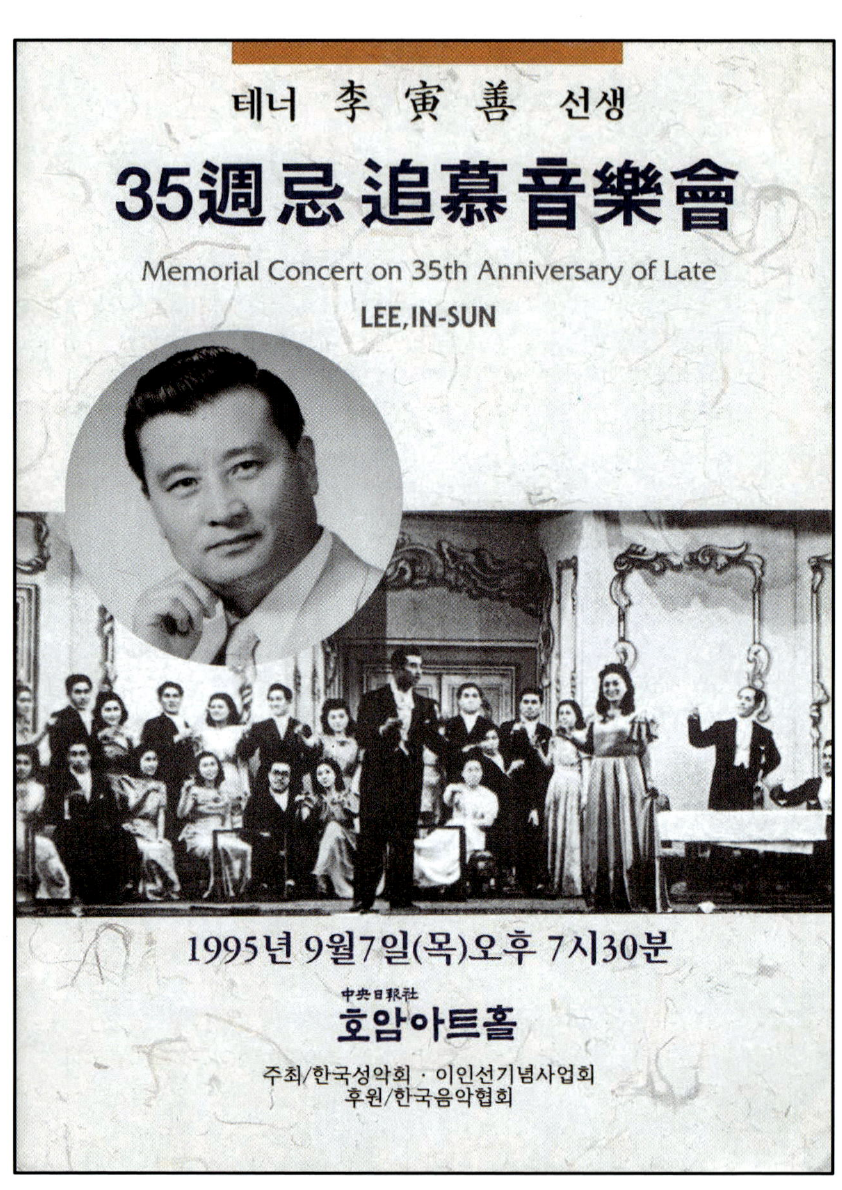

1298 절대음악 혼자 간다

Tenor 李寅善 先生 略歷

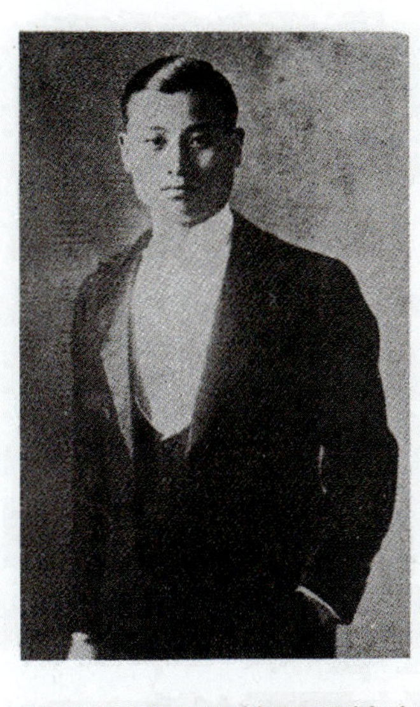

1906. 12. 26	平壤에서 出生
1923. 4.	平壤光成高等普通學校를 卒業
1927. 3.	延禧專門學校 文科를 거쳐 세브란스 醫學專門學校에서 醫學을 專攻하셨으며 베이커 女史와 부스 女史에게 師事하며 聲樂을 공부하심
1934. 6.	聲樂研修次 韓國人으로서는 처음으로 伊太利로 留學함.
1938. 5.	서울府民館에서 歸國 獨唱會를 가지심.
1938. 9.	日本 東京의 日北谷公會堂에서 獨唱會를 가지심
1939. 11.	中國 北京에서 獨唱會를 가지심.
1946. 10.	韓國 Belcanto會 (現 韓國聲樂會)를 만드시고 많은 聲樂徒를 길러내심.
1947. 10.	서울 培材學堂에서 獨唱會를 가지심.
1948. 1.	우리나라에서 처음으로 西洋 오페라의 本格的인 公演과 普及을 꾀하고자

韓國 最初의 오페라團인 朝鮮오페라協會를 創團하셨으며 本邦 初演으로 G.Verdi 작곡 오페라「椿姬」를 先生의 飜譯으로 서울 市 公館에서 公演하며 主役을 맡으심.

1948. 4.	國際오페라社 主催 朝鮮오페라協會 後援으로「椿姬」를 再上演
1950. 1.	G.Bizet 作曲인 4幕 오페라「Carmen」을 先生의 飜譯으로 서울 市 公館에서 公演하며 主役을 맡으심.
1950. 3.	渡美 途中 日本 東京과 美國 하와이에서 獨唱會를 가졌음
1952. 4.	美國 New York Metropolitan Opera團에서 東洋人으로는 처음으로 Audition에 合格하셨으며 한편 美國 一流樂譜出版社인 Carl Fisher社를 通하여 우리 民謠 數曲을 編曲 英譯하여 出版하시어 全 美洲에 우리 歌曲을 널리 紹介 普及하심.
1960. 3. 19	美國 Kentucky州 Louisville 市에서 依炳 別世하심

※遺族中 아드님 李如辰은 現在 梨花女子大學校 音樂大學作曲科 教授로 在職

※追慕音樂會 9回 가졌음. 二十三주기 추모음악회는 미주 뉴욕시에서

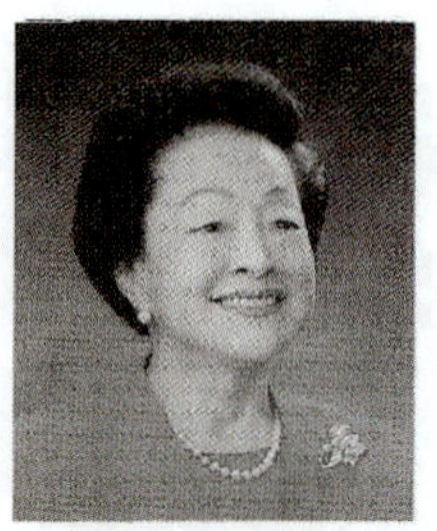

李寅善 선생 35週忌를 追慕하며

선생님! 1948년 선생님의 제자들과 함께 우리나라 오페라 역사는 이루어졌습니다.

우리들은 선생님 지도아래 아무것도 모르고 이리저리 뛰어다니며 솜짓, 발짓 하라는대로 노래와 함께 시작했습니다.

그때를 생각하면 때로는 눈물이 흐르고 그 무대! 그 상황을 되새겨보면 가슴에 뜨거운 추억과 더불어 감개무량하여 가슴이 터질것만 같습니다.

그 무서운 일본정치 아래 이름도 성도 빼앗겼고 우리말조차 잃어버렸던 더구나 노래도 마음대로 부르지 못했던 그후였음으로 우리는 이선생님이이태리에서 돌아오셔서 "오페라"하자고 우리 젊은이들을 모으셨을때 까마득한 말씀으로 생각했지만 무조건 따라 다녔습니다.

선생님은 우리 오페라계의 선구자시며 대왕이십니다.

금년 광복 50주년을 맞이하는 우리들은 선생님의 35주기를 더욱 뜻깊게 맞이하겠습니다.

선생님!지금 어디 계십니까? 우리를 보아주시고 지금까지, 아니 우리 일생동안 선생님의 가르치심을 받들어 살아오고 있는 우리들을 기특히 여겨 주시옵소서

선생님을 향해 넘치는 감사함과 사랑을 어찌 다 지면에 표현하겠습니까?

이 밤! 짧은 시간이지만 조금이라도 감사의 표현이 되어지기를 바라며 우리의 생명 다할때까지 선생님의 뜻을 따라, 뒤를 따라 분발하여 씩씩하게 살 것을 선생님께 약속드립니다.

1995.9.7

김자경오페라단
이사장 김자경

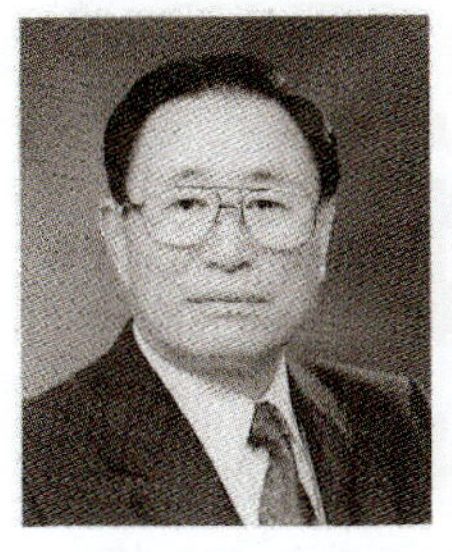

李寅善 先生 35週忌
追慕音樂會를 開催하면서

　저희　한극성악회(구 한국벨칸토회)에서는 李寅善 先生님의 追慕音樂會를 그 동안 매 5주기마다 개최하여 왔습니다. 금년이 바로 35주기가 되는 해이므로 여러성악인들의 뜻을 모아 이제 또다시 音樂會를 개최하고 先生님을 追慕하는 시간을 가져 봅니다.

　선생님께서는 일찍이 文學과 醫學을 전공하셨음에도 남달리 音樂에 뛰어난 才能이 계셔서 지금으로부터 62년전인 1934년 우리나라 사람으로서는 처음으로 성악의 나라 이탈리아에 유학하시여 다년간 수학을 하셨고 귀국을 하여서는 서울과 東京 또는 北京 등지에서 독창회를 개최함은 물론 1948년부터는 서양오페라 베르디작곡 '라트라비아타'와 비제 작곡 '카르멘'을 손수 번역하시고 또 주역으로 출연하시는 등 1인 3역의 역활을 하여 그야말로 서양 音樂文化의 先驅者的 위치에 서 왔습니다. 뿐만아니라 본 프로그램 말미에 게제한 바와 같이 많은 門下生들을 길러내는 정열을 기우리는 한편 한국벨칸토회 (현 한국 성악회)를 창설하시어 벨칸토 唱法을 硏究하고 普及하는 성악인 모임체로 발전시키셨습니다.

　저희 한국성악회에서는 선생님의 이러한 精神을 길이 빛내기 위하여 그동안 우리나라 성악인의 모임 단체로서는 최대규모인 회원 160여명으로 확장하는 한편 50년의 역사와 80여회의 크고 작은 定期演奏會 를 개최하는 등 聲樂演奏 團體로 자리를 굳혀오고 있습니다. 이는 오로지 팬여러분의 보이지 않는 聲援에 의해서 이루어졌다고 보아지며 앞으로도 저희 성악회가 더욱 발전 할 수 있도록 여러분의 적극적인 後援과 指導鞭撻이 있으시기 바랍니다.

　끝으로 오늘 이저녁 뜻있는 이 追慕音樂會에 왕림해주신 내외 관객 여러분과 본 追慕音樂會를 공동주최하는 李寅善 紀念事業會와 門下生 일동의 협조에 깊은 감사를 드리며 출연자 여러분에게 뜨거운 감사의 박수를 드립니다.

1995.9.7

한국성악회(구 한국 벨칸토회)
회 장 康 祥 福

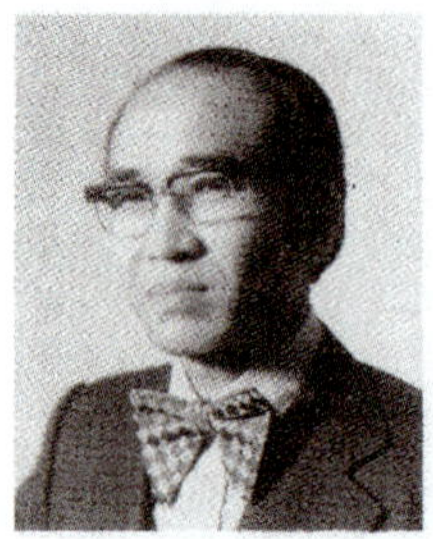

李寅善 先生 35週忌를 追慕하면서

李寅善 先生님 께서는 1960년 3월19일 미국에서 유명을 달리하시였습니다.

1년후인 1961년 3월19일 1주기 추모음악회를 시작으로 그후 5년을 주기로 하여 이제 9회째인 이번 35주기 추모음악회를 가지면서 다시한번 제자들을 자상하게 가르쳐주시던 지난날의 선생님의 모습이 새삼스럽게 주마등 같이 뇌리를 스쳐갑니다.

광복 후의 사회가 혼탁한 어려운 여건 속에서 사재를 털어 "라트라비아타"와 "카르멘"을 공연하시어 한국에 오페라무대를 개척하신 선구자로 고귀한 선생님의 공적을 찬양해 마지 않습니다.

오늘에 이르러서 젊은 성악가들이 국내와 국외에서 높이 평가 받고 있으며 서울을 위시하여 지방도시 등에서 10여개 오페라단이 활발히 공연 활동을 하고 있는 것은 오직 선생님께서 심고 가신 값진 유산이라고 생각할 때 선생님에 대한 추모의 정을 금할길 없습니다.

선생님께서 1946년 창시하신 "Bel Canto"회는 선생님이 별세하신 후 1964년 "한국 Bel Canto회"(현 한국성악회)를 재건하여 79회의 정기연주회를 가졌습니다. 창시 당시인 1946년 오페라 공연으로 그 바쁘신 와중에도 3차례나 제자발표회를 가진바 있어 총 82회의 공연을 가진 셈이 되겠습니다. 이러한 선생님의 유지를 받들어서 이런 연주회는 앞으로도 끊임없이 이어질 것 입니다.

특히 이번 추모음악회에 한국 초연 "카르멘" 공연시 '카르멘'역으로 출연하였던 김복희여사와 역시 "카르멘"에 출연하였던 오현명 명예교수님 그리고 한국초연 "라트라비아타"에 출연하엿던 김자경 오페라단 이사장님과 황병덕 명예교수님이 출연하여 더욱 뜻깊은 추모음악회가 될 것입니다 .

선생님이시어 하늘나라에서 이 정성들여 만들어진 추모음악회를 꼭 지켜보아 주시옵소서

1995.9.7

李寅善 紀念事業會
張　影

Program

1.합창/한국교수성가단(지휘/윤종일) ● Piano/송재희
* 가버린 시절(고 이인선 선생 추모의 노래) ································· 김연준

2.소프라노/안순영 ● Piano/이경희
* La Promessa(약속) ··· G.ROSSINI
* Qui la voce sua soave(부드러운 음성) ································· V.BELLINI
      (Opera "I Puritani"중에서)

3.테너/**최원범** ● Piano/이경희
* Occhi di Fata(선녀의 눈) ··· L.DENZA
* Nessun dorma(공주는 잠 못이루고) ····································· G.PUCCINI
      (Opera "Turandot"중에서)

4.소프라노/**권혜영** ● Piano/송재희
* Lo Spazzacamino(굴뚝 청소부) ·· G.VERDI
* O luce di quest'anima(오! 영혼의 빛이여) ······················G.DONIZETTI
      (Opera "Linda di chamounix"중에서)

5.바리톤/**주완순** ● Piano/송재희
* 그리움 ·· 김진균
* Aprite un po'quegl'occhi (남자들아 눈을 뜨라) ·············· W.A.MOZART
      (Opera "Le Nozze di Figaro 중에서)

6.소프라노/**이승희** ● Piano/송재희
* 신 아리랑 ··· 김동진
* Pace, pace, mio Dio(주여 평화를) ····································· G.VERDI
      (Opera "La Forza del Destino 중에서)

7.2중창/소프라노:**김옥자**, 바리톤:**황병덕** ● Piano/송재희
* Bei Männern, welche Liebe fühlen(사랑하는 자라면) ············· W.A.MOZART
      (Opera "Die Zauberflöte" 중에서)
* Là ci darem la mano (그대 손을 잡고) ································W.A.MOZART
      (Opera "Don Giovanni"중에서)

Program

8.소프라노/김복희 ● Piano/윤금희
* Nina (니나) ································· F.TANARA
* Voi lo sapete, o mamma (어머니 아시지요) ················· P.MASCAGNI
     (Opera "Cavalleria Rusticana 중에서)

9.테너/강상복 ● Piano/이경희
* Non ti scordar di me (날 잊지 말아라) ················· E.CURTIS
* 농부가 ································· 김동진
     (Opera "춘향전"중에서)

10.바리톤/오현명 ● Piano/윤금희
* Pieta Signore! (자비하신 주) ················· A.STRADELLA
* Vous qui faites l'endormie (메피스토 펠레의 세레나데)·············C.F.GOUNOD
     (Opera "Faust"중에서)

11.테너/김신환 ● Piano/강경은
* 길손 ································· 조두남
* Come un bel di di maggio(아름다운 오월의 하늘과 같이)·····U.GIORDANO
     (Opera "Andrea Chénier"중에서)

12.소프라노/김자경 ● Piano/윤금희
* 발자욱 ································· 김동진
* 마님과 머슴 ································· 박태준

13.2중창/소프라노:안순영, 테너:최원범 ● Piano/이경희
* Libiamo né lieti calici(축배의 노래) ················· G.VERDI
     (Opera "La Traviata 중에서)

14.합창/한국교수성가단(지휘/윤종일) ● Piano/송재희
* St.Cecilia중 Santus Mass (거룩하시다) (곡중독창/우영훈) ············· C.F.GOUNOD
* God of our Father (나의 하나님이여)································· C.F.GOUNOD
     (Opera "Faust"중에서)

Opera "La Traviata"

공연사진

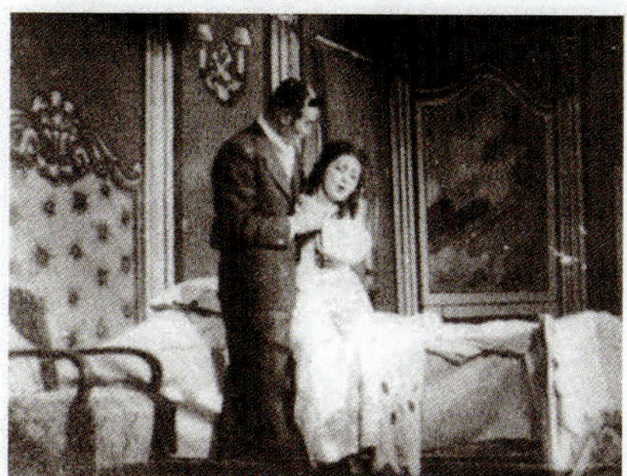

▲알프레도/이인선 · 비올레타/김자경

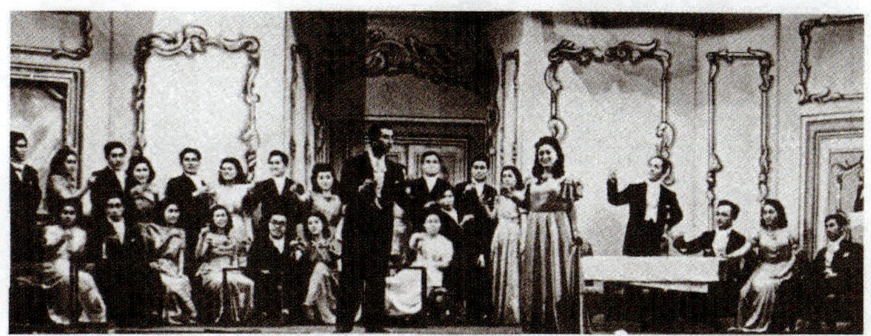

▲ 이인선 · 김자경

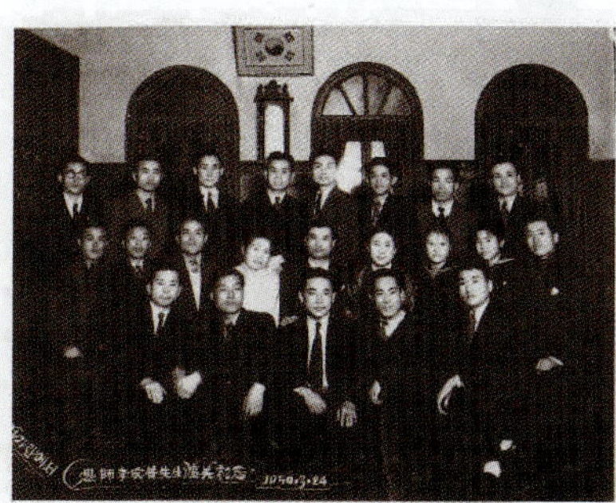

▲은사 이인선 선생 도미 기념 1950년 3월24일 한가람에서 -가운데 줄 중앙 이인선선생-

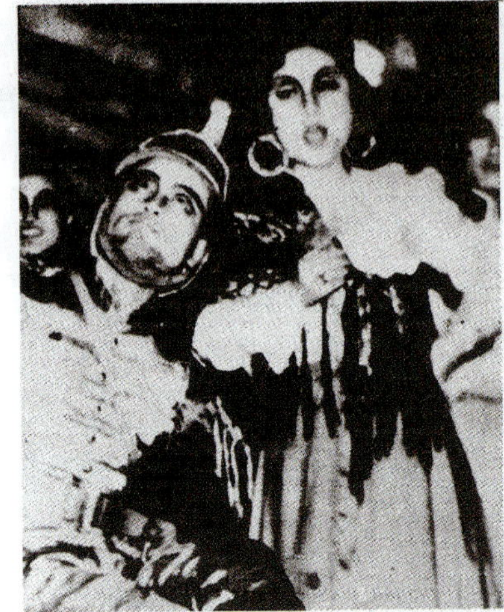

◀돈 호세 /이인선 · 카르멘/김복희

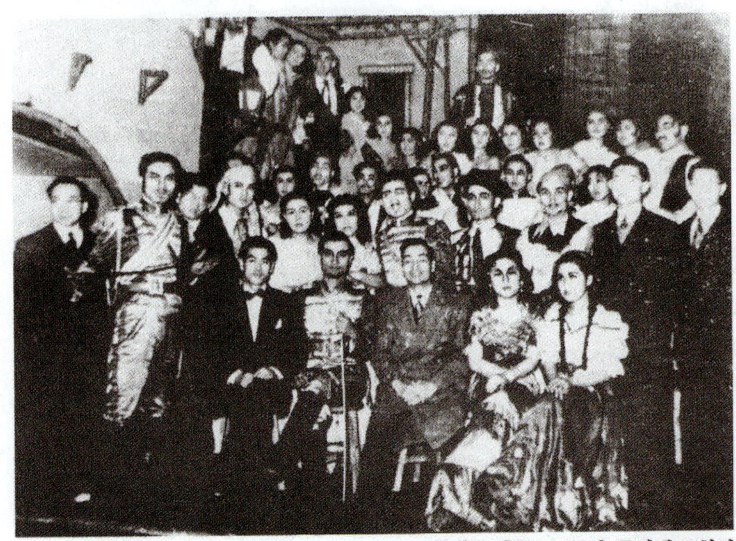

▲ 둘째줄 왼쪽으로부터 두번째 오현명
첫째줄 왼쪽으로부터 임원식, 이인선, 임병직, 김복희, 김석순

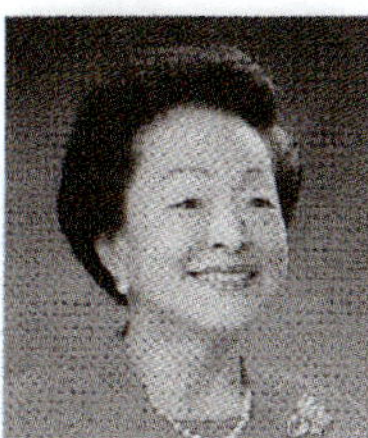

Soprano/김자경
· 미국 줄리어드 음악학교 수료
· 김자경 오페라단 이사장

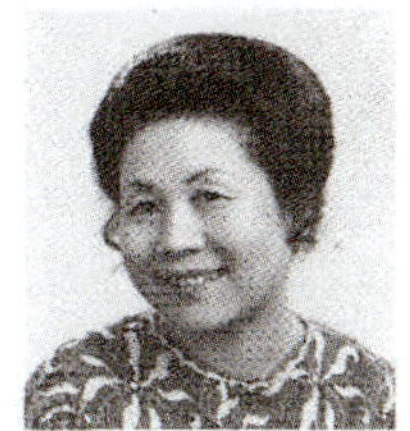

Soprano/김복희
· 전, 이대음대강사
· 카르멘 한국 초연시 카르멘역

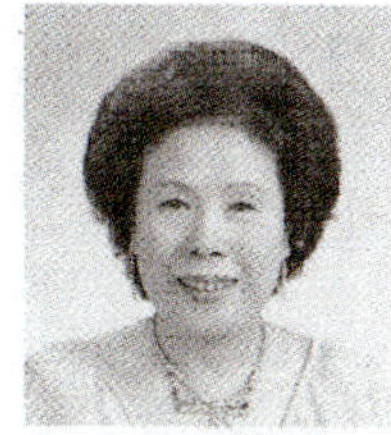

Soprano/김옥자
· 이태리 산타체칠리아음악원 졸업
· 경희대 음대교수

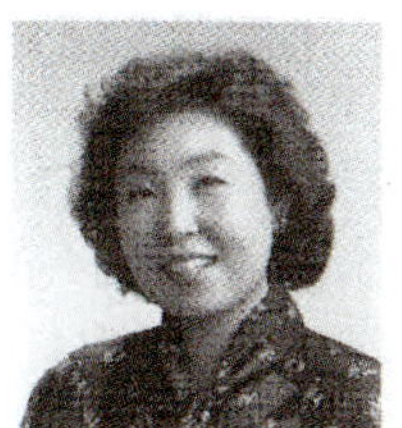

Soprano/안순영
· 이화여대 음악대학 졸업
· 글로리아 오페라단 부단장

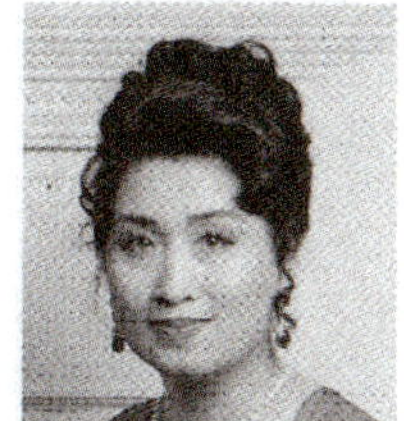

Soprano/이승희
· 영국 왕립음악대학원 수석졸업
· 추계대, 이화여대음대 출강

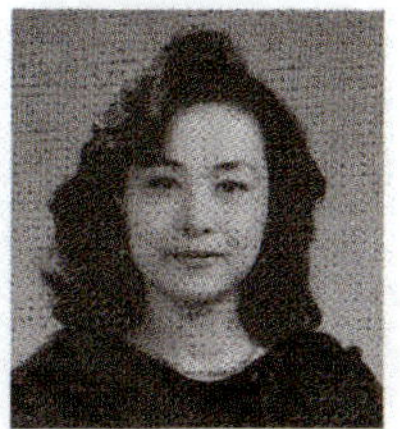

Soprano/권혜영
· 미국노틀담 음대 및 동대학원 졸업
· 이화여대음대 출강

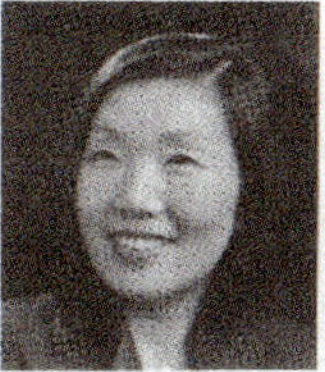

Piano/윤금희
· 이화여대음대 교수

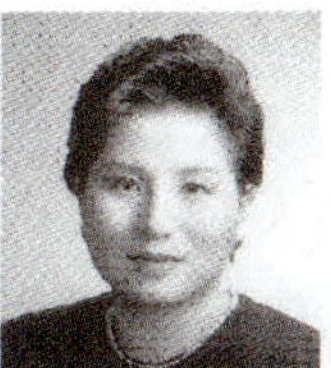

Piano/이경희
· 독일 쾰른 국립음악대학교
  반주과 졸업
· 한양대학교, 성신여대
  대학원 출강

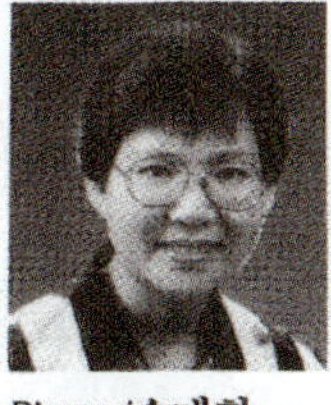

Piano/송재희
· 미국 사우스 캐롤라이나
  대학원 졸업
· 찬양신학대학 출강

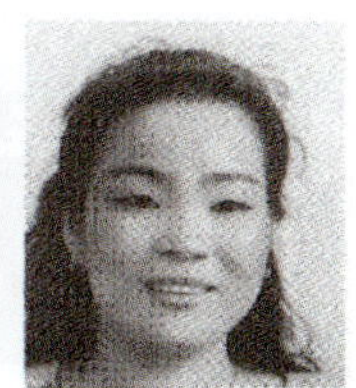

Piano/강경은
· 서울오페라단 음악코치

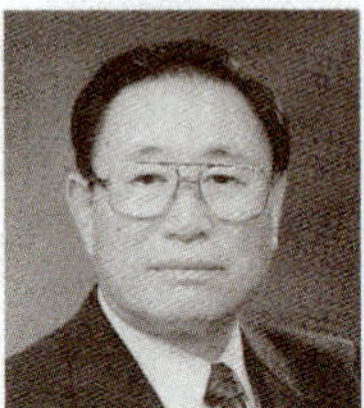

Tenor/강상복

· 전 대한오페라단 이사장
· 한국성악회 회장

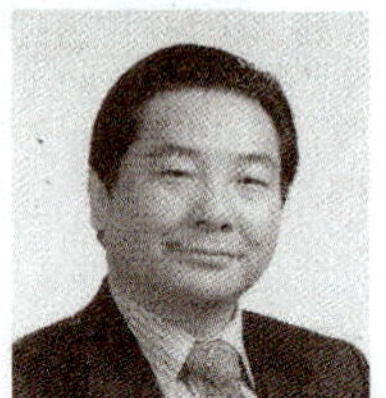

Tenor/김신환

· 영남대 음대 교수
· 서울시립오페라단 단장

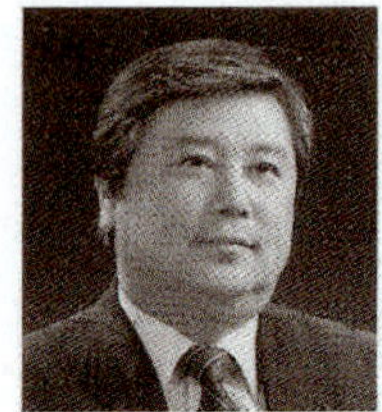

Tenor/최원범

· 줄리어드 음대 및 퍼시픽
  음악대학 대학원 졸업
· 경희대 음대 , 총신대 출강

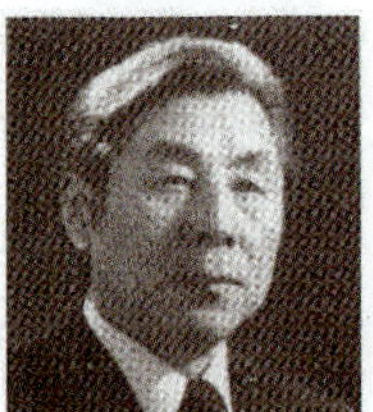

Bariton/황병덕

· 연대음대 명예교수
· 청운성악회 회장

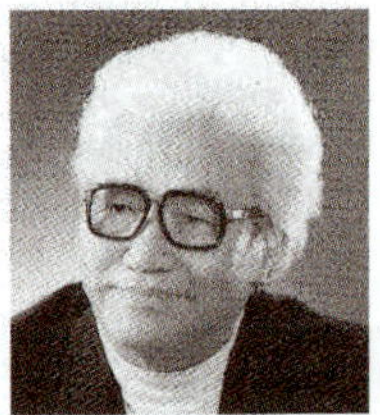

Bariton/오현명

· 전 국립오페라단 단장
· 한양대학교 음대 명예교수

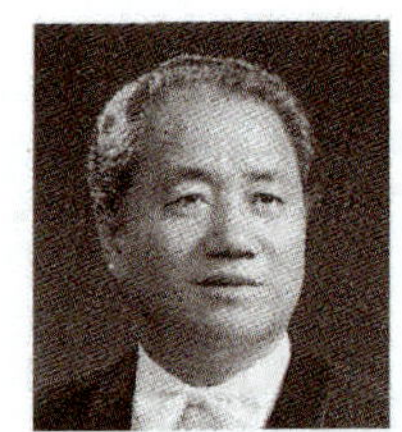

Bariton/주완순

· 연세대음대 동대학원 졸업
· 청주대학교 교수

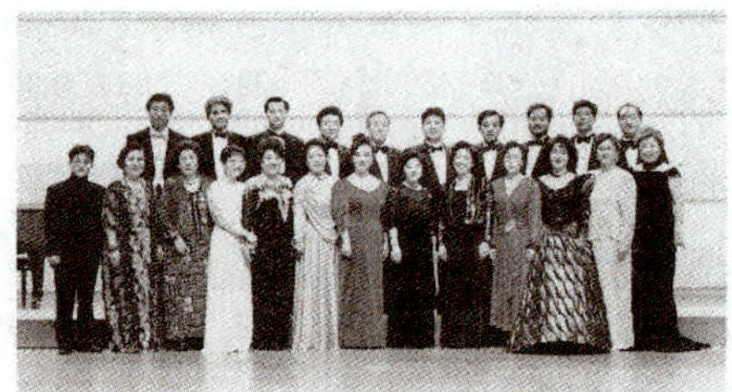

한국교수 성가단 / 단장 : 주완순 · 지휘 : 윤종일

한국성악회 연혁

●1946. 10. 19.	고 이인선 선생 벨·칸토회 창립
1. 20.	이인선 제1회 문하생 발표회
●1948. 4.	향상음악회
8.	제자발표회
●1960. 3. 19.	이인선 선생 미국에서 별세
●1961. 8.	고 이인선 선생 1주기 추모음악회
●1964. 11. 22.	벨·칸토회 창립 발기회(재건)
	발기인: 김기령 김금환 김호성 김노현
	송진혁 신현익 박승유 이성로
	이춘성 장 영 노 명 유영명
	한경진 (13명)
11. 29.	벨·칸토회 창립총회(재건)
	참석자: 김기령 김금환 김호성 송진혁
	박승유 이성로 이기영 이춘성
	장 영 노 명 유영명(11명)
	●회 장: 송진혁
	●부회장: 김기령
	●총 무: 장 영
●1965. 1. 23.	제1회 연구 발표회 (미국 문화원에서)
2. 26.	제2회 연구 발표회 (미국 문화원에서)
3. 26.	제3회 연구 발표회 (미국 문화원에서)
4. 23.	제4회 연구 발표회 (미국 문화원에서)
5. 29.	제5회 연구 발표회 (미국 문화원에서)
6. 10.	제6회 연구 발표회 (미국 문화원에서)
7. 30.	제7회 연구 발표회
8. 27.	고 이인선 선생5주기 추모음악회 (제8회)
9. 30.	제9회 연구 발표회
10. 30.	제10회 연구 발표회
11. 20.	제11회 연구 발표회
12. 16.	제12회 연구 발표회
●1966. 4. 29.	제13회 연구 발표회 (푸치니의 밤)
7. 1.	제14회 연구 발표회
●1967. 4. 12.	제15회 연구 발표회
5. 30.	제16회 연구 발표회
11. 26.	제17회 연구 발표회 (푸치니의 밤)
●1968. 2. 24.	제5차 정기총회
	●회장:송진혁 ●부회장:김기령
3. 28.	제18회 연구 발표회
4. 25.	제19회 연구 발표회
6. 28.	제20회 연구 발표회 (베르디의 밤)
12. 13.	본 회 주최 유영명 독창회
●1969. 4. 19.	제6차 정기총회
	동인제(회칙 개정) ●총무:이춘성
12.	송년 음악회 (21회)
●1970. 2. 20.	제7차 정기총회
	임원제 환원
	●회장:김기령 ●부회장:이기영
2. 1.	한국음악협회 가입
10.	고 이인선 선생 10주기 추모음악회 (22회)
●1972. 5.	발성법 쎄미나 (강사:김기령 박사)
●1973. 3. 2.	제10차 정기총회 (8,9차 총회 없음)
	●회장:이기영 #부회장:김노현
●1974. 2. 20.	제11차 정기총회
	●회장:김호성 ●부회장:김명회
5. 30.	제23회 연구 발표회(발성의학)
	●강사:김기령 박사
6. 5.	본 회 주최 한경진 독창회 (24회)
11.	연구 발표회 (발성법 · 강사:김기령 박사)
●1975. 3. 2.	제12차 정기총회
	●회장:김노현 ●부회장:강상복
5. 6.	고 이인선 15주기 추모 음악회 (제25회)
10. 18.	이상춘(명예회장) 김동진, 이유선, 유한철, 송진혁
	님을 본회 고문으로 추대
●1976. 2. 5.	제13회 정기총회
	●회장:김노현 ●부회장:강상복
3. 4.	본회 명칭 변경
	개칭 한국 성악회
5. 20.	문화공보부 등록
6. 3.	제26회 정기연주회
	이상춘(명예회장) 고문님께 제1회
	벨 · 칸토 패 증정
8. 28.	한국적 벨 · 칸토 발성법에 대한 연구발표
	(제27회)
9. 11.	한국 성악회 인천시 지부 설치
	●지부장:원영재
	●김자경, 이승학님을 고문으로 추대
●1977. 3. 19.	제14차 정기총회
	●회장:김노현 ●부회장:강상복 장영
	회장단 임기를 2년으로 연장 (회칙개정)
4. 26.	본 회 주최 이성로 독창회 (제28회)
7. 13.	벨 · 칸토 발성법에 대한 쎄미나 (제29회)
	●강사:김기령 박사
11. 12.	창립30주년 기념 대연주회 (제30회)
	이승학 고문님께 제2회 벨 · 칸토패 증정
●1978. 3. 11.	제15차 정기총회
	●회장:김노현 ●부회장:강상복 장영
3. 11.	본 회 주최 이남철 독창회 (제31회)
12.4~5.	제32회 정기연주회
	김자경 고문님께 제3회 벨 · 칸토패 증정
●1979. 3. 29.	제16차 정기총회
	●회장:이유선 ●부회장:이남철 박승유
9. 20.	정기연주회
●1980. 3.26~27	제33회 정기연주회
	송진혁 고문, 김노현 이사님께 벨 · 칸토공
	로패 증정
3. 29.	본 회 주최 윤호문 독창회
9. 19.	고 이인선 선생 20주기 추모음악회 (제34회)
12. 8.	제35회 정기연주회
12. 9.	본 회 주최 오인환 독창회
●1981. 3. 29.	제18차 정기총회
	●회장:이유선 #부회장:강상복 유영명
4. 14.	제36회 정기연주회
6. 7.	제37회 정기연주회
10. 30.	제1회 한국성악경연대회 개최
11. 17.	제38회 가을 정기연주회 (시상 및 입상자 출연)
●1982. 4. 11.	제39회 연주회
6. 28.	한국 가곡의 밤 (제40회)
10.30	제2회 한국성악경연대회

11. 9.	본 회 주최 김청숙 독창회
11. 23.	제43회 정기연주회
12. 8.	제44회 정기연주회
●1983. 2. 26.	제20차 정기총회
	●회장: 이유선 ●부회장: 이규순 유영명
4. 18.	제43회 정기연주회
5. 23.	제44회 정기연주회
10. 5.	양경자 독창회 동아일보사 공동
10. 22.	제3회 한국성악경연대회
11. 2.	제45회 정기 연주회
●1984. 4. 24.	제46회 정기연주회 (예술가곡의 밤)
5. 30.	제47회 정기연주회
10. 17.	제48회 정기연주회 (한국 가곡의 밤)
10. 20.	제4회 한국성악경연대회
10. 20.	제1회 한국성악경연대회(고등부)
11. 15.	제49회 정기연주회 (가곡과 아리아의 밤)
●1985. 2. 17.	제22차 정기총회
	●회장: 이유선 ●부회장: 이남철 김복희
3. 26.	고 이인선 선생 추모음악회 (제50회)
4. 18.	춘천 자선음악회 (제51회)
6. 7.	제52회 정기연주회 (바로크 가곡의 밤)
10. 19.	제5회 한국성악경연대회
1986. 3. 18.	제53회 정기연주회
	(오페라 아리아의 밤/세종소강당)
6. 27.	제54회 정기연주회
	(예술가곡의 밤/국립극장)
10. 17.	제6회 한국성악경연대회
●1987. 2. 8.	제24차 정기총회
	●회장: 유영명 ●부회장: 김옥자 주완순
3. 23.	제55회 정기연주회
	(예술가곡과 아리아의 밤/세종소강당)
6. 2.	제56회 정기연주회
	(한국 가곡의 밤/문예회관)
6. 27.	제57회 정기연주회
	(오페라 아리아와 중창의 밤/국립극장)
9. 28.	본 회 주최 윤호문 독창회
10. 24.	제7회 한국성악경연대회
●1988. 3. 11.	제58회 정기연주회
	(독일가곡의 밤/문예회관)
5. 5.	제59회 정기연주회
	(이태리 가곡의 밤/세종소강당)
10. 29.	제8회 한국성악경연대회
12. 27.	제60회 정기연주회
	(성가의 밤/세종소강당)
●1989. 3. 11.	제26회 정기총회
	●회장: 장 영 ●부회장: 조길자 박찬동
4. 13.	제61회 정기연주회
	(프랑스 가곡과 아리아의 밤/문예회관)
4. 13.	김기령, 이유선 두 분 전회장님께 감사패 증정
9. 26.	제26회 정기연주회
	(한국 가곡과 한국 오페라 아리아의 밤/국립극장)
11. 22.	제63회 정기연주회
	(가곡과 아리아와 중창의 밤/세종소강당)
	(벨리니, 도니젯타, 롯시니)
●1990. 2. 22.	제27차 정기총회
3. 30.	제64회 정기연주회
	(바로크 쏠로 칸타타의 밤/세종소강당)
	(북스테후데, 헨델)
6. 25.	제65회 정기연주회
	(모짜르트 하이든 아리아의 밤/국립극장)
9. 13.	제66회 정기연주회
	(이태리 가곡의 밤/ 세종소강당)
10. 11.	제67회 정기연주회
	(고 이인선 선생 30주기 추모음악회/호암 아트홀)
●1991. 2. 28.	제28차 정기총회
	●회장: 장영 ●부회장: 윤호문 김청숙
4. 15.	제68회 정기연주회
	(모짜르트 서거후 200주년 기념 음악회
	<아리아의 밤>/세종소강당)
9. 17.	제69회 정기연주회 (프랑스 가곡의 밤/세종소강당)
10. 19.	제70회 정기연주회
	(오페라 아리아의 대향연/ 세종대강당)
	●협연: 서울 아카데미 심포니 오케스트라
	●지휘: 장일남
●1992. 2. 13.	제29차 정기총회
4. 1.	제71회 정기연주회
	(한국가곡의 밤/국립극장 대극장)
5. 2.	제72회 정기연주회
	(롯시니 탄생 200주년 기념음악회/세종소강당)
10. 14.	제73회 정기연주회
	(오페라 아리아의 대향연/세종대강당)
	●협연: 서울 심포니 오케스트라
	●지휘: 최승한
●1993. 2. 6.	제30차 정기총회
	●회장: 강상복
	●부회장: 주완순 김미혜리
4. 19.	제74회 정기연주회
	(슈만 가곡의 밤/ 세종소강당)
4. 19.	장영, 유영명 전회장 두분께 공로패 증정
9. 4.	제75회 정기연주회
	(오페라 아리아의 대향연/세종대강당)
	●협연: 서울심포니 오케스트라
	●지휘: 니콜라이 디아디우라
11. 1.	제76회 정기연주회
	(한국가곡의 밤/세종소강당)
●1994. 2. 5.	제31회 정기총회
3. 11.	제77회 정기연주회
	(브람스 가곡의 밤/ 세종소강당)
6. 16.	제78회 정기연주회
	(오페라 아리아의 대향연/국립극장)
	서울정도 600년 및 한국방문의 해 기념
	한국예술실연자단체연합회와 고동주최
	●협연: 서울기독교향악단
	●지휘: 김정수
●1995. 6. 16.	제79회 정기연주회
	(프랑스 가곡의 밤/ 세종소강당)
●1995. 9.7	제80회 정기연주회
	(고 이인선선생 35주기 추모음악회 / 호암아트홀)

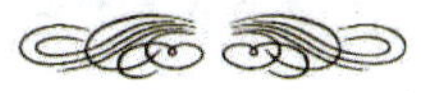

追慕
제 자 일 동

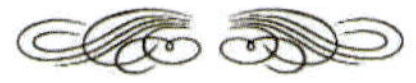

李寅善　先生　門下生

강상복	권원한(사망)	김교진	김기령	김복회
김석순(재미)	김순용(사망)	김순임	김신환	김영순(재일)
김영춘	김유선	김을용(캐나다)	김자경	김장환(재미)
김학상(사망)	김혜로(사망)	김호성	노경환	노현숙(재미)
백석두(사망)	박세영	박승유(사망)	박우종	사상필(사망)
송진혁(사망)	신현익	안형일	이규순	이금봉
이남수	이남철	이우근(재미)	이해경(재미)	이현수(재미)
임진우	장순창(재미)	장 영	정영애(재미)	정진택
조 경(사망)	조준호(사망)	지철영(재미)	차정순(재미)	최길호(재미)
최무룡	최창호(사망)	한경진	한명자	홍진표(사망)

(가나다 순)

한국성악회 임원 및 회원 명단

고문: 이승학 김동진 김자경 이유선 김기령
명예회장: 장 영
회장: 강상복
부회장: 주완순 김미혜리
총무이사: 김종수
연주이사: 신금자
재정이사: 이경애 윤종일
공보이사: 김명희
당연직이사: 김호성 유영명
이사: 김봉임 김신환 김암 김연옥 김옥자 김청숙 노은종 노주채 박성련 박성태 박찬동 이규순
장혜경 정학수 조길자
감사: 윤호문 전경회

회 원

Soprano

강경림 고신애 권영신 권혜영 김경숙 김귀히 김기원 김명희 김명희 김미미 김미영
김미혜리 김미화 김복희 김봉임 김소연 김송죽 김숙은 김순향 김연옥 김영숙
김영석 김영신 김옥자 김청숙 김행자 김희정 노은자 문향숙 민경선 박경미 박성련 박용란 박용희 박희숙 배기남 서선자 신금자
신연자 신옥향 심승희 심재덕 안순영 양경숙 양덕희 양수화 윤경회 이경회 이광숙 이규선 이민정 이승회 이영숙 이영재 이인숙
이정원 이현숙 이효순 임은정 장미혜 장혜경 장혜실 전경회 전미연 전은주 조길자 조명회 조용혜 최경순 최미나 최성숙 최영식
최인애 허영순 허인숙 현혜숙 홍복회 홍혜선 황경숙 황주회 황창화 황화자

M.Soprano

강평숙 김문자 김영순 김학남 김현주 김혜선 김효순 노희숙 방남회 송애령 여홍은
원동실 유민화 윤미진 이경애 이나경 이애자 이영우 이종숙 조영심 최영회 함정덕

Tenor

강상복 김금환 김선일 김신환 김 암 김영석 김호성 김희석 노주채 박광렬 박성태
박영수 박찬동 서동일 염동주 오성환 유영명 윤종일 이남철 이상춘 이성노 이순회
이필우 임종환 장 영 정중근 정치선 정학수 최수일 한경진

Bariton

김정승 김종수 남도현 박상록 백광훈 변성엽 신규곤 심상용 오인환 원영재 윤호문
이무응 이충한 이형호 이 훈 조창영 주완순 최유식 허성웅

Bass Bar

노승종 전동수

[11] 40주기

일시: 2000. 10.7.
장소: 호암아트홀
주최: 한국성악회
후원: 동아일보사, 한국음악협회

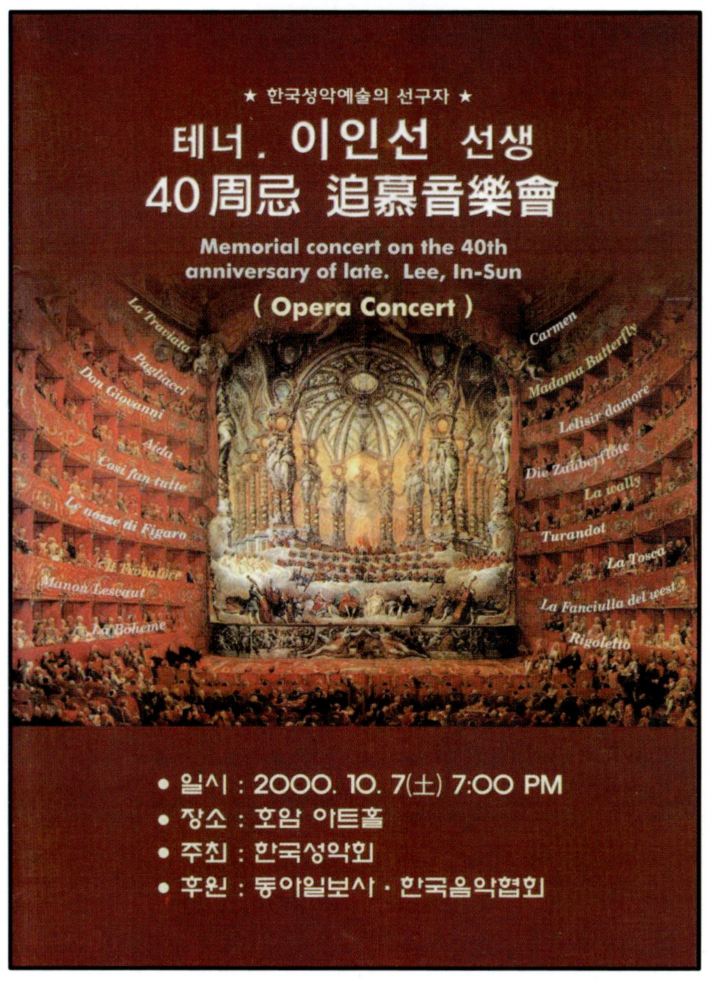

Tenor 李寅善 先生 略歷

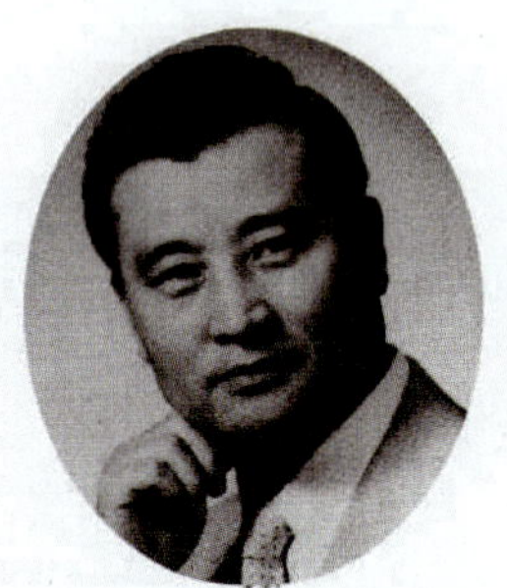

1906. 12. 26. 平壤에서 出生

1923. 4. 平壤光成高等普通學校를 卒業

1927. 3. 延禧專門學校 文科를 거쳐 세브란스 醫學專門學校에서 醫學을 專功 후 베이커
女史와 부스 女史에게 聲樂을 師事함.

1934. 6. 聲樂研修次 韓國人 처음으로 伊太利로 留學함.

1938. 5. 서울 府民館에서 歸國 獨唱會

1938. 9. 日本 東京의 日北谷公會堂에서 獨唱會

1939. 11. 中國 北京에서 獨唱會

1946. 10. 韓國 벨칸토會(現 韓國聲樂會)를 만들어 많은 聲樂徒를 양성.

1947. 10. 서울 培材學堂에서 獨唱會

1948. 1. 韓國 最初의 오페라團인 朝鮮 오페라協會를 創團, 우리나라 최초로 G. Verdi 오
페라 [라트라비아타]를 先生의 飜譯으로 서울 市公館에서 公演하며 主役을 맡
음.

1948. 4. 國際 오페라社 主催 朝鮮 오페라協會 後援으로 [라트라비아타]를 公演.

1950. 1. G. Bizet 作曲인 4幕 오페라 [Carmen]을 역시 先生의 飜譯으로 서울 市公館에
서 公演하며 主役을 맡음.

1950. 2. 渡美 途中 日本 東京과 美國 하와이에서 獨唱會

1952. 4. 美國 New York Metropolitan Opera團에서 東洋人으로는 처음으로 Audition에
合格하였으며 한편 美國 一流樂譜出版社인 Carl Fisher社를 通하여 우리 民謠
數曲을 編曲 英譯 出版 全 美洲에 우리 歌曲을 널리 紹介 普及함.

1960. 3. 19. 美國 Kentucky洲 Louisville市에서 숙환으로 別世함.

※ 아드님 李如辰은 現在 梨花女子大學校 音樂大學 作曲科 教授로 在職.

인 사 말

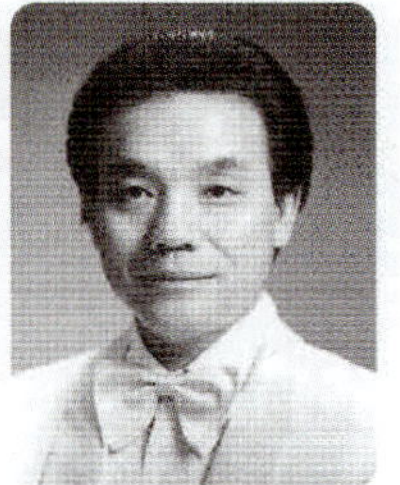

윤 호 문
한국성악회장

　한국 성악계의 큰별 이인선 선생님이 우리 곁을 떠나신지 어언 40년이 흘러갔습니다.

　일제치하 1934년 청운의 꿈을 안고 성악의 선진국 이태리에서 유학 후 귀국하여 50명의 제자를 양성한 바 김자경, 송진혁, 안형일, 김호성, 김신환 등의 계보에 이어진 수많은 제자들이 오늘의 한국성악계를 주도하고 있음을 볼 때, 그가 이땅에 심은 한알의 씨앗이 하나의 거목으로 성장하여 수많은 열매를 맺게 된 것이며 결국 이것은 또 미래의 한국의 성악 강국을 기약하는 결과가 되었습니다.

　문학과 의학을 전공하신 선생님이 성악 예술에 뜻을 두게 되었던 것은 우리에겐 하늘이 준 축복이라고 생각됩니다.　그가 아니었다면 우리 성악계의 발전은 10년이고 20년이고 더 기다려야 했을 것입니다.

　선생님이 창설하신 한국성악회 창립 54주년과 92년 정기 연주회가 되는 오늘, 200명의 본회 회원과 이땅의 성악인들이 선생님의 예술혼을 기리며 갖는 오늘의 추모 음악회가 감동의 무대가 되기를 기대합니다.

　감사합니다.

2000년 10월 7일

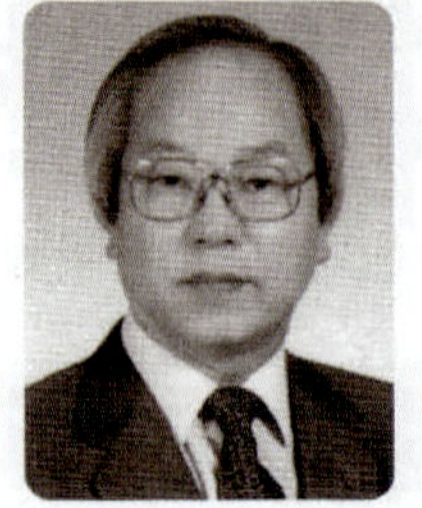

테너 李寅善 선생님을 추모합니다.

의학박사 김 기 령

연세대학교 명예교수, 한국성악회 고문

그 옛날 저희들이 선생님 댁을 오가면서 성악을 공부하던 때가 바로 어제같이 생각되는데 선생님께서 하늘나라로 가신지 어느덧 40년을 맞게 되니 참으로 감회가 깊습니다.

선생님을 뵈었을 때 첫인상은 핸섬한 멋쟁이셨으며 또한 의과대학의 선배로서 제게 말씀하시기를 자네는 의학을 공부해서 발성기관의 해부와 생리를 잘 알 것이니 소리도 잘 내겠군 하시면서 손수 연주하시는 능숙한 피아노 반주로 높은 소리인 하이 C를 아주 쉽게 내시고 아름다운 오페라 아리아를 들려주시던 그 때의 자상하신 모습과 타고 트인 시원한 발성을 지금도 잊을 수가 없습니다.

선생님께서는 의학을 전공하신 문학자시요 의사이시며 타고난 아름다운 음성과 뛰어난 재능으로 평소부터 남달리 노래하기를 좋아하셨습니다.

의사가 되신 후에 선생님께서는 한 때 해주에서 병원을 개원하셨지만 그 때에도 베이커 여사와 부스 여사에게서 특별히 성악을 공부하셨으며 평소에도 환자를 진료하는 의사이기보다는 오히려 위대한 성악가로 대성하셔서 우리나라 오페라 음악 발전에 기여하시겠다는 꿈이 더 크셨습니다.

이리하여 1934년 6월 한국인으로서는 처음으로 성악을 전공하시고자 음악의 본고장인 이딸리아로 유학하셨으며 당시의 유명한 성악 교사요 테너 스키퍼의 스승으로 알려진 채키에게서 과학적 발성법인 벨칸토 창법을 터득하시고 폭 넓은 레퍼토리를 가지고 본격적으로 성악을 공부하셨습니다.

그 후 1938년 여름에 이딸리아 유학에서 돌아오신 선생님께서는 서울 부민관에서, 일본 도꾜의 히비야공회당에서, 그리고 중국 베이징에서 각각 독창회를 개최 청중들을 매료케 하심으로써 성악적 우수성을 떨치셨다고 들었습니다.

우리나라가 해방된 후에 선생님께서는 올바른 벨칸토창법의 전수를 통한 성악도 양성에 더욱 힘을 쏟으셨으며 때마침 1946년 10월 19일에는 정식으로 한국벨칸토회를 조직하시고 본격적으로 제자를 양성하시며 정기적인 문하생발표회를 갖는 등으로 오로지 우리나라 성악계의 발전을 위하여 전념하심으로써 오늘날의 한국성악회와 더불어 많은 제자들을 중견 성악가로 길러 주셨습니다.

특히 당시로서 오페라의 불모지였던 우리나라에서 본격적인 서양오페라의 기틀을 마련하기 위하여 우리나라 최초의 오페라단인 조선오페라협회를 창단하시고 1948년 1월에는 서울 명동의 시공관에서 우리나라에서 처음으로 베르디 작곡 4막 오페라 "라 트라비아타" 를 선생님의 번역과 주연으로 초연하심으로써 우리나라 오페라사에 획기적인 초석을 이룩하셨습니다.

선생님께서는 바로 이어서 1950년 1월에 비제 작곡 4막 오페라 "카르멘" 을 역시 선생님의 번역과 주연으로 시공관에서 성공리에 공연하심으로써 이땅에서 서양 오페라 공연을 본궤도에 올려놓으셨습니다.

이와같이 음악사적으로 중요한 시기였음에도 불구하고 언제나 선구자적 길을 앞장서오신 선생님께서는 "카르멘" 공연을 마치시자마자 보다 더 큰 원대한 꿈을 이루시고자 미국 유학을 계획하셨으며 2개월 뒤인 그 해 3월에는 미국으로 가시는 길목에서도 일본 도꾜와 미국 하와이에서 각각 독창회를 갖는 자신과 여유를 보여 주셨습니다.

미국에 가셔서는 병원에서 의사로서 근무하셨지만 최신의학 연수와 환자 진료에 쫓기는 바쁜 일정 가운데서도 도미하신지 2년만인 1952년 4월에는 뉴욕 메트로폴리탄오페라단의 오디션에서 동양인으로서는 처음으로 합격하는 영예를 누리셨으며 또한 "아리랑" (Arirang: Mountain Pass)과 "천안삼거리" (Chun-An Square)등의 우리나라 민요 수 곡을 스스로 편곡하고 영역해서 미국의 저명한 악보출판사인 칼-휘셔(Carl Fischer)사를 통하여 출판하심으로써 미국을 비롯한 서구사회에 우리나라 가곡을 널리 소개하고 보급하는 일에도 힘쓰셨습니다.

선생님의 금의환향을 고대하고 고대하던 저희들에게 전해진 것은 뜻밖에도 청천벽력의 슬픈 소식이었으며 1960년 3월 19일 미국의 켄터키주 루이스빌에서 한창 일하실 54세라는 젊은 나이에 하늘나라로 가셨습니다. 참으로 애석한 일이요 우리나라 음악계의 큰 손실이었습니다.

그러나 저희들은 선생님의 뜻을 이어서 이땅에서 한국벨칸토회를 다시 활성화하였으며, 지금은 오늘날의 한국성악회로 개칭하여 더욱 발전시킴으로써 계속 열심히 공부하고 있습니다. 다시 한번 선생님의 공덕을 기리며 삼가 명복을 빕니다. 선생님이시여 하늘나라에서 편히 쉬십시요!

격 려 사

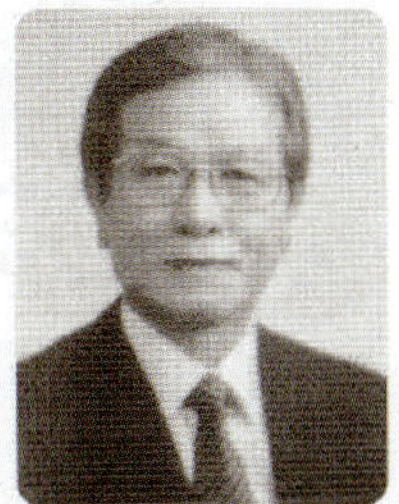

김 용 진
한국음악협회 이사장

한국성악사에 큰 발자취를 남기신 우리나라 최초의 테너 이인선 선생의 40주기 추모음악회를 갖는 한국성악회원 여러분의 무대에 심심한 격려와 위로의 말씀을 드립니다.

선생께서는 일찍이 1934년 일제 암흑기에 성악의 나라 이태리에 유학하고 귀국하여 수많은 후진 성악도를 양성하고 한국에서 최초로 오페라 춘희와 칼멘을 손수 제작 공연 하셨습니다.

오늘날 우리나라가 성악강국으로 인정받고 있는 것도 선생께서 뿌린 씨앗의 열매라 아니할 수 없습니다.

선생께서는 1960년 이국땅 미국에서 54세란 한창 나이에 세상을 떠나셨지만 200명의 한국성악회 회원과 우리나라의 모든 성악인들이 선생의 정신적 유산을 이어나가는 것을 볼 때에 음악인의 한사람으로 마음 든든한 바 있습니다. 이제 바라건데 선생은 가셨지만 부디 선생의 그 숭고한 예술혼이 한국 성악계의 세계화에 이바지 하는데에 버팀목이 되어 주시길 바라며, 끝으로 한국성악회 회장을 위시한 임원 여러분 그리고 출연자들과 관계 Staff 여러분의 노고에 감사의 뜻을 표합니다.

2000년 10월 7일

Program Part |

1. Prelude : Act 1 (La traviata : G. Verdi) —————— Orchestra (지휘) 박 재 광
(라트라비아타 1막 전주곡)   Korea Philhamonic Orchestra

2. Addio del Passato (지난날이여 안녕히!) —————————————— Aria (S) : 김 청 숙

3. Brindisi (축배의 노래) ———————————————————————— Duet (S.T.)
                                                        김미혜리, 김철호

························ ◆ ························

4. Si Puo? Prologue (신사숙녀 여러분!) ———————————————— Aria (Br) : 김 영 철
(From. Pagliacci : R. Leoncavallo)

5. Batti. batti o bel Massetto (때려주오 마젯토여!) ————— Aria (S) : 김 미 미
(From. Don Giovanni : W.A.Mozart)

6. Celeste Aida (청아한 아이다) ———————————————————— Aria (T) : 박 광 렬
(From. Aida : G. Verdi)

7. Sento o dio che questo Piede (신이여! 들으소서) ———— Quintette (S.S.T.Br.B)
(From. Cosi Fan Tutte : W. A. Mozart)   김옥자, 하에란, 강상복, 김도준, 최재성

8. Non Piu andrai (더 이상 이제는 못 날으리) ———————————— Aria (Br) : 윤 호 문
(From. Le nozze di Figaro : W. A. Mozart)

9. Condotta ell'era in Ceppi (무거운 사슬에 이끌리어) ———— Aria (M. Sop) : 함 정 덕
(From. IL Trovatore : G. Verdi)

10. Donna non Vidi mai (세상에서 처음 보는 미인) ————————— Aria (T) : 김 신 환
(From. Manon Lescaut : G. Puccini)

11. O. Soave fanciulla (오 귀여운 소녀여!) ————————————— Duet (S. T) : 김미미, 최원범
(From. La Boheme : G. Puccini)

- I n t e r m i s s i o n -

Program Part ‖

1. Intermezzo. Act Ⅲ (Carmen : G. Bizet) ——————— Orchestra (지휘) 박 재 광
   (카르멘 3막의 간주곡)   Korea Philhamonic Orchestra

⸻ ◆ ⸻

2. Addio fiorito asil (꽃의 보금자리여 안녕히!) ——————— Aria (T) : 김 철 호
   (From. Madama Butterfly : G. Puccini)

3. Una furtiva lagrima (남몰래 흐르는 눈물) ——————— Aria (T) : 김 선 일
   (From. Lelisir d'amore : G. Donizetti)

4. Che Soave Zeffiretto (Sull aria) (편지의 2중창) ——————— Duet(S.S) : 공경란, 한수민
   (From. Le nozze di Figaro : W.A. Mozart)

5. Dies bildnis ist bezaubernd schon (아름다운 초상화) ——————— Aria (T) : 박 광 렬
   (From. Die Zauberflote : W.A. Mozart)

6. Ebben Ne andro lontana (나는 멀리 떠나요) ——————— Aria (S) : 신 금 자
   (From. La Wally : A. Catalani)

7. Nessun dorma (공주는 잠 못 이루고) ——————— Aria (T) : 최 원 범
   (From. Turandot : G. Puccini)

8. Vissi darte vissi damore (노래에 살고 사랑에 살고) ——————— Aria (S) : 김미혜리
   (From. Tosca : G. Puccini)

9. Chella mi creda (자유의 날이 오리라) ——————— Aria (T) : 김 신 환
   (From. La fanciulla del west : G. Puccini)

10. Bella figlia dell amore (사랑스럽고 아름다운 아가씨여!) ——————— Quartette (S. MS, T, Br)
    (From. Rigoletto : G. Verdi)   김청숙, 함정덕, 김선일, 김영철

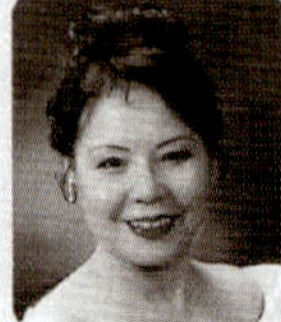
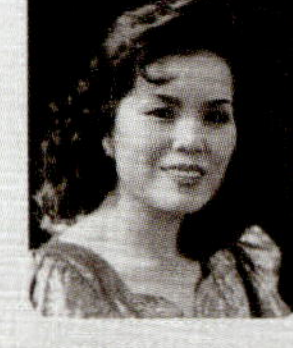
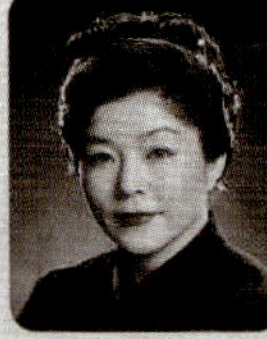
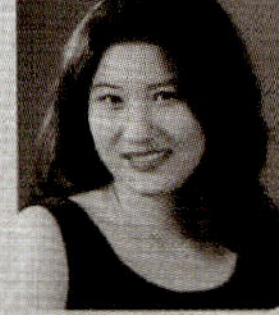
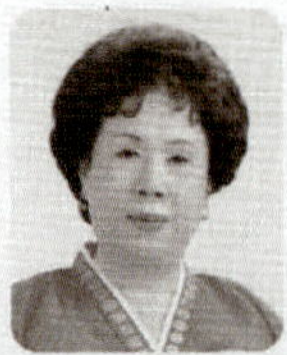
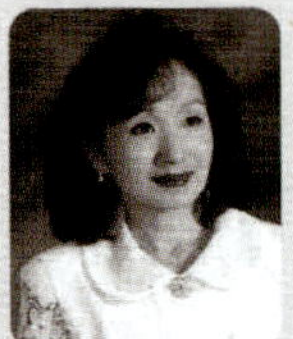
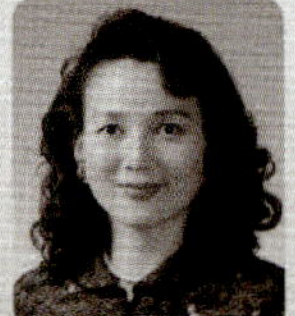
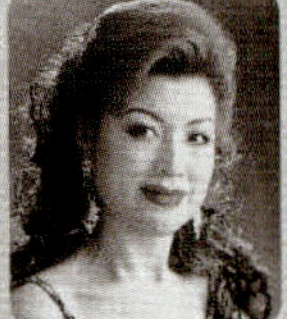
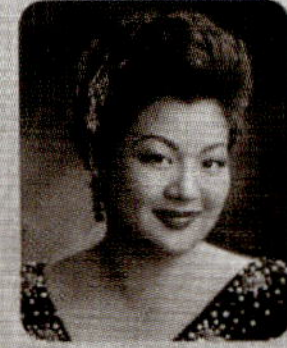

출 연 진

Sop. 김 옥 자

- 서울대학교 음악대학 성악과 졸업
- 이태리 Santa Cecilia 음악학교 졸업
- Opera La Tosca, Rigoletto
- Cavalleria Rusticana 外 15편 주역
  Messiah, Die shopfung 및 10여편의
  Cantata Solo 출연
- 대통령상(동백장) 수상 〈1994년〉
- 현, 경희음대 명예교수, 예원, 서울예고 출강

Sop. 김미혜리

- 서울음대, 이화여대 대학원 졸업
- 줄리아드 음대 연구과 이수
- Wiener Musik Seminar International kurse 수료(Diploma)
- 오페라 휘가로의 결혼, 나비부인, 메시아, 천지창조,
  엘리아, 성바울 등에서 독창자로 출연
- 제1회 세계성악교수협의회 한국대표로 참가
  (프랑스 스트러스배그)
- 현, 한국 성악회 부회장, 한국 교수 성가단, 부단장,
  혜림성악회 대표

Sop. 신 금 자

- 서울 음대 성악과 졸업
- 프랑스 Clermont-Ferrand 국립 음악대학
  수석 졸업
- 오페라 라보엠, 휘가로의 결혼 출연
- 서울대, 연대, 이대, 숙대 등 강사 및
  국립목포대학 전임 역임
- 현, 성신여대 출강

Sop. 김 청 숙

- 중앙대학교 음악학과 및 서울대학교 대학원 성악학과 졸업
- 빠리 고등사범음악원 졸업 및 동음악원에서 콘서티스트
  학위 취득
- 담페롱 국립음악원 졸업
- 빠리 국제 성악콩쿨 1위 입상
- 리골렛또, 라 트라비아타, 라보엠, 사랑의 묘약 등
  다수의 오페라에 주연으로 출연 外 에 메시아, 장엄미사
  천지창조의 독창자 출연.
- 현재 강남대학교 겸임교수, 상명대학교 출강

Sop. 공 경 란

- 서울대학교 성악과 졸업
- 미국 트랜튼 주립대학원 졸업
- 충남대, 성결대 역임
- 현, 총신예술대학 출강

Sop. 김 미 미

- 경희대학교 음악대학 성악과 및 동 대학원 졸업
- 이태리 "A Casella" 국립음악원 졸업
- 한국 성악회 콩쿨 1위 입상
- 아르츠 아카데미아 졸업
- Opera 투란도트, 쟌니스끼끼, 라보엠등 주연 출연
- 협성대학교 음악학과 교수

Sop. 하 애 란

- 경희대학교 음악대학 및 동대학원 졸업
- 이태리 뻬스까라, 시칠리아 등 6개도시
  초청연주
- 미국, 일본, 러시아, 캐나다 초청 연주
- 로마 아트 아카데미 졸업
- Opera 라보엠, Rigoletto, 팔리앗치,
  돈파스쿠알레 등 주역출연
- 현, 경북대학교, 경문대, 안산일대학,
  인천예고 등 출강

Sop. 한 수 민

- 한국예술종합학교 음악원 졸업
- 이태리 빠지아노 오페라 아카데미아 졸업
- 손드리오 전문 연주자 과정 졸업 (Diplomato)
- 이태리 코레아 전문 연주자 과정 졸업
- 오페라 "La Traviata" "사랑의 묘약" 등 출연(이태리)
- G. B 페르골레지 "Stabat Mater" 독창자
- 코리아 쿨 하모니 오케스트라와 협연

M. Sop. 함 정 덕

- 중앙대학교 음악대학 졸업
- 독일 만하임 국립음대 대학원 졸업
- 인천시향, 부산시향, 고려교향악단 등과 다수 협연
- 카르멘, 리골렛토, 삼손과 데릴라 등 수십편 오페라 주역
- 동·서남아시아, 유럽, 미주지역 순회 연주
- 중앙대, 선화예고, 계원예고 출강

◆ 다음 공연 예고 ◆
"성가의 밤"
2001년 3월 중순경 개최예정
〈장소 : 연강홀〉

Ten. 강 상 복

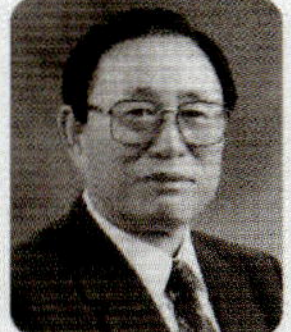

- 경희대학교 음악대학 졸업
- 한국음악협회 명예이사장
- 한국성악회 회장 역임
- 대한오페라단 창단
- 오페라 및 다수의 음악회 출연
- 독창회 3회 개최
- 대한민국 문화훈장 수상(대통령)

Ten. 김 신 환

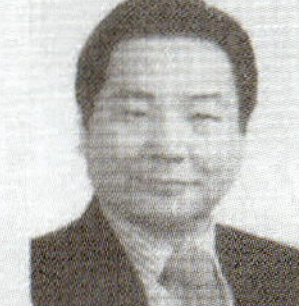

- 서울대 문리대 졸업
- 빠리 슐쁠므대, 빠리고등음악원 본과 및 대학원 졸업
- 빠리예술콩쿨 벨깡연극음악콩쿨 1위 입상
- 브라질 쌍파울로 모짤테움예술대학 명예음악박사 학위
- 현, 한국오페라진흥회 회장

Ten. 최 원 범

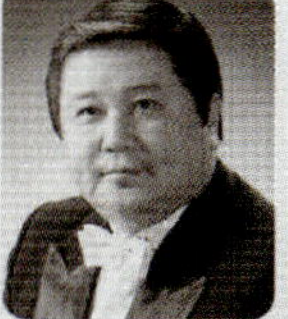

- 경희대학 음악대학 성악과 졸업
- 줄리어드 음악대학 수학 및 퍼시픽 음악대학 대학원 졸업
- 이태리가 오페라 센터 단원으로 활약
- 오페라 : 돈 카를로, 카르멘, 토스카, 라보엠, 춘희, 팔리아치 등 80여회 주역출연
- 오라트리오 : 천지창조, 메시아, 엘리아, 베토벤 No 9 심포니 등 독창자 100여회 출연
- 일본, 중국, 캐나다, 미국, 대만 등 순회 연주
- 경희대학, 음악대학, 총신대 강사 역임

Ten. 김 선 일

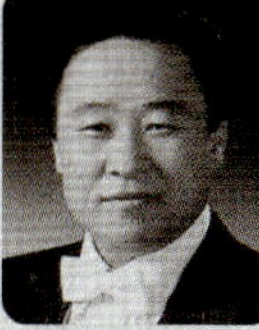

- 한양대 음악대학 졸업
- 오스트리아 비엔나 국립음악원 및 비엔나 시립음악원 졸업
- 제1회 서울대학교 음악대학 콩쿨 입상
- 제8회 동아콩쿨 입상
- 오페라 "사랑의 묘약" "라보엠" "토스카" "마술피리" "리골렛토" "무지카" 등 40여편 출연
- 현, 서원대학교 예술대학 음악과 교수 및 중부성악회 회장

Ten. 박 광 렬

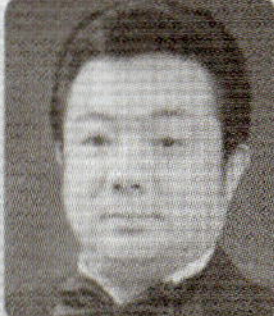

- 연세대 음대 성악과 졸업
- 건국대 대학원 졸업
- 동아 콩쿨, 중앙콩쿨 입상
- 오페라 리골렛토, 마술피리, 라트라비아타 외 다수 출연
- 현 피어선 대학 강남대학, 서울여대 출강

Ten. 김 철 호

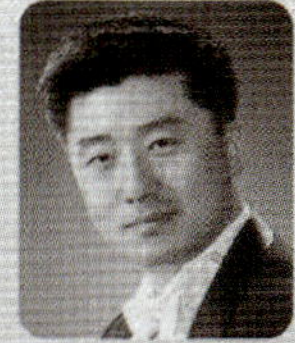

- 삼육대학교 음악교육과 졸업
- 청주대학교 대학원 음악과 졸업
- 이태리 Tito Schipa 국립음악원 졸업
- 이태리 Bari 음악치료학교 졸업(공인 음악치료사)
- 오페라 Rigoletto, Pagliacci, Tosca 등 출연
- 현재, 삼육간호보건대학 교수

Br. 윤 호 문

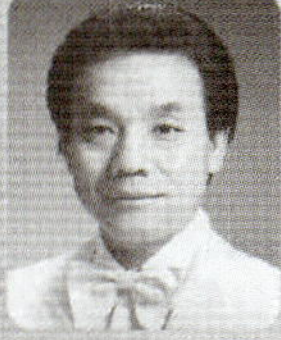

- 경희대 음대 및 연세대 대학원 졸업
- 독일 쾰른음대 수료
- 이태리 Rovigo 국립음악원 졸업
- 오페라 "춘희" "토스카" "일트로 바토레" 등 출연
- 경희대 음대·호서대 및 서울교대 강사 역임
- 대법원장상 수상
- 현, 한국성악회장, 한국교수성가단 단장

Br. 김 영 철

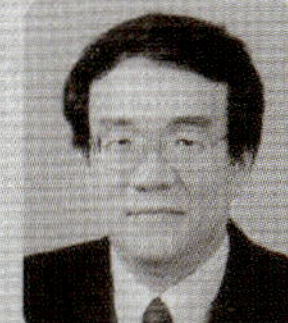

- 계명대학 음악대학 연세대학원 졸업
- Pescara Academy, Viotti 음악원 수학
- 이태리 순회 연주 (Albi, Catanzaro, Vercelli 시 등)
- 한·이 친선음악회(Roma)
- Opera : Nabucco, Pagliacci, Le Nozze di Figaro 등 다수 주역 출연
- 현, Bella Voce opera 연구회장 및 국립안동대학교 예체대학장

Br. 최 재 성

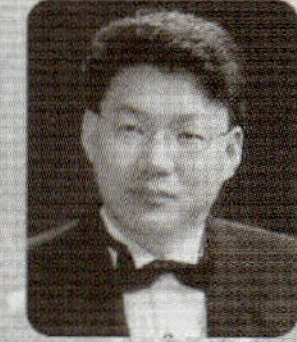

- 경주대학교 음악교육과 졸업
- 이태리 베르디 국립음악원 졸업
- 이태리 파르마 아카데미아 졸업
- 오페라 '사랑의 승리' '사랑의 묘약' '라보엠' '나비부인' 외 다수의 오페라 주역 출연
- 현 청주대학교, 청주교육대학, 충북예고 출강 충주 MBC 어린이 합창단 지휘자

Br. 김 도 준

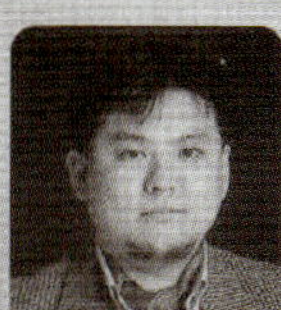

- 경희대학교 음대 성악과 졸업
- 프랑스 에꼴 노르말 음악원 성악최우수 과정 졸업
- 프랑스 에꼴 노르말 고등음악원 오페라 연수과정 졸업
- 프랑스 에꼴 노르말 무대연기 과정 졸업
- 빠리 국립음악원 성악과정 졸업
- 그레떼일 국립음악원 합창지휘과 수료 및 국립음악원 지휘과 연수과정 졸업
- 현재 목식교회 글로리아 성가대 지휘자 서원대학교 출강

한국성악회 연혁

1946. 10. 19.　故 이인선 선생 벨·칸토회 창립
1947　1. 20.　제1회 벨·칸토회 연구 발표회
1949. 7. 24.　제4회 벨·칸토회 연구 발표회
1960. 3. 19.　이인선 선생 미국에서 별세
1961. 8.　故 이인선 선생 1주기 추모음악회
1964. 11. 22.　한국 벨·칸토회 재건 발기회
　　　　발기인 : 김기령 김금환 김호성 김노현
　　　　송진혁 신현악 박승유 이성로
　　　　이춘성 장 영 노 병 유엄명
　　　　한경진(13명)
　　11. 29.　벨·칸토회 창립 총회 (재건)
　　　　참석자 : 김기령 김금환 김호성 송진혁
　　　　박승유 이성로 이기염 이춘성
　　　　장 영 노 병 유영명 (11명)
　　　　·회 장 : 송진혁
　　　　·부회장 : 김기령
　　　　·총 무 : 장 영
1965. 1. 23.　제1회 연구 발표회 (미국 문화원)
　　2. 26.　제2회 연구 발표회 (미국 문화원)
　　3. 26.　제3회 연구 발표회 (미국 문화원)
　　4. 23.　제4회 연구 발표회 (미국 문화원)
　　5. 29.　제5회 연구 발표회 (미국 문화원)
　　6. 26.　제6회 연구 발표회 (서울중앙공보관)
　　7. 30.　제7회 연구 발표회 (서울중앙공보관)
　　8. 27.　故 이인선 선생 5주기 추모음악회 (제8회)
　　9. 30.　제9회 연구 발표회 (서울중앙공보관)
　　10. 30.　제10회 연구 발표회 (서울중앙공보관)
　　11. 20.　제11회 연구 발표회 (서울중앙공보관)
　　12. 16.　제12회 연구 발표회 (서울중앙공보관)
1966. 4. 29.　제13회 연구 발표회 (풋치니의 밤)(서울중앙공보관)
　　7. 1.　제14회 연구 발표회 (종로 YMCA 대강당)
1967. 4. 12.　제15회 연구 발표회 (종로 YMCA 대강당)
　　5. 30.　제16회 연구 발표회 (종로 YMCA 대강당)
　　11. 26.　제17회 연구 발표회 (풋치니의 밤)
1968. 2. 24.　제5차 정기총회
　　　　·회장 : 송진혁　··부회장 : 김기령
　　3. 28.　제18회 연구 발표회
　　4. 25.　제19회 연구 발표회
　　6. 28.　제20회 연구 발표회 (베르디의 밤)
　　12. 13.　본 회 주최 유영명 독창회
1969. 4. 19.　제6차 정기총회
　　　　동인제 (회칙 개정)　·총무 : 이춘성
　　12.　송년 음악회 (21회)
1970. 2. 20.　제7차 정기총회
　　　　임원제 환원
　　　　·회장 : 김기령　·부회장 : 이기염
　　2. 1.　한국음악협회 가입
　　3. 16.　故 이인선 선생 10주기 추모음악회 (22회)
1972. 6.　발성법 세미나 (강사 : 김기령 박사)
1973. 3. 2.　제10차 정기총회 (8, 9차 총회 없음)
　　　　·회장 : 이기염　·부회장 : 김노현
1974. 2. 20.　제11차 정기총회
　　　　·회장 : 김호성　·부회장 : 김명회
　　5. 30.　제23회 연구 발표회 (발성의학)
　　　　·강사 : 김기령 박사
　　11. 00.　연구발표회 (발성법, 강사 : 김기령 박사)
1975. 3. 2.　제12차 정기총회
　　　　회장 : 김노현 부회장 : 강상복
　　5. 6.　故 이인선 15주기 추모 음악회 (제25회)
　　10. 18.　이상춘(명예회장) 김동진, 이유선, 유한철,
　　　　송진혁님을 본회 고문으로 추대
1976. 2. 5.　제13회 정기총회
　　　　·회장 : 김노현　·부회장 : 강상복
　　3. 4.　본 회 명칭 변경
　　　　개칭 한국성악회
　　5. 20.　문화공보부 등록

　　6. 3.　제26회 정기연주회
　　　　이상춘(명예회장) 고문님께 제1회 벨·칸토패 증정
　　8. 28.　한국적 벨·칸토 발성법에 대한 연구 발표(제27회)
　　9. 11.　한국성악회 인천시 지부 설치
　　　　·지부장 : 원영재
　　　　·김자경, 이승학님을 고문으로 추대
1977. 3. 19.　제14회 정기총회
　　　　·회장 : 김노현 ·부회장 : 강상복 장영
　　　　회장단 임기를 2년으로 연장 (회칙 개정)
　　4. 26.　본 회 주최 이성로 독창회 (제28회)
　　7. 13.　벨·칸토 발성법에 대한 세미나 (제29회)
　　　　·강사 : 김기령 박사
　　11. 12.　창립 30주년 기념 대연주회 (제30회)
　　　　이승학 고문님께 제2회 벨·칸토패 증정
1978. 3. 11.　제15차 정기총회
　　　　·회장 : 김노현　·부회장 : 강상복 장영
　　3. 11.　본 회 주최 이남철 독창회 (제31회)
　　12.4~5.　제31회 정기 연주회
　　　　김자경 고문님께 제2회 벨·칸토 패 증정
1979. 3. 29.　제16차 정기총회
　　　　·회장 : 이유선　·부회장 : 이남철 박승유
　　9. 20.　제32회 정기연주회
1980.3.26-27.　제33회 정기연주회
　　　　송진혁 고문, 김노현 이사님께 벨·칸토 공로패 증정
　　3. 29.　본 회 주최 윤호문 독창회
　　9. 19.　故 이인선 선생 20주기 추모음악회 (제34회)
　　12. 8.　제35회 정기연주회
　　12. 9.　본 회 주최 오인환 독창회
1981. 3. 29.　제18차 정기총회
　　　　·회장 : 이유선　·부회장 : 강상복 유영명
　　4. 14.　제36회 정기연주회
　　6. 7.　제37회 정기연주회
　　10. 30.　제1회 한국성악경연대회 개최
　　11. 17.　제38회 가을정기연주회 (시상 및 입상자 출연)
1982. 4. 11.　제39회 정기연주회
　　6. 28.　제40회 정기연주회 한국가곡의 밤
　　10. 30.　제2회 한국성악경연대회
　　11. 9.　본 회 주최 김청숙 독창회
　　11. 23.　제41회 정기연주회 (아리아의 중창의 밤)
　　12. 8.　제 42회 정기연주회
1983. 2. 26.　제 20차 정기총회
　　4. 18.　제43회 정기연주회
　　5. 23.　제44회 정기연주회 (한국 가곡의 밤)
　　10. 5.　양경자 독창회 동아일보사 공동
　　10. 22.　제3회 한국성악경연대회
　　11. 2.　제45회 정기연주회
1984. 4. 24.　제46회 정기연주회 (예술 가곡의 밤)
　　5. 30.　제47회 정기 연주회
　　10. 17.　제48회 정기연주회 (한국 가곡의 밤)
　　10. 20.　제4회 한국성악경연대회
　　10. 20.　제1회 한국성악경연대회 (고등부)
　　11. 15.　제49회 정기연주회 (가곡과 아리아의 밤)
1985. 2. 17.　제22차 정기총회
　　　　·회장 : 이유선 ·부회장 : 이남철 김목회
　　3. 26.　故 이인선 선생 25주기 추모음악회 (제50회)
　　4. 18.　춘천 자선음악회 (제51회)
　　6. 7.　제52회 정기연주회 (바로크 가곡의 밤)
　　10. 19.　제5회 한국성악경연대회
1986. 3. 18.　제53회 정기연주회
　　　　(예술가곡과 오페라 아리아의 밤 / 세종 소강당)
　　6. 27.　제54회 정기연주회
　　　　(예술 가곡의 밤 / 국립극장)

10. 17. 제6회 한국성악경연대회
1987. 2. 8. 제24차 정기총회
  ·회장: 유영명 ·부회장: 김옥자 주완순
3. 23. 제55회 정기연주회
  (예술가곡과 아리아의 밤 / 세종 소강당)
6. 2. 제56회 정기연주회
  (한국 가곡의 밤 / 문예회관)
6. 27. 제57회 정기연주회
  (오페라 아리아와 중창의 밤 / 국립극장)
9. 28. 본 회 주최 윤효운 독창회
10. 24. 제7회 한국성악경연대회
1988. 3. 11. 제58회 정기연주회
  (독일 가곡의 밤 / 문예회관)
5. 5. 제59회 정기연주회
  (이태리 가곡의 밤 / 세종 소강당)
10. 29. 제8회 한국 성악 경연 대회
12. 27. 제60회 정기연주회
  (성가의 밤 / 세종 소강당)
1989. 3. 11. 제62회 정기총회
  ·회장: 장영 ·부회장: 조귀자 박찬동
4. 13. 제61회 정기연주회
  (프랑스 가곡과 아리아의 밤 / 문예회관)
4. 13. 김기령, 이유선 두 분 전회장님께 감사패 증정
9.26. 제62회 정기연주회
  (한국 가곡과 한국 오페라 아리아의 밤 / 국립극장)
11. 22. 제63회 정기연주회
  (가곡과 아리아의 중창의 밤 / 세종 소강당)
  (벨리니, 도니젯티, 뭇시니)
1990. 2. 22. 제27차 정기총회
3. 30. 제64회 정기연주회
  (바로크 솔로 칸타타의 밤 / 세종 소강당)
  (북스테후데, 헨델)
6. 25. 제63회 정기연주회
  (모짜르트 하이든 아리아의 밤 / 국립극장)
9. 13 제66회 정기연주회
  (이태리 가곡의 밤 / 세종 소강당)
10. 11. 제67회 정기연주회
  (故 이인선 선생 30주기 추모음악회 / 호암 아트홀)
1991. 2. 28. 제28차 정기 총회
  ·회장: 장영 ·부회장: 윤효문 김청숙
4. 15. 제68회 정기연주회
  (모짜르트 서거 200주년 기념 음악회)
  (아리아의 밤 / 세종 소강당)
9. 17. 제69회 정기연주회
  (프랑스 가곡의 밤 / 세종 소강당)
10. 19. 제 70회 정기연주회
  (오페라 아리아의 대향연 / 세종 대강당)
  ·협연: 서울 아카데미 심포니 오케스트라
  ·지휘: 장일남
1992. 2. 13. 제29차 정기총회
4. 1. 제 71회 정기연주회
  (한국 가곡의 밤 / 국립극장 대극장)

5. 2. 제72회 정기연주회
  (뭇시니 탄생 200주년 기념음악회 / 세종 소강당)
10. 14. 제73회 정기연주회
  (오페라 아리아의 대향연 / 세종 대강당)
  ·협연: 서울 심포니 오케스트라
  ·지휘: 최승한
1993. 2. 6. 제30차 정기총회
  ·회장: 강상복
  ·부회장: 주완순 김미혜리
4. 19. 제74회 정기연주회
  (슈만 가곡의 밤 / 세종 소강당)
4. 19. 장영, 유영명 전회장 두 분께 공로패 증정
9. 4. 제75회 정기연주회
  (오페라 아리아의 대향연 / 세종 대강당)
  ·협연: 서울 심포니 오케스트라
  ·지휘: 니콜라이 디이디우라
11. 1. 제76회 정기연주회
  (한국 가곡의 밤 / 세종 소강당)
1994. 2. 5. 제31회 정기총회
3. 11. 제77회 정기연주회
  (브람스 가곡의 밤 / 세종 소강당)
6. 16. 제78회 정기연주회
  (오페라 아리아의 대향연 / 국립극장)
  서울 정도 600년 및 한국 방문의 해 기념
  한국 예술 실연자 단체 연합회와 공동 주최
  ·협연: 그린스 교향악단
  ·지휘: 김정수
1995. 4. 22. 음성 생리학 세미나 개최
  (강사: 김기령 박사 / 연세대 의학 도서관)
1995. 6. 16. 제79회 정기연주회
  (프랑스 가곡의 밤 / 세종 소강당)
1995. 9. 7. 제80회 정기연주회
  (故 이인선 선생 35주기 추모음악회 / 호암아트홀)
1995. 12. 6. 제81회 정기연주회
  (이태리 가곡의 밤 / 국립극장 소극장)
1996. 3. 24. 제82회 정기연주회
  (독일 가곡의 밤 / 세종 소강당)
1996. 5. 6. 제 83회 정기연주회
  (오페라 중창의 밤 / 연강홀)
1996. 9. 18. 제84회 정기연주회
  (창립 50주년 기념 대연주회 / 국립대극장)
1997. 5. 21. 제85회 정기연주회(슈베르트 가곡의 밤 / 연강홀)
1997. 10. 14. 제86회 정기연주회(창립51주년 기념콘서트 / 연강홀)
  <오페라 아리아 12곳 예술가곡 콘서트>
1998. 4. 6. 봄맞이 음악회 (제87회 정기연주회) / 연강홀
1998. 10. 21. 제88회 정기연주회 (가곡과 아리아의 밤 / 연강홀)
1999. 4. 13. 스프링 콘서트 (제89회 정기연주회 / 연강홀)
1999. 11. 15. 제90회 정기연주회 (프랑스 가곡과 아리아의 밤 / 영산아트홀)
2000. 4. 제91회 연주회 (오라토리오의 밤 / 연강홀)
2000. 10. 7. 제92회 정기연주회 한국성악회 창립54주년 기념(오페라콘서트)
  (故 이인선선생 40주기 추모음악회 / 호암아트홀)
  강상복 한국성악회 전회장께 공로패 증정

한국성악회 역대 회장단

· 창설자 **이인선** (사망) 1946 - 1960	· 2대회장 **송진혁** (사망) 1964 - 1969	· 3대회장 **김기령** 1970 - 1972
· 4대회장 **이기영** (사망) 1973 - 1973	· 5대회장 **김호성** 1974 - 1974	· 6대회장 **김노현** (사망) 1975 - 1978
· 7대회장 **이유선** 1979 - 1986	· 8대회장 **유영명** 1987 - 1988	· 9대회장 **장 영** 1989 - 1992
· 10대회장 **강상복** 1993 - 1996	· 11대회장 **주완순** 1997 - 1998	· 12대회장 **윤호문** 1999 - 2000 현재

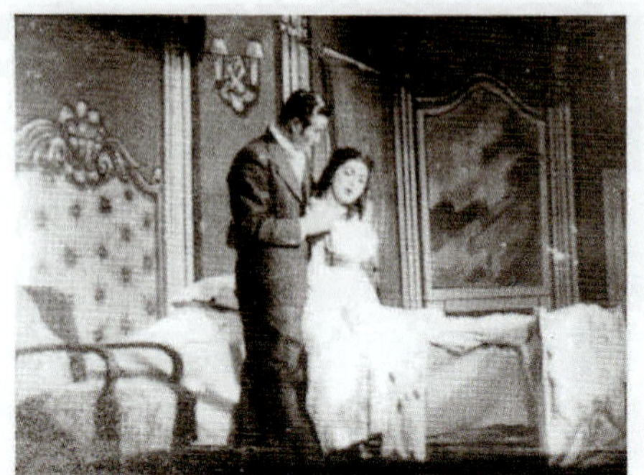

opera
" La Traviata "
공연사진

(1948년 한국 최초의 오페라 공연 사진 스냅)

▲ 알프레도 이인선
비오렛따 김자경

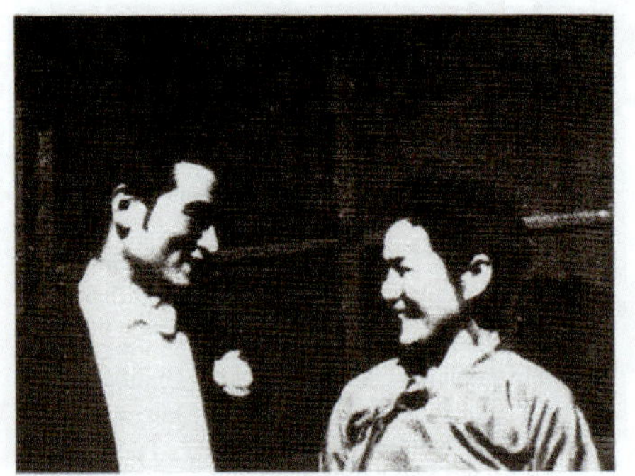

▲ 무대 뒤에서 이인선 선생님과 사모님 서지순 여사

▼ 이인선, 김자경

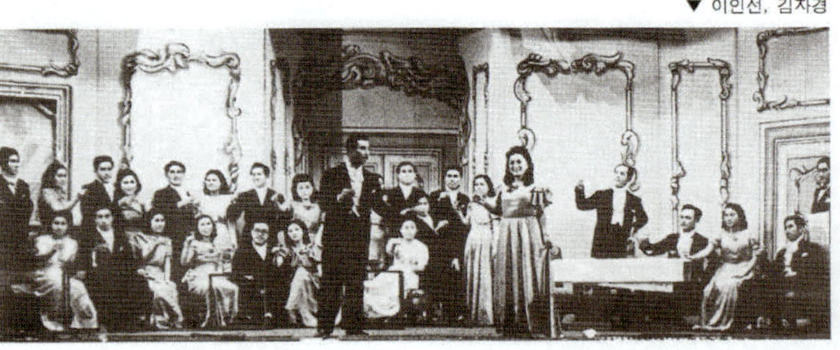

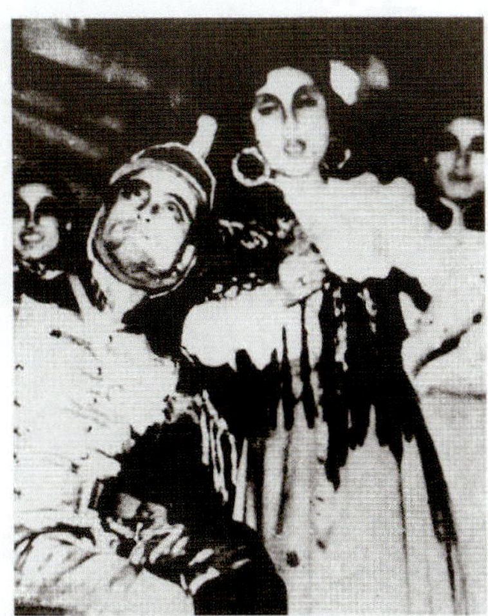

▲ 돈·호세 이인선
카르멘 김복희

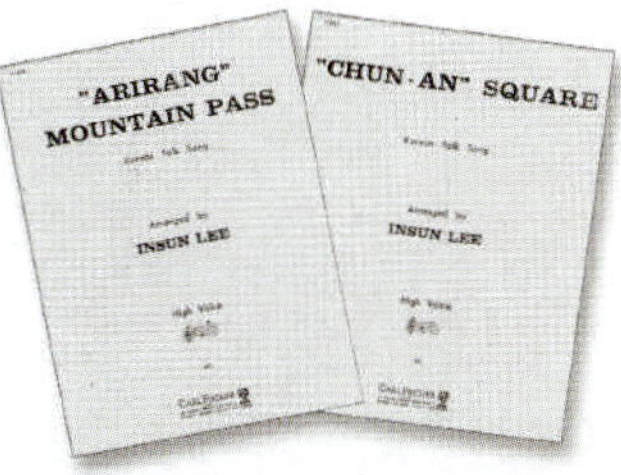

▲ 이인선 선생이 직접 편곡, 영역하여
전 미주지역에 널리 보급한
우리민요 영문악보 표지

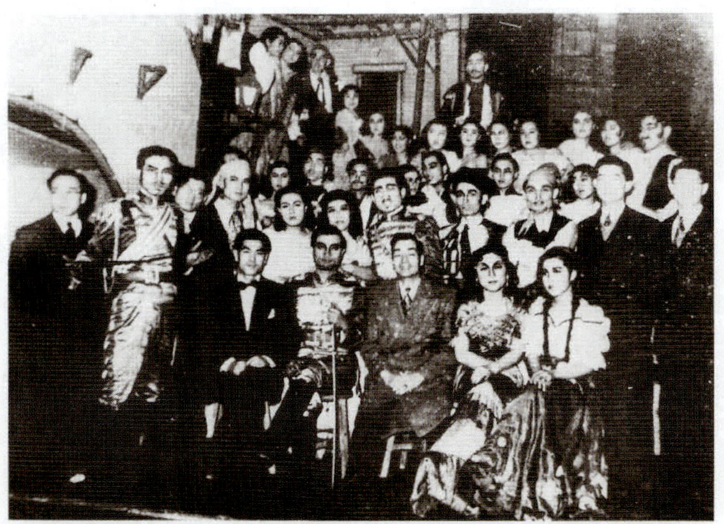

▲ 둘째줄 왼쪽으로부터 두번째 오현명, 첫째줄 왼쪽으로부터 임원식, 이인선, 임병직, 김복희, 김석순

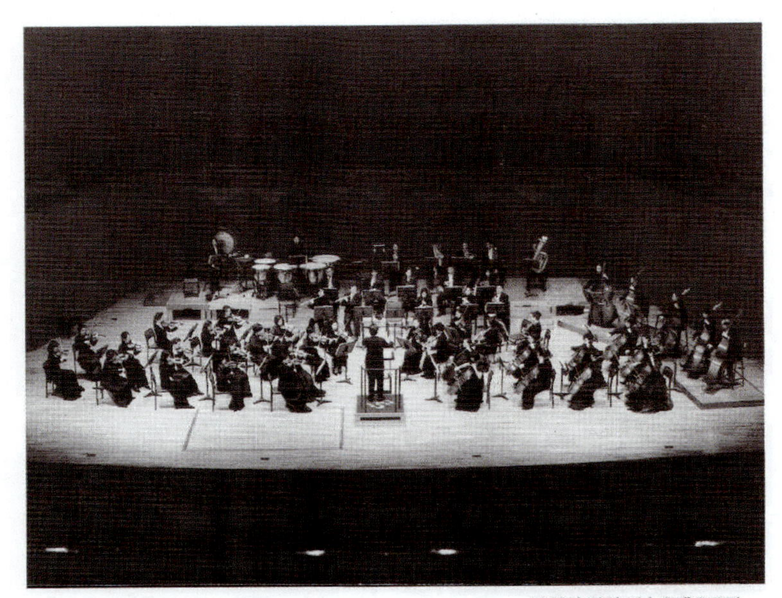

코리아 필하모닉 오케스트라

李寅善 先生 門下生

강상복	권원한 (사망)	김교진	김기령	김복희
김석순 (재미)	김순용 (사망)	김순임	김신환	김영순 (재일)
김영춘	김유선	김을용 (카나다)	김자경 .	기장환 (재미)
김학상 (사망)	김혜로 (사망)	김호성	노경환	노현숙 (재미)
백석두 (사망)	박세영	박승유 (사망)	박우종	사상필 (사망)
송진혁 (사망)	신현익	안형일	이규순	이금봉
이남수	이남철	이우근 (재미)	이해경 (재미)	이현수 (재미)
임진우	장순창 (재미)	장 영	정영애 (재미)	정진택
조 경 (사망)	조준호 (사망)	지철영 (재미)	차정순 (재미)	최길호 (재미)
최무룡 (사망)	최창호 (사망)	한경진	한명자	홍진표 (사망)

(가나다순)

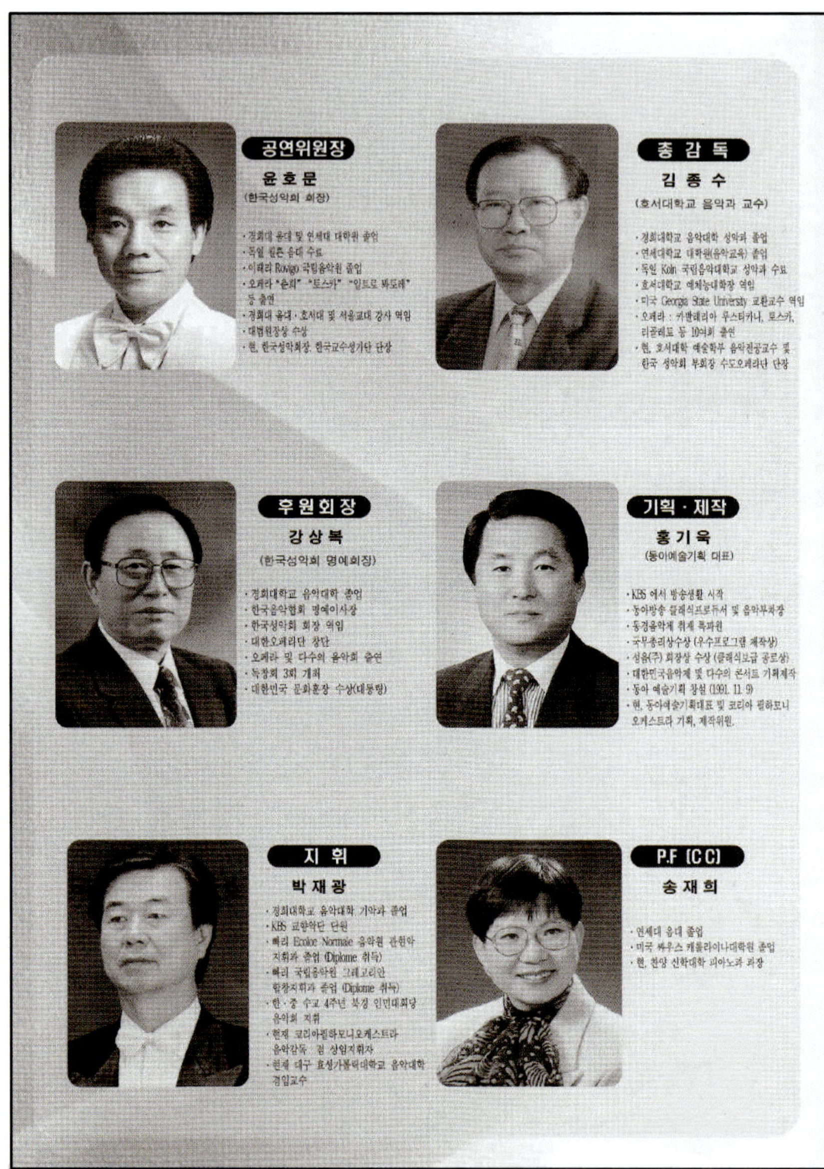

공연위원장
윤 호 문
(한국성악회 회장)

· 경희대 음대 및 연세대 대학원 졸업
· 독일 믿촌 음대 수료
· 이태리 Rovigo 국립음악원 졸업
· 오페라 "춘희" "토스카" "일트로 바토레" 등 출연
· 경희대 음대·호서대 및 서울교대 강사 역임
· 대법원장상 수상
· 현, 한국성악회장, 한국교수성가단 단장

종 감 독
김 종 수
(호서대학교 음악과 교수)

· 경희대학교 음악대학 성악과 졸업
· 연세대학교 대학원(음악교육) 졸업
· 독일 Koln 국립음악대학교 성악과 수료
· 호서대학교 예체능대학장 역임
· 미국 Georgia State University 교환교수 역임
· 오페라 : 카발레리아 루스티카나, 토스카, 리골레토 등 10여회 출연
· 현, 호서대학 예술학부 음악전공교수 및 한국 성악회 부회장 수도오페라단 단장

후 원 회 장
강 상 복
(한국성악회 명예회장)

· 경희대학교 음악대학 졸업
· 한국음악협회 명예이사장
· 한국성악회 회장 역임
· 대한오페라단 장단
· 오페라 및 다수의 음악회 출연
· 독창회 3회 개최
· 대한민국 문화훈장 수상(대통령)

기획 · 제작
홍 기 욱
(동아예술기획 대표)

· KBS 에서 방송생활 시작
· 동아방송 클래식프로듀서 및 음악부차장
· 동경음악계 취재 특파원
· 국무총리상수상 (우수프로그램 제작상)
· 성음(주) 회장상 수상 (클래식보급 공로상)
· 대한민국음악계 및 다수의 콘서트 기획제작
· 동아 예술기획 창설 (1991. 11. 9)
· 현, 동아예술기획대표 및 코리아 필하모니 오케스트라 기획, 제작위원.

지 휘
박 재 광
· 경희대학교 음악대학 기악과 졸업
· KBS 교향악단 단원
· 빠리 Ecole Normale 음악원 관현악 지휘과 졸업 (Diplome 취득)
· 빠리 국립음악원 그레고리안 합창지휘과 졸업 (Diplome 취득)
· 한·중 수교 4주년 북경 인민대회당 음악회 지휘
· 현재 코리아필하모니오케스트라 음악감독 겸 상임지휘자
· 현재 대구 효성가톨릭대학교 음악대학 겸임교수

P.F (CC)
송 재 희
· 연세대 음대 졸업
· 미국 싸우스 캐롤라이나대학원 졸업
· 현, 한양 신학대학 피아노과 과장

절대음악 혼자 간다: 부록 Ⅰ

2024년 5월 24일 발행

저자: 이여진(李如辰, EUGENE LEE)

발행인 · 노창영 | 발행처 · **음악춘추** | 주소 · 서울시 중구 다산로 11길 13, 405호

TEL · (02)2231-9001~3 | FAX · (02)2236-9734 | 등록 · 1977.6.20.No.2-44

ISBN   978-89-13-98611-6 (93670)
SET ISBN   978-89-13-98608-6 (94670)

값 30,000원